浙江大学一流基础骨干学科建设计划资助项目

浙大中文学术丛书

汉语词义演变论稿

王云路 著

ZHEJIANG UNIVERSITY PRESS
浙江大学出版社
·杭州·

序　言

这本书收录了我从 2008 年下半年以来发表的主要论文，是前两本论文集《词汇训诂论稿》与《中古汉语论稿》的续编，近年来关于核心义研究的内容在“中国语言学前沿丛书”《汉语词汇核心义》中集中呈现(由商务印书馆 2023 年 6 月出版)，这里基本就不重复收录了。我学习研究汉语年数越多，越觉得汉语有内涵，有深度，有规律。其间的规律，核心义是一个研究词义关系的主要纽带。而其词义与字形、字音、结构、韵律、用法、用频等方面均具有多样和复杂的联系。2008 年我在《试论音变在词语发展中的作用》一文中就说：“汉语词形的演变、结构的演变、词义的演变，其间联系千丝万缕，关系错综复杂。”探索这些关系是不容易的，但我希望沿着这个方向不断深入。这些论文，记载了我的努力和进步。

具体而言，本书根据内容，大致分为六章。

第一章讨论“复音词结构与词义演变”。结构通常是对复音词而言，而汉代以来，复音化是词语结构的主要形态和发展趋势，是词义演变的主要载体和呈现方式，不同的组合结构表达不同的含义，同一结构也可以表达不同的含义，都需要我们通过语境细细分辨。这是“语言复杂性”的一个方面。因为不论是语言本身，还是任何语言单位，都不是单一的维度，而是自身及其与外部多维联动的结果。此章用七节讨论了四方面问题。(1)复音词结构关系的复杂性、复音词结构关系的成词理据、复音词结构关系与词义理解。(2)讨论了并列式复音词的两类：一是具体语素与抽象语素结合的同义并列式；二是反义并列复音词的四个类型。(3)对古代汉语中“三字连言”现象的重新审视。(4)从汉语史角度考察汉语离合词现象。

第二章讨论“复音词的同步构词规律”。这是我早有想法而在2014年明确提出来的一个观点：汉语复音词可以同步发展。甲词与乙词（甚至丙词）可以有同样的构词模式，同样的意义表达，不拘泥于时间先后，而注重发展历程的一致。同步构词是一种非常能产的构词方式，可以形成数量可观、组合丰富的词群，《论汉语复音词的同步构词》是在我《中古诗歌语言研究》第十一章基础上修改出来的，从理论与实证的角度讨论了同步构词的类型、研究意义和使用方法，也对同步构词的界定、作用等都作了较为系统的阐释。如果说第一章讨论的是复音词内部两个语素之间的关系，第二章则是讨论同义、同构词语间的关系，即词语之间的关系。

第三章讨论“词形与词义的关系”，主要是几种复杂的词义与词形间的关系和演变过程，均以某个词语为研究对象。通过辨析“悲摧”还是“悲催”的写法，讨论词语由伤害义到悲哀义的引申规律；通过“跟”“根”同样具有追寻的含义说明词义演变中具有“殊途同归”的发展规律；通过医书语词的变化看同类词语的变化；通过“睚眦”等一组词的词形变化，证明具象到抽象的意义演变规律；通过“将进酒”读音的讨论，说明词义与读音的关系。

第四章为“社会文化与词义演变”，集中论述“语言的社会性”问题。语言为社会服务，语词作为汉语的基本材料，其中必然会体现出社会的某些现象。文中涉及礼仪与词语、生活与词语、风俗与词语、地理与词语、用典与词语、文学与词语、方言与词语等七个方面。如词语可以记录古人的生活礼仪，《试论语言研究与先秦礼仪的关系：兼考“足恭”“便辟”“夸毗”》一文说明上古时期常常综合神色、言辞、举止三个维度来衡量人的品性素养；又如词语可以记录生活习惯，《说“十口”》一文指出“口”能代指家人，与中华民族“以食为天”、用食维系家人的生活观念相关；又如词语能综合多种社会因素，《“南北”“东西”新论》一文说明，“南北”“东西”语义引申路径的不同既与人类所处的自然环境有关系，也与人类为适应自然环境而发展出特定的社会生活习惯有关系。可以说，汉语词语的指称内涵、词义演变等无不与所处时代的社会性息息相关。

第五章专门讨论“汉译佛经与词语演变”问题。语言具有融合性，汉语在发展过程中能够从未中断，重要的一点便是具有极强的融合性。这种融合性不仅能够体现在时间历程、社会变动、民族交融上，还能体现在文化之间的互动上，佛经汉译便是中印文化交流并不断本土化的过程，也记录了这段文化的互动与融合。具体而言,《再论汉译佛经新词、新义的产生途径》从词义引申与复音造词两个方面总结了汉译佛经的汉化及其对汉语的影响;《论佛教典籍翻译用语的选择与创造》经具体案例分析后发现,译经者在学习掌握汉语的基本规律之外,还会根据自己对汉语的理解选择词语,甚至进一步发挥,即根据自己对汉语规律的理解创造新词和新义;《从"触""龌龊"有污秽义谈汉译佛经对中土语言的影响》则是从个案历时演变的细致分析入手,观察在汉译佛经影响下语言演化的诸多因素。

第六章探讨"文献注疏与词语演变"。这里有我对注疏语言分类特征与作用的思考,尤其对词典编纂中如何利用注疏文献有了较为深入的思考。引用注疏,是词典编纂的主要内容之一,是与例证几乎同等重要的支撑材料,而不加分辨就拿来引用,是词典误设义项的主要原因,因而对注疏语料要分类研究,谨慎使用。这一章还讨论了类书在文献研究中的作用等。

实际上,上述六个部分的分类并不是泾渭分明的,而是互有包含、互为补充的。还有一个需要说明的是,这本论文集有不少是我与我的研究生共同完成的,往往是我出题目,交待思路与观点,请同学找相关资料,再一遍遍梳理,往返二三十次都是很常见的,也有时在往复中我的观点得到了修正或明晰。也有我在同学的论文中发现了有价值的信息,然后提出来共同讨论丰富完成的。因为我越来越认识到这是一个教学相长的好方法,经过数十遍仔细的论文修改,同学能够明白我是怎样思考问题的,是一个更为直观的教学方法。也因此,这本论文集从一定意义上说,也是一个集体劳动的成果。另外,论文集的整理校对也费了同门诸位不少时间,尤其刘芳、胡彦、梁道三位博后和博士,费力尤多,谨表谢忱。

要想知道大海是咸的,不必遍尝,尝一两口便可知道;但大海不只有咸这一特征,更有丰富多样的元素蕴含其中。同样地,语言如大海,不管是语词研究、语义研究,还是语音研究、语法研究,每一类,每一阶段,在探索之路上都大有可为,需要我们一代代人共同努力。是自勉,也是倡议。是为序。

王云路

2023 年 4 月 3 日

目　录

第一章　语素间的关系：复音词结构与词义演变

第一节　复音词结构关系的复杂性①

语言词汇是对客观现实的反映，也是人们对世界认识程度的呈现。汉代以来，复音词变得越来越多。而复音词的构词理据是错综复杂的，有的一望即知，也有的难以解释。解释复音词词义，应当从结构入手，理解了结构关系，也就基本上能够理解词义。一些日常用语，可能理解意思，但未必能够说出结构关系，其实也就是没有精准地理解词义。笔者的主张是：要理解复音词词义，应当从其结构入手。理解了结构关系，基本上就能够准确理解词义。下面以"幽寻""掩映"等四组复音词为例，分析结构对理解词义的重要性，也说明复音词结构的复杂性。

一、幽寻

在中古和唐宋时期，有一个词的构词方式比较奇特："幽寻"。这个词多用于诗歌语言。如：

(1)唐韦应物《与卢陟同游永定寺北池僧斋》："晴蝶飘兰径，游蜂绕花

① 《试说复音词结构关系的复杂性——以"幽寻""掩映"等为例》发表于《中国语言学报》2014 年第 16 期。内容有所删改。

心。不遇君携手，谁复此幽寻？”

(2)唐钱起《奉和王相公秋日戏赠元校书》：“胜事唯愁尽，幽寻不厌迟。”

(3)唐骆宾王《春晚从李长史游开道林故山》：“幽寻极幽壑，春望陟春台。”

(4)唐王绩《游山赠仲长先生子光》：“叶秋红稍下，苔寒绿更滋。幽寻多乐处，勿怪往还迟。”

(5)唐王绩《山中采药》：“采药北岩阴，乘兴独幽寻。涧尾泉恒细，山腰溪转深。”

(6)唐宋之问《宴龙泓诗序》：“貂冠鹊印，志弥尚于幽寻；探胜迹而忘疲，对良朋而不倦。”

这些“幽寻”是什么意思？笔者曾解释为“谓探寻幽胜之景(境)”。但是如果是这个意思，为什么不写作“寻幽”？从常见的构词规律看，应当写作“寻幽”，为动宾结构，谓寻求幽胜之地。而且也有相关用例：唐李商隐《闲游》：“寻幽殊未极，得句总堪夸。”宋欧阳修《和游午桥庄》：“晓坛初毕祀，弭盖共寻幽。”

其他以“寻”作为动词构词的几乎都是动宾式，如：

“寻花”。唐白居易《且游》：“弄水回船尾，寻花信马头。”

“寻芳”。唐姚合《游阳河岸》：“寻芳愁路尽，逢景畏人多。”

“寻春”。唐陈子昂《晦日宴高氏林亭》：“寻春游上路，追宴入山家。”

“寻香”。唐元稹《遣春》诗之三：“柳堤遥认马，梅径误寻香。”

“寻胜”。唐李复言《续玄怪录·张逢》：“策杖寻胜，不觉极远。”

“寻壑”。晋陶潜《归去来辞》：“既窈窕以寻壑，亦崎岖而经丘。”

所以，“幽寻”不应当是“寻幽”的意思，否则违背构词规律。笔者经过考察，认为“幽寻”当是清幽、幽深的意思，作名词则表示清幽之地。原来的说法不妥。下面的例子比较明显：

(7)《宋诗》卷二谢灵运《读书斋》：“春事日已歇，池塘旷幽寻。”

(8)《齐诗》卷四谢朓《和何议曹郊游》：“朝光映红萼，微风吹好音。江垂得清赏，山际果幽寻。”

(9)《陈诗》卷二周弘正《还草堂寻处士弟》：“宿树倒为查，旧水侵成岸。幽寻属令弟，依然归旧馆。”

(10)唐王绩《游北山赋》：“山水幽寻，风云路深。兰窗左辟，菌阁斜临。”

(11)唐杜甫《西枝村寻置草堂地夜宿赞公土室》：“幽寻岂一路，远色有诸岭。晨光稍朦胧，更越西南顶。”

(12)唐李贺《高平县东私路》：“今夕山上秋，永谢无人处。石豁远荒涩，棠果悬辛苦。古者①定幽寻，呼君作私路。”

(13)唐钱起《和人秋归终南山别业》：“旧居三顾后，晚节重幽寻。野径到门尽，山窗连竹阴。昔年莺出谷，今日凤归林。”

(14)宋徐铉《洪州西山重建应圣宫碑铭》：“所经灵迹，实与幽寻。”

从诗意看，“幽寻”犹言幽静、清幽，为形容词。以上皆其例。那么，“幽寻”如何能有“清幽”之义？

考“寻”为古代长度单位。《诗·鲁颂·閟宫》：“是断是度，是寻是尺。”郑玄笺：“八尺曰寻。或云七尺、六尺。”《史记·张仪列传》：“秦马之良，戎兵之众，探前趹后蹄间三寻腾者，不可胜数。”司马贞索隐：“七尺曰寻。”朱骏声《说文通训定声·临部》：“程氏瑶田云：度广曰寻，度深曰仞，皆伸两臂为度，度广则身平臂直，而适得八尺；度深则身侧臂曲，而仅得七尺。其说精核。寻、仞皆以两臂度之，故仞亦或言八尺，寻亦或言七尺也。”

从长度单位到形容词，“寻”可以表示“长”，也可以表示“高”或“深”。《方言》卷一：“寻，长也。陈楚之间曰修，海、岱、大野之间曰寻……自关而西，秦、晋、梁、益之间，凡物长谓之寻。”《淮南子·齐俗》：“深溪峭岸，峻木寻枝。”《淮南子·缪称》：“父之于子也，能发起之，不能使无忧寻。”高诱注：“忧寻，忧长也。”晋左思《魏都赋》：“硕果灌丛，围木竦寻。”

汉字中从“寻”之字多有长大义。如：

樳木，传说中的大树。《文选·左思〈吴都赋〉》：“西蜀之于东吴，小大之相绝也，亦犹棘林萤耀，而与夫樳木龙烛也。”刘逵注引《山海经》：“樳木长千里。”

鲟鱼。宋程大昌《演繁露·牛鱼》：“《燕北录》云：‘牛鱼，嘴长，鳞硬，头有

① 按：“者”一作“道”。窃以为作“道”是。

脆骨，重百斤，即南方之鳣鱼也。’鳣、鲟同。”明李时珍《本草纲目》卷四十四《鳞之三·鲟鱼》引陈藏器曰：“鲟生江中，背如龙，长一二丈。”唐沈仲昌《状江南·仲秋》：“江南仲秋天，鱏鼻大如船。”

蟳，海蟹的一类，即蝤蛑。俗称青蟹、梭子蟹。曾慥《类说》卷六引《海物异名记·蟹名虎蟳》：“海蟹之大者，有虎斑文，蟹谓之蟳者，以其随波沄沦。”明谢肇淛《五杂俎·物部一》：“闽中蝤蛑，大者如斗，俗名曰蟳。其螯至强，能杀人。”

襑，长衫。《说文·衣部》：“襑，衣博大。”朱骏声《说文通训定声》：“字亦作衫，彡声寻声同。”黄侃《蕲春语》：“《说文》衣部：袁，长衣貌。雨元切。俗字作褤、蝯，皆见《集韵》。吾乡或谓长襑(即衫子)为长褑，读王眷切；间里书师所作《七言杂字》云‘絮袴绵袄青长褑’是也。”

浔，江边，水边。《淮南子·原道》：“故虽游于江浔海裔，驰要裊，建翠盖。”《文选·枚乘〈七发〉》：“游涉乎云林，周驰乎兰泽，弭节乎江浔。”李善注引《字林》：“浔，水涯也。”泛指边际，极限。南朝宋谢庄《宋孝武宣贵妃诔》：“销神躬于壤末，散灵魄于天浔。”

以上由“寻”作为偏旁的字都含有长大义，也可以证明“寻”的含义。

再看“幽”字。“幽”有幽深、僻静义，《诗·小雅·伐木》：“出自幽谷，迁于乔木。”南朝梁王籍《入若耶溪》诗：“蝉噪林逾静，鸟鸣山更幽。”是其义。“幽”常与表示长、远、深等含义的语素构成双音词，“幽”为平声字，所以在两个并列语素中往往居前。如：

“幽远”。《庄子·山木》：“彼其道幽远而无人，吾谁与为邻?”《后汉书·张衡传》：“神明幽远，冥鉴在兹。”为形容词，幽深义。又作名词，指幽居者。《后汉书·鲁丕传》：“陛下既广纳謇謇以开四聪，无令刍荛以言得罪；既显岩穴以求仁贤，无使幽远独有遗失。”

“幽深”。《易·系辞上》：“无有远近幽深，遂知来物。”三国魏嵇康《兄秀才公穆入军赠诗》之七：“虽曰幽深，岂无颠沛?”唐刘长卿《喜朱拾遗承恩拜命赴任上都》：“沧州离别风烟远，青琐幽深漏刻长。”以上为“幽静深远”或“遥远”义。也可以作名词，指幽僻之地。汉祢衡《鹦鹉赋》：“嬉游高峻，栖峙幽深。”晋张翰《杂诗》：“延颈无良涂，顿足托幽深。”这些意思是相关的，不宜细分。如唐于鹄《过凌霄洞天谒张先生祠》：“志人爱幽深，一住五十年。”因为喜好幽静，才住在幽静之地。

“幽辽”。汉王充《论衡·超奇》：“珍物产于四远幽辽之地，未可言无奇人也。”

“幽奥”。《后汉书·冯衍传下》：“览天地之幽奥兮，统万物之维纲。”李贤注：“幽奥，深邃也。”

“幽悠”。犹深远。三国魏阮籍《大人先生传》：“左荡莽而无涯，右幽悠而无方。”

“幽阻”。南朝宋谢灵运《答范光禄书》：“山涧幽阻，音尘阔绝，忽见诸赞，叹慰良多。”宋叶适《奉赋德修西充大夫成都新园咏归堂》之一：“誓言违市朝，卜宅近幽阻。”“阻”也是长远义①。

“幽遐”。《晋书·礼志下》：“故虽幽遐侧微，心无壅隔。”唐包融《武陵桃源送人》：“武陵川径入幽遐，中有鸡犬秦人家。”谓僻远；深幽。

“幽委”。唐樊宗师《绛守居园池记》：“樵途坞径幽委。”谓幽深曲折②。

“幽修”。唐温庭筠《郭处士击瓯歌》：“佶栗金虬石潭古，勺陂潋滟幽修语。”此形容声音悠长。

“幽邃”。唐元稹《莺莺传》：“时愁艳幽邃，恒若不识，喜愠之容，亦形罕见。”

以上双音词均为并列结构的形容词，表示“幽深”“幽远”“清幽”等含义③，而“幽寻”与这些双音词的构词方式是一样的，含义也相近，表示清幽、深幽、幽远等义，作名词则指清幽之地。从目前找到的例子看，作“清幽”义的例子要早，见例(8)谢朓诗。正与我们的分析相吻合。

但是“幽寻”似乎也有可以解作动词“寻幽”的，如例(6)宋之问诗比较明显含有动词义。如何解释这种现象？笔者以为这是因为“寻”的含义比较特殊，六朝时期其“长、远”的含义还是比较明显的，所以双音词“幽寻”也与其他并列式形容词一样，表示清幽、幽远的意思。但是到了后代，“寻”多作动词用，表示

---

① 《诗·秦风·蒹葭》：“溯洄从之，道阻且长。”“阻”则必长远。“阻长”形容道路艰险而遥远。唐卢照邻《中和乐·总歌》：“餐白玉兮饮琼芳，心思荃兮路阻长。”

② “委”有曲长义。南朝宋谢灵运《登永嘉绿嶂山》诗：“涧委水屡迷，林迥岩逾密。”

③ 《汉语大词典》有的解释有误。例略。

寻找义，其“长、远”义隐而不显，后来诗人用到“幽寻”一词时，就理解含糊，其语素与结构关系都变得模糊了，似乎也含有“寻幽”之义，作动词，唐宋时期的例子就不像六朝例子的形容词词性那么明显，见例(1)至例(6)。

越往后，人们对“幽寻”含义的理解越明显接近“寻幽”。如：

(15)《三朝北盟会编》卷七十七《靖康中帙》：“题诗于佛刹曰：‘七十劳生西复东，乡关在望念飘蓬。大辽半岁九分尽，全晋一年千里空。周召已亡无善政，蔡童虽死有余风。华阴乞食商山去，岩谷幽寻四老翁。’”

(16)宋张淏《会稽续志》卷八《篇引》：“当永和之九年兮，惠风畅夫春莫。偕王谢之诸公兮，会修禊于兰亭。赋临流之五言兮，寄幽寻之逸兴。”

(17)元吴师道辑《敬乡录》卷三梅执礼《宣和四年，东阳梅某出守蕲春，以五月十九日宿斋山，谷黎明奉亲朝谒真源万寿宫、少休五云亭赋此》：“徘徊庆基殿，稽首颂尧年。徐步俯松杪，幽寻值灵篇。轩窗散急雨，四座屯非烟。向来玉京梦，了了堕目前。”

(18)元吴师道辑《敬乡录》卷七苏诵《次韵张正民游智者寺》：“养拙何所诣，白昼门常关。剥啄有好怀，绕郭横秋山。佛庐占山麓，清净非人间。曳杖得晤语，幽寻为怡颜。三峰耸而秀，群巘抱以环。寺同乔木古，僧与白云闲。”

如此看来，“幽寻”的结构关系和含义因为理解的歧义而处于变化中，中古时期为并列式形容词，近代则也可以理解为动词。

所以词义的变化是复杂的，使用者的误解、误用往往能够成为词义改变的一个原因。而正是这些含混的用例，使笔者在解释“幽寻”时把握不定，产生误释。

二、幽绝

与“幽寻”相似的是“幽绝”一词。《后汉书·苏不韦传》：“城阙天阻，宫府幽绝，埃尘所不能过，雾露所不能沾。”唐白行简《李娃传》：“(院中)有山亭，竹树葱蒨，池榭幽绝。”唐吕温《虢州三堂记》：“及春之日，众木花坼，岸铺岛织，沈浮照耀，其水五色，于是乎袭馨撷奇，方舟逶迤，乐鱼时翻，飘蕊雪飞，泝沿环迴，隐映差池，咫尺迷路，不知所归。此则武陵桃源未足以极幽绝也。”这几例

“幽绝”都是幽远、幽深义。

而《汉语大词典》对“幽绝”的解释是“清幽殊绝”。结构关系难以把握，似乎可以看作词组。其实“幽绝”是同义并列的复音词。“绝”有远义。《三国志·魏志·刘晔传》：“吴绝在江汉之表，无内臣之心久矣。”《文选·蔡邕〈郭有道碑文〉》：“将蹈鸿涯之遐迹，绍巢许之绝轨。”李周翰注：“绝，远也；轨，亦迹也。”是其例。以下是“绝”有远义的例子。

《楚辞·远游》：“舒并节以驰骛兮，逴绝垠乎寒门。”洪兴祖补注引李善曰：“绝垠，天边之际也。”晋张华《鷦鷯赋》序：“或凌赤霄之际，或托绝垠之外。”“绝垠”谓遥远的边界。

《后汉书·庞参传》：“孤城绝郡，以权徙之；转运远费，聚而近之；徭役烦数，休而息之。”“绝郡”谓边远之郡。

南朝梁江淹《别赋》：“况秦吴兮绝国，复燕宋兮千里。”“绝国”即遥远的邦国。

还有“绝域”“绝壤”等，都是偏正结构，谓遥远的地方。《汉语大词典》常常解释为“极远”，不清楚“绝”是形容词还是副词。

北魏郦道元《水经注·江水二》：“昔有思妇，夫官于蜀，屡愆秋期，登此山绝望，忧感而死。”“绝望”即远望。

长、远与高、深是相对的，“绝”还可以表示高和深。晋郭璞《江赋》：“若乃巴东之峡，夏后疏凿，绝岸万丈，壁立赮驳。”唐杜甫《白沙渡》诗：“畏途随长江，渡口下绝岸。”北魏郦道元《水经注·漾水》：“汉水又东南径瞿堆西，又屈径瞿堆南，绝壁峭峙，孤险云高，望之形若覆唾壶。”这里的“绝”是从空间上讲，表示高耸陡峭。

《孙子·行军》：“凡地有绝涧、天井、天牢、天罗、天陷、天隙，必亟去之，勿近也。”南朝梁江淹《青苔赋》：“绝磵俯视，崩壁仰顾。”“绝磵”（或作“绝涧”）犹言深涧。唐于邵《送家令祁丞序》：“非奇峰绝壑，则不能运其机；非缘情体物，则不能动其兴。”“绝壑”谓深谷。

《汉书·西域传上·罽宾国》：“所以不报恩不惧诛者，自知绝远，兵不至也。”北魏郦道元《水经注·若水》：“汉武帝时，通博南山道，渡兰仓津，土地绝远,行者苦之。""绝远"谓遥远①,是并列结构。

同理,"幽绝"也是并列结构。

三、掩映

"掩映"是中古近代的常见词语,现代汉语依然使用,但是其含义与结构并不简单。

(一)"掩映"的含义

1.谓或遮或露,时隐时现。

(1)唐白居易《夜泛阳坞入明月湾即事寄崔湖州》:"掩映橘林千点火,泓澄潭水一盆油。"

(2)宋晏殊《渔家傲》:"风飐乱,高低掩映千千万。"

(3)宋潘阆《忆余杭》:"长忆钱塘,不是人寰是天上。万家掩映翠微间,处处水潺潺。"

(4)宋王安石《江上》:"青山缭绕疑无路,忽见千帆隐映来。"

(5)清孙岳颁、王原祁等《佩文斋书画谱》卷八十七《明莫是龙山水》:"莫廷韩山水小景得白石翁笔意,此卷为宋光禄安之写,即其洄流沓嶂,烟霏云树,开合隐映,山居风致,宛然余家,九山中朝夕无非画境。"

以上两例"隐映"与"掩映"同义。

2.遮蔽;隐蔽义。

(6)唐李邕《嵩岳寺碑》:"雁阵长空,云临层岭,委郁贞柏,掩映天榆。"

(7)唐元稹《赛神》:"采薪持斧者,弃斧纵横奔。山深多掩映,仅免鲸鲵吞。"

(8)宋李觏《乡思》:"人言落日是天涯,望极天涯不见家。已恨碧山相掩映,碧山还被暮云遮。"

(9)元郑光祖《老君堂》第一折:"我在此树边掩映着,等他出来时,着他死于斧下。"

---

① 《汉语大词典》释"绝远"为"极其辽远",亦未确。

(10)元李文蔚《燕青博鱼》第三折"滚绣球":"他若是但回身,我在这背阴中掩映。"

(11)元郑光祖《㑳梅香骗翰林风月》第一折"赚煞":"行过那梧桐树儿边金井,井阑边把身躯儿掩映。"

(12)清《圣祖仁皇帝御制亲征朔漠纪略》:"遂将大兵,分排队伍,绿旗居中,汉军火器营排列两傍,盔甲烜赫,士卒奋勇,旌旗辉耀,掩映山川。"

由遮蔽义引申,有抽象的盖过、压倒义。

(13)唐李白《陈情赠友人》:"多君骋逸藻,掩映当时人。"

(14)唐高仲武《中兴间气集·郎士元》:"'萧条夜静边风吹,独倚营门向秋月',可以齐衡古人,掩映时辈。"

(二)如何解释"掩映"这两个含义?

从分析"掩映"的结构入手。"掩映"有同义并列结构与反义并列结构两种方式并存。

1."映"有遮蔽义。"掩映"为同义并列结构。

《说文新附·日部》:"映,隐也。"《文选·颜延之〈应诏观北湖田收〉》:"楼观眺丰颖,金驾映松山。"李善注:"映,犹蔽也。"细分析,"映"的遮蔽义在应用时有以下几类:

第一,遮蔽,遮挡,及物动词,带宾语。北魏贾思勰《齐民要术·笨曲并酒》:"四度酘者,及初押酒时,皆回身映火,勿使烛明及瓮。""映火"谓遮蔽火光。

唐杜甫《蜀相》:"映阶碧草自春色,隔叶黄鹂空好音。""映阶"谓遮蔽台阶,形容草繁茂。

唐胡令能《小儿垂钓》:"蓬头稚子学垂纶,侧坐莓苔草映身。路人借问遥招手,怕得鱼惊不应人。""草映身"谓野草遮蔽了身体。

唐李白《姑熟十咏·慈姥竹》:"野竹攒石生,含烟映江岛。翠色落波深,虚声带寒早。""映江岛"谓遮蔽江岛。

以上四例为动宾结构,"映"为及物动词,谓遮蔽住,后接遮蔽的对象。

第二,"映"是不及物动词,表示"隐蔽于",或曰"被遮蔽"的意思。如:

唐李白《采莲曲》:“若耶溪旁采莲女,笑隔荷花共人语。日照新妆水底明,风飘香袂空中举。岸上谁家游冶郎,三三五五映垂杨。”是说游冶郎遮蔽在垂杨中,或者说被垂杨遮蔽着。

隐蔽于某处也有两种情形:

一是被遮蔽义。唐崔国辅《今别离》:“送别未能旋,相望连水口。船行欲映洲,几度急摇手。”“映洲”即被小洲遮挡。此为被动例。

二是主动的隐藏义:

唐蒋防《霍小玉传》:“生惊视之,则见一男子,年可二十余,姿状温美,藏身映幔,连招卢氏。”映幔,即隐于幔,谓以幔为蔽,就是“藏身”的意思。

唐杜光庭《虬髯客传》:“公方刷马,忽有一人,中形,赤髯而虬,乘蹇驴而来。投革囊于炉,取枕欹卧,看张梳头。公怒甚,未决,犹刷马。张熟视其面,一手握发,一手映身摇示公,令勿怒。”一手映身,谓以身遮住手势,即一手隐蔽于身。

宋陆游《初夏幽居杂赋》:“披丛采香草,映树看珍禽。”“映树”谓隐于树后。

宋洪迈《夷坚甲志·孟蜀宫人》:“(陈甲)闻堂上妇人语笑声,即起,映门窥观。”“映门”即隐蔽于门后。①

以上“映”皆隐藏、遮蔽义。

“掩”是遮蔽义,不用分析。故“掩映”可以是同义并列结构,表示遮掩。

“映”表示遮蔽义构成的同义并列复音词很多。比如:

隐映 唐杜甫《往在》:“中兴似国初,继体如太宗。端拱纳谏诤,和风日冲融。赤墀樱桃枝,隐映银丝笼。千春荐陵寝,永永垂无穷。”唐杜甫《解闷十二首》之九:“忆过泸戎摘荔枝,青枫隐映石逶迤。京中旧见君颜色,红颗酸甜只自知。”唐王维《牛岭见黄花川》:“危径几万转,数里将三休。回环见徒侣,隐映隔林丘。飒飒松上雨,潺潺石中流。静言深溪里,长啸高山头。”

遮映 宋孟元老《东京梦华录》卷七“清明节”条:“轿子即以杨柳杂花装簇顶上,四垂遮映。”元张养浩《朝天曲·锦屏》:“故把清风,遮映摇动,水和山俱

---

① “映”有遮掩义,许政扬已有讨论,上引例证参《许政扬文存》,第 29 页。另外,蒋绍愚《唐诗语言研究》附录《唐诗语词札记》392 页,王锳《诗词曲语辞例释》292 页,魏耕原《唐宋诗词语词考释》99 页亦训为隐藏、隐没义。可以参看。

有声。”

映蔽　《隋书·律历志下》：“凡日食，月行黄道，体所映蔽，大较正交如累璧，渐减则有差。”

映蔚　南朝宋谢灵运《石壁精舍还湖中作》：“芰荷迭映蔚，蒲稗相因依。”

蔚映　南朝梁刘勰《文心雕龙·时序》：“赞曰：蔚映十代，辞采九变。”“蔚映”谓盖过、压倒义。

映暧　南朝梁江淹《莲华赋》：“既翕艳于洲涨，亦映暧于川浔。”按《后汉书·周燮黄宪等传赞》：“韬伏明姿，甘是堙暧。”李贤注：“暧，犹翳也。”

填映　《旧唐书·郑元璹传》：“元璹在母丧，高祖令墨绖充使招慰。突厥从介休至晋州，数百里间，精骑数十万填映山谷，及见元璹，责中国违背之事，元璹随机应对，竟无所屈。”

荫映　唐玄奘译《阿毘达磨俱舍论》卷七：“或时复有从少生多，如细种生诸瞿陀树，根茎枝叶渐次增荣，耸干垂条多所荫映。”五代齐己《荆渚病中，因思匡庐，遂成三百字寄梁先辈》：“狂吟树荫映，纵踏花蔫烟。”明刘基《飞龙引》：“花光五色明朝霞，扶疎荫映玉皇家，沉精降液为丹砂。”

阴映　唐元稹《清都夜境》：“楼榭自阴映，云牖深冥冥。”明张萱《疑耀·燕脂》：“有一说，‘燕脂’作‘烟支’。唐睿宗女代国长公主，少尝作烟支，弃子于阶，后乃丛生成树，公主叹曰：‘人生能几，我初笄，尝为烟支，弃其子，今成树，阴映琐闱，人岂不老乎？’”

所以，“掩映”可以表示同义并列，谓遮掩、遮蔽。现代汉语基本不用这个含义。

2.“映”有光亮和映照等义。“掩映”为反义并列结构。

汉王粲《七哀》：“山岗有余映，岩阿增重阴。”唐杜甫《忆昔行》：“落日初霞闪余映，倏忽东西无不可。”“余映”即余辉。

南朝宋谢灵运《登江中孤屿》：“云日相辉映，空水共澄鲜。”“辉映”谓照耀，是同义并列结构。

《西京杂记》卷六引汉中山王《文木赋》：“修竹映池，高松植巘。”唐王维《青溪》：“漾漾泛菱荇，澄澄映葭苇。”以上二例“映”都是动词，映照、倒映的意思。宋王安石《金山寺》：“谁言张处士，雄笔映千古。”这是比喻义，谓照耀千古。

所以，“掩映”可以表示反义并列，谓时隐时现。现代汉语依然有这个用法。

3.“映”何以有这两个完全相反的意思？

笔者以为，“映”的本义从“日”，表示日光照耀，而照耀与笼罩、遮蔽难以区分。这是二义的关联点。三国魏阮籍《咏怀》之一：“明日映天，甘露被宇。蓊郁高松，猗那长楚。”“映天”与“被宇”相应。南朝宋鲍照《代阳春登荆山行》：“日气映山浦，暄雾逐风收。”这里的“映”可以看作笼罩义。宋苏轼《寒食未明至湖上，太守未来，两县令先在》：“映山黄帽螭头舫，夹道青烟鹊尾炉。”这里的“映”可以看作遮蔽义。

一个物体的一面被照耀，其另一面就一定是被遮蔽，所以，“映”可以表示照耀或光亮义，同时也就有了遮蔽义。唐刘长卿《题灵佑上人法华院木兰花》：“庭种南中树，年华几度新。已依初地长，独发旧园春。映日成华盖，摇风散锦茵。色空荣落处，香醉往来人。菡萏千灯遍，芳菲一两均。高柯傥为楫，渡海有良因。”“映日成华盖”即遮住日光成为伞盖。大树一面是阳光照耀着，下面就是遮蔽的树荫，就成了“华盖”，这是一个事物的两个方面。

“掩映”表示或遮或露，时隐时现，是古今都有的含义；而“掩映”表示遮掩，遮蔽，是古义，今人往往误解。

四、映山红

与“掩映”相关，顺便讨论“映山红”（杜鹃花）的含义。

“映山红”是杜鹃花的别名，根据前文分析“映”的含义，“映山红”可以有两解：其一，可以理解为照耀山林的红色，或者说照耀山林一片红。宋阮阅《诗话总龟》卷二一引宋李颀《古今诗话》：“映山红生于山坡欹侧之地，高不过五七尺，花繁而红，辉映山林，开时杜鹃始啼，又名杜鹃花。”是其证。其二，是否还可以理解为遮蔽山的红，漫山遍野的红？明朱橚《救荒本草》卷六：“山里果儿，一名山里红，又名映山红。”郭沫若《杜鹃》：“声是满腹乡思，血是遍山踯躅。”笔者以为后者的理解更好。为了证明这一点，我们再讨论“映山”一词的含义：

有“照山”义。南朝陈伏知道《从军五更转》诗之五：“五更催送筹，晓色映山头。”宋杨万里《明发西馆晨炊蔼冈》诗之二：“日日锦江呈锦样，清溪倒照映山红。”

有“遮山”义。唐贾岛《寄钱庶子》：“曲江春水满，北岸掩柴关。秖有僧邻舍，全无物映山。”《三国演义》第十六回：“昼列旌旗，遮映山川；夜设火鼓，震明天地。”“遮映山川”似可理解为遮蔽山川。而遮蔽山川，即可理解为“遍山”。

下面的例子更能证明照耀与笼罩、遮蔽是相联系的。元关汉卿《单刀会》第三折：“三股叉，四楞锏，耀日争光；五方旗，六沉鎗，遮天映日。”“遮天映日”是夸张手法，犹言遮天蔽日。所以，笔者以为“映山红”当理解为遮蔽山川的红，也就是遍山红，满山红。

通过以上讨论，可以说明词语结构关系和含义是复杂的：其一，一词可以有不同的结构；其二，结构不同可以意义相同；其三，结构相同可以意义不同。词语结构不同或变化的原因之一，是后人语素义理解的单一化，不知道语素义的古今差别，如“幽寻”。词语结构不同或变化的原因之二，是一个语素根据辩证的关系，可以引申出不同或完全相反的含义，“掩映”即其例。

第二节　复音词结构关系的成词理据①

中古以来产生大量复音词。如《左传・桓公六年》：“故奉牲以告曰：‘博硕肥腯’，谓民力之普存也，谓其畜之硕大蕃滋也。”孔颖达正义：“博硕言其形状之大，蕃滋言其生乳多。硕大、蕃滋皆复语也。”前人称为“复语”的往往是复音词中的一种——同义并列式复音词。

古人不仅注意到复音词，也已关注复音词的结构分析。《诗・邶风・终风》：“谑浪笑敖，中心是悼。”毛传：“中心，心中。”《小雅・菁菁者莪》：“菁菁者莪，在彼中沚。”毛传：“中沚，沚中。”可见，毛亨就注意到了双音节方位词结构的内部差异，至少西汉时方位词已经固定为“～中”的偏正式结构，与现代汉语表达方式相同了。《诗・周南・葛覃》：“葛之覃兮，施于中谷。”毛传：“中谷，谷中。”孔颖达疏：“中谷，谷中。倒其言者，古人之语皆然，诗文多此类也。”孔颖达也注意到古人方位词结构的不同。

复音词有复杂的结构类型：词形相同可以有不同的结构；结构不同可以有

---

① 《谈谈复音词结构关系与成词理据》发表于《古汉语研究》2013年第4期。内容有所删改。

同样的意义;结构相同可以有不同的意义,等等。笔者主张,要理解复音词的词义,应当从结构入手。因为理解词义未必会分析其结构;误解词义往往源于误解结构。分析复音词结构,在形音义三者互相求的基础上,还要置于广阔的语言背景中。要综合语言的各个要素,从语素意义、语法关系、字形关系等语言内部入手;也要从社会生活、民俗习惯等语言外部因素考虑。本节以三个常见的复音词"草拟""隐痛""败绩"为例,探讨其结构关系与成词理据。

一、草拟

分析复音词结构就是探讨成词理据。有的复音词我们能理解其现代的含义,但未必知道其成词的理据,误解词义则往往源于误解结构。《汉语大词典》中此类较多。这里举"草拟"一词为例。"我草拟了一份文件。"这份文件完成没有?《汉语大词典》"草拟"一词的解释是:"起草;初步设计。"这样理解对不对?

"草"本为草本植物的总名,草破土而出,是从无到有,因而凡创造创作谓"草"。《汉书·郊祀志上》:"文帝召公孙臣,拜为博士,与诸生申明土德,草改历服色事。"又《贾谊传》:"乃草具其仪法。"颜师古均注:"草谓创造之。"法律、规则等的创制、撰写也是一种创造,故有撰写义。《论语·宪问》:"为命,裨谌草创之,世叔讨论之,行人子羽修饰之,东里子产润色之。"杨伯峻注:"郑国外交辞令的创制,裨谌拟稿……子产作文词上的加工。"《汉书·司马迁传》:"凡百三十篇,亦欲以究天人之际,通古今之变,成一家之言。草创未就,适会此祸,惜其不成,是以就极刑而无愠色。""草创"为同义并列结构,谓撰写。《汉语大词典》引以上"草创"例,解释为"起稿",不够明晰。

以下是由"草"构成的复音词,能够进一步证明"草"的创制、撰写义:

[**草律**]创制法律。《汉书·艺文志》:"汉兴,萧何草律。"南朝梁刘勰《文心雕龙·练字》:"汉初草律,明著厥法;太史学童,教试六体;又吏民上书,字谬辄劾。"

[**草札**]写文章。南朝梁何逊《答江革联句不成》诗:"日余乏文干,逢君善草札。工拙既不同,神气何由拔。"

[**草疏**]写奏章。明叶盛《水东日记·奏效各有机会》:"一日午后偶暇,为草疏,适书人又皆具,既成,视日尚未暮,遂封进。"

[草檄]写檄文。亦泛指撰写官方文书。《陈书·蔡景历传》："部分既毕，召令草檄，景历援笔立成。"唐戴叔伦《送崔融》诗："陈琳能草檄，含笑出长平。"①

以上为动宾式。"草"是比较明显的"撰写"的意思。而《汉语大词典》多处解释为"草拟"。如此就不知道是否完成了。

[草就]写成。《东周列国志》第一〇三回："使者去后，樊於期草就檄文。"《汉语大词典》的解释是"底稿草拟完成"，置于句中则文义不通。

以上为动补式。

[草立]创立；撰写。《汉书·任敖传》："于是文帝召公孙臣以为博士，草立土德时历制度，更元年。"南朝梁沈约《上宋书表》："宋故著作郎何承天始撰《宋书》，草立纪传，止于武帝功臣。"②

[草具]创立；撰写。《史记·屈原贾生列传》："贾生以为汉兴至孝文二十余年，天下和洽，而固当改正朔，易服色，法制度，定官名，兴礼乐，乃悉草具其事仪法。"《南史·文学传·杜之伟》："中大通元年，梁武帝幸同泰寺舍身，敕勉撰仪注。勉以先无此礼，召之伟草具其仪。"③

以上为并列式。

"拟"也是撰写义。《后汉书·公孙瓒传》："观绍所拟，将必阶乱。"南朝梁刘勰《文心雕龙·时序》："擢公孙之对策，叹兒宽之拟奏。""拟奏"就是写奏章。所以，"草拟"就是撰写，并列结构。

简言之，"草拟"在古代是同义并列结构，撰写义；而现代汉语中多理解为偏正结构，或曰状中结构，即打草稿，写初稿。久之，也积非成是了。

顺便讨论复音词结构复杂性的两个方面。

第一，词形相同可以有不同的结构。以"草制"一词为例：

(1)《新唐书·薛元超传》："省中有盘石，道衡为侍郎时，常据以草制，元超每见辄泫然流涕。"

(2)《宋史·朱胜非传》："建炎改元，试中书舍人兼权直学士院。时方

① 《汉语大词典》解释为"草拟檄文"。未确。

② 《汉语大词典》解释为"创立；起草"。后一义未明晰。

③ 《汉语大词典》解释为"初步制定，草拟"。未确。

草创，胜非凭败鼓草制，辞气严重如平时。”

(3)明王琼《双溪杂志》：“凡草制纂修等事，惟翰林院掌之。”

例(1)谓伏在磐石上撰写制书，例(2)是靠在破鼓上撰写制书，均为动宾式。例(3)“草制纂修”四字并列，故“草制”当是并列式动词。南朝梁刘勰《文心雕龙·神思》：“阮瑀据案而制书，祢衡当食而草奏。”此以“制书”与“草奏”同义对文，证明“制”与“草”同义，都指撰写。①《汉语大词典》解释“草制”为“草拟制书”，含义不确切。

第二，结构相同可以有不同的词性和意义。以“草奏”一词为例：

(1)《汉书·王莽传上》：“竦者博通士，为崇草奏，称莽功德。”

(2)唐戴叔伦《赠司空拾遗》：“陈琳草奏才还在，王粲登楼兴不赊。”

(3)唐杜甫《承闻河北诸道节度入朝欢喜口号绝句》之七：“衣冠是日朝天子，草奏何时入帝乡？”

(4)《宋史·孝宗纪一》：“(史浩)亟入为帝言，太子不宜将兵。乃为草奏，因中宫以进。”

以上四例都是动宾式。其中例(3)作为名词，就是撰写的奏章。其他三例是动词，谓写奏章。这说明，结构相同还可以有不同的含义、不同的词性。

二、隐痛

刘大白《秋之泪》诗之十七：“凭你是怎样秘密的隐痛，总瞒不过泪神，轻轻地给你随意泄漏了。”“秘密的隐痛”是什么意思？是否重复？我们分析《汉语大词典》对复音词“隐痛”的释义，希望说明释义含混往往源于误解结构。

《汉语大词典》“隐痛”条：1. 内心深处深感苦痛。2. 指内心深处的痛苦。3. 轻微的疼痛。4. 喻难言之隐。

“隐痛”是什么意思？东汉何休注《公羊传》常用“隐痛”一词，且多为及物动词。如《公羊传·隐公元年》：“所见异辞，所闻异辞，所传闻异辞。”何休注：

① “制”有撰写、创作义。三国魏曹植《与杨德祖书》：“昔尼父之文辞，与人通流。至于制《春秋》，游夏之徒，乃不能措一辞。”晋石崇《〈思归引〉序》：“寻览乐篇，有《思归引》。傥古人之情，有同于今，故制此曲。”是其证。

“主所以卒大夫者，明君当隐痛之也。君敬臣则臣自重，君爱臣则臣自尽。”《成公三年》：“宣宫则曷为谓之新宫？不忍言也。”何休注：“亲之精神所依而灾，孝子隐痛，不忍正言也。谓之新宫者，因新入宫，易其西北角，示昭穆相继代，有所改更也。”《襄公三十年》：“夏，四月，蔡世子般弑其君固。”何休注：“不日者，深为中国隐痛有子弑父之祸，故不忍言其日。”细品文意，可以看出“隐痛”谓伤痛、悲痛。

其他注家也常用此词。《谷梁传·桓公二年》：“桓无王，其曰王，何也？正与夷之卒也。”范宁集解：“诸侯之卒，天子所隐痛。奸逆之人，王法所宜诛，故书王以正之。”《论语·述而》：“子食于有丧者之侧，未尝饱也。”邢昺疏：“食而不饱，以丧者哀戚，若饱食于其侧，是无恻怆隐痛之心也。”

显然“隐痛”是东汉以来流行的复音词。从上述各例文义可以看出，“隐痛”是哀伤、悲痛的意思。最后一例“恻怆”与“隐痛”平列，证明其含义相同。

所以《汉语大词典》第一个含义“内心深处深感苦痛”，是增字为训，无法与“隐痛”二字相对应。第二个含义应是名词，伤痛义。

“隐痛”是什么结构？先贤已经注释得很清楚了：

> 《诗·邶风·柏舟》：“耿耿不寐，如有隐忧。”毛传：“隐，痛也。”
>
> 《孟子·梁惠王上》：“王若隐其无罪而就死地，则牛羊何择焉？”赵岐注：“隐，痛也。”
>
> 《公羊传·隐公三年》：“过时而日，隐之也。”何休注：“隐，痛也。痛贤君不得以时葬，丁亥葬齐桓公是也。”

所以“隐痛”为同义并列结构。《公羊传·庄公元年》：“隐之也。孰隐？隐子也。”何休注：“隐痛是子之祸，不忍言即位。”此例是用“隐痛”解释“隐”，为伤痛之义。

还有一个旁证：《楚辞·九章·惜诵》：“背膺牉以交痛兮，心郁结而纡轸。”王逸注：“轸，隐也。言己不忍变心易行，则忧思郁结，胸背分裂，心中交引而隐痛也。”洪兴祖补注：“轸，痛也。”王逸注“轸”为“隐”，释为“隐痛”；洪兴祖注“轸”为“痛”，可以证明“隐痛”同义连言。而刘大白《秋之泪》“秘密的隐痛”，是说秘密的伤痛，正符合其本义，没有不通或重复之处。

“隐”是伤痛义、忧伤义，相关的双音词很多，但是词典往往误解，或解释含混牵强。

例一、隐恻

《楚辞·刘向〈九叹·惜贤〉》:“欲卑身而下体兮,心隐恻而不置。”王逸注:“心中恻然而痛,不能置中正而行佞谀也。”《后汉书·鲁恭传》:“司隶典司京师,四方是则,而近于春月分行诸部,托言劳来贫人,而无隐恻之实。”“隐恻”谓忧伤、怜悯。《资治通鉴·汉武帝元光二年》:“今边境数惊,士卒伤死,中国槥车相望,此仁人之所隐也。”胡三省注:“隐,恻也。”是其证。而《汉语大词典》“隐恻”条的解释比较含混:“1.内心深处深感痛苦。2.恻隐,怜惜。3.谓虽有忧伤而深沉不露。”其实,第二个解释是正确的,其余两个不妥。

可以作为有力证据的是与“隐恻”同义且更为常见的“恻隐”一词,也是哀伤、悲痛义,为同义并列结构。《楚辞·刘向〈九叹·忧苦〉》:“外彷徨而游览兮,内恻隐而含哀。”《孟子·公孙丑上》:“今人乍见孺子将入于井,皆有怵惕恻隐之心。”唐储光羲《田家即事》诗:“我心多恻隐,顾此两伤悲。”是其例。现代汉语中多表示怜悯义。“恻”有忧伤、伤痛义。《易·井》:“井渫不食,为我心恻。”孔颖达疏:“井渫而不见食,犹人修己全洁而不见用,使我心中恻怆。”《礼记·问丧》:“恻怛之心,痛疾之意,悲哀志懑气盛,故袒而踊之。”“恻怆”“恻怛”也是并列结构。“隐恻”“恻隐”与之结构相同。

例二、隐忧

“隐忧”同义并列,谓忧伤。而《汉语大词典》解释为“深深的忧虑”,误为偏正结构。《诗·邶风·柏舟》:“耿耿不寐,如有隐忧。”毛传:“隐,痛也。”《楚辞·严忌〈哀时命〉》:“夜炯炯而不寐兮,怀隐忧而历兹。”王逸注:“如遭大忧,常怀戚戚,经历年岁,以至于此也。”此以“戚戚”释“隐忧”。宋陈亮《祭王道甫母太宜人文》:“人之隐忧,子之巨创,交发并至,其胡可言!”①

“隐忧”同义,就是哀痛、忧伤,还有注家更为直接的证据。《国语·晋语二》:“使寡君之绍续昆裔,隐悼播越,托在草莽,未有所依。”韦昭注:“隐,忧也。”②《楚辞·九章·悲回风》:“孰能思而不隐兮,照彭咸之所闻。”王逸注:“隐,忧也。”《后汉书·袁绍传》:“臣所以荡然忘哀,貌无隐戚者,诚以忠孝之

---

① 以上三例源于《汉语大词典》。

② “隐悼”,《汉语大词典》的解释是“沉痛悼念”,误为偏正式。

节，道不两立。”李贤注：“隐，忧也。”《楚辞·刘向〈九叹·怨思〉》：“志隐隐而郁怫兮，愁独哀而冤结。”王逸注：“隐隐，忧也。”《荀子·儒效》：“隐隐兮其恐人之不当也。”杨倞注：“隐隐，忧戚貌。”以上解释均可证明“隐忧”同义并列。

伤痛与忧伤、哀怜其义相因，是不难理解的。如《孟子·梁惠王上》：“王若隐其无罪而就死地，则牛羊何择焉？”赵岐注：“隐，痛也。”杨伯峻进一步解释：“哀痛，可怜。”前人对“隐”的伤痛义、忧伤义、怜悯义，已经揭示得很清楚了。但是囿于“隐”常见的“隐藏”义，人们依然误解。

例三、隐悯（隐闵、隐愍）

《楚辞·严忌〈哀时命〉》：“然隐悯而不达兮，独徙倚而彷徉。”王逸注“隐悯”：“言己隐身山泽，内自悯伤。”这个解释显然牵强。《文选·颜延之〈北使洛〉》：“隐悯徒御悲，威迟良马烦。”吕向注：“隐悯，忧叹貌。”此注近是。“隐悯”就是忧伤。《汉语大词典》解释曰：“谓隐居不得志而忧伤。”亦误解了结构关系。

“隐闵”与“隐悯”同。《楚辞·九章·思美人》：“宁隐闵而寿考兮，何变易之可为！”马茂元注：“隐闵，隐忍着忧闵。”这个解释依然是误解了结构关系。①

还写作“隐愍”。《魏书·李彪传》：“自太和以降，有负罪当陷大辟者，多得归第自尽。遣之日，深垂隐愍。”②

与“隐悯”相近的双音词很多，兹举“隐恤”一词。《三国志·魏志·王脩传》：“奉举家得疾病，无相视者，脩亲隐恤之。”《梁书·武帝纪上》：“及城开，帝并加隐恤，其死者命给棺槥。”“隐恤”就是怜悯、照顾。③

例四、隐忿

《楚辞·刘向〈九叹·惜贤〉》：“冤结未舒，长隐忿兮。”王逸注：“言己抱守冤结，长隐山野，心中忿恨无已时也。”王逸的解释再次割裂了双音词“隐忿”的并列关系。“隐忿”就是伤痛，忿恨。《汉语大词典》解释“隐忿”曰：“心怀忿恨；心中的忿恨。”误。

例五、难言之隐

《汉语大词典》“隐痛”的第四个义项是“难言之隐”，那么“难言之隐”究竟

---

① 《汉语大词典》据此解释“隐闵”为“隐忍着忧伤。闵，通‘悯’。”误。

② 《汉语大词典》解释“隐愍”为“怜悯”，是。

③ 《汉语大词典》解释“隐恤”为“哀怜抚恤”，是。

是什么意思？“难言”是无法言说、无法表达的意思。《礼记·檀弓下》：“丧有死之道焉，先王之所难言也。”愉快无法表达可以用“难言”，如宋李清照《满庭芳》词：“难言处，良宵淡月，疏影尚风流。”忧伤无法表达也用“难言”，如《儿女英雄传》第十二回：“公子也觉心中十分伤惨，哽咽难言。”“隐”是伤痛义，所以“难言之隐”就是“难言之痛”，即说不清楚的伤痛，无法表达的伤痛。例如：

清蒋溥等辑《御览经史讲义》卷二十八《史·唐高祖武德九年置宏文馆》：“谨按圣王之治天下也，民无难言之隐，物无或遁之情，且能使天下之人乐事劝功，孜孜而不倦。”

清何焯《义门读书记》卷四十八：“彼以求女为失喻、幽昏为无礼者，盖未窥寻及此耳。吾师此论，实有以究难言之隐，发前贤所未发，当与作者共千古矣。”

清何焯《义门读书记》卷五十：“此篇所以庶武罗于羿界之域，想王蠋于亡齐之境，聊以寄其难言之隐也。”

《汉语大词典》解释“难言之隐”是：“难于说出口的隐情。”这是现代汉语的理解了。“隐”何以有“隐情”之义，是人们由“隐藏”义推导出来的，而非词固有的意义。现代汉语解释为难以启齿的、羞于开口说的隐情，已经积非成是了。

“隐”何以有伤痛义？笔者推测“隐”的本义是隐藏，隐藏则导致遮掩、堵塞。施于人体，经络堵塞则不通，不通则痛，故有伤痛义。所谓“通则不痛，痛则不通”。而由伤痛义引申出忧伤、怜悯、怨恨等义也是合于情理的。这大概是“隐”诸多义项的发展脉络。当然，更为传统且常见的说法是：“隐”通“殷”，而“殷”有伤痛、怜悯义①。而《集韵·隐韵》曰：“慇，痛也。通作隐。”也许殊途同归，目前尚无法说清。

① 《说文·心部》：“慇，痛也。”段注：“《柏舟》：‘耿耿不寐，如有隐忧。’传曰：‘隐，痛也。’此谓隐即‘慇’之假借，痛忧犹重忧也。《桑柔》：‘忧心慇慇。’《释训》：‘慇慇，忧也。’谓忧之切者也。凡经传隐训痛者，皆《柏舟》诗之例。”《说文通训定声·屯部第十五》：“慇，痛也。从心，殷声。《诗·正月》：‘忧心慇慇。’亦重言形况字。《柏舟》：‘如有隐忧。’《左传》：‘隐民将取食焉。’以隐为之。”黄侃《说文段注小笺·阜部》：“隐，隐痛。借为慇。”

简言之，“隐痛”等复音词在古代是并列结构，而现代汉语中因为对“隐”的误解，已经当作偏正结构使用了。

三、败绩

就复音词来说，理解词义，应当从结构入手。如何分析复音词结构呢？复音词的构词理据，大致不外乎语言本身的因素和语言外部的因素两方面。语言词汇是对客观现实的反映，也是人们对世界认识程度的呈现，所以外部的原因占了一定的比重，放在比较大的历史语言环境中，结合语言内部的构词规律，尤其与同类型双音词比较，其含义就容易理解了。如果仅从单个词或个案去分析，往往各执一词，缺乏说服力。下面举“败绩”一词分析之。

“败绩”是上古时期的常用词，如《左传·庄公九年》：“秋，师及齐师战于乾时，我师败绩，公丧戎路，传乘而归。”又《僖公二十二年》：“冬十有一月己巳朔，宋公及楚人战于泓，宋师败绩。”中古时期除了仿古作品外，比较少见，现代汉语中完全消失。“败绩”是不是一个合乎规范的常见复音词？究竟是什么含义？古人已经有解释：

《左传·庄公十一年》：“大崩曰败绩。”晋杜预注：“师徒挠败，若沮岸崩山，丧其功绩，故曰败绩。”这个解释已经非常明确了：“丧其功绩，故曰败绩。”但是人们还有不同的理解，如明汪瑗《楚辞集解》释屈原《离骚》“恐皇舆之败绩”云：“败绩则指车之覆败，以喻君国之倾危也，旧注谓败先王之功，非是。”明王夫之《楚辞通释》：“败绩，车覆也。”清江永《礼记训义择言》解《礼记·檀弓上》“马惊败绩，公队，佐车授绥”云：“败绩，谓车覆。”清邵泰衢《檀弓疑问》曾有解释，四库馆臣概括道：“又乘丘之战一条，泰衢疑鲁庄公败绩之误，不知古人军溃曰败绩，车覆亦曰败绩。《左传》所云‘败绩覆压’者是也。”①按照邵泰衢的说法，《左传》中的“败绩”有二义：军队溃败称“败绩”，战车倾覆也叫“败绩”。

人们探讨“败绩”与“车覆”的关系，认为“绩”当车辙讲，主要源于《左传·庄公十年》：

> 公将鼓之。刿曰：“未可。”齐人三鼓。刿曰：“可矣。”齐师败绩。公将

---

① 四库馆臣认为邵泰衢“亦疏于考据”。见《四库全书总目》卷21经部21。

驰之。刿曰:“未可。”下视其辙,登轼而望之,曰:“可矣。”遂逐齐师。既克,公问其故。对曰:“……吾视其辙乱,望其旗靡,故逐之。”

这里有“车辙”,因而引发了“绩”通“迹”的推论,认为“败绩”即车倾覆①。笔者以为,关于“败绩”一词的含义,应结合上古的社会生活和构词规律两方面来考察。

先看外部原因。我国古代是农耕社会,“耕织”是生活劳作的重要内容。《公羊传·宣公十五年》:“什一行而颂声作矣。”东汉何休注:“……民春夏出田,秋冬入保城郭。田作之时,春,父老及里正旦开门坐塾上,晏出后时者不得出,莫不持樵者不得入。五谷毕入,民皆居宅,里正趋缉绩,男女同巷,相从夜绩,至于夜中,故女功一月得四十五日作,从十月尽正月止。”可见,庄稼劳动之外,就是纺绩了。此正是“衣食”二事。

纺织工序很多,相关的词也很多。“绩”是纺织的前期工作,指析麻捻接成线。《诗·陈风·东门之枌》:“不绩其麻,市也婆娑。”《诗·陈风·东门之池》:“可以沤麻。”郑玄笺:“于池中柔麻,使可缉绩作衣服。”《三国志·魏志·乌丸鲜卑东夷传》:“种禾稻、纻麻,蚕桑、缉绩,出细纻、缣绵。”古人用“绩”来代指纺织这个生活中的重要内容。《说文·糸部》:“缉,绩也。”段玉裁注:“析其皮如丝,而撚之,而剿之,而续之,而后为缕,是曰绩,亦曰缉。”段玉裁把绩麻的工序说得很细致了。

“纺绩”在古人生活中是相当重要的,更是女性的主要职责。《吕氏春秋·爱类》:“女有当年而不绩者,则天下或受其寒矣。”汉刘向《列女传·鲁季敬姜》:“《诗》曰:‘妇无公事,休其蚕织。’言妇人以织绩为公事者也。”《汉书·食货志上》:“妇人同巷,相从夜绩。”是其证。

“绩”可以代表衣食住行中的“衣”,是人们生活中占据重要地位的工作和事情,是一项“功”,因而各种功业、功劳都可用“绩”表示。《书·尧典》:“允厘百工,庶绩咸熙。”此称“庶绩”。《逸周书·常训》:“古者明王奉法以明幽,幽王奉幽以废法,奉则一人也,而绩功不同,明王是以敬微而顺分。”“绩功”同义连言。段玉裁把“绩”的引申义阐释得尤为清楚:

① 此后的许多讨论都围绕这个内容,为省篇幅,这里从略。

> 《说文·糸部》："绩，缉也。"段玉裁注："绩之言积也，积短为长，积少为多，故《释诂》曰：'绩，继也，事也，业也，功也，成也。'《左传》曰：'远绩禹功。'《大雅》曰：'维禹之绩。'传曰：'绩，功也。'"

各种业绩中最大的当数帝王之业。《诗·大雅·文王有声》："丰水东注，维禹之绩。"其次是政绩。《三国志·蜀志·邓芝传》："（邓芝）所在清严有治绩，入为尚书。"民间的工作也可以称功绩。三国魏曹操《请爵荀彧表》："野绩不越庙堂，战多不逾国勋。""野绩"是与庙堂之绩相对而言的民间的功绩。

功业需要查验和排序。《书·舜典》："三载考绩。三考，黜陟幽明。"《公羊传·僖公四年》："前此者有事矣，后此者有事矣。则曷为独于此焉？与桓公为主？序绩也。"何休注："序，次也；绩，功也。累次桓公之功德，莫大于服楚；明德及强夷，最为盛。"北周庾信《周太子太保步陆逞神道碑》："考绩入于岁成，论功书之年表。"是其证。

有功绩则名声好，故"绩"还可以表示声誉等。《后汉书·陈蕃传》："时李膺为青州刺史，名有威政，属城闻风，皆自引去，蕃独以清绩留。""清绩"谓好名声。《三国志·魏志·满田牵郭传论》："牵招秉义壮烈，威绩显著。""威绩"犹言威名。《宋书·王镇恶传》："高祖表曰：'故安西司马、征虏将军王镇恶，志节亮直，机略明举。自策名州府，屡著诚绩。'""诚绩"谓忠诚之名声①。

"绩"还可以作动词，指完成业绩或保持业绩。《左传·昭公元年》："子盍亦远绩禹功而大庇民乎。"《尔雅·释诂上》："绩，继也。"是对"绩"的引申义的阐释。

古之大事，惟祀与戎。古人把征战看成一种事业，战场上的失败自然常常称作"败绩"。《书·汤誓》："夏师败绩，汤遂从之。"孔传："大崩曰败绩。"这是释义而不是释词。结合杜预注，其得义之由就很清楚了。《左传·庄公十一年》杜预注"败绩"："师徒挠败，若沮岸崩山，丧其功绩，故曰败绩。"

其他方面的败坏、失利也称"败绩"。《楚辞·离骚》："岂余身之惮殃兮，恐皇舆之败绩。"王逸注："皇，君也；舆，君之所乘，以喻国也；绩，功也。"晋葛洪《抱朴子外篇·广譬》："故蒋琬败绩于百里，而为三台之标；陈平困瘁于治家，

---

① 《汉语大词典》解释相关词语往往未确。例略。

而怀六奇之略。”皆其例。

上揭何休注、王逸注和杜预注等已经明确地解释“绩”为“功”，但是后人依然误解，为什么呢？主要因为我们与古人观念有差异：上古时期人们把桑麻纺绩看作重要的衡量标准，一切好的叫“成绩”“业绩”“功绩”“政绩”，失败了就叫“败绩”。后来“绩”常常与好的功绩相联系，人们把成功看作“绩”，失败就无“绩”可言，所以“败绩”只保留在先秦文献和后代的仿古作品中。也就是说，人们的意识中仅仅把成功看作“绩”，是褒义的，而不认为失败也是一种“绩”——败绩。

因此，写作“败功”，人们会觉得正常；写作“败绩”，人们就从通假的角度去解释了。

次看内部原因。我们可以进一步比较与“败绩”相同的构词方式。

第一，看语素“绩”的搭配组合。以“绩”与“功”的比较为例。上古时“功”与“绩”是等同的，因而古人以“败绩”与“有功”反义相对。如《国语·吴语》：“十二年，遂伐齐。齐人与战于艾陵。齐师败绩，吴人有功。”完成业绩的叫“成绩”，没有成功就是“败绩”。《谷梁传·宣公十二年》：“晋师败绩。绩，功也。功，事也。”说解已经非常明确了。

“绩”与“功”很多构词是完全相同的。如：

丕绩——丕功，事绩——事功，禹绩——禹功，令绩——令功
伟绩——伟功，奇绩——奇功，奏绩——奏功，史绩——史功
嘉绩——嘉功，庶绩——庶功，庸绩——庸功，官绩——官功
实绩——实功，理绩——理功，殊绩——殊功，成绩——成功
战绩——战功，收绩——收功，效绩——效功，治绩——治功
忠绩——忠功，懋绩——懋功，称绩——称功，蚕绩——蚕功
褒绩——褒功，茂绩——茂功，素绩——素功，丰绩——丰功
边绩——边功，遗绩——遗功，课绩——课功①等。

这种对应关系足以说明“绩”与“功”同义。

“绩”与“功”也有不同之处：

（一）从词序排列看，在双音词中，“功”为平声字，往往居前，“绩”为仄声

① 以上双音词，在《汉语大词典》中即可寻得具体例证。为省篇幅，从略。

字，往往居后，所以有“业绩”与“功业”，有“丰功伟绩”和“功绩”等等。

（二）从使用频率看，中古以来，“绩”没有“功”流行广，没有“功”构词能力强。“功”与“绩”的变化是什么时候出现的？《尚书》和孔氏传的对应，能够说明这种变化：

> 《洛诰》：“曰其自时中乂，万邦咸休，惟王有成绩。”孔传：“惟王乃有成功。”
>
> 《君牙》：“惟乃祖乃父，世笃忠贞，服劳王家，厥有成绩，纪于太常。”孔传云：“其有成功。”
>
> 《尧典》：“九载，绩用弗成。”孔传：“三考九年，功用不成，则放退之。”
>
> 《舜典》：“三载考绩。”孔传：“三年有成，故以考功。”

孔传以“成功”释“成绩”，以“功用”释“绩用”，以“考功”释“考绩”，充分说明“功”在当时已经比“绩”使用广泛了。

（三）从组合关系看，“功”始终都可以包括好坏两个方面，如《周礼·夏官·大司马》：“若师不功，则厌而奉主车。”孙诒让《周礼正义》引王引之云：“不，无也。师不功，言师无功也。”人们还把丧事称作“凶功”。《南史·谢方明传》：“时乱后吉凶礼废，方明合门遇祸，资产无遗，而营举凶功尽力，数月葬送并毕，平世备礼无以加也。”所以，有“败功”，人们觉得正常，目前这种表达方式还在使用，成语有“功败垂成”。

大约从汉代开始，“绩”就多表示好的方面，如成绩、业绩、伟绩等，而“败绩”就觉得难以解释了。尤其到了中古时期，“绩”专与好的功业相联系了。如《文选·王俭〈褚渊碑文〉》：“故能骋绩康衢，延慈哲后。”吕延济注：“绩，功也……能骋功于道路。”南朝梁刘勰《文心雕龙·程器》：“穷则独善以垂文，达则奉时以骋绩。”南朝宋鲍照《代东武吟》：“时事一朝异，孤绩谁复论。”《宋书·羊玄保传》：“（羊玄保）为政虽无干绩，而去后常见思。”“骋绩”谓显示功业；“孤绩”谓突出的业绩。“干绩”与“孤绩”同义，谓杰出的成绩。

很多学者考察“败绩”，说“绩”是车辙，原因在于没有体会上古人对“绩”的理解及其演变。

第二，看语素“败”的搭配组合。“成”与“败”反义相对，有“成事”有“败事”，如《左传·襄公三十一年》：“子产之从政也，择能而使之……事成，乃授子大叔使行之，以应对宾客，是以鲜有败事。"《老子》："慎终如始，则无败事。"有"成功"有"败功"，如《国语·周语中》："本有保则必固，时动而济则无败功。"《韩诗外传》卷八："所师者一人，足以虑无失策，举无败功矣。"那么，可以有"成绩"，为什么不可以有"败绩"？

如果一经比较，就会看出"败绩"与"败功""败事"构词理据相同；"败绩"是很平常的偏正式双音词，我们根本没有必要辗转相训，非要找出通假字来不可。

简言之，理解词义与理解结构是密不可分的。分析复音词结构要从语言内部与外部两方面入手，视野宽，比较的对象广泛，就容易理解了。

第三节　复音词结构关系与词义理解："烦疼"辨析[①]

"烦疼"在古医书中的出现频率很高，[②]从中古一直沿用到近代，有的学者将其解释为"甚痛、剧痛"，即剧烈疼痛；有的学者解释为"疼痛并因此而心绪不宁，烦扰不安"；还有的没有做出解释。如：

《伤寒论·辨脉法第一》："风则伤卫，寒则伤荣，荣卫俱病，骨节烦疼，当发其汗也。""烦疼"，刘渡舟主编的《伤寒论校注》解释为"剧疼、甚疼"。

《伤寒论·辨太阴病脉证并治第十》："太阴中风，四肢烦疼，阳微阴濇而长者，为欲愈。"傅延龄主编的《伤寒论大辞典》把"四肢烦疼"解释为"指四肢疼痛并因此而心绪不宁，烦扰不安"。

《金匮要略·痓湿暍病脉证治第二》："湿家身烦疼，可与麻黄加术汤发其汗为宜，慎不可以火攻之。""烦疼"，何任主编的《金匮要略校注》《金匮要略语译》没有译出。

笔者以为"烦疼"既非"甚痛、剧痛"义，也非"疼痛并因此而心绪不宁，烦扰

① 《"烦疼"辨析》发表于《古汉语研究》2009年第3期，署名王云路、王前。内容有所删改。

② 周志锋在《大字典论稿》(杭州：浙江教育出版社，1998年)"烦"条指出"烦"有疼痛义，并以《法苑珠林》所引三例为证。这是目前见到的较早说法。

不安”义,而是一个并列结构的双音词,谓疼痛不适。《广雅·释诂二》:“疼,痛也。”《篇海类编·人事部·疒部》:“痛,疼也。”《易·说卦》:“其于人也,为加忧,为心病,为耳痛。”《灵枢经·刺节真邪第七十五》:“寒胜其热,则肉疼骨枯。”“疼”“痛”同义,即现代我们所说的疼痛义。误释的关键是一个“烦”字。那么“烦”到底为何义?

一、“烦疼”的结构

“烦疼”并非偏正结构,而是并列结构。根据之一是:“烦疼”又可倒作“疼烦”“疼痛而烦”等。

《备急千金要方·妊娠诸病第四》:“治妊娠伤寒,头痛壮热,肢节烦疼方。”《肘后备急方·治卒中风诸急方第十九》:“若骨节疼烦,不得屈伸,近之则痛,短气得汗出,或欲肿者。”《备急千金要方·妊娠恶阻第二》:“治妊娠阻病,心中愦闷,空烦吐逆,恶闻食气,头眩重,四肢百节疼烦沉重,多卧少起,恶寒汗出,疲极黄瘦方。”《伤寒论·辨痓湿暍脉证第四》:“太阳病,关节疼痛而烦,脉沉而细者,此名湿痹。”

再来看异文的情况。

《伤寒论·辨太阳病脉证并治下第七》:“伤寒八九日,风湿相搏,身体疼烦,不能自转侧,不呕,不渴,脉浮虚而濇者,桂枝附子汤主之。”“身体疼烦”,成本、《金匮要略》《玉函》同。《外台》作“身体疼痛而烦”。《圣惠方》作“身体疼痛”。《伤寒论·辨痓湿暍脉证第四》:“病者一身尽疼,发热日晡所剧者,此名风湿。”“疼”,《脉经》卷八,康平本、宋本及《金匮要略》同。《金匮玉函经》作“疼烦”。

可见,“烦疼”“疼烦”“疼痛而烦”“痛疼而烦”表述不同,但意义完全相同。

二、“烦疼”的同类复音词

根据之二是:“烦”还可与其他词语组合,从而构成众多的并列结构。下面举几组。

有“烦热”,又作“热烦”“热而烦”。

《伤寒论·辨脉法第一》:"十一月之时,阳气在里,胃中烦热,以阴气内弱,不能胜热,故欲裸其身。"《金匮要略·血痹虚劳病脉证并治第六》:"虚劳里急,悸,衄,腹中痛,梦失精,四肢酸疼,手足烦热,咽干口燥,小建中汤主之。"《伤寒论·平脉法第二》:"动则为痛,数则热烦,设有不应,知变所缘。"《伤寒论·辨不可下病脉证并治第二十》:"动气在上,不可下,下之则掌握热烦,身上浮冷,热汗自泄,欲得水自灌。"《脉经·平人迎神门气口前后脉第二》:"病苦痹,身热,心痛,脊胁相引痛,足逆,热烦。"《诸病源候论·时气病诸候·时气烦候》:"夫时气病,阴气少,阳气多,故身热而烦。"

有"烦满",又作"满而烦"。

《脉经·辨脉阴阳大法第九》:"病苦烦满,身热,头痛,腹中热。"《伤寒论·伤寒例第三》:"若两感于寒者,一日太阳受之,即与少阴俱病,则头痛口干、烦满而渴。"《伤寒论·辨少阳病脉证并治第九》:"少阳中风,两耳无所闻,目赤,胸中满而烦者,不可吐下,吐下则悸而惊。"《伤寒论·辨可吐第十九》:"病手足厥冷,脉乍结,以客气在胸中,心下满而烦,欲食不能食者,病在胸中,当吐之。"

有"烦悸",又作"悸而烦"。

成注本《伤寒论·辨少阳病脉证并治第九》:"少阳不可发汗,发汗则谵语,为属胃。胃和则愈,不和,则烦悸。""则烦悸",宋本作"烦而悸。"《伤寒论·辨太阳病脉证并治中第六》:"伤寒二三日,心中悸而烦者,小建中汤主之。"《证治准绳·类方·咳嗽》:"治肺胃俱伤,气奔于上,客热薰肺,咳嗽喘急,胸中烦悸,涕唾稠粘,吐血呕血,并皆治之。"

有"烦虚",又作"虚烦""虚而烦"。

《普济方·上太阳脉病证治法·月己》:"脉浮,自汗,小便数,筋急,心烦虚。"《伤寒论·辨太阳病脉证并治下第七》:"伤寒吐下后,发汗,虚烦,脉甚微,八九日心下痞硬,胁下痛,气上冲咽喉,眩冒,经脉动惕者,久而成痿。"《肘后备急方·治时气病起诸劳复方第十四》:"又差复,虚烦不得眠,眼中产痛疼，懊侬。"《外台秘要·伤寒下痢及脓血黄赤方一十六首》："又白通汤，疗伤寒泄痢不已，口渴不得下食，虚而烦方。"

有"烦闷"，又作"烦而闷"。

《肘后备急方·治卒霍乱诸急方第十二》："若烦闷凑满者，灸心厌下三寸七壮，名胃管。"《诸病源候论·风病诸候下·头面风候》："又，新沐头未干，不可以卧，使头重身热，反得风则烦闷。"《诸病源候论·积聚病诸候·积聚心腹胀满候》："积聚成病，蕴结在内，则气行不宣通，气搏于腑脏，故心腹胀满，心腹胀满则烦而闷，尤短气也。"

从以上诸例可以看出，"烦疼""烦热""烦满""烦悸""烦虚""烦闷"，既可以倒文，中间又可以插入"而"字，意思却不变，足以说明"烦"与这些词的组合都是并列结构，并非偏正结构。

又，《汉语大词典》收录了"烦满""烦热""烦闷"三词，认为"烦满"即"烦懑"，并将其解释为"中医谓内热郁结之症"；"烦热"解释为"闷热，使人烦躁"；"烦闷"则解释为"心情郁闷不畅快"，似未确切。

三、"烦疼"的相关复音词

根据之三是：从古医书中还可以看出，不仅"烦"可与以上诸词组合，"疼（痛）""热""满""悸""虚""闷"这几个词也可以相互组合，组成"满痛""满悸""热满""虚悸""热疼""闷痛""热闷""虚闷"等众多并列结构。兹举例如下：

《素问·刺热篇第三十二》："热争则狂言及惊，胁满痛，手足躁，不得安卧。"《针灸甲乙经·六经受病发伤寒热病第一中》："唇口聚，鼻张目上，汗出如转珠，两乳下二寸坚，胁满悸，列缺主之。"《针灸甲乙经·五藏传病发寒热第一下》："寒热汗不出，胸中热满，天窌主之。"《伤寒论·平脉法第二》："卫为气，气微者心内饥，饥而虚满，不能食也。"《脉经·平人迎神门气口前后脉第二》："小便赤黄，好怒好忘，足下热疼，四肢黑，耳聋。"《肘后备急方·治虚损羸瘦不堪劳动方第三十三》："或小腹拘急，腰背强痛，心中虚悸，咽干唇燥，面体少色。"《诸病源候论·腰背病诸候·腰痛候》："然始却跪使急，如似脊内冷气出许，令臂搏痛，痛欲似闷痛，还坐来去二七。去五脏不和，背痛闷。”《诸病源候论·蛊毒病诸候上·蛊毒候》：“病发之时，腹内热闷，胸胁支满，舌本胀强，不喜言语，身体恒痛。”《诸病源候论·脾胃诸病候·脾胃气不和不能饮食候》：“去太仓不和，臂腰虚闷也。”

综上可见，“疼（痛）”“热”“满”“悸”“虚”“闷”都是常见的几种病症，这些病症组合后，也都是并列结构，所以能够与之组合的“烦”应该也是一种病症。

四、“烦”的本义

《韩诗外传》中有这样一段文字，十分明确地说明了“烦”确是一种病症。

《韩诗外传》卷三：“人主之疾，十有二发，非有贤医，莫能治也。何谓十二发？曰：痿、蹶、逆、胀、满、支、膈、盲、烦、喘、痹、风，此之曰十二发。”《韩诗外传集释》引闻一多注：“痿、蹶、逆、胀、满、支（谓支拒）、膈、盲、烦、喘、痹、风，不斥病发之处。”我们还可以找到“烦”单用的例子，则更能直接证明“烦”是一种病症。

《针灸甲乙经·五气溢发消渴黄瘅第六》：“阴气不足，热中，消谷善饥，腹热身烦，狂言，三里主之。”《金匮要略·血痹虚劳病脉证并治第六》：“劳之为病，其脉浮大，手足烦，春夏剧，秋冬瘥，阴寒精自出，酸削不能行。”《诸病源候论·小儿杂病诸候三·腹痛候》：“其热而痛者，则面赤，或壮热四肢烦，手足心热是也。”

那么“烦”到底是一种什么病症呢？考《说文·页部》：“烦，热头痛也。”这应是“烦”的本义。这是一个会意字，从页（“页”的本义就是脑袋）从火，谓头热发痛。而词义的扩展使“烦”不局限于头的发热不适，从上述诸多用例看，“烦”还可以用来描述“身”“肢节”“手足”“胸”“胃”等许多身体部位的不舒服。后来，由生理上的不适又引申出心理上的不适，就是我们现代熟知的烦躁、烦闷义。

五、“烦疼”不表示剧烈疼痛

“烦痛”并列，表示疼痛，但不表示剧烈疼痛义。古医书中用什么词表剧烈疼痛义呢？笔者发现古医书中此类词语很多，如有“急痛”“切痛”“甚痛”“疗痛”等，略举几例。

《伤寒论·辨太阳病脉证并治法中第六》：“伤寒，阳脉涩，阴脉弦，法当腹中急痛，先与小建中汤，不差者，小柴胡汤主之。”《灵枢经·经脉第十》：“实则肠中切痛，虚则鼓胀，取之所别也。”《诸病源候论·血病诸侯·大便下血候》：“冷气在内，亦大便血下，其色如小豆汁，出时疼而不甚痛。”《脉经·平产后诸病郁冒中风发热烦呕下利证第三》：“妇人产后，腹中疗痛，可与当归羊肉汤。”

上述几个词都是偏正结构，另有“痛甚”“痛剧”属于动补结构，同样表示剧烈疼痛义。

《肘后备急方·治卒霍乱诸急方第十二》：“若下不止，加龙骨一两；腹痛甚，加当归二两。”《伤寒论·辨太阳病脉证并治法下第七》：“近之则痛剧，汗出，短气，小便不利，恶风不欲去衣，或身微肿者，甘草附子汤主之。”

至此，我们可以进一步确定：“烦”“疼”都是一种病症。“烦”在古医书中用作病症解时，可以分为两个大的方面，一是用来描述人身体各部位不舒服；二是用来描述人心理方面的不舒服。“烦疼”为并列结构，谓疼痛不适。“烦疼”是一个字面普通的特殊语词，古今含义不同。此类词语很多，需要我们认真对待。

第四节　反义并列复音词的类型[①]

先秦汉语以单音节为主，双音节不多，中古时期则产生了大量新词，且以

① 《简论反义并列式复音词的分类及其词义的抽象化》发表于《汉语历史语言学的传承与发展——张永言先生从教六十五周年纪念文集》，复旦大学出版社，2016年。内容有所删改。

双音词居多。双音词中，并列式占了较大的比例。

在并列式复音词中，反义并列比重不大，但其应用是相当广泛的。《三国志・魏志・臧洪传》裴松之注引谢承《后汉书》："其国大小，道里近远，人数多少，风俗燥湿，山川草木、鸟兽异物，名种不与中国同者，悉口陈其状，手画地形。"这里的"大小、近远、多少、燥湿"等都是反义并列。

反义并列复音词的产生，源于人们对相反事物的对比。《论衡・祸虚》："一身之行，一行之操，结发终死，前后无异。然一成一败，一进一退，一穷一通，一全一坏，遭遇适然，命时当也。"此例"一成一败，一进一退，一穷一通，一全一坏"都是一种对比，如果加以简洁概括，就形成"成败、进退、穷通、全坏"，成为反义并列双音词。

所谓"反义"，是指构词的两个语素含义相对或相反。反义并列以实词为主，其特殊性在于内部结构比较复杂，含义抽象化程度相对高些。

含义相对，就是相对反义词，是相对应的一对名物，包括人物关系上的"夫妻、男女、父母、父子、祖孙、君臣"等，自然界的事物"天地、山水"等，表示时间、空间的"早晚、晨夕、左右、表里、前后、中外、南北"等，多为名词类。此类并列，从一定意义上说，也属于类义并列。

含义相反，就是绝对反义词，涉及面较广。有表示人的品性、感受和是非评价的，如"智愚、贵贱、勇怯、善恶、美丑、喜怒、冷暖"等都是反义并列，大多属于形容词；有表示人行为动作的，如"快慢、出入、行止、动静、取与、往来、进退、去就、俯仰、低昂、依违、游处、生死"等都是反义并列，大多属于动词；有表示事物性质、状态的，如"异同、屯夷、缓急、险易、优剧、利钝、贵贱、厚薄、公私、轻重、枉直、迟速、大小、少长、长短、肥瘦、寒温、燥湿、黑白、深浅、远近"等都是反义并列，大多属于形容词。形容词和动词构成真正意义上的反义并列比较多。本文讨论的也多为此类反义并列复音词。

一、反义并列复音词的类型

从合成后的语素意义上分析，反义并列复音词主要包括以下四种类型。

第一类：并举式

两个语素义是合并使用的，表示甲与乙并举。即两个语素义都呈现，用的是本义。

优剧　《后汉书·刘宠传》："值中国丧乱，士友多南奔，繇携接收养，与同优剧，甚得名称。"

上例形容词反义并列是合并式的，"优剧"谓安逸与艰难。

少长　《颜氏家训·慕贤》："少长周旋，如有贤哲，每相狎侮，不加礼敬。""少长"指年少和年长。这两个语素义是相对应的关系。

如果单个语素本身有不同的含义，并列后也有不同的含义。如：

大小　可以指形体方面。王充《论衡·商虫》："（虫）或白或黑，或长或短，大小鸿杀，不相似类，皆风气所生，并连以死。生不择日，若生日短促，见而辄灭。"此为名词，大的和小的。《东观汉记·甄宇传》："每腊，诏书赐博士羊，人一头，羊有大小肥瘦。"此为形容词，指个头大和小。

也代指人，犹言老少。仍然是名词用法。如《世说新语·赏誉》七三："刘道生日夕在事，大小殊快。"《敦煌曲校录·十二时·普劝四众依教修行》："性命惟忧顷刻间，浑家大小专看侍。"

可以指重要和不重要。《宋书·武帝纪上》："常日事无大小，必赐与谋之。此宜善详之，云何卒尔便答？"宋赵昇《朝野类要·余纪》："仕宦在外任者，自有专一承受干当之人，或是百司系籍人，或是门吏。凡有大小事务，为之了办。"这是"大小"的形容词用法。

中外　指家庭内外，家人和外人。《颜氏家训·风操》："因尔便吐血，数日而亡。中外怜之，莫不悲叹。"

指朝廷内外，中央和地方。《三国志·吴志·吴主传》载嘉禾六年诏曰："中外群僚，其更平议，务令得中，详为节度。"《世说新语·言语》五："孔融被收，中外惶怖。"《南齐书·东昏侯纪》："诏曲赦京邑，中外戒严。"

指中国和外国。《后汉书·南匈奴传》："宣帝之世，会呼韩来降，故边人获安，中外为一，生人休息六十余年。"①

以上含义均为"中"与"外"的单独引申，故属于并举式。

还有一种表示包举的，意思是无论 A 还是 B，也在此例。如：

---

① 参看蔡镜浩《魏晋南北朝词语例释》（南京：江苏古籍出版社，1990 年）第 432 页"中外"条。

公私 《颜氏家训·慕贤》:“侯景初入建业,台门虽闭,公私草扰,各不自全。”“公私草扰”谓公和私都草扰,也就是无论公还是私都草扰。

成语“进退维谷”(又作“进退唯谷”“进退惟谷”),来自《诗经·大雅·桑柔》:“人亦有言,进退维谷。”“进退”可以理解成“进”和“退”,也就是“无论进还是退都……”的意思。《晋书·刘琨传》载刘琨上表:“自守则稽聪之诛,进讨则勒袭其后,进退唯谷,首尾狼狈。”此例“进退”有退守和进讨二义,属于二义皆备的并举式。《世说新语·纰漏》:“仲堪流涕而起曰:‘臣进退唯谷。’”亦其例。

第二类:选择式

两个语素义是提供选择的,表示二者取一,即或者A或者B;是A还是B。

轻重 《宋书·谢方明传》:“尝年终,江陵县狱囚事无轻重,悉散听归家,使过正三日还到。”“轻重”指(罪行)程度轻微或严重。

枉直 《宋书·庾登之传附庾炳之》:“今之枉直,明白灼然,而睿王令王,反更不悟,令贾谊、刘向重生,岂不慷慨流涕于圣世邪?”

长短 《颜氏家训·风操》:“而家门颇有不同,所见互称长短;然其阡陌,亦自可知。”

善恶 《论衡·问孔》:“若此者,人之死生,自有长短,不在操行善恶也。”

低昂 《论衡·变动》:“故谷价低昂,一贵一贱矣。”隋阇那崛多译《佛本行集经》卷七:“如是等山,悉皆震动,并及一切诸余小山,涌没低昂,嵬崔峨嵯,出大烟气。”

迟速 《左传·昭公十三年》:“既闻命矣,敬共以往,迟速唯君。”

迟疾 《后汉书·律历志中》:“月行当有迟疾,不必在牵牛、东井、娄、角之间。”《颜氏家训·归心》:“日月星辰,若皆是气,气体轻浮,当与天合,往来环转,不得错违,其间迟疾,理宜一等。”

得失 《世说新语·雅量》:“祖士少好财,阮遥集好屐,并恒自经营。同是一累,而未判其得失。”

以上诸例反义并列是选择式的,“轻重”言(程度)或轻或重,“枉直”言或曲或直,“长短”言时间或长或短以及或好或坏,“善恶”言或善或恶,“低昂”言或低或高,“迟疾”言或慢或快,“迟速”表示是快还是慢,“得失”表示是得到还是失去。

以上两类复音词两个语素含义都呈现,前者是简单的含义相加,后者是二者选一，因而抽象化程度不高，介于词与词组之间。

第三类：偏指式

就是所谓的偏义复词，即并列式中只保留一个语素的含义，另一个语素义不用。

厚薄　《宋书·庾登之传附庾炳之》："然不知臣者，岂不谓臣有争竞之迹，追以怅怅。臣与炳之周旋，俱被恩接，不宜复生厚薄。""厚薄"偏于"薄"，指怨恨。

死生　《魏书·高允传》："然臣与浩实同其事，死生荣辱，义无独殊。"《宋书·竟陵王诞传》："左右杨承伯牵诞马曰：'死生且还保城，欲持此安之？速还尚得入，不然败矣。'"《王梵志诗》第一首："一家有死生，合村相就泣。""死生"指死。

长短　西晋竺法护译《度世品经》卷五："志厌菩萨，而诽谤之。求人长短，欲断利养。恶眼视师，诽谤正法。""长短"偏指"短"，谓人的失误，短处。

利钝　《三国志·魏志·傅嘏传》"景王遂行"南朝宋裴松之注引《汉晋春秋》："淮、楚兵劲，而俭等负力远斗，其锋未易当也。若诸将战有利钝，大势一失，则公事败矣。"又《蜀志·许靖传》："若时有险易，事有利钝，人命无常，殒没不达者，则永衔罪责，入于裔土矣。"《世说新语·文学》九一："谢万作《八贤论》，与孙兴公往反，小有利钝。谢后出以示顾君齐，顾曰：'我亦作，知卿当无所名。'""利钝"指"钝"，犹言不利。

缓急　《史记·绛侯周勃世家》："孝文且崩时，诫太子曰：'即有缓急，周亚夫真可任将兵。'"又《扁鹊仓公列传》："文帝四年中，人上书言意，以刑罪当传西之长安。意有五女，随而泣。意怒，骂曰：'生子不生男，缓急无可使者！'"《金匮要略·胸痹心痛短气病脉证治第九》："胸痹缓急者，薏苡附子散主之。"《北齐书·祖珽传》："孝征心行虽薄，奇略出入，缓急真可凭仗。""缓急"指急，紧急时刻。

也有作"急缓"者。《三国志·魏志·杜畿传》："人情顾家，诸将掾吏，可分遣休息，急缓召之不难。""急缓"谓急，危急。

险易　《三国志·蜀志·许靖传》："若时有险易，事有利钝，人命无常，殒没不达者，则永衔罪责，入于裔土矣。"《晋书·裴秀传》："蜀土既定，六军所经，地域远近，山川险易，征路迂直，校验图记，罔或有差。""险易"指险，艰险。

只取一个义素的偏义复音词也没有明显体现出语素含义的抽象性与概括性。

第四类:概括式

与前三类不同,其含义不是语素义字面的相加、选择或者取一,而是两个语素并列引申抽象后产生的概括义,即产生新义。此类最能体现反义并列复音词的抽象化程度。这也是同义或近义并列复音词所不具备的特征。

依违 《论衡·问孔》:"孔子之言,解情而无依违之意,不假义理之名,是则俗人,非君子也。"又《正说》:"授事相实而为名,不依违作意以见奇。"《南齐书·宗室传·遥昌》:"宏曰:'故当有故。卿欲使我含瑕依违,为欲指斥其事?'""依"是靠近义,"违"是离开义。"依违"属于相反语素义的并列,这两个语素表示相反的举动,抽象概括则为迟疑、犹豫义①。向褒义上引申,就是容忍、宽容。《晋书·陶侃传》:"臣以侃勋劳王室,是以依违容掩,故表为南中郎将,与臣相近,思欲有以匡救之。"是其义。所以两个相反语素义相加后的概括和抽象,就产生了新的词义。

往来(来往) 本义是来去、往返义,又抽象为交往、结交义。《魏书·刘芳传》:"高肇之盛及清河王怿为宰辅,厥皆与其子侄交游往来。"《宋书·范晔传》:"又有王国寺法静尼亦出入义康家内,皆感激旧恩,规相拯拔,并与熙先往来。"《世说新语·雅量》十三:"有往来者云:庾公有东下意。或谓王公:'可潜稍严,以备不虞。'王公曰:'我与元规虽俱王臣,本怀布衣之好。若其欲来,吾角巾径还乌衣,何所稍严!'"

游处 本谓游行和居处。合成双音词有交往、交游义。《全晋文》卷五六袁乔《与左军褚裒解交书》:"染丝之变,墨翟致怀;歧路之感,杨朱兴叹。况与将军游处少长,虽世誉先后,而臭味同归也。"《魏书·恩倖传·赵邕》:"司空李冲之贵宠也,邕以少年端谨,出入其家,颇给按磨奔走之役。冲亦深加接念,令与诸子游处。"

动静 本义是运动和安静。抽象指消息,情况。《六韬·动静》:"先战五日,发我远候往视其动静,审候其来,设伏而待之。"晋王羲之《杂帖》:"不审圣

① 《汉语大词典》解释"谓模棱两可"。意思接近但没有溯源。

体御膳何如？谨付承动静。"又："得十一日疏，甚慰，三舍动静，驰情。"又晋王献之《杂帖》："迟此信反，复知动静。"

二、反义并列式的词汇化程度

以上四类反义并列式，其词汇化程度并不一致。第一类为并举式，意义是两个语素义的简单相加，词汇化程度很低，因为语素义各自可以独立。第二类选择式，两个语素义都呈现，只是语义上表示选择。第三类偏指式，一个语素义不用。第四类概括式抽象度很高，是两个语素合并之后的引申与抽象。如果把第一类、第二类、第三类看作物理变化，第四类则属于化学变化。抽象化与词汇化是一致的，抽象化程度越高，词汇化程度也越高。我们分的这四类大约可以体现这样由低到高的发展过程，而且是一个无法截然区分的整体。

有些双音词四种类型并存，我们关注呈中间状态的结构，可能有助于完整地再现词语演变和定型的全过程。我们看一个例子。

早晚　《诸病源候论·小儿杂病诸候》："小儿不能触冒风邪，多因乳母解脱之时，不避温凉暑湿，或抱持出入，早晚其神魂软弱，而为鬼气所伤，故病也。""早晚"指早上和晚上。《齐民要术》卷一《种谷》："凡田欲早晚相杂。有闰之岁，节气近后，宜晚田。然大率欲早，早田倍多于晚。""早晚"谓早谷与晚谷，指生长季节的早和晚。以上属于第一类并举式，可以看作词组。

《三国志·魏志·王朗传》："盖生育有早晚，所产有众寡也。"《世说新语·雅量》："羊曼拜丹阳尹，客来蚤者，并得佳设。日晏渐罄，不复及精。随客早晚，不问贵贱。"《宋书·自序》："窃惟此既内藩，事殊外镇，抚莅之宜，无系早晚。"《法苑珠林》卷二八引《冥祥记》："虽复去来早晚，未曾失中晡之期。"此言或早或晚，指次序、时间的先或后。属于第二类选择式。

《北齐书·崔昂传》："即日除为兼右仆射。数日后，昂因入奏事，帝谓尚书令杨愔曰：'昨不与崔昂正者，言其太速，欲明年真之。终是除正，何事早晚，可除正仆射。'明日，即拜为真。"此言偏指"晚"，"何事早晚"犹言"何必晚"，属于第三类，即偏指式①。

---

①　此例比较特别，也可以理解成何必考虑时间是早还是晚，则属于第二类。但有增字为训的嫌疑。

《魏书·李顺传》:“世祖曰:‘若如卿言,则效在无远,其子必复袭世。袭世之后,早晚当灭?’”《颜氏家训·风操》:“尝有甲设燕席,请乙为宾,而旦于公庭见乙之子,问之曰:‘尊侯早晚顾宅?’”《洛阳伽蓝记》卷二《城东·绥民里》:“步兵校尉李澄问曰:‘太尉府前砖浮图,形制甚古,犹未崩毁,未知早晚造?’”《隋书·艺术传·万宝常附王令言》:“急呼其子曰:‘此曲兴自早晚?’其子对曰:‘顷来有之。’”以上诸例“早晚”询问时间,犹言何日,何时。属于概括式,为第四类。

西晋竺法护译《佛说鹿母经》:“始生于迷惑,当早见孤弃,凡生皆有死,早晚当就之。”此例“早晚”犹言终归,抽象虚化为副词。属于第四类。现代汉语中仍有此用法。

可以看出,中古时期,“早晚”反义并列,呈现四种类型状态。现代汉语中,“早晚”通常有副词的用法,表示“终归”“总有一天”;也表示时间,作名词。

一般说来,第一类、第二类词汇化程度不高,往往是简单的并举或选择,也可以看作是一个过渡阶段;第三类属于一种委婉的修辞表达(具体详下)。这三类单个语素的本义没有变化,第四类则显示了合成后词义的变化,是反义并列式中最为复杂的一类,也是词汇化程度最高的。

三、划分反义并列式类型的意义

我们把反义并列划分为四种类型,有什么价值呢?大致有以下两方面的价值:一是可以准确分析反义并列复音词诸多含义间的关系及其来源;二是可以分清偏义复词与连类而及的区别。

我们先举双音词“消息”为例。“消息”有“斟酌、思考”“信息”“休息、照顾”等义项,这些义项间的联系是什么,为什么会产生这些义项?通过分析“消息”这一反义并列式的内部结构类型,大致可以回答这个问题。

(1)“消息”本是反义并列,谓消长,消减和增长。《史记·贾谊列传》:“合散消息兮,安有常则?千变万化兮,未始有极。”这是第一类并举式。

(2)斟量,增减。这是一种变化的具体手段。《后汉书·樊准传》:“如遣使者与二千石随事消息,悉留富人守其旧土,转尤贫者过所衣食,诚父母之计也。”《齐民要术》卷七《笨曲并酒》:“大率用水多少,酘米之节,略准春酒,而须以意消息之。”唐孙思邈撰《千金要方·小肠腑方》:“防风汤,服前汤后,四体尚不凉冷、头目眩转者服之。此汤大都宜长将服,但药中小小消息之,随冷暖耳,仍不除瘥者,依此方。"这是第二类选择式。

"消长"属于客观的、被动的状态;"增减"是主观的,施动的行为。这是以上二义间的区别。

(3)变化。消长本身即是一种变化,含义趋于抽象,可以泛指改变、变化。汉孔融《肉刑议》:"上失其道,民散久矣,而欲绳之以古刑,投之以残弃,非所以与时消息也。"这里的"消息"已经不是本义消长了,而是泛指变化,这里指刑罚手段的变化。

(4)斟酌,考虑。《颜氏家训·文章》:"在时君所命,不得自专,然亦文人之巨患也。当务从容消息之。"这是一种抽象的变化途径,作动词。

(5)信息。《三国志·吴志·胡综传》:"谓光所传,多虚少实,或谓此中有他消息,不知臣质构谗见疑,恐受大害也。"《宋书·蔡廓传》:"殿内将帅,正听外间消息,若一人唱首,则俯仰可定。"晋干宝《搜神记》卷一五:"伯文以次呼家中大小,久之,悲伤断绝,曰:'死生异路,不能数得汝消息,吾亡后,儿孙乃尔许大!'"这是一种变化的结果,转为名词义。词性变化,抽象化程度更高。现代汉语用的主要是这一义位。

以上(3)(4)(5)三义属于第四类概括式。

(6)休息。这是"消息"偏指"息"产生的含义。西晋安法钦译《阿育王经》卷九:"优波笈多见长老来,即出迎之,语言:'大德洗足消息。'"《魏书·献文六王传下·彭城王勰》:"至夜皆醉,各就别所消息。俄而元珍将武士赍毒酒而至。"①从"消息"两个语素的意义上看,"息"偏重于积极的、正面的意义,人的将息、歇息,本质上说都是身体机能的增长,恢复也是一种增长。

(7)又特指病后的将息,即调养,休养。东晋王羲之《杂帖》:"卿先羸甚,羸甚,好消息。吾比日极不快,不得眠食,殊顿。"又:"比各何似?相忧不忘,当深消息,以全勉为大。"《淳化阁帖释文》卷六载晋王凝之《书》:"渐冷,产后何似?

---

① 钱钟书《管锥编》(第三册)(北京:中华书局,1979 年)第 1110 页、江蓝生《魏晋南北朝小说词语汇释》(北京:语文出版社,1988 年)第 226 页、蔡镜浩《魏晋南北朝词语例释》(南京:江苏古籍出版社,1990 年)第 363 页、朱庆之《佛典与中古汉语词汇研究》(台北:文津出版社,1992 年)第 191 页、王云路与方一新《中古汉语语词例释》(长春:吉林教育出版社,1992 年)第 401 页等均讨论过"消息"的词义,可以参看。

宜佳消息。吾并更不佳，忧之。”《脉经》卷二《平三关病候并治宜》：“阳虚，自汗出而短气，宜服茯苓汤、内补散，适饮食消息。”《魏书·献文六王传下·彭城王勰》：“及引入，誉便欲进治。勰以高祖神力虚弱，唯令以食味消息。”《魏书·李顺传》：“延和初，复使凉州，蒙逊遣中兵校郎杨定归白顺曰：‘年衰多疹，旧患发动，腰脚不随，不堪伏拜。比三五日，消息小差，当相见。’”将息本质上也是一种休息。“消息”还可以作及物动词，《世说新语·规箴》二三：“殷觊病困，看人政见半面。殷荆州兴晋阳之甲，往与觊别，涕零，属以消息所患。觊答曰：‘我病自当差，正忧汝患耳。’”是其例。

(8)还指照料（病人、婴儿等），即使之休息。三国吴康僧会译《六度集经》卷五：“昔者菩萨，厥名曰睒……父母年耆，两目失明，睒为悲楚，言之泣涕，夜常三兴，消息寒温。”南朝宋求那跋陀罗译《杂阿含经》卷二六：“譬如婴儿，父母生已，付其乳母，随时摩拭，随时沐浴，随时乳哺，随时消息。”此三义本质上都是休息，前二义为主动，后一义为使动。

以上(6)(7)(8)三义属于第三类偏指式。

如此梳理，就会明白“消息”的诸多义位可以归属四类：(1)为消长义，即本义，属于并举式；(2)为具体的增减义，属于选择式；(3)(4)(5)为变化义，包括抽象的思考义，以及作为变化结果的信息义，属于概括式；(6)(7)(8)为休息义，包括休养和照料，属于偏指式。同时也可以解释“消息”为什么会产生这些看似不相干的义位。如果编写复音词词典，或者解释反义词词义时，能够考虑同一词内部这些不同的意义类型，可能会更清晰地呈现出其义位间的脉络关系。

在并列复音词中，反义并列是比较复杂的一类；在反义并列复音词中，偏指式复音词是更为特殊的一类。偏指式为什么只取一语素而二者并举？是否与语言的经济性原则相悖？其构词理据是什么？

偏指式就是人们常说的偏义复词，其特点是往往好的、有利的、正面的语素义消失，只保留负面的语素义。比如上文举到的“厚薄”“缓急”“生死”，实指的是“薄”“急”“死”。为什么呢？这恐怕与汉民族中庸含蓄的处事态度和认知心理有关，对于好的事情，通常用好的字眼表达，双音词往往要用两个正面的语素去表达，即同义并列，如“华美”“美妙”表示美好、美丽，绝不用“美丑”等反义并列词表达；“喜爱”“热爱”“关爱”表示亲爱，喜好，绝不用“爱恨”“爱憎”等反义并列词表达。而要表达负面的、不好的意思，则可以用反义并列复音词，这样就冲淡了、消减了生硬、粗俗、刺目等不雅感觉，可以和缓表达，容易让人接受。试想，“生死”要比“死亡”和缓许多，“缓急”要比“危急”平和不少，“厚薄”要比“刻薄”柔和一些。这是偏指式复音词的主要功能和作用，也是正反二义皆备而通常只取负面语素义的根本原因。如此看来，有学者把“缓急”取“急”义，说成“语义脱落”，恐怕是不恰当的。偏指式无所谓“脱落”，是人们用词的一种修饰手段。否则，为什么有时脱落有时不脱落？

根据言语交际的礼貌原则，人们往往会用避讳、委婉的表达方式，而不用明显的、完全同义的负面语素义，不全用一些禁忌的、令人厌恶的字眼，而偏义复词正是这一心理习惯支配的产物，属于委婉语的范畴，这也是偏义复词产生的主要原因。所以偏义复词的产生，既是汉语词汇复音化的大势所趋，更是行文修辞的需要。语言的礼貌原则大于经济原则。从一种修辞表达和礼貌原则的角度去理解偏指式复音词，会揭示其本质特征。比如：

存亡　偏指“亡”，危亡，灭亡。《三国志·蜀志·法正传》：“敌家数道并进，已入心腹，坐守都、雒，存亡之势，昭然可见。”西晋竺法护译《大哀经》卷六：“十方诸火境界兴焰，若复衰灭存亡所在，亦悉达之。”晋卢子谅《赠刘琨》：“感念存亡，触物眷恋。”南朝梁僧祐撰《弘明集》卷二：“今百代众书飘荡于存亡之后，理无备在，岂可断以所见绝献酬于孔老哉！”以上用“存亡”而不用“灭亡”“危亡”，也是委婉表达的习惯所致，其保留语素义也一定是“亡”。一般说来，偏义复词作为委婉语，实际所指大多是其中负面的语素义。

异同　《世说新语·德行》三九：“王子敬病笃，道家上章，应首过，问子敬：‘由来有何异同得失？’子敬云：‘不觉有余事，唯忆与郗家离婚。’”徐震堮校笺：“‘异同得失’乃偶辞偏义之例，‘异同’与‘得失’各为一词，此处专着重后者；而‘得失’一词中，又专取一失字。”按：此说未尽确，“得失”是偏指“失”，“异同”则偏指“异”，两词同义，皆为偏指式并列，谓差错，不正常的。

三国蜀诸葛亮《前出师表》：“宫中府中，俱为一体，陟罚臧否，不宜异同。”此例“异同”偏指“异”，谓差异，不同。《世说新语·识鉴》二二：“于时朝议遣玄北讨，人间颇有异同之论。”《周书·李贤传附李远》：“魏正光末，天下鼎沸，敕勒贼胡琮侵逼原州，其徒甚盛。远昆季率励乡人，欲图拒守，而众情猜惧，颇有异同。"以上"异同"都偏指"异",表示反对或不一致①。

偏指式(即通常所说的偏义复词)与连类而及是什么关系?与类义并列如何区别?下面举例讨论之。

反义并列复音词中的偏指式往往只在动词和形容词类中产生,而且以形容词居多。为什么呢?这里牵涉到连类而及和类义并列的问题。并非保留一个语素义都是偏义复词,都是委婉语,这主要看是否为真正的反义并列。比如:

忠孝 指忠和孝。《世说新语·自新》一刘孝标注引《晋阳秋》:"伏波孙秀欲表处母老,处曰:'忠孝之道,何当得两全!'""忠孝"是人应当具备的两种优秀品德,但往往说"忠孝不能两全",所以就把"忠孝"提到相对立的位置。有时候,也可以偏指忠或孝。《后汉书·蔡邕传》:"谁敢为陛下尽忠孝乎?"此处偏指"忠"。"忠孝"属于类义并列,不是反义并列,可以看作连类而及。

如果是类义并列,可以有不同的保留语素,而且没有正、负语素义之分。比如:

阶庭 犹言庭院。《世说新语·言语》九二:"谢太傅问诸子侄:'子弟亦何预人事,而正欲使其佳?'诸人莫有言者,车骑答曰:'譬如芝兰玉树,欲使其生于阶庭耳。'"《方正》五六刘孝标注引《罗府君别传》:"及致仕还家,阶庭忽兰菊挺生。"《颜氏家训·书证》:"江东颇有此物,人或种于阶庭,但呼为旱蒲,故不识马蓬,讲《礼》者乃以为马苋。""阶"与"庭"位置相近,因"庭"而及"阶",是名词的连类而及。《全唐诗》卷四四二白居易《题新居寄元八》:"冷巷闭门无客到,暖簷移榻向阳眠。阶庭宽窄才容足,墙壁高低粗及肩。"此例"阶庭"当指台阶,词义偏在"阶"上。

"阶庭"本谓台阶与庭院,与山野、高崖相对,可以代指家门,可以指公府。《太平御览》卷九八三引晋嵇含《槐香赋序》:"曾见斯草殖于广夏之庭,或披帝王之圃,怪其遐弃,遂迁树于中唐,华丽则殊彩阿那,芳实则可以藏书,又感其弃本高崖,委身阶庭。"《北齐书·循吏传·房豹》:"迁乐陵太守,镇以凝重,哀矜贫弱,豹阶庭简静,囹圄空虚。"《汉语大词典》"阶庭"条释为"台阶前的庭院",似过于坐实。

---

① 南朝梁江淹《知己赋》:"论十代兮兴毁,访五都兮异同。"这是并举,为第一类。

雾露　指雾。《晋诗》卷一九《清商曲辞·吴声歌曲·子夜歌》："我念欢的的，子行由豫情。雾露隐芙蓉，见莲不分明。"

以上"忠孝""阶庭""雾露"三例双音词从来源和结构上说是类义并列，即相近的、相关联的语素的并列，属于连类而及的修辞方式，主要是为了双音节的构词需要。再比如"大夫不得造车马"，"车马"是因车而及马，属于连类而及。"禹舜三过家门而不入"，"禹舜"是因禹而及舜。类义并列以名词居多，由此造成的偏义复词，当属于连类而及，与委婉语无涉。

所以，准确判断反义并列式的内部结构类型，有助于词义的把握。

四、反义并列式类型的鉴别方法

反义并列式需要仔细分辨其内部结构。主要看语素义是否发生变化。比如第一类和第四类看上去差别很大，但如果混同相杂，往往会含义模糊。关键在于其词义是单个语素产生的还是两个语素合并后产生的，能分开的属于第一类，反之属于第四类，这是鉴别的主要方法。也举几个例子。

本末　(1)本谓"树木的下部与上部"。由此"本"和"末"引申，产生许多义项：

(2)泛指上下、君臣、主次等。《汉书·贾谊传》："本末舛逆，首尾衡决，国制抢攘，非甚有纪。"三国魏曹冏《六代论》："君孤立于上，臣弄权于下，本末不能相御，身手不能相使，由是天下鼎沸，奸凶并争。"

(3)又指农业和工商业。《史记·孝文本纪》："今勤身从事而有租税之赋，是为本末者毋以异，其于劝农之道未备。"《后汉书·王符传》："本末不足相供，则民安得不饥寒！"

(4)还指仁义和法制。汉贾谊《过秦论下》："故周王序得其道，千余载不绝，秦本末并失，故不能长。"

(5)先后、次序。东汉徐幹《中论》卷下："夫人君非无治为也，失所先后故也。道有本末，事有轻重，圣人之异乎人者，无他焉，盖如此而已矣。"

以上都是"本"与"末"分开引申，单独有所指，都是反义并列复音词第一类的范畴，即并举式。

(6)"本末"又抽象出原则、道理义。《汉书·刑法志》："刑罚不可废于国，征伐不可偃于天下。用之有本末，行之有逆顺耳。"《三国志·魏志·辛毗传》：

"毗正色曰：'主上虽未称聪明，不为暗劣。吾之立身，自有本末。就与刘、孙不平，不过令吾不作三公而已，何危害之有？'"又《吴志·是仪传》："仪对曰：'今刀锯已在臣颈，臣何敢为嘉隐讳，自取夷灭，为不忠之鬼！顾以闻知当有本末。'据实答问，辞不倾移。权遂舍之，嘉亦得免。"《晋书·陶侃传》："侃乃以运船为战舰，或言不可，侃曰：'用官物讨官贼，但须列上，有本末耳。'"

(7)又指事情的经过、原委，作名词。《史记·高祖功臣侯者年表》："于是谨其终始，表其文；颇有所不尽本末，著其明，疑者阙之。"《三国志·吴志·孙继传》："朱据先帝旧臣，子男熊、损皆承父之基，以忠义自立，昔杀小主，自是大主所创，帝不复精其本末，便杀熊、损，谏不见用，诸下莫不侧息。"《法句譬喻经》卷三《道行品》："梵志见佛稽首作礼，具以本末向佛陈之。"

(8)又表示详细，原原本本，作形容词。三国吴支谦译《佛说义足经》卷上《摩竭梵志经第四》："诸比丘……还到佛所，作礼竟，皆就座，即为佛本末说如是。"吴康僧会译《六度集经》卷二："王问旧臣：'仁王力当千人，而为此子所获乎？'旧臣顿首躃地，哀恸痛莫能对，更问梵志，梵志本末陈之。"西晋竺法护译《生经》卷五《佛说夫妇经第五十四》："见其女人，端正殊好，颜貌殊异，世所希有，即问女人：'卿为何人？为所从来？'其妇本末为彼国王说所变故。"

"本末"通常是陈述的对象。晋陶潜《搜神后记》卷四："奴既醒，唤问之，见事已露，遂具说本末。"西魏慧觉等译《贤愚经》卷四："尸利苾提闻是语已，心惊毛竖，惶怖汗水，白言：'和上，曼我今者心未裂顷，时为我说本末因缘。'""本末因缘"同义并列。《宋书·王玄谟传》："玄谟令内外晏然，以解众惑。驰启孝武，具陈本末。帝知其虚，驰遣主书吴喜公抚慰之。""具陈本末"这里的"本末"是名词，以宾语的身份出现在"陈"之后。如果"本末"位移到动词"说"或"陈"之前，则由说的对象变成了对"说"的修饰。从情理上看，说出事情的经过原委要详细，故"本末"又表示原原本本、详细，即从头至尾地(叙述)。这就是(7)(8)含义的联系。

以上(6)(7)(8)三义属于概括式，因为是"本末"合并后抽象出的含义。

寒温　本谓冷暖。《晏子春秋·谏下十三》："故鲁工不知寒温之节，轻重之量，以害正生，其罪一也。"《汉书·京房传》："其说长于灾变，分六十四卦，更直日用事，以风雨寒温为候。"葛洪《肘后备急方》卷二《治伤寒时气温病方》："三升水极令沸，以向所和水，投汤中，急搅，令相得，适寒温，顿服取汗。"这是本义，属于并举式。

动词，问候、寒暄。寒温冷暖是人生活中的必要条件，所以常常作为话题表示关心。《续齐谐记》："女人于口中吐出一男子，年可二十三四，亦颖悟可爱，仍与彦叙寒温。"南朝陈江总《南还寻草市宅》："无人访语默，何处叙寒温。""叙寒温"犹言问候、聊天、拉家常。东晋陶潜《搜神后记》："固踊跃，令门吏走往迎之。始交寒温，便问：'卿能活我马乎？'""始交寒温"即谓刚交谈、问候。又径直以"寒温"指问候冷暖起居，即寒暄、客套。晋干宝《搜神记》卷一六："忽有客通名诣瞻，寒温毕，聊谈名理。"《世说新语·赏誉》十七："兄子济每来拜墓，略不过叔，叔亦不候。济脱时过，止寒温而已。"

对人生活的关照首先是冷暖，因而"寒温"又指照顾生活起居等。三国吴康僧会译《六度集经》卷五："昔者菩萨，厥名曰睒……父母年耆，两目失明，睒为悲楚，言之泣涕，夜常三兴，消息寒温。"西晋无罗叉译《放光般若经》卷一一："譬如母人一一生子，从一数至于千人，母中得病，彼诸子等各各求救疗治，所进寒温燥湿将育所宜令母安隐。"①

以上二义为抽象义，属于概括式，也就是发生了语素义结构的变化。

还有几个与"寒温"同义的反义并列复音词，其结构类型和词义产生方式相同。如：

温凉　犹"寒暄"，与"寒温"同，即所谓问寒问暖。梁陶弘景《周氏冥通记》卷四："直见拜，温凉而出。"属于概括式。

寒暑　本指季节冷暖，多用以指问候冷暖起居，犹言寒暄、客套。东晋郭澄之《郭子》"张凭举孝廉"条："张遂径往诣刘。既前，处之下坐，通寒暑而已。"《世说新语·文学》五三："张遂诣刘，刘洗濯料事，处之下坐，唯通寒暑，神意不接。"《宋书·文五王传·庐江王祎》："公稽古寡闻，严而无理，言不畅寒暑，惠不及帷房，朝野所轻，搢绅同侮，岂堪辅相之地，宁任莅民之职，非唯一朝，有自来矣。"

燥湿　本谓干燥和潮湿。《齐民要术》卷二《粱秫》："燥湿之宜，杷劳之法，

① 参看张永言主编《世说新语辞典》（成都：四川人民出版社，1992年）第159页、方一新与王云路《中古汉语读本》（吉林教育出版社，1993年）第118页、张万起《世说新语词典》（商务印书馆，1993年）第222页。

一同谷苗。"《齐民要术》卷一《耕田》:"凡耕高下田,不问春秋,必须燥湿得所为佳。"

引申指环境、气候。《三国志·魏志·臧洪传》裴松之注引谢承《后汉书》:"其国大小,道里近远,人数多少,风俗燥湿,山川草木、鸟兽异物,名种不与中国同者,悉口陈其状,手画地形。"

喻指日常生活起居。《三国志·吴志·骆统传》:"常劝权以尊贤接士,勤求损益,飨赐之日,可人人别进,问其燥湿,加以密意,诱谕使言,察其志趣,令皆感恩戴义,怀欲报之心。"引申指照料、照顾生活起居。《搜神记》卷五"丁姑渡江"条:"翁曰:'恐燥湿不至,何敢蒙谢?'"《三国志·魏志·陈思王植传》:"今臣与陛下践冰履炭,登山浮涧,寒温燥湿,高下共之,岂得离陛下哉?"三国支娄迦谶译《道行般若经》:"若母安隐无他,便自养长其子,令得生活,寒温燥湿,将护视之。""寒温燥湿"是"寒温"与"燥湿"两个反义并列复音词的同义并列。

关于反义并列偏指式的理解,主要看两个语素并举还是单取一个语素义。我们举一个例子。

得失　(1)本指得到和失去。《管子·七臣七主》:"故一人之治乱在其心,一国之存亡在其主,天下得失,道一人出。"此"得失"指或得或失。属于第二类,即选择式①。

(2)指好坏,优劣。《汉书·宣帝纪》:"循行天下,察吏治得失。"

(3)指利弊,好坏,正确与错误。《东观汉记·黄香传》:"黄香,字文强,拜尚书郎,数陈得失,赏赐常增异同位。"《宋书·礼志》:"今使使持节侍中、副给事黄门侍郎,衔命四出,周行天下,亲见刺史二千石长吏,申喻朕心恳诚至意,访求得失损益诸宜,观省政治,问人间患苦。"《魏书·公孙表传》:"诏曰:'今古时殊,礼或隆杀。专古也,理与今违;专今也,大乖曩义。当斟酌两途,商量得失,吏民之情,亦不可苟顺也。'"《晋书·孟嘉传》:"嘉还都,亮引问风俗得失,对曰:'还传当问吏。'"

以上二义属于并举式,第一类,因为"得"与"失"都分别有所指,其意义是单个语素含义的引申与扩展,而不是合并后的抽象和概括。

---

① 此例看作第一类并举式也可以。

（4）单指“失”，过错，过失；失去，则属于偏指式，为第三类。《史记·平原君虞卿列传》：“上采《春秋》，下观近世，曰《节义》《称号》《揣摩》《政谋》，凡八篇，以刺讥国家得失，世传之曰《虞氏春秋》。”《南史·齐纪下·废帝东昏侯》：“帝小有得失，潘则与杖。”这是明显的偏指。上引《世说新语·德行》“由来有何异同得失”亦偏指“失”。

有一类偏指不那么明显。《魏诗》卷一〇阮籍《咏怀诗八十二首》：“穷达自有常，得失又何求？岂效路上童，携手共遨游。”晋陶潜《祭从弟敬远文》：“心遗得失，情不依世。”以上二例“得失”表面上指名利的得到与失去，但事实上偏指“失”，谓失去也不在乎。《宋书·庾炳之传》：“若不如此，亦当不辩有所得失。臣蠢，既有所启，要欲尽其心，如无可纳，伏愿宥其触忤之罪。”又：“上于炳之素厚，将恕之，召问尚书右仆射何尚之，尚之具陈炳之得失。”此二例亦偏指“失”。

选择式是从语境中可以直接理解的，通常不会产生混淆。此从略。

第五节　关于“三字连言”的重新思考①

“三字连言”是古汉语中比较独特的一种语言现象。这里以大量文献资料为依据，比较全面深入地探讨了“三字连言”的产生原因、流行时代、结构类型；分析了“三字连言”与汉语音节停顿的关系；认为中古以来汉语丰富发达的四字句构成手段导致了“三字连言”的最终消失。

一、前人关于“三字连言”的讨论

清代学者讨论过“三字连言”现象，认为符合古人文法。《左传·襄公三十一年》之“缮完葺墙”一语曾引来许多议论，唐李涪以为是繁文，且文理不达。对此段玉裁曰：“古三字重迭者时有，安可以后人文法绳之？下文‘无观台榭’，岂非三字重迭邪?”王引之曰：“段说是也……其上三字平列而下一字总承之者，内外传中亦往往有之，《桓六年传》云：‘嘉粟旨酒。’《文十六年传》云：‘赋敛积实。’《齐语》云：‘论比协材。’《晋语》云：‘假贷居贿。’《楚语》云：‘蓄聚积实。’

① 《关于“三字连言”的重新思考》发表于《宁波大学学报》2011年第1期。内容有所删改。

文义并与此同。而李以为繁复，自未晓古人属文之例耳。”①

段玉裁认为是“三字重迭”、王引之称为“三字平列”，认为符合“古人属文之例”。

当代学者认为三字连言是为了加强语气表达。蒋礼鸿先生曾经指出：“有些作品，为了使语句组织充畅流利，往往把一个连语的多种形式连缀在一起用。”②《荀子·议兵》：“兑则若莫邪之利锋，当之者溃，圜居而方止，则若盘石然，触之者角摧，案角鹿埵陇种东笼而退耳。”杨倞注：“盖皆摧败披靡之貌。”郭在贻先生云：“把同一联绵词的几个不同变体组合在一起使用，乃是加强语势的一个艺术手段。”③

很多学者曾经留意三字连言的现象，如竺家宁《魏晋佛经的三音节构词现象》④一文曾谈到译经中大量的三字连言例子。但是深入探讨其产生机制的研究尚不多见。

二、“三字连言”产生的主要原因

上文可见，构成四字句，上古时期即是“古人属文之例”，王念孙也常说“古人自有复语尔”。但是究竟为何有复语，有三字连言的“属文之例”？他们还是没说清楚的。蒋礼鸿师、郭在贻师所说增强表达气势，这是一个客观效果，而非直接动因，如果说为了增加气势，何不连缀更多，却只是构成四字句？

早在二十世纪二三十年代，姜亮夫先生在《昭通方言疏证》一书中已经谈到了这一问题。《昭通方言疏证》曾专设“说四字式词组”一节，指出：“四字词组即得为一完整简单之语句，言语之功用遂尔完备。”四字句“使汉语语音多具美感之音与通利之质”，是汉语“变化万端、肆应无方之基础”。“四字式词组为汉语之特殊形式，自其发展之史实论之，其根源盖本于汉语二字为一音步之定

---

① 见《经义述闻》卷十八《春秋左传中》“缮完葺墙”条。

② 蒋礼鸿：《蒋礼鸿集》第五卷《古汉语通论》第三章《训诂学上的“义存于声”和“声近义通”说》，杭州：浙江教育出版社，2000年，第73页。

③ 郭在贻：《〈荀子〉札记》，载《旻盦文存上编》，北京：中华书局，2002年，第3页。

④ 竺家宁：《魏晋佛经的三音节构词现象》，载《纪念王力先生百年诞辰学术论文集》，北京：商务印书馆，2002年。

则，两音步即得组成一语句（Sentence），此表现于《诗经》时代为最突出。"①一个音步由两个音节组成，两个音步就构成了和谐的韵律，就构成了一个基本的句子。这就是汉语逐渐双音化的动因之一，更是四字句产生的主要原因。

冯胜利先生也曾就现代汉语的四字句问题有过更为细致的论述②，这里从略。

那么四字句与三字连言有什么关系呢？原来，三字连言是为了构成四字句。其实王引之已经注意到了这一点："其上三字平列而下一字总承之者，内外传中亦往往有之。""三字平列而下一字总承之"，就是四字句的一种类型。

简言之，音步与句子的基本构成理论可以说明这样几个问题："复语"可以构成一个音步，成为韵律词；汉语的基本句子单位是两个音步；"三字连言"是为了与另一个不同词性的单音词组合以构成四字，从而形成两个音步的基本句子格式。

在古汉语中，"同义连言"通常指的是两个音节，即构成一个音步的双音词，这是规范的、符合汉语韵律要求的基本构成。在汉语的句子要求中，两个音步是最基本的句子构成模式。当语句表达不能构成四音节时，就会把三个同义（或近义）的单音词并列使用，与其他一个单音词结合，从而构成四字句，以达到四音节（即两音步）的基本要求。这就产生了王念孙、段玉裁常说的"三字连言"格局，也就是说，韵律的制约导致了"三字连言"的特殊表达方式。

进一步讨论：为什么汉语有四字成句的表达习惯？因为两个音步形成对称的格局，而对称是汉民族对美的形式要求。《文心雕龙·丽辞》篇说："造化赋形，支体必双，神理为用，事不孤立。夫心生文辞，运载百虑，高下相须，自然成对。"和谐对称是古人一贯崇尚并追求的美的境界，对自然万物如此看待（如天地、阴阳、男女、黑白、强弱等），对生活环境如此创造（建筑、服饰、礼节、官职），语言也不例外，俪偶对称为美文的标准，《韩非子·解老》："凡物之有形者易裁也，易割也。何以论之？有形，则有短长；有短长，则有小大；有小大，则有

---

① 姜亮夫：《姜亮夫全集》卷十六《昭通方言疏证》，昆明：云南人民出版社，2002年，第432—435页。

② 冯胜利：《汉语的韵律、词法与句法》，北京：北京大学出版社，1997年。

方圆；有方圆，则有坚脆；有坚脆，则有轻重；有轻重，则有白黑。短长、大小、方圆、坚脆、轻重、白黑之谓理。理定而物易割也。"这既是事物的对称，也是语言的对称。可以说对应骈俪已成为汉民族传统文化的核心之一。而这正是产生韵律、产生四字句的深层原因。

三、"三字连言"产生的时代性

"三字连言"的现象在上古文献和翻译佛经中比较多（下面的例子可以证明这一点）。这是为什么呢？

"三字连言"的方式在上古文献多，显示了汉语由单音词向复音词发展的过程，是一个不成熟的发展阶段（状态）。上古双音词不发达，要构成四字句，就要用同义或近义词凑足音节，所以"三字连言"是上古时期汉语双音词不发达的产物，换句话说，是双音词不发达时期构成四字句的一个临时性手段。

"三字连言"在翻译佛经中居多，说明汉语使用者（翻译者）汉语水平不高，运用词语不够娴熟，又要写出音节上口的四字句，就要生硬地往上凑数了。

汉语强调两两对应的平衡与和谐，三字连言与另一字构成的四字句，是勉强的四字句，并不是标准的合乎规范的两个韵律词的结合，不符合传统的审美表达，是一种临时性的手段。那么，当汉语双音词发展到了一定阶段，这个略显笨拙的构词（行文）方式就摒弃不用了。正像两种词序的并列式可以在先秦和秦汉之际较多，而当双音词发展成熟后，那些不符合调序原则的词序就要消失一样。这就是汉魏六朝尤其唐宋文献中很少出现三字连言现象的原因，现代汉语中同样也不会出现三字连言的表述方式。

正因为三字连言表达方式不完善，不成熟，显得别扭，才会引起后代学者的关注和质疑。而译经中这种不成熟的表达方式较多，而且常常有硬凑起来的四字一顿，人们也就见怪不怪了。如：

(1)西晋竺法护译《生经》卷二《佛说舅甥经》："见帑藏中琦宝好物，贪意为动。"

构成"见帑藏中/琦宝好物"两个四字音节。

(2)西晋竺法护译《普曜经》卷三《王为太子求妃品》："此间宁有奇异

妙术与我等乎？”

构成“此间宁有/奇异妙术/与我等乎”三个四字音节。

四、“三字连言”的结构类型

三字连言并非完全是同义连言，有时候是词性相同，或者词义相近，其目的都是为了构成双音步的四字句。大致可以分为标准的三字连言和宽泛的三字连言两种类型。

（一）标准的三字连言

就是词义相同（或相近）的三字连言，与其前或其后的单音词组成四字句。有（1＋3）和（3＋1）两种模式。如：

1. 动词的（3＋1）模式：

（3）《左传·襄公三十一年》：“以敝邑之为盟主，**缮完葺墙**，以待宾客。”

（4）《荀子·儒效》：“**笞棰暴国**，齐一天下，而莫能倾也。”

（5）《战国策·秦策三》：“为君虑封，若于除宋罪，重齐怒，须**残伐乱宋**，德强齐，定身封。”

（6）东汉支娄迦谶译《阿阇世王经》：“**譬若如幻**，不可得持，所以者何？无伴侣故。”（626，403，2）

以上是动词的三字连言，后接单音节名词，从而构成四字句。

（7）《荀子·王制》：“彼将日日**挫顿竭之**于仇敌。”

（8）《汉诗》卷九《乐府古诗·妇病行》：“行当折摇，**思复念之**。”

“思复念”三字同义。闻一多引此诗曰：“复念叠义连语，复亦念也。”①

（9）《太平经》卷一一四《见诫不触恶诀》：“天书文欲使人为善，不欲闻其恶也。故自命薄不全耳，无可大怪也。**详复思之**，勿懈也。”

① 见《闻一多全集·诗经通义》。

“详复思”三字同义，皆谓思，思考。

(10)东汉支娄迦谶译《道行般若经》：“若母安隐无他，便自养长其子，令得生活，寒温燥湿，**将护视之**。”(224,448,3)

以上三音节动词词义相同，与其后的代词“之”构成四音节。

2.副词的(3+1)模式：

(11)《汉书·王莽传中》：“府帑虽未能充，**略颇稍给**，其以六月朔庚寅始，赋吏禄皆如制度。”

(12)《法苑珠林》卷二六引南朝梁王琰《冥祥记》：“妇则腹痛，**遂加转剧**。啼呼有顷，卒然起坐，胡语指麾。”

“遂加转”属于副词的三字连言，但并非同义，①与“剧”构成四字句。

(13)西晋竺法护译《顺权方便经·沙门法品》卷上：“咸来集会，**悉共俱坐**。”

(14)北魏慧觉等译《贤愚经·梵天请法六事品》卷一：“闻是语已，不能自宁，**咸悉都集**，诣太子宫。”

“略颇稍”“悉共俱”“咸悉都”都是副词的三字连言，后接单音节动词，从而构成四字句。

3.名词的(3+1)模式：

(15)《尚书·牧誓》：“王朝至于**商郊牧野**。”

“牧”指郊野。《左传·隐公五年》：“四月，郑人侵卫牧，以报东门之役。”《文选·王粲〈登楼赋〉》：“北弥陶牧，西接昭邱。”李善注引《尔雅》：“郊外曰牧。”所以“郊牧野”并列，作“商”修饰的对象。

(16)《睡虎地秦墓竹简·秦律十八种》：“都官有用□□□□其官，**隶臣妾舂**，城旦毋用。”

---

① 遂，于是；加、转同义，犹言加、更加。

4. 名词的(1＋3)模式：

(17)《韩非子·初见秦》："乃复悉士卒以攻邯郸，不能拔也，**弃甲兵弩**，战竦而却。"

(18)《史记·赵世家》："**有城市邑**十七，愿再拜入之赵。"

(19)《三国志·吴志·诸葛瑾传》："今叡幼弱，随人东西，**此曹等辈**，必当因此弄巧形态，阿党比周，各助所附。"

前两例"甲兵弩""城市邑"是名词的三字连言，作单音节动词的宾语；后一例"曹等辈"受"此"的修饰。上三例都构成了四字格句式。

(二)宽泛的三字连言

就是三字的结合不那么紧密，可以单音节与双音节的并列连言，也可以中间插入其它成分。①

1.［1＋(1＋2)］模式：

(20)《荀子·王制》："之所以接下之人百姓者则**好取侵夺**，如是者危殆。"②

"好取侵夺"构成四字结构，"取侵夺"为三字连言，其中"取"与"侵夺"并列。

(21)《史记·三王世家》："臣青翟等窃与列侯臣寿成等二十七人议，**皆曰以为**尊卑失序。"

"曰以为"是三字连言，"曰"与"以为"并列，"皆曰以为"即成为四字句。

(22)《韩非子·外储说左下》："昔周城王**近优侏儒**以逞其意。"

"优"与"侏儒"也是单音节与双音节的并列。

---

① 这也是相对而言，与上一类并不能截然区分。

② 王念孙曰："取与侵夺意复，且不词，作好侵夺者是也，上文云：'之所以接下之人百姓者，则庸宽惠'，句法正与此同。"见王念孙《读书杂志》十一《荀子杂志三》"好取侵夺"条。王念孙说误。

2.[(2+1)+1]模式：

(23)《三国志·魏志·邓哀王冲传》裴松之注引《魏书》："（曹冲）辨察仁爱，与性俱生，**容貌姿美**，有殊于众，故特见宠异。"①

"容貌姿"三字同义，"容貌"与"姿"同义并列。

(24)《百喻经·五百欢喜丸喻》："药毒气盛，五百群贼，**一时俱死**。"

(25)《撰集百缘经·百子同产缘》："宿殖何福，兄弟百人，**一时俱生**。"

"一时"与"俱"同义并列。

(26)《宋书·谢方明传》："尝年终，江陵县狱囚事无轻重，悉散听归家，使过正三日还到。……囚逡巡墟里，不能自归，乡村责让之，**率领将送**，遂竟无逃亡者。远近咸叹服焉。"

"率领"与"将"构成三音节，然后与"送"结合，构成四字句。

(27)东汉支娄迦谶译《阿閦佛国经》："我当学之，当于处处**晓了知之**。"

"晓了知"为三字连言，其中"晓了"似乎结合稍微紧些。

叠音词与单音词的连言也有以上两种模式。

(28)《汉书·贡禹传》："后世争为奢侈，**转转益甚**，臣下亦相放效。"

(29)《古小说钩沉》辑《列异传》："夜时有异物**稍稍转近**，忽来覆伯夷。"

"益""转"都有"渐渐"之义，因而分别与"稍稍"构成同义平列关系，"稍稍转近""**转转益甚**"成为四字句。

还有一种类型是三个同义词中间插入一虚词。

(30)《荀子·仲尼》："主信爱之，则谨慎而嗛。"

---

① 此例引自郭在贻《训诂学》第19—20页（长沙：湖南人民出版社，1985年；又修订本第14页，北京：中华书局，2005年）。关于"三字连文"可以参看郭在贻师的论述。

“嗛”通“谦”。① “谨慎”与“嗛(谦)”同义并列。

(31)《左传·昭公二十五年》:“远哉遥遥。”

这是“远”与“遥遥”的并列,插入虚词,同样构成四字音节。因为同义词也可以是叠音词。

五、“三字连言”与汉语的音节停顿

前文已经说过,汉语的基本句子构成方式是双音步,就是四音节。

(32)《宋书·孝义传·孙法宗》:“单身勤苦,霜行草宿,营办棺椁,造立冢墓,葬送母兄,俭而有礼。”

是其例。

但如果不是四字句,而是需要更长的句子,也基本按照四字一顿的语气切分。翻译佛经中此类现象最明显,(1)(2)例就是证明。以下随意举几例,并用斜线标出音节停顿:

(33)《汉书·张汤传》:“自/公卿以下/至于庶人/咸指汤。”

(34)《后汉书·循吏传·任延》:“又/造立校官,自/掾吏子孙,皆令/诣学受业,复其徭役。”

(35)《南齐书·宗室传·遥昌》:“宏曰:‘故当有故。卿欲使我/含瑕依违?为欲/指斥其事?’”

可以看出,基本的音节停顿是四音节,这与汉语四字为一基本句子单位的韵律要求是相一致的。

但是有些三字连言所构成的并不是四字句,如:

(36)《史记·陈涉世家》:“**藉弟令**毋斩,而戍死者固十六七。”

(37)《论衡·吉验》:“盖富贵之验,气见而物应,人**助辅援**也。”

(38)《论衡·感类》:“功无大小,德无多少,人须**仰恃赖**之者,则为

① 见王念孙《读书杂志》十《荀子杂志二》“嗛”条引王引之说。

美矣。”

(39)《论衡·感虚》:“夫蝗之集于野,非能**普博尽**蔽地也,往往积聚多少有处。”

(40)《搜神后记》卷六:“顺阳范启,母丧当葬。前母墓在顺阳,往视之,既至而坟垅杂沓,难可识别,不知何所。袁彦仁时为豫州,往看之,因云:‘闻有一人见鬼。’范即如言,令**物色觅**之。”

(41)《宋书·范晔传》:“虽时有能者,**大较多**不免此累,政可类工巧图缋,竟无得也。”

“藉弟令”“助辅援”“仰恃赖”“普博尽”“物色觅”“大较多”为三字连言。如何解释这些并非构成四字句的三字连言呢?可以从三个方面解释:一是大致可以看作四字句。如(37)(40)两例,“人助辅援也”“令物色觅之”,除去虚字,基本属于四字句。(38)例主干部分“仰恃赖之”算是四字句。二是有的可以在四字时略作停顿。如(39)例可以大致这样切分:“非能普博/尽蔽地也”。这样也大致符合四字一顿的韵律要求。三是类推或者表达习惯所致,(36)(41)“藉弟令”“大较多”即属于此类。

值得注意的是,韵文中的三字连言不受双音步规律制约,这是为了五言或七言等的音节韵律,属于另一类。如:

(42)《楚辞·离骚》:“**览相观**于四极兮,周流乎天余乃下。”

“览相观”同义,就是此类。

(43)《魏诗》卷四曹丕《陌上桑》:“伴旅单,**稍稍日**零落。惆怅窈自怜,相痛惜。”

(44)《大宝积经·菩萨见实会·净居天子赞偈品》:“一切三界中,**悉皆都**无有。”

(45)敦煌遗书斯坦因0778号《王梵志诗集序》:“**悉皆咸**臻知罪福,懃耕恳苦足糇粮。”

“稍稍日”“悉皆咸”等也属于此类。

六、“三字连言”消失的原因

汉语表达的基本句子单位是两个音步,也就是四个音节,从古至今这个基本表达方式没有变化。但是上古单音词多,要构成四字句而没有合适的双音词,就需要找一些临时凑成的单音词加上,三字连言就成了构成四字句的一种方式。中古以来双音词越来越多,构成四字句的手段变得丰富而多样化,就没有必要像先秦那样“三字连言”了。这就是“三字连言”消失的原因。我们看构成四字句的主要手段:

(一)并列法

两个双音词的并列构成四字句最常见,当然前提是单音词双音化进程大大加快。

1. 同类双音词的并列:如“穷困潦倒”,是“穷困”与“潦倒”的并列。“穷困”是并列式双音词,“潦倒”属于“倒”向前扩展产生的联绵词。“稀奇古怪”是“稀奇”与“古怪”的并列。“稀奇”与“古怪”本身就是并列式双音词。

2. 双音词的错综表达:如眉清目秀——眉目清秀;山清水秀——山水清秀。再如以“天地”为例:欢天喜地、呼天抢地、惊天动地、昏天黑地、感天动地等。有的可以分为主谓或动宾式,有的则不能,如装模作样、人模狗样等等。成语就更多了,“妖魔鬼怪”“穷凶极恶”等皆是并列式的四字格。

3. 虚实双音词的并列:“进行总结(思考)”“加以改进(提高)”“举行讨论”“开展工作”等,属于虚实双音词结合的方式。此类以动词居多。

(二)重迭法

1. 双音节动词重迭成 ABAB 式,主要表示动作的短暂:整理整理、打扫打扫、算计算计、犒劳犒劳、建设建设。重迭动词双音词成 AABB 式,表示动作的反复:来来往往、急急忙忙、吃吃喝喝、说说笑笑、打打闹闹等。

2. 双音节形容词重迭成 AABB 式,主要表示强调:恭恭敬敬、干干净净、规规矩矩、潦潦草草、满满当当、懵懵懂懂、切切实实、确确实实、欢欢喜喜、老老实实等。

3. 双音节名词重叠成 AABB 式,主要表示周遍性:老老少少、年年月月、上上下下、里里外外、前前后后、形形色色、角角落落等。

甚至联绵词也能重叠，如“旮旯”重叠成“旮旮旯旯”，“乒乓”重叠成“乒乒乓乓”等。

（三）凝固法

就是句子或结构凝固成四字句。如“人言可畏”“逃之夭夭”“三十而立”“一筹莫展”“一往情深”“有求必应”“先声夺人”“喷薄欲出”“黯然失色”等。此类多属于非并列式成语，也是四字格极好的表达方式。

（四）音节连缀法（扩展法）

有单音词一步变成四音节的例子：黑——黑不溜秋、灰——灰不溜秋。

有时一个词可以有多种方式构成四字句，如“稀里哗啦”“稀稀拉拉”都是“稀拉”（即“稀落”的音变）扩展而成。

（五）嵌入法

汉语变成四字句的方式之一是将十分常见的并列双音词嵌入其他单音词而扩展成四字结构。手段有：

1.嵌入同样的单音词：以“模样”为例，有“一模一样、有模有样、像模像样、大模大样、怪模怪样、装模作样”等，实际就是一样、有模样、像样、怪模样、装样子的意思，“大模大样”则无法简缩表达。这一类与错综表达有交叉。

2.嵌入虚词（音节）：正经——正儿八经、糊涂——稀里糊涂、咕噜——叽里咕噜、推广——推而广之、慌张——慌里慌张、花哨（花俏）——花里胡哨等。

也有三音节插入虚词（音节）：没精彩——没精打采、直通通（直统统）——直不笼统。其实就是二音节或三音节的内容用四音节表达。

3.嵌入否定词。应当注意的是，嵌入法四字句除了韵律需要外，还有表义方面复杂而特殊的作用。上古汉语中此类用得不多。兹以“不……不……”为例讨论：

（1）反义并列，用双重否定表示居于正反义词两方面中间的意思，属于中庸、适当、居中一类的意思。

A.名词例：阴阳——不阴不阳、前后——不前不后、左右——不左不右、男女——不男不女、良莠——不稂不莠。还有“不人不鬼”等，似乎找不出原词。

B.动词例：上下——不上不下、不即不离、不死不活。

C.形容词例：紧慢（疾徐、快慢）——不紧不慢、多少——不多不少、好坏——不好不坏、凉热——不凉不热。

这里的两个“不”都是有实义作用的。如“不上不下”，就是既不在上，也不在下，所以表示居中的位置。此类既有表义的作用，也有韵律的需求，可谓一举两得。

(2)同义或近义并列，用双重否定表示强调否定：

A. 名词例：不三不四①、不伦不类。

B. 动词例：不疼不痒(不痛不痒)、不弃不离、不言不语、不声不响、不哼不哈、不知不觉、不依不饶、不聋不哑。

C. 形容词例：不慌不忙、不干不净、不明不白、不仁不义。

以上三类的“不”比较复杂。第一，“不”有否定和凑足音节的双重作用。如“不伦不类”是不合伦类的意思，单用“不伦”“不类”可以，用“不伦类”就不行了。类似的是不弃不离、不知不觉、不依不饶、不聋不哑等。所以可以看作两个偏正式的并列，这里的“不”既表义也起凑足音节的作用。第二，“不”有否定和强调的双重作用。比如“不言不语”，可以说“不言语”，也可以说“不言”“不语”。类似的是“不仁不义”等。这里的“不”兼有强调的作用。第三，有一个“不”是凑足音节而不表义。这一类如“不干不净”，可以说“不干净”，也可以说“不净”，不可以说“不干”(干燥是另一个义项)。类似的是“不明不白”，可以说“不明白”“不明”，但不可以说“不白”(有歧义)。还有“不慌不忙”(现代汉语的“不忙”是另外的意思)等。这里的“不”有一个起凑足音节的作用。

造成这些差别的原因在于并列式语素义显现程度的差别，“干净”“明白”“慌忙”是并列结构，但是只有在这些并列结构中，其语素义才得以确认，否则“不干”就与“不湿”、“不白”就与“不黑”、“不忙”就与“不闲”发生了联系，使得词义无法确定。可见这些词的语素义比较丰富，而且常用义位不止一个。

(3)联绵词，只起凑足音节的作用：不尴不尬(不间不界)。意思就是尴尬。

用双重否定表示强调否定：不利不索。“利索”是一个联绵词，“不利不索”与“不利索”同义，只是前者更有强调的意味。

因为有这些丰富的手段可以构成四音节，三字连言的方式就销声匿迹了。

---

① “三四”是特殊数字，如颠三倒四、说三道四等。

第六节　基于词汇史角度的汉语离合词研究①

离合词是汉语中一种特殊的语言现象。所谓“离合”，就是能离析，能合并，离析时可以插入其他修饰限定成分，合并时属于双音词。比如“帮了我一个大忙”，是双音词“帮忙”的离析形态，“我/一个/大”是对宾语在对象、数量、程度上的说明。“帮忙”就称作“离合词”。近年来许多学者从现代汉语、语言学、对外汉语教学等领域入手，对离合词进行了有益探索。本文则从古代汉语的角度审视离合词，分析离合词的来源与性质，鉴别和判断离合词，从而说明古汉语在分析汉语离合词中具有不可忽视的作用。

一、“帮忙”与“帮助”——离合词的性质与功用

从词的内部结构来看，动宾式是离合词中占绝大多数的一种形式，许多离合词属于此类。但是一些在现代汉语学者看来不属于动宾式的双音词也有离析形态，该如何解释？

比如“帮忙”，它是现代汉语中的一个高频离合词，属于什么结构？讨论者很多。王海峰曾讨论：“有一个问题似乎是留学生经常问的问题，也是长期困扰汉语老师及汉语研究者的问题，那就是‘帮忙’和‘帮助’这两个词意义上非常相似，从使用频率上来讲‘帮助’要远远高于‘帮忙’，为什么‘帮忙’是离合词而‘帮助’不能离析？从语体角度考虑可能是解释这个问题的思路之一（不一定是唯一的思路）。……‘帮忙’只出现于非庄重语体中，非庄重语体主观性强，在主观性的语体氛围中，‘帮忙’就倾向于以离析形式表现语言的主观性。”②

“帮忙”与“帮助”同义，“帮忙”是离合词，但“帮助”却不是。为什么？王

---

① 《基于词汇史角度的汉语离合词研究》发表于《文献语言学》2020年第10辑，署名王云路、王健。内容有所删改。

② 王海峰：《现代汉语离合词离析形式功能研究》，北京：北京大学出版社，2011年，第206页、第224页。

海峰从语体角度考虑有一定道理，但决定是否属于离合词的关键是语素结构关系，而非语体。也就是说，一个词能否扩展为离合词，与它的词法结构密切相关。下面我们从古汉语的角度，讨论这两个词的结构形式和成词理据。

1.“帮助”的结构

“帮(幫)”从封从帛，又省作“帮”。“封”的本义是堆土植树为界。《周礼·地官·大司徒》：“制其畿疆而沟封之。”郑玄注：“封，起土界也。”因此，“封”可以表示疆界、界限等。古文“封”与“邦”同。《玉篇·邑部》：“邦，界也。”段玉裁《说文解字注》：“‘邦’之言‘封’也，古邦、封通用。”

“封”“邦”表示边界，从帛(或从巾)的“帮(幫)”本义是鞋子的边缘部分，“鞋帮”是其本义①。《集韵·唐韵》：“帮，治履边也。”进而可以指物体两边或者四周立起的部分，如“船帮”“腮帮”；而立起的这部分又经常在旁侧为主体提供支撑，因而“帮”也有辅助之义。《正字通·巾部》：“凡事物旁取者皆曰‘帮’。”

再看“助”字。《说文·力部》：“助，左也。”段注：“左今之佐字。左下曰：‘手相左助也。’二篆为转注。右下曰：‘手口相助也。’《易》传曰：‘右者，助也。’按左右皆为助。”后起字“佐”“佑”都是帮助的意思，如“辅佐”“保佑”等。

因而“帮助”为同义并列结构双音词。宋代已有“帮助”一词，元明之后用例增多：

(1)凡勤王人例遭斥逐，未尝有所犒赏，未尝有所帮助，饥饿流离，困厄道路。(宋李心传《建炎以来系年要录》卷十四)

(2)原来高俅新发迹，不曾有亲儿，无人帮助，因此过房这阿叔高三郎儿子在房内为子。(元施耐庵《水浒传》第六回)

“未尝有所帮助”和“无人帮助”，这种用法与现代汉语完全一致。在整个近代汉语阶段，“帮助”都是使用频率很高的并列式动词。而并列式双音词大多表示一个整体义项，不易分化为离合词(但也有少数例外，如“洗澡”“睡觉”等，见下文)。“帮助”不能离析使用，与“助”鲜明的动词性有关，从历时层面

① 现代汉语还有鞋帮的说法，与鞋底对应。腮帮的用法与之类似。

看,动词“助”一直可以单独使用:

(3)射夫既同,助我举柴。(《诗经·小雅·车攻》)

(4)得道多助,失道寡助。(《孟子·公孙丑下》)

“助”也可与其他成分搭配,组成复音词:

(5)其弟子多成就为博士大夫者,见师居大位,几得其助力,光终无所荐举,至或怨之。(《汉书·孔光传》)

(6)鄫无赋于司马,为执事朝夕之命敝邑,敝邑褊小,阙而为罪,寡君是以愿借助焉。《左传·襄公四年》杜预注:“借鄫以自助。”

(7)广宁、安德二王适从西来,欲助成其事,曰:“何不入?”(《北齐书·琅玡王俨传》)

(8)津好鬼神事,常着绛帕头,鼓琴,烧香,读道书,云可以助化。(宋司马光《资治通鉴·汉献帝建安十五年》)

上例“助力”“自助”“助成”“助化”中,“助”的动词性都很强。现代汉语中,仍常见“助手”“助攻”“助学”“相助”“互助”“助人为乐”“助一臂之力”等一系列“助”组成的双音词或词组。这种鲜明的强动词性以及组合成词的广泛性、使用的高频性,使得“助”不易被误解为名词,也就避免了“帮助”被动宾化,因此“帮助”也就没有出现离析形式。同类的还有“赞助”“辅助”“救助”“借助”“资助”“补助”等,均为同义并列双音词,均不能离析使用。

2.“帮忙”的离合词性质

赵淑华、张宝林指出:“‘帮忙’是一个很特殊的离合词,它的后一个成分不是名词性的,而是形容词性的;在意义上,它不是‘帮’所涉及的对象,而是‘帮’的原因,与一般的离合词很不相同。”[①]周上之指出:“‘帮忙’的结构不是一般动宾式,‘忙’不是‘帮’的支配对象。……帮忙原来可能是并列式结构,意为‘帮着忙乎’,后来渐渐演变为动宾结构。是否属实,还须考证。”[②]李秀也认为

---

① 赵淑华、张保林:《离合词的确定与离合词的性质》,《语言教学与研究》,1996年第3期,第51页。

② 周上之:《〈HSK〉双音动宾结构研究》,《对外汉语论丛》,上海:上海外语教育出版社,1998年,第205页。

“帮忙”是“动语素＋名语素→动词（动宾式）”。①

以上说法都有一定的道理，但缺少证据。“帮忙”的大量例句出现在清代小说中，如《红楼梦》第四十五回：“宝玉每日便在惜春那边帮忙。”②我们选取“帮忙”出现次数较多的两部清代小说《雪月梅》《九命奇冤》进行对比，分析“帮忙”一词的形成与发展。③

先看清代陈朗《雪月梅》一书的例子：

(9)这何成因为不要他做媒，心中大不快活，因想日常还要仰赖些柴米度日，不敢使气，只得前来帮忙。（第二回）

(10)普化寺中送了一分重香金酬谢。回家后，又设席酬谢帮忙亲友。（第二十二回）

(11)又因岑忠帮了多日的忙，给了他三两银子，岑忠里外磕头谢了。（第三十回）

(12)这日，岑义夫妻都过来帮忙料理。（第三十二回）

(13)那边也有丫头、仆妇来接，王夫人就将跟来的这丫头留在这边伺候帮忙。（第三十二回）

细品以上诸例，“帮忙”所描写的都是见他人事情太多，忙不过来，而主动帮助。“帮忙”在这一时期用法已经基本固定。再看稍晚的《九命奇冤》一书的例子：

(14)众强徒借着帮忙为名，益发无昼无夜，都啸聚在凌家。（第十二回）

(15)（般成）解开衣襟，放在贴肉的衣袋里。又道：“那个我拿他不动，要找个人帮忙才好。”（第二十一回）

(16)东莱说道：“我出家人，慈悲为本，方便为门，原没甚不可以帮忙的。”（第二十五回）

---

① 李秀：《现代汉语语法专题述要》，北京：中国社会科学出版社，2012年，第80页。

② 《雪月梅》《二十年目睹之怪现状》《儿女英雄传》《孽海花》等小说中均有例证。

③ 《雪月梅》自序写于清乾隆乙未年(1775)，《九命奇冤》则时代略晚，是吴趼人(1866～1910)所著的小说，最初发表于梁启超主办的《新小说》杂志。

以上用法一直延续到现代汉语中。与《雪月梅》相比,《九命奇冤》中还出现了大量"帮 X 忙"的离析结构,其离合词的特征比较明显:

(17)宗孔大叫道:"既是广源店的东西,就是两家都可以用的了,他是甚么人敢拿了去!来,来!众兄弟们帮个忙,同我去拿了来!"说着就要走。(第十二回)

(18)我想赶到省城来帮侄老爷的忙,又因为我衙门里没有一个熟人,来也无用,因此住了。(第二十二回)

(19)天来不觉暗暗称奇道:"难道这个人专为帮我忙而来的么?一向这等殷勤,何以到了临走的时候,却又无言而去呢?"(第三十二回)

以上离合词,例(17)插入的是帮忙的频次,例(18)(19)插入的是帮忙的对象,都是对帮忙的具体说明,"忙"的名词性是很明显的。以上例证说明:早期"帮忙"实义明显,多数指具体帮人做事(如例 9—13)。后期熟语度高,意义变得抽象,结构更加灵活,出现了大量的离析形式(如例 17—19)。这时,任何帮助(不单是体力上的干活)都可以称为"帮忙"(如例 14、16)。

下例很值得注意:

(20)此时宗孔已经来帮忙了两三天,听见贵兴肚饿,便叫人搬上酒菜来,陪着贵兴吃酒。(《九命奇冤》第四回)

此例是在后面补足"帮忙"的时间,如果将时间插入中间,变成"已经来帮了两三天忙",就是离析结构了。

以上例证可以清晰地看出离析结构的优点:对象、时间以及程度等成分都可以插入离合词之间,使一句话能够表示比较丰富的信息量,表达更灵活。"帮助"是动词语素并列,后可以带宾语,那么需要表达的对象、时间、频次以及程度等成分都可以在后面补足,如"帮助我很多"或"帮助他完成了一项重要任务",所以"帮助"无法在中间插入其他成分,也无需插入。而"帮忙"后面不及物,无法带宾语或补语,所以在中间插入其他说明性成分就不仅必要,也变得可能了。汉语构词行文就是这样具有自洽性,和谐而统一。这也是离合词产生的原因。

3.“帮忙”的来源和结构关系

为什么会产生“帮忙”这个词,其结构关系如何?“帮忙”为什么不能后接宾语?早于“帮忙”而在元明小说中出现的“帮闲”一词,也许可以给我们一点启示:

(21)你两个帮闲的贼子,好生无礼,我不救哥哥,教谁救?(元萧德祥《杀狗劝夫》第四折)

(22)他却是个帮闲的破落户,没信行的人。(明施耐庵《水浒传》第二回)

(23)那些王孙公子来一遍,动不动有几个帮闲,连宵达旦,好不费事。(明冯梦龙《醒世恒言·卖油郎独占花魁》)

这三个例子中,前两例“帮闲”指为官僚、豪富们消遣玩乐而凑趣效劳,是形容词;后一例指凑趣效劳的几个人,是名词。这样看来,“帮闲”即帮助闲人,为闲人助力,“闲”是“帮”的宾语,“帮闲”为动宾结构。鲁迅似乎已经解释了“帮闲”的含义,《集外集拾遗·帮忙文学与帮闲文学》:“那些会念书会下棋会画画的人,陪主人念念书,下下棋,画几笔画,这叫做帮闲,也就是篾片!”“帮闲”可以理解为“帮助闲人”,也可以理解为“帮助闲人做闲事”。我们再从相关的语词中进一步证明之。

元代以来有俗语“帮闲钻懒”。元王实甫《西厢记》第三本第二折:“直待我拄着拐帮闲钻懒,缝合唇送暖偷寒。”元秦简夫《晋陶母剪发待宾》第三折:“帮闲钻懒为活计,脱空说谎作营生。”《金瓶梅词话》第八十六回:“金莲,你休呆里撒奸,两头白面,说长并道短,我手里使不的你巧语花言,帮闲钻懒!”“帮闲钻懒”含义就是逢迎凑趣、要弄乖巧。

又作“钻懒帮闲”。《杀狗劝夫》第四折:“他他他,似这般钻懒帮闲。”

又作“帮懒钻闲”。秦简夫《东堂老劝破家子弟》第二折:“不强似与虔婆子弟三十锭,更和那帮懒钻闲二百瓶。”

又有“帮闲抹嘴”,也指逢迎凑趣、油嘴滑舌。《金瓶梅词话》第一回:“结识的朋友,也都是些帮闲抹嘴不守本分的人。”

在这些语词中,“帮闲”“帮懒”“钻闲”“钻懒”“抹嘴”等都是动宾结构的双音词。姜亮夫①也指出:"'帮闲'与'钻懒'两事有共同性,曰闲曰懒。"②"帮懒"就是帮助懒人,所以"帮闲"理解为"帮助闲人"似乎更妥当点③。

如果"帮闲"是"帮助闲人",则"帮忙"就是"帮助忙人"。"忙""懒""闲"均以形容词作名词用,分别指忙人、闲人、懒人,构成"帮忙""帮闲""帮懒"等动宾式双音词。

还有与"帮忙"同义的"助忙"一词。《醒世姻缘传》第五回:"你搀空磕了头罢,好脱了衣裳助忙。"又第十六回:"从头一一数算,各匠俱到,只有那学匠不曾来助忙。""助忙"与"帮忙"同义,亦为动宾结构。

"闲""忙"其义相对④。有了"帮闲",可以类推产生"帮忙",下例似可说明:

> (24)古人谓之"帮闲",今人谓之"帮忙"。以常情言之,"忙"固当帮,"闲"则何帮之有?(1929年《申报》时评《帮忙与帮闲》)

这个解释很有启发:"'闲'则何帮之有",所以"帮忙"流传至今,"帮闲"相对少见。

"帮闲"出现于元明,"帮忙"成词于清代,可以看作"帮闲"类推产生了"帮忙"⑤。从形成过程看,"帮闲"与"帮忙"性质相同,都是动宾结构的双音词,因

---

① 姜亮夫:《昭通方言疏证》,上海:上海古籍出版社,1988年,第283页。

② 钻(鑽)从赞,赞有辅佐、帮助之义。《小尔雅·广诂》:"赞,佐也。"赵翼《陔余丛考》:"世谓夤缘干进者为钻。"因此"帮闲钻懒"含义就是帮助效劳闲人、逢迎赞助懒人,为两个动宾结构的并列,懒指懒人,闲指闲人。

③ 再看相关的"帮凶"一词。《老残游记》第二十回:"我们弄死了他,主意是我出的,倘若犯了案,我是个正凶,你还是个帮凶,难道我还跟你过不去吗?""帮凶"与"正凶"相对,"凶"在此处都是名词,指凶手。但"正凶(主凶)"指主要的凶手,"帮凶"指副的、旁的、不主要的凶手,与"帮闲"不同,是偏正结构。

④ 唐白居易《对镜》诗:"去作忙官应太老,退为闲叟未全迟。"闲、忙对举,是其证。

⑤ 谭学纯、濮侃、沈梦璎:《汉语修辞格大辞典》,上海:上海辞书出版社,2010年,第74页)认为"被模仿的'帮忙'结构上可离析,可以说'帮一个忙/帮不了忙',仿造出的'帮闲'结构不可离析,不可以说'帮一个闲/帮不了闲',可见'帮闲'从结构到意义都对'帮忙'有一定的依托性。这种意义的依托性使得临时语言运用单位'帮闲'可以因为'帮忙'的认知引导而产生一定的意义自明性,同时又修辞化地实现了特定语境中无法表达的表达。"这与文献中"帮闲"与"帮忙"出现的顺序恰恰相反,恐怕不妥。

此二者都可以作为离合词使用。如上文提到的鲁迅《帮忙文学与帮闲文学》："中国文学从我看起来，可以分为两大类：（一）廊庙文学，这就是已经走进主人家中，非帮主人的忙，就得帮主人的闲；与这相对的是（二）山林文学。唐诗即有此二种。如果用现代话讲起来，是'在朝'和'下野'。后面这一种虽然暂时无忙可帮，无闲可帮，但身在山林，而'心存魏阙'。如果既不能帮忙，又不能帮闲，那么，心里就甚是悲哀了。"

这例既可以看出"帮忙"的结构关系，也可以看出"帮闲"和"帮忙"密切相关，如同孪生兄弟。

简言之，"帮助"与"帮忙"尽管词义相同，都是动词性双音词，但有两点不同：

其一，语法功能不同："帮助"是及物动词，可以带说明性成分，就不需要离析的语言形态了；"帮忙"是不及物动词，有时需要插入其他成分才能补足信息；

其二，内部结构不同："帮助"是同义并列式双音词，"帮忙"是动宾式双音词。这也是语法功能不同的根本原因。

离合词产生的基本要素是：必须是动宾结构双音词（也有被误解为动宾化的双音词）。人们不明白为什么"帮助"不是离合词而"帮忙"是离合词，就是因为没有明白"帮助"是并列式，不能（也不需要）形成离合关系；"帮忙"是动宾结构，"忙"作名词，指忙人，因而可以形成离合关系。

离合词产生的外部因素是使用频率高。上文举到的"帮闲""帮懒""助忙"等虽然也是动宾式，但使用频率低，语言使用者没有形成两个语素呼应的共识，就不易成为离合词。

二、"作计"——离合词现象古已有之

离合词是何时产生的？语言是一个连续统，既然离合词源于动宾式双音词，而现代汉语动宾式来源于古代汉语动宾式，那么现代汉语离合词自然源于古代动宾式双音词，离合词与动宾式双音词共生并存。

以往的离合词研究较少追溯其源头，也以为离合词是现代汉语特有的现象。如曹保平、冯桂华指出："离合词的形式归根到底是与古代汉语词单音节特点密不可分的。古汉语中单音节词长时间连用，慢慢定型，成为今天的双音

节合成词；今天人们又会利用合成词各成分内部联系还不太紧密的特点，拆分开来使用，表达更复杂、更丰富的内容。”①按照以上表述，似乎离合词是“今天”（即现代汉语）独有的现象。

离合词究竟产生于何时？力量、晁瑞选取了近代汉语中“唱喏”“吃苦”“报仇”“随心”等词，证明“宋元是汉语离合词开始的时期，这个时期的离合词都是动宾式的，没有例外”。② 这个说法把离合词的产生上推至宋代，是一种进步，但为何宋代才有离合词呢？

笔者以为：汉代以来，单音词逐渐双音化，这应当是离合词产生的基础。离合词由动宾式双音词构成，而动宾式是除了并列式以外最常见的双音节词形式之一，也是词组凝固的结构形式之一，是不是可以说，有了动宾式双音词，就应该有条件产生离合词？

王云路曾谈及“作计”一词③，认为这是中古动宾式复音词的一个典型。

(1)阿兄得闻之，怅然心中烦。举言谓阿妹：“作计何不量！”(《汉诗》卷十《乐府古辞·古诗为焦仲卿妻作》)

(2)府吏再拜还，长叹空房中。作计乃尔立，转头向户里。(同上)

(3)定是怀王作计误，无事翻覆用张仪。(北周庾信《杨柳歌》)

(4)君富贵已足，故应为儿子作计。年垂五十，残生何足吝邪！(《宋书·长沙景王道怜传》)

(5)争头觅饱暖，作计相啖食。(唐寒山子《寒山诗》第九十二首)

从以上用例来看，“作计”成词是比较确定的，其常态就是动宾式复音词，谓谋划、考虑。但“作计”中间也可插入其他修饰成分构成词组。如：

(6)儿今日冥冥，令母在后单。故作不良计，勿复怨鬼神。(《汉诗》卷十《乐府古辞·古诗为焦仲卿妻作》)

---

① 曹保平、冯桂华：《“离合词”的构成及离合规律》，《广播电视大学学报》2003年第4期，第97页。

② 力量、晁瑞：《离合词形成的历史及成因分析》，《河北学刊》2007年第5期。

③ 王云路：《中古汉语词汇史》，北京：商务印书馆，2010年，第366页。

(7)弟有百岁母，岂能坐听祸败，政应作余计耳！（《南齐书·萧坦之传》）

(8)遣信报祏曰："刘暄似有异谋，今作何计？"（《南齐书·江祏传》）

这种"作不良计""作余计""作何计"等插入其他修饰成分构成词组的用法，和离合词结构本质上是一致的①。唐宋以来，"作计"仍有一些离析形态：

(9)争敢三年作归计，心知不及贾生才。（唐白居易《江亭夕望》）

(10)它年我作西归计，兄弟还能得此不？（宋苏辙《送周思道朝议归守汉州三绝》）

(11)预作休休计，先开小小园。杖藜成日涉，得趣与心论。（宋王十朋《小小园》）

(12)王安石既去，嘉问因对，上问："曾得安石书否？"嘉问因言："近亦得安石书，闻陛下不许安石久去，亦不敢作安居计。"（宋李焘《续资治通鉴长编》卷二百七十八"熙宁九年十月丙午"条）

(13)戊子年间多快乐，丙申之岁少留连。公公莫作绵绵计，花圃终须变野田。（清沈季友编《槜李诗系》卷三十六）

"作归计""作西归计""作休休计""作安居计""作绵绵计"都属于"作计"的离析形式②。

由此我们得出以下结论：(1)动宾式复音词与离合词可以同时出现。(2)离合词是动宾式复音词成词后的灵活运用。(3)离合词不是现代汉语独有的，离合词的产生至少可以上溯至汉代，因为那个时代双音词大量涌现。(4)离合词是具有时代性的，不同时代有不同的离合词，比如"帮忙"是近代汉语尤其是现代汉语的离合词，而"作计"是古代汉语的离合词。

三、"鞠躬"——兼具其他结构形式的动宾式离合词

不少学者认为离合词除了动宾式之外，还有其他主谓、并列等多种结构类

① 笔者当初以为，这是双音词形成之初动宾式不稳固的一个表现。现在看来恐怕不妥。

② 当然，现代汉语中"作计"已经不用，自然不能算作现代汉语的离合词了。

型。这往往属于对其结构形态的误解。如果从古汉语角度追本溯源，结论可能就不同了。

一个词可以有不同的结构形态。古汉语单音词往往兼具名词、动词属性，因而可以有不同的结构方式。现代汉语也是如此，如“捐款”，作名词时指“捐助的款项”，是偏正结构；作动词指“捐助钱财”，是动宾结构；作为离合词使用的是动宾式的“捐款”，如“捐了一笔款”。这种兼具其他结构形式的动宾式，也是一种常见的离合词现象，不应当作为离合词具有其他结构形式的证据。

这里讨论“鞠躬”一词。清代学者多认为“鞠躬”是联绵词①。也有人认为“鞠躬”是并列式。因为“鞠”“躬”都取弯曲义，“鞠”从“匊”。《说文・勹部》：“匊，在手曰匊，从勹米。”从匊之字多有弯曲义。《说文・吕部》：“(躬)俗从弓身。”段注：“弓身者，曲之会意也。”故“鞠躬”可以视为并列式。

但是“鞠躬”可以作为离合词使用，有“鞠了一躬”“鞠了个大躬”等用例。既然离合词源于动宾式，联绵词或并列式就不应产生离析用法，如何解释离合词“鞠躬”的结构？从古汉语溯源就比较容易解决这个问题。

首先，“躬”有名词用法。《史记・司马相如列传》：“心烦于虑而身亲其劳，躬胝无胈，肤不生毛。”司马贞《索隐》引张揖曰：“躬，体也。”《汉书・王嘉传》：“案嘉本以相等为罪，罪恶虽著，大臣括发关械、裸躬就笞，非所以重国褒宗庙也。”裸躬，指裸体。成语“卑躬屈膝”，“躬”“膝”相对，均作名词。

其次，“躬”作名词，可以构成“X躬”的动宾结构：

(1)(子贡)敛躬而行至于吴，见太宰嚭。(《淮南子・人间》)

(2)遗蛇其迹，行步偊旅。(《汉书・东方朔传》)颜师古曰：“遗蛇，犹逶迤也。偊旅，曲躬貌也。”

---

① 如《说文・勹部》：“𥨍，曲脊也。”段注：“此《论语・乡党》《聘礼记》‘鞠躬’之正字也。《聘礼记》‘鞠躬’亦作‘鞠穷’，《史记・鲁世家》作‘匑匔’，徐广云：‘见《三苍》，谨敬貌也，音穹穷。’《广雅》亦曰：‘匑匔，谨敬也。’《汉书》注曰：‘鞠躬，谨敬也。’盖上字丘弓切，下字巨弓切，为叠韵。如《左传》‘鞠穷’之即‘营藭’耳，上字亦读丘六切，仍是联绵字。”朱骏声《说文通训定声》丰部第一：“又双声连语。《论语》：‘鞠躬如也。’《仪礼・聘礼记》：‘鞠躬焉，如恐失之。’注：‘鞠穷如也。’”王筠《说文解字句读》卷十七：“(𥨍躬)《玉篇》、曹宪之音推之，则二字可以同音、可以叠韵、可以双声，非鞠其躬也。”

(3)尝劝帝防未萌之欲，及勿轻天下士，帝俯躬曰："当为卿戒之。"(《宋史·程颢传》)

(4)犹自以受享踰分，跼躬而无容。(清陈确《答萧山来成夫书》)

其中"敛躬""曲躬""俯躬""跼躬"都指弯着身子，与"鞠躬"同义，可以看作动宾式。引申之，"敛躬"可表示行踪隐秘，"跼躬"比喻惶恐不安。此外又有"讬躬"(犹寄身)、"植躬"(谓立身)等，例略。后来也有"弯躬"(弯下身体)的用法①。

再次，诗歌中"鞠躬"也与其他动宾结构对应出现：

(5)鞠躬荷嘉庆，瞻道闻颂声。(南朝梁萧子显《奉和昭明太子钟山讲解诗》)

(6)鞠躬遗像在，稽首雅歌闻。(唐王起《贡举人谒先师闻雅乐》)

(7)卉服联操袂，雕题尽鞠躬。(唐刘禹锡《元和癸巳岁仲秋，诏发江陵偏师，问罪蛮徼。后命宣慰，释兵归降。凯旋之辰，率尔成咏，寄荆南严司空》)

"鞠躬"与"瞻道""稽首""操袂"等动宾词组对文，可见"躬"的名词性。

"鞠躬"就是"弯身"，而弯下身子就可以形容恭敬谨慎之貌，因此有"鞠躬如""鞠躬焉"等语。《汉书·冯参传赞》："宜乡侯参鞠躬履方，择地而行，可谓淑人君子。"颜师古注："鞠躬，谨敬貌。"宋祁曰："注中'鞠躬'当云：'鞠躬，曲躬也。'"宋祁以"曲躬"释"鞠躬"，明显是动宾结构。作为离合词的"鞠躬"当是动宾结构，表示弯曲身体，因而才产生了离析用法②。

是不是离合形式，需要仔细分辨结构关系，不能看见插入不同成份就断定为离合词。这里举一个例子"见面"。它可以有不同的含义和结构关系。

(8)君子不镜于水，而镜于人。镜于水，见面之容，镜于人，则知吉与凶。(《墨子·非攻中》)

---

① 如潘漠华《掇拾》："西风一夜撼松林，满地都落满了黄柯，老的幼的婆娘儿女，弯躬在那儿掇拾。"

② 这也可以从一个方面证明清代学者认为"鞠躬"是联绵词的观点是不可靠的。

这里“见面”尚未成词，是“见/面之容”的结构，即呈现面容。

(9)帝尝出猎，车驾夜还，恽拒关不开。帝令从者见面于门间。(《后汉书·郅恽传》)

此例“见面”是露出面容(给守门人看)的意思，可理解为“呈现面容”。

(10)(董仲舒)下帷读书，弟子以次传授其业，或莫见面，盖三年不窥其园，其精专如此。(汉荀悦《汉纪·孝武皇帝纪二》)

此例可以理解为“相见”，是见到的意思，语义谓弟子没有谁见到董仲舒。

(11)春来准拟开怀久，老去亲知见面稀。(唐杜甫《十二月一日》诗之三)

此例“见面”是动宾结构，指相见，是互相见面。

不同的音节切分，也是判断离合式的重要步骤。如：

(12)工尹曰：“向吾望见子之面，今而后记子之心，审如此，汝将何之?”(汉刘向《说苑》卷十)

这是“望见/子之面”，不是“见面”的离合形式。

(13)予尝见鲜于伯机公亲书一幅云：“登公卿之门不见公卿之面，一辱也；见公卿之面不知公卿之心，二辱也。”(元孔齐《静斋至正直记》卷三)

(14)质之官，知县某判其状云：“生前再醮，终无恋子之心；死后归坟，难见先夫之面。宜令后子收葬。”(明陆容《菽园杂记》卷三)

(15)凡为媳妇，无不要见公婆之面。(清王有光《吴下谚联》)

以上三例才是“见面”的离合形式，中间插入的都是宾语“面”的修饰语，即“面”的限定对象。

四、“洗澡”“慷慨”等——“被动宾化”而产生的特殊离合词

上文说过，离合词来源于动宾式，但是其他形式的双音词为什么有的也能够离析使用？笔者以为，这正是吕叔湘先生所说“把非动宾结构当作动宾结构

处理”的结果。邢福义先生有类似的观点：“现代汉语里，动宾格式是一种优化格式，有很强的促成力。差不多任何结构的双音词，即使不是动宾结构的词，都可以利用‘动＋X＋宾’的插入离析形式强制成为动宾格式。”①为什么会产生这种强制力？原因在于误解和类推。

“睡觉”本来是反义并列复音词，即“睡着”和“觉醒”的意思，《诗·王风·兔爰》有“尚寐无觉”，“寐”是睡着，“觉”是睡醒。作为反义并列复音词，使用偏义“睡”而“觉”不表义时，渐渐就会模糊了原来的结构关系，应当算作“被误解为动宾化”；而且现代汉语中“觉”的醒来义只在“觉醒”“觉悟”“自觉”等双音词中体现出来，单独使用已经很罕见了，极易误解。误解“睡觉”为动宾结构，就产生了“睡一大觉”这样的离析用法，“觉”的读音也由古岳切变为古孝切了。

“洗澡”也是如此。

(1)每旦澡洗，以杨枝净齿，读诵经咒。(《隋书·真腊传》)

(2)恐城中炎热，着我先在城外寻个僧房道院，洗澡乘凉。(明高濂《玉簪记》卷上)

“澡洗”“洗澡”均是同义并列式双音词，可调换语序，证明其为并列关系。“澡”是动词，本指洗手。《说文·水部》：“澡，洒手也。”后泛指洗涤，沐浴。《史记·龟策列传》：“常以月旦祓龟，先以清水澡之。”到了近代汉语中，“澡”已经不单独使用，只在“洗澡”这样的双音节词中出现，“澡”的动词性逐渐减弱，十分容易误解为动宾式，又因为是常见词语，因而产生了大量的离合式用法：

(3)秦重原是洗过澡来的，不敢推托，只得又到浴堂，肥皂香汤，洗了一遍，重复穿衣入坐。(明冯梦龙《醒世恒言·卖油郎独占花魁》)

(4)王老教他空屋里洗了澡，梳了头。(明兰陵笑笑生《金瓶梅词话》第九十三回)

(5)何氏道：“……就跳在黄河里洗一千个澡，也去不尽身上的秽气，

① 邢福义：《汉语语法学》，上海：东北师范大学出版社，1996年，第83页。

你也够得紧了。难道还想来玷污我么？”（清李渔《无声戏》第一回）

(6)内中有一个道：“总则没有男人，怕什么出身露体？何不脱了衣服，大家跳下水去，为采荷花，又带便洗个凉澡，省得身子烦热，何等不妙！”（清李渔《十二楼·夏宜楼》第一回）

上例都是“洗澡”的离析形式。

(7)张千，你跟着我来。我去那堂子里把个澡洗。（元杨显之《临江驿潇湘夜雨》第二折）

“把个澡洗”的使用与“洗个澡”相似，“澡”也被视为名词。

由此看来，所谓“并列式离合词”的说法是不准确的。“睡觉”“洗澡”“游泳”“登记”“考试”等变为离合形态，是一种有限度的扩展，如插入“完、了、过”和量词等成分。这类并列式双音词（如睡觉、洗澡等）是因为误解为动宾式才产生了离析用法，是离合词产生的特殊现象，不是离合词的主流形态。并列式本身是不产生离合词的。

再来看“慷慨”一词。现代汉语有“慷他人（国家、公家）之慨”的说法，那么“慷慨”是不是离合词？“慷慨”历来被认为是双声联绵词（或双音单纯词），也有学者认为是同义并列双音词，如沈怀兴、周秋江①等。我们赞同“慷慨”是并列结构的说法。《玉篇》：“慷，同‘忼’。”《说文·心部》：“忼，慨也。”段注：“俗作‘慷’。”桂馥《说文解字义证》：“字或作‘慷’”。《说文·心部》：“慨，忼慨，壮士不得志也。”古代汉语中“慨慷”“慷慨”皆用：

(8)高祖乃起舞，慷慨伤怀，泣数行下。（《史记·高祖本纪》）

(9)时幽散而将绝，中矫厉而慨慷。（晋成公绥《啸赋》）

也有其他并列式的表达方式：

(10)夷犹慨以慷，缅邈咤而叱。（宋韩淲《赵十有诗及高泉之行因思往年同游青岩》）

---

① 沈怀兴、周秋江：《由“慷而慨”看“慷慨”构成——兼及现代“连绵字”理论问题》，《汉字文化》2007 年第 2 期，第 38—40 页。

(11)公之丰标兮颀而长，公之胆气兮慨而慷。(元陈庚《祭赵必瑑文》)

(12)八代文衰慷而慨，三都纸贵切以磋。(清舒位《太学石鼓歌用韩石鼓歌韵》)

用连词“以”或“而”连接“慨”和“慷”，也是“慷慨”同义并列的一个证明。毛泽东《七律》有“虎踞龙盘今胜昔，天翻地覆慨而慷”的诗句，“慨而慷”是仿照古人的并列式表达方式，注家多误释为联绵词的倒装。再看一例：

(13)慨当以慷，忧思难忘。(三国魏曹操《短歌行》)

笔者以为，曹操“慨当以慷”，就是“慨以慷”，因为四字句的格式需要而加上衬字“当”，本质上也是用连词“以”把“慨”和“慷”并列起来。

由上可以看出，“慷慨”是并列式双音词，只是因为双声关系，人们就看作联绵词了。在现代汉语中，“慷慨”的离析形态只在固定用法“慷他人之慨”中使用。此语出明李贽《焚书·寒灯小话》：“况慷他人之慨，费别姓之财，于人为不情，于己甚无谓乎?”由此推演出“慷国(公)家之慨”。这种搭配使用范围很窄。

另外，并非可以插入其他成分的双音词都是离合词，固定搭配不属于离合词。

清代已经有学者发现了一种特殊的语用现象。清俞正燮《癸巳存稿》卷三“精其神”条：“京城人劝勉出力曰‘精其神’……初疑‘精其神’是‘精气神’，既悟其非也。明杨士聪《玉堂荟记》‘崇祯丙子经筵’一条，内珰言‘只是赐宴，即与经了筵一样’。又尝见二兵争斗，缘相谑以阵了亡再说。又见市人通文，言‘深究利害，使人毛骨竦出然’。此自一种文理，不当非笑之。精其神、经了筵、阵了亡、竦出然，即《诗经》《楚辞》句里‘兮’字。”

“经筵”是帝王为讲论经史而特设的御前讲席。明杨士聪《玉堂荟记》里记载了一些当事官员对“经筵”的态度，其中有“大雪如此，只是赐宴，即与经了筵的一样”之语。清俞正燮在“经了筵”以外又提到了“精其神”“阵了亡”等说法，并认为“自是一种文理”。这种文理，与我们今天说的离合词相近，即可以在双音词中间插入其他成分。吕叔湘《读〈癸巳存稿〉》指出：“‘其’和‘了’不是同类，要比价可以跟‘荒乎其唐’等等比较。……我们的兴趣是在于‘经了筵’和

‘阵了亡’。这种把非动宾结构当作动宾结构处理，例如‘考完试’‘登了记’等等，在现代是已经经常听到，并且书面上也不少见了。可没有想到动宾结构的这种类化作用至少已有一百五十多年的历史。……如果从《玉堂荟记》算起，那就已经有三百多年了。”①

吕叔湘先生认为“‘其’和‘了’不是同类，要比价可以跟‘荒乎其唐’等等比较”，正说明插入成分有虚与实之别。离合词的插入成分多有实意。“了”虽然是虚词，但是离析形式中插入的“了”，多表示动作或者变化已经完成，可以看成是完成时的一个标志。而“荒乎其唐”中，“乎”“其”作为语气词或助词，是不表示实际意义的。也就是说，在词义上，“荒乎其唐”等于“荒唐”，但是“考试”不等于“考了试”。因此，那些不表示实际意义的插入成分，不应该看作离合词。

吕先生关注的是“把非动宾结构当作动宾结构处理”的方式，认为源头是“动宾结构的类化作用”，很有见地。离合词中间插入的成分不固定，如上举“帮忙”“作计”都可以插入不同的词；如果只有一种成分可以插入，就应当看作固定搭配。比如唐宋以来常见“交语”“交言”“交谈”，表示相互谈话。

(14)琼单骑至，方交语，士突起，掖琼以入。(《新唐书·朱宣传》)

(15)(康福)擢自小校，暴为贵人，每食非羊之全髀不能饫腹，与士大夫交言，懵无所别。(《旧五代史·晋书·康福传》)

(16)炼矿成金得宝珍，炼情成性合天真。相逢此理交谈者，千百人中无一人。(宋韩淲《涧泉日记》)

《说文·交部》：“交，交胫也。”“交”是交叉义，引申有交互之义，上例“交语”“交言”“交谈”都表示双方谈话，可以看作状中结构，也可以看作动宾结构②。在

---

① 吕叔湘：《语文杂记》，上海：上海教育出版社，1984年，第32页。

② “谈、言、语”等本身既可作动词，也可以作名词。比如《荀子·儒效》：“慎墨不得进其谈，惠施、邓析不敢窜其察。”《左传·文公十七年》：“齐君之语偷。”《世说新语·文学》十八：“阮宣子有令闻，太尉王夷甫见而问曰：‘老庄与圣教同异？’对曰：‘将无同。’太尉善其言，辟之为掾，世谓‘三语掾’。”“进其谈、善其言”都是动宾词组，“齐君之语”是偏正词组，都把谈、言、语当作名词使用，现代汉语依然有三言两语等说法。如果把“交语”等看作交流言谈，当作动宾结构双音词，也说得通。

使用中也可以插入其他成分：

(17)弄毕，便上车去。客主不交一言。（南朝宋刘义庆《世说新语·任诞》）

(18)比夕，与俱入传舍，不交一语。（宋李焘《续资治通鉴长编》卷九十三“真宗天禧三年丁酉”条）

(19)充安恭皇后菆宫按行使，日与阉人接，卒事未尝交一谈，阉亦服其长者，不怨也。（《宋史·周执羔传》）

在这些例子中，“交谈”等双音词中间只插入数次“一”，且都用于否定句，所以“不交一言”“不交一语”“未尝交一谈”属于固定搭配，而不是离合词。

交言——不交一言，荒唐——荒乎其唐，幽默——幽他一默，滑稽——滑天下之大稽，堂皇——堂而皇之，它们在离析使用的时候，其共同特点在于插入的成分是固定的，几乎没有其他形式，不可类推，与其视为离合词，不如看作双音词扩展的一种特殊固定搭配。

五、小结

现代汉语的很多离合词，古代已经开始使用。离合词源于动宾式双音词，将离合词分类为动宾式、动补式、主谓式、并列式的分类是对词语结构的误解。某些来源复杂的动宾式（如“帮忙”）、兼具其他结构形式的动宾式（如“鞠躬”），以及非动宾式结构误解为动宾式产生的离合词（如“睡觉”“洗澡”），是人们以为离合词具有多种结构方式的主要根源。“慷慨”变为“慷他人之慨”等是一种固定搭配，若插入虚词，多起凑足音节的作用。将现代汉语的离合词研究与古代汉语联系起来，才能够看清汉语离合词的本来面貌。

第二章　词语间的关系：复音词的同步构词规律

第一节　时间词的同步构词：说“凌晨”等①

这里从“凌晨”谈汉语时间词的同步构词。

“凌”的核心义是“迫近”，“凌晨”为动宾式时间词，表示迫近天亮，“凌晨”“凌旦”“凌晓”均表示清晨，为一组同义同构的动宾式时间词。“拂晓”“薄明”“侵晨”“破晓”“逼明”“投明”“向明”“近明”“入夜”“傍晚”等一系列动宾式复音词均表示早上或傍晚，也属于同步构词。同步构词具有同义（或同类）和同构两个特点，大致分为狭义、基本和广义三种类型。双音词往往有同步构词的规律，即都按照一种构词模式造词。其产生的内因是语素义的相同或相关，外因则是语词产生的类推与仿造机制，由此印证了词义和构词均具有系统性的观念。

“凌晨”是现代汉语常用的时间词，中古以来习见，表示拂晓、清晨。北齐萧悫《奉和济黄河应教》：“未明驱羽骑，凌晨方画舟。”北周王褒《入朝守门开》：“凤池通复道，严驾早凌晨。”唐徐敞《白露为霜》：“入夜飞清景，凌晨积素光。”上举三例还可以看作词组，下面的例子则似乎成词了。唐杜甫《自京赴奉先县咏怀五百字》：“凌晨过骊山，御榻在嵽嵲。”唐刘餗《隋唐嘉话》卷中：“上官侍郎

① 《从“凌晨”谈汉语时间词的同步构词》发表于《浙江大学学报》（人文社会科学版）2021年第5期。内容有所删改。

仪独持国政，尝凌晨入朝，巡洛水堤，步月徐辔。”现代汉语一直沿用。《汉语大词典》曰：“凌晨，迫近天亮的时光；清晨，清早。”①“迫近天亮的时光”，告诉我们这个词的内部结构当是动宾关系。那么，这个解释准确吗？我们可以从核心义和同步构词两个方面加以印证。

一、“凌晨”的得义之由与结构关系

我们先从核心义入手分析“凌晨”的内部结构。关于汉语词汇的核心义，笔者曾经有过界定，是指由本义中抽象出来的贯穿其大多数义项的核心特征②。

“凌”有迫近义吗？查《汉语大词典》，“凌”列有 10 个义项：“1. 冰；积聚的冰。2. 侵犯；欺压。3. 暴虐；凶恶。4. 压倒；胜过。5. 渡过；逾越。6. 乘，驾驭。7. 迎；冒。8. 升，登上。9. 迫近。参见‘凌晨’‘凌晓’。10. 姓。”

除了姓之外，其他 9 个义项中，只有“凌晨”“凌晓”属于明确的“迫近”义，迫近义是如何产生的？根据核心义理论，除了假借义和特殊的语境义（也叫语用义）之外，其他词义一定受核心义制约。“凌”的核心义是什么？我们可以通过其他几个义项之间的联系来分析。

义项 2 为“侵犯；欺压”。这是迫近、靠近义的抽象引申，指人与人之间的迫近，而且是施动，即主动地靠近、迫近，带宾语。《楚辞 · 九歌 · 国殇》：“凌余阵兮躐余行，左骖殪兮右刃伤。”“凌”“躐”对文同义。王逸注：“凌，犯也。”又注：“躐，践也。”③又如三国魏嵇康《卜疑》：“上干万乘，下凌将相。”“干”也是迫近义，对上的迫近是“冒犯、干犯”，对下的迫近就是“欺凌、压迫”。

义项 5 为“渡过；逾越”。这是迫近水面，在水面上经过。《战国策 · 燕策二》：“胡与越人言语不相知，志意不相通，同舟而凌波，至其相救助如一也。”汉庄忌《哀时命》：“势不能凌波以径度兮，又无羽翼而高翔。”晋葛洪《抱朴子

① 《汉语大词典》编辑委员会、《汉语大词典》编纂处编：《汉语大词典》（第 2 卷），上海：上海辞书出版社，1986 年，第 416 页。

② 王云路、王诚：《汉语词汇核心义研究》，北京：北京大学出版社，2014 年，前言。

③ （宋）洪兴祖：《楚辞补注》，白化文点校，北京：中华书局，1983 年，第 82 页。

外篇·博喻》:“骋逸策迅者,虽遗景而不劳;因风凌波者,虽济危而不倾。”宋苏轼《赤壁赋》:“纵一苇之所如,凌万顷之茫然。”迫近水面,就是渡过。“凌波”是迫近水面,因而还比喻美人步履轻盈,如乘碧波而行,如《文选·曹植〈洛神赋〉》:“凌波微步,罗袜生尘。”吕向注:“步于水波之上,如尘生也。”①唐羊士谔《酬萧使君出妓夜宴见送》:“玉颜红烛忽惊春,微步凌波拂暗尘。”宋周邦彦《瑞鹤仙·高平》词:“凌波步弱,过短亭,何用素约。”这与“蜻蜓点水”的动作类似。

义项6为“乘,驾驭”。《楚辞·九章·悲回风》:“凌大波而流风兮,托彭咸之所居。”洪兴祖补注:“言乘风波而流行也。”②这也是在水面上,当归入义项5。

义项4为“压倒;胜过”。这是抽象性的迫近,即“在……之上”。《北齐书·高昂传》:“昂既免缧绁,被甲横戈,志凌劲敌,乃与其从子长命等推锋径进,所向披靡。”唐杜甫《遣兴》诗之五:“吾怜孟浩然,短褐即长夜。赋诗何必多,往往凌鲍谢。”其中“凌”的施动者(主语)为抽象性的,如逸气、志气或质量等,因而就是抽象的迫近和超越。

义项7为“迎;冒”。唐李白《赠韦侍御黄裳》诗之一:“太华生长松,亭亭凌霜雪。”宋王安石《梅花》:“墙角数枝梅,凌寒独自开。”即冒着霜雪寒风。现代汉语依然有“凌风冒雪”。《文选·张衡〈思玄赋〉》:“凌惊雷之砊磕兮,弄狂电之淫裔。”李善注引旧注曰:“凌,乘也。”③这是冒着、顶着雷电的意思。这都是人对风霜雨雪、雷鸣电闪等自然现象的迫近。但是词典的解释往往不确切。如唐韩愈《鸣雁》:“违忧怀息性匪他,凌风一举君谓何。”明刘基《感怀》诗之二十:“伫立望浮云,安得凌风翔。”《汉语大词典》引此二例,释“凌风”为“驾着

① (南朝梁)萧统编:《六臣注文选》,李善、吕延济、刘良等注,北京:中华书局,2012年,第355页。

② (宋)洪兴祖:《楚辞补注》,白化文点校,北京:中华书局,1983年,第159页。

③ (南朝梁)萧统编:《六臣注文选》,李善、吕延济、刘良等注,北京:中华书局,2012年,第286页。

风”①，显然不合适，“凌风”就是迎风、冒着风。

义项 8 为“升，登上”。《文选・张衡〈东京赋〉》：“然后凌天池，绝飞梁。”薛综注：“凌，升也。”②北魏郦道元《水经注・汶水》：“凌高降深，兼惴栗之惧；危蹊断径，过悬度之艰。”③宋王安石《望皖山马上作》：“吾将凌其巅，震荡睨溟渤。”明徐弘祖《徐霞客游记・游嵩山日记》：“从草棘中莽莽南上，约五里，遂凌南寨顶。”以上例子就是登山、登顶，都是人从低处向高处的迫近。清吴伟业《松山哀》：“中有垒石之军盘，白骨撑拒凌巑岏。”这也是向上的迫近。因为向上的迫近，“凌”就产生了“高”义。三国魏嵇康《琴赋》：“周旋永望，邈若凌飞。”“凌飞”就是高飞。

义项 3 为“暴虐；凶恶”。是迫近义的形容词用法，即迫近的状态，就是猛烈。《管子・中匡》：“法行而不苛，刑廉而不赦，有司宽而不凌。”谓有司宽缓而不逼迫。汉扬雄《法言・吾子》：“震风凌雨，然后知夏屋之为帡幪也；虐政虐世，然后知圣人之为郛郭也。”李轨注：“凌，暴也。”④“凌雨”就是猛烈的雨，犹言暴雨。这也是一种逼迫⑤。

总结以上诸义，大多属于空间上的迫近或超越。迫近地面就是践、踏；迫近水面就是渡过，如“凌波”；由下向上地迫近实体（如山顶）就是登、上升；迫近高空就是达到、上达，如“凌霄”“凌空”“凌虚”“凌云”。《史记・司马相如列传》：“相如既奏《大人》之颂，天子大说，飘飘有凌云之气，似游天地之间意。”“凌云”就是迫近云霄。北魏郦道元《水经注・济水》：“水上有连理树，其树柞栎也，南北对生，凌空交合。”⑥《汉语大词典》解释“凌空”为“高升到天空或耸

---

① 《汉语大词典》编辑委员会、《汉语大词典》编纂处编：《汉语大词典》（第 2 卷），北京：中华书局，2012 年，第 416 页。

② （南朝梁）萧统编：《六臣注文选》，李善、吕延济、刘良等注，北京：中华书局，2012 年，第 77 页。

③ 陈桥驿：《水经注校证》，北京：中华书局，2007 年，第 578 页。

④ 汪荣宝：《法言义疏》，北京：中华书局，1987 年，第 79 页。

⑤ “凌雨”还可以表示冒雨，见下文。

⑥ 陈桥驿：《水经注校证》，北京：中华书局，2007 年，第 195 页。

立空中"①,是很准确的。

对自然现象的迫近,就是"冒着",如"凌寒""凌霜""凌风""凌雪"等。《梁书·到溉传》:"魏世重双丁,晋朝称二陆。何如今两到,复似凌寒竹。"宋王安石《梅花》:"墙角数枝梅,凌寒独自开。"是其例。"凌"作形容词,一是形容动作的猛烈,如"凌厉";二是形容状态,就是高,如"凌傲""凌嶒"。

而时间上的迫近,就是"到达",如"凌晨""凌晓""凌旦",详见下文分析。

空间与时间是可以转化的,如表示时间段的季节,同具体的物理空间一样,具备可经历、度过的特点。关于这一点,在"凌冬"与"凌寒"两词中体现得最为明显。东晋王嘉《拾遗记》:"有淳和麦,面以酿酒,一醉累月,食之凌冬不寒。"②唐孙思邈《千金翼方》卷四《菜部·苦菜》:"(苦菜)生益州川谷山陵道傍,凌冬不死,三月三日采,阴干。"唐虞世南《赋得临池竹应制》:"欲识凌冬性,唯有岁寒知。"这里"凌冬"就是迫近冬天或入冬。因此《汉语大词典》解释"凌冬"有"越冬;过冬"和"寒冬"两组义项,是准确的,只是两者难以截然区分,因为到了临界点其实也就是进入了某个新的范围(从秋天进入冬天的范围)。所以"凌"这个持续性动作,包含"迫近"与"超越"两个特点,而两者是密不可分的,"迫近"之后即是"超越"。前面说"凌"有迫近的核心义,因为在时间词"凌晨"中突出的是迫近义,所以前面也主要强调这一点。

"凌冬"多表示时节,即冬季。而"凌寒"多表示"冒着严寒",《汉语大词典》解释"凌寒"曰:"冒寒;严寒。"③这个解释很准确。从文献用例看,其发展路径也很清晰:在南朝多为"凌+寒N"式结构,"凌"为动词谓语,连接主宾。如南朝宋谢灵运《入华子冈是麻源第三谷》:"南州实炎德,桂树凌寒山。"南朝梁江淹《陆平原羁宦》:"殂殁多拱木,宿草凌寒烟。"是其例。唐初则"凌寒"成词,但后接名词,作为修饰语。如唐李程《赋得竹箭有筠》:"常爱凌寒竹,坚贞可喻人。"唐萧楚材《奉和展礼岱宗涂经濮济》:"叶箭凌寒矫,乌弓望晓惊。""凌寒

① 《汉语大词典》编辑委员会、《汉语大词典》编纂处编:《汉语大词典》(第2卷),北京:中华书局,2012年,第416页。

② 又收于《太平广记》卷四一二"延精麦"条(出《拾遗记》)。

③ 《汉语大词典》编辑委员会、《汉语大词典》编纂处编:《汉语大词典》(第2卷),第417页。

竹”即“凌寒/竹”，“凌寒矫”的切分是“凌寒/矫”。后来则“凌寒”完全成词，且为动词。如唐李峤《八月奉教作》：“鹤鸣初警候，雁上欲凌寒。”唐杜甫《北风》：“执热沉沉在，凌寒往往须。”唐白居易《风雪中作》：“踏冻侵夜行，凌寒未明起。”唐戴叔伦《题黄司直园》：“为忆去年梅，凌寒特地来。”“凌寒”是动宾结构，谓冒着寒风，也可以是经历寒冬。前者为空间的迫近，后者为时间的迫近。逐渐凝固成词，就是“严寒”的意思，为词汇化的形态。“凌晨”同样，其早期的构词形态就是“迫近天亮”，为动词性词组，而后期则成为一个时间名词，就是清晨了。

抽象意义上的迫近，指人与人的迫近，分为两种：上对下的迫近是欺凌、压迫，如“盛气凌人”；下对上的迫近是冒犯、干犯，如“凌上”。在这个意义上构成的并列结构复音词有凌虐、凌犯、凌侮、凌辱、凌逼、凌殴、凌暴、凌驾、凌越、凌跨、凌迈、凌践等，都证明了“凌”的迫近义。晋干宝《搜神记》卷十五：“此女意在于君，被父母凌逼，嫁与刘祥，今已死矣。”即其例。

从“凌”各义项及其复音词搭配用例中，我们已经可以推导出“凌”的核心义是迫近，从而阐释“凌晨”的得义缘由和结构关系。那么，“凌”的迫近义是怎么产生的？

考《说文·夊部》：“夌，越也。”段玉裁注：“凡夌越字当作此。今字或作凌，或作淩，而夌废矣。”①据段注，“夌”的本义是迈步向前并跨过，文献中多用“凌”或“淩”字取代之。《吕氏春秋·论威》：“虽有江河之险则凌之。”高诱注：“凌，越也。”②动作逐步靠近目标，因而就有迫近义。时间的靠近和经历也同样。唐罗隐《四顶山》：“过夏僧无热，凌冬草不枯。”这是历冬，度过寒冬。所以“凌晨”本字当是“夌晨”。“凌晨”与“凌冬”结构方式相同。

一些从“夌”的同源词，似乎可以纳入迫近的意义范畴，从而进一步帮助我们印证“凌晨”的含义与结构。

“陵”是土石相互迫近而形成山③。山顶自然是尖的。《说文·自部》：“陵，

① “夌”，甲骨文作“[illegible]”，甲骨文中用为地名或族氏名，似乎造字本义不明；也可能就是“陵”。参(清)段玉裁：《说文解字注》，上海：上海古籍出版社，1981年，第232页。

② 许维遹：《吕氏春秋集释》，北京：中华书局，2009年，第181页。

③ 此蒙岳晓峰博士见告，谨此致谢。参黄德宽主编：《古文字谱系疏证》，北京：商务印书馆，2007年，第395页。

大阜也。”段注：“《释名》曰：‘陵，隆也。体隆高也。’按引申之为乘也，上也，躐也，侵陵也，陵夷也，皆‘夌’字之假借也。”①所以，“陵”与“凌（夌）”的含义有相通之处。《汉语大词典》“陵”字的一些义项，如“5. 登上；上升。6. 超越；越过。……8. 凌驾。9. 侵犯；欺侮。……12. 暴烈”②，都与“凌”的含义是相同的。除此之外，就字形而言，在金文、楚简、秦简中，都有一类从阜从夌的“陵”字异体，说明“陵”与“凌（夌）”有些情形下不仅同源甚至是不别的。

再如“凌”，是液态水凝固形成冰，给人的感觉也是聚集尖锐的。北魏贾思勰《齐民要术·炙法》：“色同琥珀，又类真金；入口则消，状若凌雪。”“凌雪”就是冰雪，两种固态水并列连言，可以看作并列结构。《广韵·青韵》：“冷，冷泽，吴人云冰凌。”③唐孟郊《戏赠无本》诗之一：“瘦僧卧冰凌，嘲咏含金痍。”这两例“冰凌”也可以看作同义并列。因为“凌”的本义是“冰”，所以有寒冷义。唐韩愈《秋怀》诗之四：“秋气日恻恻，秋空日凌凌。”“凌凌”就是寒冷的样子。寒冷则为冬天，万物凋零，所以有“凌替”，表示衰落、衰败。三国魏阮籍《通易论》：“阴皆乘阳，阳刚凌替。君臣易位，乱而不已。”《周书·皇后传序》：“至于邪僻既进，法度莫修，冶容迷其主心，私谒蠹其朝政，则风化凌替，而宗社不守矣。”《旧唐书·韦思谦传》：“贵门后进，竞以侥幸升班；寒族常流，复因凌替弛业。”这是抽象的衰败义。

那么，我们可以将“凌”义重新加以梳理和概括，分为“凌[1]”和“凌[2]”，词典中可解释如下：

凌[1]：1. 冰凌。2. 寒冷。3. 衰败。

凌[2]：本字为“夌”。1. 越，前进，跨越。2. 空间迫近：登升；渡过；冒着。3. 时间迫近；到达。如“凌晨”。4. 抽象性迫近：欺凌，压迫；冒犯，干犯；压倒，胜过。5. 迫近的状态：猛烈；高远。

另外，“凌[2]”早期有时也是“陵”的借字，二者同义不别。

---

① （清）段玉裁：《说文解字注》，上海：上海古籍出版社，1981 年，第 731 页。

② 《汉语大词典》编辑委员会、《汉语大词典》编纂处编：《汉语大词典》（第 11 卷），北京：中华书局，2012 年，第 998 页。

③ （宋）陈彭年：《钜宋广韵》，上海：上海古籍出版社，2017 年，第 129 页。

二、表示迫近义的动宾式同步构词时间词

“凌晨”为动宾结构的双音词，表示迫近天亮、清晨。除了从核心义入手分析“凌”具有迫近义之外，根据同步构词规律，时间词“凌晨”应当具有普遍的同步构词现象。换句话说，动宾式时间词应当具有普遍规律。

所谓“同步构词”，就是指一组词在构词形态和表义上完全一致。即两个或多个同义词用同样的构词方式，创造了一系列同义词①。如果语素 A＝B＝C，则 A＋X＝B＋X＝C＋X，或 X＋A＝X＋B＝X＋C。所谓同步，只是从历时角度而言不同的词的引申轨迹大致平行，并不是说意义引申或构词的速度、发生的时代完全一致，即同步过程本身未必同时，而是在其构词的序列上完全一致。同步构词有狭义和广义之分，狭义是有一个语素相同的同义同构，广义是语素义或语素核心义特征相同的同类同构。介于二者之间的，我们称为“基本同步构词”。

同步构词的产生机制在于其构词语素核心义或某些义项的一致，在于语词创造的仿造和类推机制。类推机制在语言发展中最具有创造性，也是最为活跃的原动力。笔者曾指出：“仿照已有词语的构词方式再造新词，可称为类化……类化是汉语复音词产生的一个特殊方式。”②而江蓝生曾有更详细的说明：“汉语在构词法上有一种类化构词的现象。所谓类化构词，是指甲、乙两个语素以某一结构方式组合为合成词，那么跟甲或乙词性、意义相同的语素，可

① 笔者 2014 年首次提出“同步构词”的概念：“即一组意义相近的单音词往往以相同的构词方式或者与同一个语素结合的形式构成一组双音节同义词。”参见王云路：《中古诗歌语言研究》，西安：世界图书出版西安有限公司，2014 年，第 445 页。2019 年笔者指出：“所谓‘同步构词’，就是两个或多个同义词，用同样的构词方式，创造了一系列同义词。”参见王云路：《论汉语复音词的同步构词》，中国社会科学院语言研究所《历史语言学研究》编辑部编《历史语言学研究》（第十三辑），北京：商务印书馆，2019 年，第 188—203 页。另参见王云路、刘潇：《论汉语的同步构词——以“把别”为例》，《古汉语研究》2019 年第 3 期，第 13—19 页。

② 王云路：《试说“鞭耻”——兼谈一种特殊的并列式复音词》，《中国语文》2005 年第 5 期，第 454—458 页。

以替换甲或乙进入这一结构，构成两个或两个以上跟原合成词同义的词。”①笔者所说的同步构词，与江先生的“类化构词”本质上是一致的。而中古以来汉语词语数量激增，与复音词同步构词的规律有密切的关系。时间词就是一个比较明显的例子。

那么，“凌晨”是否符合时间词同步构词规律呢？下面来看具体时间词的例子。

与“凌晨”同义的还有“凌晓”“凌旦”。南朝梁刘孝威《帆渡吉阳洲诗》：“江风凌晓急，钲鼓候晨催。”北魏贾思勰《齐民要术·煮胶》：“凌旦气寒，不畏消释；霜露之润，见日即干。”唐王勃《散关晨度》：“关山凌旦开，石路无尘埃。”“凌晓”“凌旦”与“凌晨”同义同构，就是拂晓、清早。这属于“凌”与“晓”“旦”“晨”三个同义词的同步构词，属于狭义同步构词。按照这个思路，我们看看“凌晨”类词与哪些时间词构成更广泛的同步构词。为了比较的方便，以下大致以类相聚，按照动词语素的含义，分为迫近义、趋向义和接触义三类讨论，而不是依照词语产生的时代顺序。

除了“凌晨”外，比较明显的属于迫近义类型的动宾式时间词主要有以下几组。

1.“薄暮”类

“薄暮”或“薄莫”是较早出现的动宾式时间词，表示傍晚，太阳快落山的时候。《楚辞·天问》：“薄暮雷电，归何忧？厥严不奉，帝何求？”《史记·卫将军骠骑列传》：“薄莫，单于遂乘六骡，壮骑可数百，直冒汉围西北驰去。”宋晁冲之《书怀寄李相如》：“清晨戴星出，薄莫及日还。”明杨慎《春郊即事》：“薄莫古堤微雨歇，拳骗仍踏落花还。”“薄莫”即“薄暮”。《汉书·酷吏传·尹赏》：“城中薄暮尘起，剽劫行者，死伤横道，枹鼓不绝。”三国魏曹丕《善哉行》：“上山采薇，薄暮苦饥。溪谷多风，霜露沾衣。”唐韩愈《感春》诗之五：“清晨辉辉烛霞日，薄暮耿耿和烟埃。”

这个词义在后代的消失，大约与“薄暮”还有比喻人之将老、暮年的含义相关。《文选·陆机〈豫章行〉》：“前路既已多，后涂随年侵。促促薄暮景，亹亹鲜

① 江蓝生：《语词探源的路径——以“埋单”为例》，《中国语文》2010年第4期，第291—298页。

克禁。”李善注：“景之薄暮，喻人之将老也。”①南朝宋颜延之《吊张茂度书》：“薄莫之人，冀其方见慰说，岂谓中年，奄为长往，闻问悼心，有兼恒痛。”为了语言的明晰性，减少歧义，表示时间义的“薄暮”在现代汉语中就不再使用。

中古以来类推产生“薄晚”“薄夜”等词。南朝梁释慧皎《高僧传》卷六：“（释慧皎）永尝出邑，薄晚还山，至乌桥。”《北齐书·祖珽传》：“薄晚，就家掩之，缚珽送廷尉。”唐韩愈《答张籍书》：“薄晚，须到公府，言不能尽。”唐张祜《杂曲歌辞·水鼓子》：“雕弓白羽猎初回，薄夜牛羊复下来。”清袁枚《新齐谐·勾魂卒》：“苏州余姓者，好斗蟋蟀，每秋暮，携盆往葑门外搜取，薄夜方归。”

近代还有“薄暝”，也表示傍晚。宋宋祁《海棠》：“薄暝霞烘烂，平明露濯鲜。”明高启《梅花》诗之二：“薄暝山家松树下，嫩寒江店杏花前。”清吴骞《扶风传信录》：“（许生）瞬息抵家，惘惘若有所失。薄暝，秋鸿复来慰。”

以上“薄”与表示晚上义的语素“暮、莫、夜、晚、暝”等组合，构成“薄暮（莫）”“薄夜”“薄晚”“薄暝”等同义同构的双音节时间词，指迫近晚上，凝固成词就是我们理解的时间词“晚上”，属于狭义同步构词。

近代汉语仿照类推，产生了表示清晨的“薄晓”。宋王沂孙《锁窗寒·春寒》：“芳景，还重省。向薄晓窥帘，嫩阴欹枕。”宋宇文懋昭《大金国志·纪年·熙宗孝成皇帝四》：“诸王环立榻前，薄晓，诸官成班，诸王与驸马共立亮为主。”元刘将孙《夙兴》：“西风三日木犀雨，薄晓满城梅角霜。”元袁士元《和路掾高鹏飞》：“六花衮衮隘江天，薄晓惊寒粟满肩。”元张宪《咏双陆》：“疏星二十四，薄晓见灿者。”明王恭《梅江夜泊》：“薄晓啼猿罢，苍苍远树愁。”

表示清晨的“薄明”则产生于现代汉语。沈从文《丈夫》：“圆而发乌金光泽的板栗便在薄明的船舱里各处滚去。”梁斌《红旗谱》四八：“（张嘉庆）猛的听得噗嚓一声响，从路西投过一卷东西来。在薄明中，伸手一摸是大饼，还温温儿的。”

“晓”与“明”同义，都是天亮的意思，“薄晓”与“薄明”也属于狭义同步构词。

“暮”“夜”“晚”“暝”与“晓”“明”同为时间词，只是早和晚的不同，所以“薄

① （南朝梁）萧统编：《六臣注文选》，李善、吕延济、刘良等注，北京：中华书局，2012年，第520页。

暮"类与"薄晓"类两组狭义同步构词，构成基本同步构词，属于略大一级的同步构词，统称"薄暮—薄晓"类。

考《说文·艸部》："薄，林薄也。""薄"本义指树丛。段注："《吴都赋》：'倾薮薄。'刘注曰：'薄，不入之丛也。'按林木相迫不可入曰薄，引伸凡相迫皆曰薄，如'外薄四海''日月薄蚀'皆是。"①因而"薄"有相迫、密不可入的核心义，从行为上看是逐步靠近，从状态上看就是紧密。《左传·僖公二十三年》："曹共公闻其骈胁，欲观其裸。浴，薄而观之。"孔颖达疏："薄者，逼近之意。"②晋李密《陈情表》："但以刘日薄西山，气息奄奄，人命危浅，朝不虑夕。"亦其例。所以"薄"与"凌"在迫近的意义上是相通的，"薄暮"类与"凌晨"类分别表示靠近夜晚与靠近天亮的意思。它们同为动宾式时间词，属于广义同步构词。

简言之，"薄暮"类词用例较早，经历了从上古到中古和近代的发展过程。其中"薄暮""薄夜""薄晚"属于狭义同步构词，"薄晓""薄明"也属于狭义同步构词，此为第一级；"薄暮"类与"薄晓"类组合属于基本同步构词，此为第二级；"薄暮—薄晓"类基本同步构词与"凌晨"类组合属于广义同步构词，此为第三级。三个级别是范围逐步扩大的同步构词。见图1。

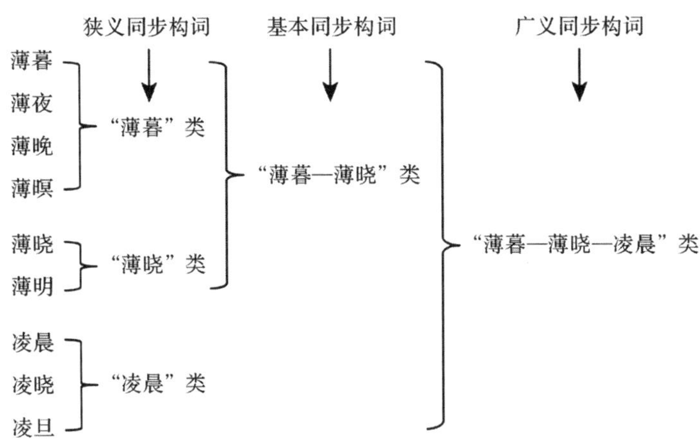

图1　同步构词的三个层级

以下诸类都与"凌晨"类、"薄暮"类构成广义同步构词，而其每类内部大致

① (清)段玉裁：《说文解字注》，上海：上海古籍出版社，1981年，第41页。

② (清)阮元校刻：《十三经注疏》，北京：中华书局，1980年，第1815页。

都有狭义和基本两级同步构词。

2.“逼暮”类

用“逼”与时间词组合构成双音节时间词，大约产生于六朝。《宋书·沈攸之传》：“若逼暮不获禽，则宿昔围守，须晓自出。”唐代以来持续沿用，《梁书·陆襄传》：“是时冬月，日又逼暮，求索无所。”《北史·贺拔允传》：“时已逼暮，于是各还。”宋洪迈《容斋三笔》卷三《监司待巡检》：“日晚，命之同食，起行数百步，逼暮而退。”

不仅有“逼暮”，还有“逼夜”“逼晚”等同义同构双音词。《隋书·长孙晟传》：“染干与晟独以五骑逼夜南走，至旦，行百余里，收得数百骑。”唐白居易《晚归早出》：“退衙归逼夜，拜表出侵晨。”《旧唐书·李绩传》：“靖将兵逼夜而发，绩勒兵继进。”《旧唐书·苏定方传》：“贺鲁及咥运十余骑逼夜亡走，定方遣副将萧嗣业追捕之，至于石国，擒之而还。”《北史·邢劭传》：“定陶县去州五十里，县令妻日暮取人斗酒束脯，劭逼夜摄令，未明而去，责其取受，举州不识其所以。”宋吴曾《能改斋漫录》卷十四《记文类对》：“逼晚，商量作策题，以冗官为问。”元吴镇《文湖州竹派·程堂》：“无姓无名逼夜来，院僧根问苦相猜。”明冯梦龙《情史类略》卷十五：“逼晚，使值宿老兵呼之。”

后来还类推产生了“逼曙”这样表示早上的时间词，如明高启《咏残灯》：“凝寒结重晕，逼曙零孤朵。”“凝寒”“逼曙”相对，笔者以为，这里可以清晰地看出“逼”的动词性质。

元王祯《镢》：“凌晨几用和烟劚，逼暮同归带月携。”这是“凌晨”与“逼暮”对应出现的例子，这两个词属于动宾式广义同步构词。

《说文·畗部》：“畗(畐)，满也。”段注：“许书无偪、逼字，大徐附逼于辵部，今乃知逼仄、逼迫字当作畐。偪、逼行而畐废矣。《荀卿子》：‘充盈大宇而不窕，入却穴而不偪。’《淮南·兵略训》：‘入小而不偪，处大而不窕。’凡云‘不偪’者，皆谓不塞。”①“逼”就是“逼塞”“逼迫”。《尔雅·释言》：“逼，迫也。”②这是其核心义。

3.“迫暮”类

“逼”“迫”同义，“逼”可以与名词性时间语素组合，“迫”也同样。故六朝时

---

① (清)段玉裁：《说文解字注》，上海：上海古籍出版社，1981年，第230页。

② (清)阮元校刻：《十三经注疏》，北京：中华书局，1980年，第2585页。

期就产生了时间词“迫暮”。南朝宋求那跋陀罗译《杂阿含经》卷五十：“比丘旦早出，迫暮而还林。”后代沿用。如宋何溪汶《竹庄诗话》卷二十一《方外空门·绝句》：“西清诗话云：近有人游罗浮，越大小石楼，将归迫暮，留宿岩谷间。”宋陆游《梅市暮归》：“还家宁迫暮，取路羞径捷。”宋末元初刘辰翁词题《水调歌头·自龙眠李氏夜过黱山康氏，走笔和其家灯障水调，迫暮始归》，“迫暮”即傍晚。元刘祁《归潜志》卷十三：“斜日秋烟，滉荡百里。迫暮，留诗而回。”清顾禄《清嘉录·虎丘灯船》：“迫暮施烛，焜煌照彻，月辉与波光相激射舟中。”

又有“迫夜”。宋王平甫《与李运使帖》：“迫夜造门，既而敷客抵暮方散，腹虚不觉过饱，难于乘马。”宋末元初戴表元《宿赵岘丞家》：“迫夜愁严鼓，冲寒托软巾。”明袁宏道《潇碧堂集》卷十三：“既迫夜，舟人畏滩声不敢行，遂泊于滩之渴石上。”

又有“迫晚”。宋韩淲《有怀山中梅花》：“迫晚昏寒乘野逸，爱香凌乱任宽闲。”另有宋郑獬《迫晚风雪出省咏张公达红梅之句》之题。

“迫暮”“迫夜”“迫晚”构成狭义同步构词。

《说文·辵部》：“迫，近也。”所以“薄暮”类、“逼暮”类和“迫暮”类构成广义同步构词。它们都是同义语素“薄”“逼”“迫”与同义语素“暮”“晚”“夜”结合，没有表示早晨义的语素类，是缺少了同类同构的基本同步构词。所以与“薄暮—凌晨”类这种典型的广义同步构词并不相同。由此也说明广义同步构词包括了同义同构这样一类。

4.“侵晨”类

“侵晨”一词，大约产生于魏晋时期。晋陶渊明《归园田居》之三：“侵晨①理荒秽，戴月荷锄归。”《三国志·吴志·吕蒙传》：“蒙乃荐甘宁为升城督，督攻在前，蒙以精锐继之，侵晨进攻。”“侵晨”就是清晨，一大早。唐代诗人使用更多，如李建勋《惜花寄孙员外》：“侵晨结驷携酒徒，寻芳踏尽长安衢。”薛能《吴姬十首》之七：“开门欲作侵晨散，已是明朝日向西。”韩偓《幽独》：“幽独起侵晨，山莺啼更早。”还有对文的例子，如白居易《晚归早出》：“退衙归逼夜，拜表出侵晨。”元稹《相和歌辞·古决绝词三首》之三：“虹桥薄夜成，龙驾侵晨列。”“侵晨”分别与“逼夜”“薄夜”对文。唐代其他文献也见用例，如《周礼·天官·

① 一作“晨兴”。

宫正》："凡邦之事跸，宫中庙中则执烛。"孔颖达疏："时隶仆与王跸止行人于宫中及庙中也，王出向二处，当侵晨而行。尔时，则宫正为王执烛为明也。"①

"侵晨"类时间词在中古和近代文献中不少。

有"侵晓"。《北齐书·崔暹传》："侵晓则与兄弟问母之起居，暮则尝食视寝，然后至外斋对亲宾。"唐杜牧《旅宿》："远梦归侵晓，家书到来年。"后蜀欧阳炯《木兰花》词："侵晓鹊声来砌下，鸾镜残妆红粉罢。"

有"侵旦"。唐鲍溶《山中冬思二首》其一："巢鸟侵旦出，饥猿无声啼。"宋刘敞《奉同邻几咏雪》："侵旦满城雪，从天万里风。"

有"侵夜"。《宋书·沈邵传》："时上多行幸，还或侵夜，邵启事陈论，即为简出。"唐薛用弱《集异记·邓元佐》："今已侵夜，更向前道，虑为恶兽所损，幸娘子见容一宵，岂敢忘德？"

有"侵晚"。《前汉书平话》卷下："吕胥与太后，侵晚至于未央宫，二人定计。"宋黄伯思《东观余论》卷下《论汉晋碑》："同舍出省后，予尝侵晚而归。"

有"侵暮"。宋陆佃《赠王君仪》："读书侵暮即然烛，为文夜坐常达晨。"元辛钧《訾州烟雨》："渔翁披蓑侵暮归，家家买鱼趁晚炊。"

有"侵黑"。唐白居易《马上晚吟》："出早冒寒衣校薄，归迟侵黑酒全消。"唐李廓《杂曲歌辞·长安少年行》其四："还携新市酒，远醉曲江花。几度归侵黑，金吾送到家。"唐王建《和门下武相公春晓闻莺》："侵黑行飞一两声，春寒啭小未分明。"

《说文·人部》："侵，渐进也。从人又持帚。若埽之进。又，手也。"本义释持帚之意。段注："渐当作趣。趣，进也。侵之言骎骎也。水部：浸淫，随理也。浸淫亦作侵淫。又侵陵亦渐逼之意。"②所以"侵"有迫近义，与"薄""逼""迫""凌"同义，故均与时间语素组成动宾式时间词。

"侵"谓进入或靠近。北周庾信《拟咏怀诗》："幸无侵饿理，差有犯兵栏。"此以"侵"与"犯"对文同义。所以"侵犯"为同义并列双音词。"侵入"也是同义并列双音词。参见"入夜"条。

唐韦庄《题裴端公郊居》："已近水声开涧户，更侵山色架书堂。"唐韦建《泊

① （清）阮元校刻：《十三经注疏》，北京：中华书局，1980年，第657页。

② （清）段玉裁：《说文解字注》，上海：上海古籍出版社，1981年，第374页。

舟盱眙》："夜久潮侵岸，天寒月近城。"唐李商隐《微雨》："窗迥侵灯冷，庭虚近水闻。"这是"侵"与"近"同义对文的例子。到了宋代，"侵近"常常同义连言，如李曾伯《可斋续稿后》："有溃卒过之，不敢侵近而去。"元代亦见用例，朱晞颜《天香・寿桂金堂竹泉总管》："古月浮香，冷风度曲，不许一尘侵近。"而现代汉语中则不再使用。这说明"侵"的靠近义已经消失，同理，"侵晨"一类词也不见于现代汉语。

"晨""晓""旦"同义，是天亮的意思，"侵晓""侵晨""侵旦"属于同义同构，表示天亮时。"暮""夜""晚""黑"同义，是天黑的意思，"侵暮""侵夜""侵晚""侵黑"也属于同步构词。以上为两组狭义同步构词，为第一级，它们同义同构。这两组狭义同步构词组合起来，则为基本同步构词，为第二级，统称"侵晨"类。而"侵晨"类与"薄暮"类、"凌晨"类等构成广义同步构词，为第三级，它们意义上都是时间词，结构上都是动宾式，故称同类同构。

以上述词语为例，归纳三级同步构词如下：

狭义同步构词：同一语素（薄）＋同义语素（暮、夜、晚、暝）＝同义同构

基本同步构词：同一语素（薄）＋同类语素（暮类、晓类）＝同类同构

广义同步构词：同义语素（薄、逼、迫、凌、侵）＋同类语素（暮类、晓类）＝同类同构

这里的同义语素（薄、逼、迫、凌、侵）指的是核心义相同或者某个义位相同。

换句话说，即狭义同步构词＋狭义同步构词＝基本同步构词；基本同步构词＋基本同步构词＝广义同步构词。而广义同步构词也包括了个别同义同构类，是只有第一级而无第二级造成的，比如"凌晨"类只表示早晨义，"迫暮"类只表示傍晚义。

5."入夜"类

南朝宋刘骏《斋中望月》："褰幕荡暄气，入夜渐流清。"南朝梁江淹《学魏文帝诗》："惜哉时不遇，入夜值霜寒。"唐皎然《登开元寺楼送崔少府还平望驿》："入夜四郊静，南湖月待船。"唐王勃《寒梧栖凤赋》："游必有方，哂南飞之惊鹊；音能中吕，嗟入夜之啼乌。"唐李端《云际中峰》："经秋无客到，入夜有僧还。"

又有"入暮"。宋丘葵《晚步》："入暮江山浑似画，向南门巷已先秋。"宋宋庠《宿斋太一宫寄天休》："入暮凫钟警，乘凉鹄帐褰。"宋陈宓《入暮》："溪光延

夕暝，山色接天青。独立待霜月，山童已触屏。”即以“入暮”为题。明沈德符《万历野获编·工部·工部管库》：“早衙金钱，入暮即批允。”清蒲松龄《聊斋志异·贾儿》：“入暮，邀庖媪伴焉。”

对文出现的例子可以进一步印证其性质。如唐方干《雪中寄殷道士》：“园林入夜寒光动，窗户凌晨湿气生。”唐吴筠《游仙二十四首》其三：“凌晨吸丹景，入夜饮黄月。”以上二例“入夜”“凌晨”对文。宋陈景沂《石榴花》：“入晚天容糊水色，拂明云影帽山光。”这是“入晚”与“拂明”对文。凡此都说明“入”的动词性质。

“入”是进入义，与迫近义相因，因而也与时间词语素构成同步构词。南朝陈张正见《陇头水》：“陇头流水争，流急行难渡。远入隗嚣营，傍侵酒泉路。”又陈后主叔宝《晚宴文思殿》：“荷影侵池浪，云色入山扉。”这是“入”与“侵”对文同义的例子，故有“侵夜”，也有“入夜”。从文意可以看出，“入夜”早期还有动宾结构的痕迹，而后期的“入暮”就已经完全固化成词了。其他“凌晨”类同步构词也都是经过了由动宾词组到凝固成词的过程。

6.“近暮”类

用“近”与时间语素组合成动宾式双音词，唐宋以来常见。有“近暮”。唐赵璘《因话录》：“一日近暮，风雪暴至，学童悉归家不得。”（此例似乎也可以视为动宾词组。）宋邵雍《读陶渊明归去来》：“近暮特嗟时翳翳，向荣还喜木欣欣。”

有“近夜”。唐灵一《溪行即事》：“近夜山更碧，入林溪转清。”唐传奇《无双传》：“近夜，追骑至，一时驱向北去矣。”

有“近晚”。宋叶适《送蔡学正》：“好溪新涨连天绿，近晚无风亦不波。”

有“近午”。唐李淳风《观象玩占》卷四《古历五星并顺行》：“行至于夕时，又欲当午上则更留，留而平旦，近午则又顺行。”宋阳枋《和王季行制干昌溪即事》其二：“绝怜鸡唱罢，近午日方暾。”元贡师泰《至正十一年秋七月，巡按松州虎贲分司，时山谷寒甚，公事绝，明日即还，为赋此》：“云叶缤纷雪弄花，小营近午却排衙。”①

《说文·辵部》：“近，附也。”“近”就是靠近、接近，包括空间和时间的接近。

---

① 又有“转午”。《醒世姻缘传》第二十四回：“闲言乱语，讲到转午的时候，走散回家。”“转午”应当是“过午”的意思。

《韩非子·难二》:“景公过晏子曰:‘子宫小,近市,请徙子家豫章之圃。’”唐李商隐《乐游原》:“夕阳无限好,只是近黄昏。”所以“近晚”等也是动宾结构。

唐韦庄《题裴端公郊居》:“已近水声开涧户,更侵山色架书堂。”唐李商隐《微雨》:“窗迥侵灯冷,庭虚近水闻。”这是“近”与“侵”对文同义的例子。所以“近暮”类与“侵晨”类等属于广义同步构词。

7.“傍晚”类

“傍晚”也是近代以来产生的双音节时间词,而且流行极广,沿用至今。宋刘弇《蒋沙庄居十首》其二:“傍晚浇慵酒,寻春濯足行。”宋何澹《留题吴氏园》:“傍晚秋晖静,穿松石路微。”(这时“傍晚”似乎还可以看成词组。)元柯九思《题赵令穰秋村暮霭图四首》其二:“溪上数家门半开,村翁傍晚却归来。”明冯梦龙《醒世恒言》第二十七卷:“天色傍晚,刚是月英到家,焦氏接脚也至。”

也有“傍黑”。清荻岸散人《平山冷燕》第八回:“一霎时,心中就有千思万虑,肠回九转,直坐到傍黑,方才挣归客店。”袁静、孔厥《新儿女英雄传》第八回:“到一个村子附近,小梅和秀女儿先去探了探,回来说:敌人傍黑走了。”

也有“傍午”。如元张宪《端午词》:“五色灵钱傍午烧,彩胜金花贴鼓腰。”明潘问奇《自磁州趋邯郸途中即事》:“旁午停征辔,炊烟得几家。”①清李渔《玉搔头·讯玉》:“如今日已傍午,快些梳起头来。”《清史稿·丘良功传》:“明日,复要截环攻,牵且战且走,傍午逾黑水洋,见绿水。”

“傍午”类在现当代作品中使用广泛。鲁迅《呐喊·孔乙己》:“做工的人,傍午傍晚散了工,每每花四文铜钱,买一碗酒。”再看杨朔的作品,如《三千里江山》:“天傍明……有几个人进了屋,单怕惊醒郑超人,跷着脚尖轻轻走路。”《用生命建设祖国的人们》:“天傍亮在一家朝鲜老百姓屋里找到个宿处。”《秘密列车》:“傍晌,飞机又出现在天空了,先是两架小的,又来了四架大的。”《木棉花》:“第二天广九路通车了。傍晚才开驶,白天恐怕遭受空袭。”

“傍”是靠近义,以上“傍晚”“傍黑”表示天黑;“傍明”“傍亮”表示天亮;“傍午”“傍晌”表示中午。此三组均为第一级动宾式狭义同步构词,合在一起构成基本同步构词。

① “旁午”与“傍午”同。

以上七组中的动词语素①是"薄""逼""迫""侵""入""近""傍"，其核心义或某个义位与"凌"相近，都有迫近、靠近的意思。这7组复音词都是同步构词，为广义同步构词。

关于同步构词的时代问题，根据以上例子再阐发如下："薄暮"类词经历了从上古、中古和近代的发展过程。"逼暮""迫暮"为产生于六朝，沿用到元明的中古、近代汉语词。"侵晨"类产生于魏晋，中古、近代大量使用。"入夜"产生于中古，直到今天依然使用，反倒是"入暮"产生于唐代以后。"近暮"类产生于近代汉语时期。"傍晚"类产生于近代汉语时期，直到今天，使用频率极高。

这些时间词产生的时代并不相同，保存、延续或消亡的时间也不同，我们为什么均称之为"同步构词"？显然不是因为在共时平面上，而是在历时顺序上。首先，它们都是动宾式结构——结构相同；其次，它们都为时间词——意义相同或相类；再次，它们都经历了类推演化的变化——繁衍过程相同。也就是说，表示靠近、迫近的一类动词，如"薄""逼""迫""侵""入""近""傍"等，都可以跟表示时间的名词"晨""早""朝""晓"（以上表示早晨），"暮（莫）""夜""晚""黑"（以上表示傍晚、夜晚）组合连用，表示早或晚的一个时间段。它们虽然不是同时产生，但在历时顺序上是同步的，就是说，在发展方向和序列上是一致的，在意义和结构上是同类的。以上为广义同步构词。在基本同步构词中，也遵循着同样的发展路径："侵晨"产生较早，中古多见，"侵夜"也是中古产生；但其他"侵～"则主要是近现代汉语时期用例，是仿照"侵晨""侵夜"而产生的，这些词在"侵晨"类内部，也是方向相同、路径一致的。所以我们称之为"同步构词"。

三、表示趋向义的动宾式同步构词时间词

趋向义与迫近义不易区分，只是趋向义的运动性似乎更明显。

8."向晨"类

"向明""向晨"等是较早出现的时间词，也经过了由词组到词的固化过程。《易·说卦》："圣人南面而听天下，向明而治。"南朝梁刘勰《文心雕龙·卦禅》：

① 严格来说，没有固定成双音词时，还不能称为"语素"，但为了表述的方便，这里统称"语素"。

“夫正位北辰，向明南面。”南朝梁萧子云《梁三朝雅乐歌·俊雅》之一：“于赫有梁，向明而治。”这是“向明”（或作“鄉明”）的例子，表示早上、天亮的意思。

汉荀悦《汉纪·孝成皇帝纪》：“上素康壮，无疾病，向晨欲起，因失音不能言，昼漏十刻而崩，众皆归罪于赵昭仪。”《氾胜之书·麦》：“当种麦，若天旱无雨泽，则薄渍麦种以酢浆并蚕矢，夜半渍，向晨速投之，令与白露俱下。”晋曹毗《咏冬》：“离叶向晨落，长风振条兴。”这是“向晨”的例子。

由此类推，又出现了“向晓”“向曙”。南朝宋《清商曲辞·读曲歌》：“合冥过藩来，向晓开门去。欢取身上好，不为侬作虑。”《晋书·陆云传》：“（云）至一家，便寄宿，见一年少，美风姿，共谈《老子》，辞致深远。向晓辞去。”唐韩愈《寒食直归遇雨》：“惟将新赐火，向曙著朝衣。”

魏晋时期已经有了“向夕”，表示傍晚。晋陶渊明《岁暮和张常侍》：“向夕长风起，寒云没西山。”南朝梁丘迟《赠何郎》：“向夕秋风起，野马杂尘埃。”

由此类推，又有“向晚”等。如《三国志·吴志·华核传》：“唯恐农时将过，东作向晚，有事之日，整严未办。”南朝梁沈满愿《戏萧娘》：“清晨插步摇，向晚解罗衣。”南朝陈阴铿《雪里梅花》：“今来渐异昨，向晚判胜朝。”唐李颀《送魏万之京》：“关城曙色催寒近，御苑砧声向晚多。”唐李商隐有《向晚》诗，还有著名的《登乐游原》：“向晚意不适，驱车登古原。”

又有“向暮”。《三国志·魏志·管辂传》“人多爱之而不敬也”裴松之注引《辂别传》：“论难锋起，而辂人人答对，言皆有余。至日向暮，酒食不行。”①唐刘长卿《登扬州栖灵寺塔》：“向暮期下来，谁堪复行役？”

又有“向夜”。唐惟审《别友人》：“几时休旅食，向夜宿江村。”唐白居易《百花亭晚望夜归》：“向夜欲归愁未了，满湖明月小船回。”唐施肩吾《幼女词》：“向夜在堂前，学人拜新月。”

明清以来，此类时间词仍续存。明刘基《郁离子·蛇蝎》：“鸡不鸣于向晨而鸣于宵中，则人听惑。”清东轩主人《述异记·看灯遇仙》：“孙又崎岖数里，果得大道，天已向明。”郭沫若《北伐途次》十五：“只在天色向明的时候，稀疏地听见了一些枪炮的响声。”

《说文·宀部》：“向，北出牖也。从宀从口。”段注：“《豳风》：‘塞向墐户。’毛

① （晋）陈寿著，（南朝宋）裴松之注：《三国志》，北京：中华书局，1982年，第812页。

曰：'向，北出牖也。'按《士虞礼》：'祝启牖鄉。'注云：'鄉、牖一名。'《明堂位》'达鄉'注云：'鄉，牖属。'是浑言不别。毛公以在冬日可塞，故定为北出者。引伸为向背字。经传皆假鄉为之。"①是"向"本来是朝北的窗子。引申有朝向的意思。《说文·口部》"䘐"字段注："鄉者今之向字。汉字多作鄉。今作向。所封谓民域其中，所鄉谓归往也。《释名》曰：鄉，向也。民所向也。"②"向"有至、到之义。"向晨"犹言清晨，见于《诗·小雅·庭燎》"夜如何其？夜鄉晨"，郑笺："晨，明也。……今夜鄉明，我见其旗，是朝之时也。"③朱熹《集传》："向晨，近晓也。"④"鄉"通"向"，后也作"嚮""曏"⑤。

"向明""向晨""向曙""向晓"为一组狭义同步构词，结构均为动宾式，都表示天亮，即有一个语素（"向"）相同的同义同构。"向夕""向晚""向暮"等为一组狭义同步构词，结构均为动宾式，都表示傍晚。这两组狭义同步构词合在一起，就是基本同步构词：都是由"向"＋时间语素构成的动宾式时间词，只是有清晨和傍晚的不同，即有一个语素（"向"）相同的同类同构。

9."迎晨"类

唐储光羲《田家即事》："迎晨起饭牛，双驾耕东菑。"

"迎"是向前靠近，因而"迎晨"就是早晨。《艺文类聚》卷八九《木部下·木槿》："晋苏彦《舜华诗序》曰：'其为花也，色甚鲜丽，迎晨而荣，日中则衰，至夕而零。'"明张燮《东西洋考》"孔雀"条引《异物志》曰："孔雀，自背及尾皆圆，文五色，头戴三毛，长寸，以为冠，足有距，迎晨则鸣，相和。"

现代汉语依然有同类例证。姚雪垠《长夜》二三："你大哥这几天有事在城里，迎黑儿才赶了回来。""迎黑（儿）"就是傍晚。方言中也有用例，如湖北丹江

---

① （清）段玉裁：《说文解字注》，上海：上海古籍出版社，1981年，第338页。

② （清）段玉裁：《说文解字注》，上海：上海古籍出版社，1981年，第300页。

③ （清）阮元校刻：《十三经注疏》，北京：中华书局，1980年，第432页。

④ （宋）朱熹：《诗集传》，北京：中华书局，2017年，第188页。

⑤ 《集韵·漾韵》："乡，面也。或从向。"《说文·日部》："曏，不久也。"段注："《士相见礼》曰：'曏者吾子辱使某见，请还贽于将命者。'注云：'曏，曩也。'按礼注曏字或作乡。今人语曰何年向时，向者即曏字也。又曰一晌，曰半晌，皆是曏字之俗。"参见段玉裁：《说文解字注》，上海：上海古籍出版社，1981年，第306页。"向、曩、晌、向"都是表示刚过去的时间的短暂，与"朝向"义的"向"不同。

口地区民谣《进门词》:“迎黑我要地方歇,二更还要酒消夜。”河南南阳地区民间故事《关王爷神水助人》:“哭哇,哭哇,哭到迎黑儿。”

以上两组,动词语素为“向”“迎”,有趋向、朝向的意思,故更为接近。

“迎晨”类产生晚,用例少。

10.“投暮”类

“投暮”是汉代以来产生的双音词。《汉书・游侠传・原涉》:“投暮,入其里宅。”《后汉书・任光传》:“世祖遂与光等投暮入堂阳界。”《三国志・魏志・贾逵传》“充,咸熙中为中护军”裴松之注引三国魏鱼豢《魏略・李孚传》:“自著平上帻,将三骑,投暮诣邺下。”①

还有“投晚”等双音词,产生的时代较迟,应当是由“投暮”类推而来。《南史・文学传・何思澄》:“每宿昔作名一束,晓便命驾,朝贤无不悉狎,狎处即命食……投晚还家,所赍名必尽。”宋毕仲游《寄颍川欧阳仲纯兄弟》:“早来檐雨泻空阶,投晚阴云四向开。”宋李光《即事十二首》其五:“家僮投晚闭柴荆,倚锡聊同结夏僧。”

有“投夜”。宋员兴宗《秋中再至西湖,荷花半残,凄然有后时之叹,纵步投夜归城中》诗,题目即有“投夜”。《宋会要辑稿・崇儒・宁宗・经筵》:“使诏吏开门,故投夜还,称诏开门。”

有“投晓”。《三国志・吴志・孙坚传》裴松之注引《英雄记》:“日暮,士马疲极,当止宿,又本受卓节度宿广成,秣马饮食,以夜进兵,投晓攻城。”②宋王阮《姑苏泛月一首》:“投晓归来互相告,等闲休向俗人夸。”宋仲并《平江守祷晴即应,时近元夕矣,寄呈五绝句》其二:“投晓家家笑语声,夜来风促雨如倾。”宋晁补之《洞仙歌・泗州中秋作》:“待都将许多明,付与金尊,投晓共流霞倾尽。”宋秦观《德清道中还寄子瞻》:“投晓理竿栧,溪行耳目醒。”

有“投明”。宋彭汝砺《和游双泉》其一:“投明一雨见年丰,此乐知君与我同。”宋夏元鼎《水调歌头》:“顺风得路,夜里也行船。岂问经州过县,管取投明须到,舟子自能牵。”《三国志平话》卷下:“(庞统)却写书与梅竹,投明还寨。”

---

① (晋)陈寿著,(南朝宋)裴松之注:《三国志》,北京:中华书局,1982年,第484页。

② (晋)陈寿著,(南朝宋)裴松之注:《三国志》,北京:中华书局,1982年,第1098页。

“投”就是掷、扔。《说文・手部》:“投,擿也。”“擿,一曰投也。”①《左传・成公二年》:“齐高固入晋师,桀石以投人。”杜预注:“投,掷也。”②因而有靠近、趋向义,现代汉语依然使用“投靠”“投奔”“投宿”等双音词。“投暮”“投晚”“投夜”就是傍晚;“投晓”“投明”就是清晨。它们均是狭义同步构词,共同组成基本同步构词。而“投暮”类属于动宾式时间词,与“凌晨”类、“薄暮”类等构成广义同步构词。

11.“冒昏”类

《礼记・奔丧》:“唯父母之丧,见星而行,见星而舍。”郑注曰:“侵晨冒昏,弥益促也。”③隋巢元方《诸病源候总论》卷三十六《蛇毒病诸候・虺螫候》:“人侵晨及冒昬行者,每倾意看之。其螫人亦往往有死者。”“昬”即“昏”,“冒昏”就是傍晚,与“侵晨”为同类时间词。

也有“冒晨”。《后汉书・韩康传》:“辞安车,自乘柴车冒晨先发。”宋赵蕃《元日寄成父四首》其三:“冒晨造谒愧悠悠,残客不来门更幽。”

还有“冒夜”。宋苏辙《次韵子瞻宿南山蟠龙寺》:“问知官吏冒夜来,扫床延客卧华屋。”宋陆游《夜兴》:“饥鼠冲人过,啼鸦冒夜飞。”“冒夜”应当就是夜晚的意思。早期“冒夜”应当有动词的含义,如《宋书・何尚之传》:“舆驾比出,还多冒夜,群情倾侧,实有未宁。”《南史・王懿传》:“玄情无远虑,好冒夜出入,今取之正须一夫力耳。”《汉语大词典》引此二例释为“不顾黑夜”④,似乎能够看出“冒夜”由动词向时间词转化的过程。

又有“冒黑”。宋王柏《宿仙山浸碧轩二首》其一:“冒黑投精刹,呼灯读旧诗。”

“冒”即古时“帽”字,有“帽子”和“覆盖”的意思,《说文・木部》:“木,冒也。冒地而生,东方之行。”⑤《说文・冃部》:“冒,蒙而前也。”⑥《汉书・隽不疑传》:

① (清)段玉裁:《说文解字注》,上海:上海古籍出版社,1981年,第601页。

② (清)阮元校刻:《十三经注疏》,北京:中华书局,1980年,第1894页。

③ (清)阮元校刻:《十三经注疏》,北京:中华书局,1980年,第1653页。

④ 《汉语大词典》编辑委员会、《汉语大词典》编纂处编:《汉语大词典》(第5卷),北京:中华书局,2012年,第665页。

⑤ (清)段玉裁:《说文解字注》,上海:上海古籍出版社,1981年,第238页。

⑥ (清)段玉裁:《说文解字注》,上海:上海古籍出版社,1981年,第354页。

“有一男子……衣黄襜褕，着黄冒，诣北阙，自谓卫太子。”颜师古注：“冒，所以覆冒其首。”①《文选·江淹〈杂体诗·效谢庄郊游〉》：“凉叶照沙屿，秋荣冒水浔。”吕延济注：“冒，覆也。”②距离靠近才能够蒙覆，“冒”因而也有接近、迫近的特征。“冒昏”“冒夜”“冒黑”表示傍晚，是一组狭义同步构词，与“冒晨”一起构成基本同步构词。“冒昏”类是符合“凌晨”类时间词的动宾式构词特点的，但是用例较少。

四、表示接触义的动宾式同步构词时间词

12.“拂晓”类

“拂晓”本义谓接近早晨，即清晨。这大约是唐代产生的新词，现代汉语一直沿用。唐佚名《夜度赤岭怀诸知己》：“山行夜忘寐，拂晓遂登高。”唐长孙佐辅《关山月》：“拂晓朔风悲，蓬惊雁不飞。”宋马之纯《晋阴山庙》：“拂晓见来殊隐约，中宵梦此极分明。”宋王十朋《宿灌口》：“拂晓出楚塞，中流望荆门。”宋华岳《田家》：“拂晓呼儿去采樵，祝妻早办午炊烧。”明杨慎《杨柳枝》词：“汉东门外柳新栽，拂晓长堤露眼开。”

较早出现的是“拂曙”。北周庾信《对烛赋》：“莲帐寒檠窗拂曙，筠笼熏火香盈絮。”《初学记》卷四引北齐萧悫《奉和元日》：“帝宫通夕燎，天门拂曙开。”唐代用例很多。如王维《扶南曲》：“拂曙朝前殿，玉墀多佩声。”又《听百舌鸟》：“入春解作千般语，拂曙能先百鸟啼。”高适《寄宿田家》：“今夜只应还寄宿，明朝拂曙与君辞。”卢照邻《至陈仓晓晴望京邑》：“拂曙驱飞传，初晴带晓凉。”司空图《连珠》：“盖闻霁日才升于拂曙，则蚁穴自开；澄川或激于惊波，则龙舟莫进。”一直延续到近代，如明唐寅《惜花春起早》：“拂曙起来人不解，只缘难放惜花心。”

唐宋开始也有了“拂旦”一词。唐沈佺期《人日重宴大明宫赐彩缕人胜应制》：“拂旦鸡鸣仙卫陈，凭高龙首帝城春。”宋元绛《因览状元节推和诗再和一首》：“拂旦开金殿，鸣鞘下玉乘。”宋蔡絛《铁围山丛谈》卷四：“拂旦视之，则流血涂地。”金董解元《西厢记诸宫调》卷四：“今夕察之，拂旦报公。”明冯梦龙《情

---

① （东汉）班固：《汉书》，北京：中华书局，1962 年，第 1774 页。

② （南朝梁）萧统编：《六臣注文选》，李善、吕延济、刘良等注，北京：中华书局，2012 年，第 602 页。

史类略》卷九："巘甚惧，曰：'今暮矣，俟明日，同诣道人谋之。'拂旦往，道人不悦。"

唐宋以来还有"拂晨"和"拂明"。唐白居易《和裴令公一日日一年年杂言见赠》："前日魏王潭上宴连夜，今日午桥池头游拂晨。"又《东南行一百韵寄通州元九侍御》："承明连夜直，建礼拂晨趋。"唐吴融《倒次元韵》："艇子愁冲夜，骊驹怕拂晨。"宋王巩《闻见近录》："张文定守蜀，重九药市，拂晨骤雨。"宋周密《癸辛杂识续集・张世杰忠死》："周亟杀一马，拂明，亟遣以半体送之。"

《说文・手部》："拂，过击也。"[1]"拂"有拂拭、迫近、碰触等义。如《楚辞・招魂》："蒻阿拂壁，罗帱张些。"《文选・张衡〈东京赋〉》："龙辂充庭，云旗拂霓。"薛综注："拂，至也。"[2]南朝宋谢灵运《拟魏太子邺中集・魏太子》："急弦动飞听，清歌拂梁尘。"唐白居易《余杭形胜》："绕郭荷花三十里，拂城松树一千株。"唐杨凝《行思》："破月衔高岳，流星拂晓空。"以上诗句中"拂"都是靠近的意思。故"拂晨""拂晓"等是时间上靠近早晨，为动宾结构。

值得注意的是"拂晓"类中"拂"只与表示早晨的"曙""晓""晨""明""旦"等词组合，与"薄"等通常只与夜晚义的语素相搭配一样（现代汉语中的"薄晓""薄明"只是一种类推，用例很少），大约是一种搭配习惯，与词义以及人们对白天和黑夜的心理认知差异或许也有些联系[3]。

以上"拂晓""拂晨""拂旦""拂曙""拂明"都属于狭义同步构词，"拂晓"类与"凌晨""薄暮"类等则属于广义同步构词。

13."扶晨"

晋杨羲《大洞真经》："扶晨始晖生，紫云映玄阿。"南朝梁陶弘景《真诰》卷十四："服明丹之华，挹扶晨之晖，今颜色如二十女子，须长三尺，黑如墨也。"

---

① 《说文・手部》："抪，擸也。"段注："今人用拂拭字当作此抪。许作抪饰也。拂者，过击也。"又《手部》："擎，别也。"段注："饰者，今之拭字……拭与拂义略同。"虽然有"拂""抪""擎"等不同字源，但都有拂拭、迫近、碰触等义。参（清）段玉裁：《说文解字注》，上海：上海古籍出版社，1981年，第609页。

② （南朝梁）萧统编：《六臣注文选》，李善、吕延济、刘良等注，北京：中华书局，2012年，第69页。

③ 这类问题很有意思，值得探究，详后。

"扶晨"就是早上，与"拂晨"为同类构词，但是使用不广。"扶"本义是以手扶助。《左传·襄公二十五年》："（贾获）与其妻扶其母以奔墓，亦免。"《荀子·劝学》："蓬生麻中，不扶而直。"即其例。《说文·手部》："扶，左也。"①《说文·左部》："左，𠂇手相左也。"②《释名·释言语》："扶，傅也，傅近之也。"③《汉书·天文志》："奢为扶。"颜师古注引晋灼曰："扶，附也。"④"扶助"必然相互靠近，因而有靠近、贴近义。《墨子·兼爱下》："固据而后兴，扶垣而后行。"晋陆机《答张士然》："回渠绕曲陌，通波扶直阡。"这是位置靠近，因而也有迫近的特征义。

14."挨晚"类

这个词有方俗语特征。《红楼梦》第一〇八回："贾母道：'如今且坐下，大家喝酒，到挨晚再到各处行礼去。'"清代白话《飞跎全传》："高盐城人家嫁女儿，挨黑进门。"丁玲《母亲》四："街上一天一天的空了，城门挨黑就关了。"萧伯崇《炉边夜话》："挨黑的时候邮递员给刘四爹家里送来一封信。""挨晚""挨黑"都表示傍晚，在今许多方言中都有用例。

《说文·手部》："挨，击背也。""挨"有推、击义。段玉裁注："《列子》：'挡㧗挨扰。'张注曰：乌骇反。推也。"⑤《说文·手部》："扑，挨也。"⑥所以"挨"本义当是击、推。这个动作就是用力靠近目标，《正字通·手部》："今俗凡物相近曰挨。"⑦或许由表推击的"挨"直接引申而来。前蜀贯休《览姚合〈极玄集〉》："好鸟挨花落，清风出院迟。"是其例。"挨"的含义在空间上是"靠近；依傍"，心理上是"依靠"，动作上是"摩擦"和"挤入"，时间上是"依次"。以上是《汉语大词典》"挨"的六个义项，都与其迫近的核心义相关。

15."擦黑"类

老舍《牛天赐传》十八："一擦黑大家就去睡，天赐和老头儿在一炕上。"柳

---

① （清）段玉裁：《说文解字注》，上海：上海古籍出版社，1981年，第596页。

② （清）段玉裁：《说文解字注》，上海：上海古籍出版社，1981年，第200页。

③ （东汉）刘熙：《释名》，北京：中华书局，2016年，第52页。

④ （东汉）班固：《汉书》，北京：中华书局，2012年，第1294页。

⑤ （清）段玉裁：《说文解字注》，上海：上海古籍出版社，1981年，第608页。

⑥ （清）段玉裁：《说文解字注》，上海：上海古籍出版社，1981年，第608页。

⑦ 张自烈编、廖文英补：《正字通》，北京：中国工人出版社，1996年，第407页。

青《铜墙铁壁》第九章："天擦黑时，巩家沟乡政府派人送来了信。"吴组缃《山洪》十一："他准定明朝天擦亮就到镇上去，还想当天赶回来撒网。"

"擦黑""擦亮"是现代汉语的用法，方言中更多。"擦"大约是近代产生的新词，指物与物相摩擦、擦拭。宋苏轼《物类相感志·衣服》："油污衣，用炭火熨之，或以滑石擦熨之。"也有贴近、挨着的意思。宋徐梦莘《三朝北盟会编》卷六六："令殿班擦城下，战胜者赏金帛。""擦边球"的"擦"就是靠近的意思。"擦粉"的"擦"也是搽抹义，与"拂"类似，所以也有迫近的核心义。"擦黑"与"拂晓"等为广义的同步构词。

"挨晚"类、"擦黑"类近代汉语后期始见，时代偏晚，可能因为"挨""擦"这两个动词义产生很晚。

以上四组时间词的动词语素"拂""扶""挨""擦"均表示手部动作①，有与物体接触和接近的特征，但这些双音词的产生年代不同，"拂""扶"类较早，"挨""擦"类很晚，放在一起讨论，是因为它们都构成同类同构的时间词。

16."依夕"

北魏郦道元《水经注·江水二》引《武昌记》："樊口南有大姥，孙权常猎于山下，依夕，见一姥问权：'猎何所得？'曰：'正得一豹。'"②《佩文韵府》卷一〇八"依夕"条注："即傍晚也。"③《太平御览》卷三九二引《世说新语》："刘越石为胡骑所围，数重，窘迫无计。刘依夕乘月登楼清啸，胡贼闻之，皆凄悲长叹。"④

"依夕"表示傍晚义，使用频率很低。明刘侗、于奕正《帝京景物略》卷三《京山王应翼金鱼池观鱼歌》："依夕言归波与恬，鱼亦下休朱光葆。"明钟惺《游茅山》："依夕忽如朝，舆步踏残霁。"清胡聘之《山右石刻丛书·栖岩寺舍利殿记》："今依山架龛，岚气腐润，匪朝依夕，磨灭无睹，我将严护之。"清俞樾《右台仙馆笔记》卷十二："时日已下舂，乃解佩玉付酒家为质，别少年而归，出洞门，则依夕矣。"这是明清的用例。

---

① 其实"投"也是手部动作，只是含义上有所区别。

② 陈桥驿：《水经注校证》，北京：中华书局，2007年，第807页。

③ （清）张玉书等：《佩文韵府》，见《四库全书》第1027册，台北：台湾商务印书馆，2008年，第763页。

④ 依夕，传世本《世说新语》作"始夕"。

《说文·人部》:"依,倚也。"①"依"是凭靠义,自然有空间距离上靠近这个语义特征。"依夕"就是傍晚,因而与"扶晨""挨晚""傍晚"近似,与"凌晨""薄暮"为同样的动宾式同步构词。只是用例很少。

词义相同或相近(包括核心义或某个义位相同或相似)是产生同步构词的内因,而认知上的类推机制则是产生同步构词的外因。类推仿造,边界容易宽泛,因而有些类推产生的同步构词往往使用面不广,像前面举到的"扶晨"和"依夕"就属于这一类。这样的例子在方言中还有不少,这里仅是举例性质。

以上我们举了十六组同步构词,加上"凌晨",共计十七组由动宾式构成的时间词。其特点是一组表示迫近义(包括趋向义和接触义)的动词语素如"凌""薄""迫""逼""拂""擦""挨""依""傍""近""入""侵""向""迎""投""扶""冒"等,与表示晨昏类名词语素如"明""晨""曙""晓""暮""黑""晚""夜"等结合,构成一系列动宾式复音词,它们结构相同,词义相同或相类,表示早上或晚上,它们是广义同步构词。表示"中午"的复音词目前看到的有"近午""傍午""傍晌"。以上例子并不是穷尽性的,在方言中还有很多,兹不赘。

五、小结

我们总结同步构词的特点是:同一语素或同义语素(核心义或某个义位相同)+同义或同类语素。细分之:

同一语素+同义语素=同义同步构词(狭义同步构词)

同一语素+同类语素=同类同步构词(基本同步构词)

同义语素+同类(义)语素=同类同步构词(广义同步构词)

换言之,我们可以根据语素来判断同步构词的层级关系。狭义同步构词发生在词与词之间,其中一个语素相同,另一个语素同类同义。基本同步构词发生在两组狭义同步构词之间,其中一个语素相同,另一个语素同类不同义。广义同步构词发生在两组或多组基本同步构词之间,两个语素均不同,又可以分为两种:一种是同义语素与同类同义语素组合,另一种是同义语素与同类不同义语素组合。见表1:

① (清)段玉裁:《说文解字注》,上海:上海古籍出版社,1981年,第372页。

表 1　同步构词的特点表

类型	层级	语素 1	语素 2	举例
同义同构	狭义同步构词	相同	同类同义	薄暮、薄夜、薄晚
同类同构	基本同步构词	相同	同类不同义	“薄暮”类、“薄晓”类
	广义同步构词	同义（核心义或义位相同）	同类同义	只有清晨义，“凌晨”类、“拂晓”类 只有傍晚义，“迫暮”类、“入夜”类
		同义（核心义或义位相同）	同类不同义	“薄暮”类、“逼暮”类、“凌晨”类

笔者在《中古诗歌语言研究》一书中曾专设一章“中古诗歌的同步构词”，分为“妆饰类词语的同步构词”“寄语类词语的同步构词”“忧伤类词语的同步构词”“疑问词的同步构词”“时间词的同步构词”等节，这大致是从内容上划分的。其中指出，同步构词大致包括两个方面：一类是一组意义相近的单音词可以以同样的方式构成双音词，也表示相同或同类的意思；另一类是同义词往往与同一个语素结合而构成双音词，如甲、乙、丙、丁同义，则均可以与一个语素组合成双音词[1]。前者说的是广义同步构词，后者说的是狭义同步构词或基本同步构词。

以上主要讨论的是时间词同步构词中的一种组合类型，即动宾式时间词。

其一，“凌晨”是一个具体细致的例子，“凌”的核心义是“迫近”，“凌晨”为动宾式时间词，表示迫近天亮，“凌晨”“凌旦”“凌晓”均表示清晨，为狭义同步构词。

其二，动宾式时间词是一组有规律的复音词，包括“凌晨”等表示迫近义的时间词，“向晨”等表示趋向义的时间词，还有“拂晓”等表示接触义的时间词等，表示早上或傍晚。这只是一个大致的分类，最初是动宾结构，表示“迫近天明”或“靠近晚上”，凝固成词就是清晨或傍晚。这些词属于广义同步构词。

其三，同步构词大致有三种类型和层级：“同一语素＋同义语素”的狭义同

① 王云路：《中古诗歌语言研究》，西安：世界图书出版西安有限公司，2014 年，第 445 页。

步构词,“同一语素+同类语素”的基本同步构词,“同义语素+同类(义)语素”的广义同步构词。

由此证明:双音词往往有同步构词的规律,即都按照一种构词模式造词①。同步构词的理论印证了词义具有系统性的观念,可以帮助我们从全局上整体观照一系列相关词语,而不是孤立地对待单个词语,会使复音词的解释更具科学性,减少盲目、主观的随文释义。

第二节　动词的同步构词

汉语复音词有同步构词的规律,主要有简单同步构词和复杂同步构词两种。同步构词产生的主要原因是这些语素具有共同的核心义,因而可以按照同样的方式组合成词。本文主要讨论了以下词语:“散黛”等涂抹化妆类词语,“无苦”“无事”“无足”等否定性词语,“翘想”“企想”“竦想”等思念类词语,证明同步构词普遍存在,在词语研究中具有重要的价值。

汉语有词义的同步引申规律,即如果两个(或多个)词同义,那么它们往往引申出同样的含义。如:“翘”本义是尾巴高举,泛指一切高举;“企”(或“跂”)有踮脚义,即抬高脚跟使人变高。二者共同的核心义是“高”,这是二者同义的根据。“翘”有思念义,“企”也有思念义,这是二者词义的同步引申。

与之同理,汉语词汇产生大量的双音词,一个重要原因是同步构词。所谓“同步构词”,就是两个或多个同义词,用同样的构词方式,创造了一系列同义词。还以“翘”和“企”为例,它们可以产生同步构词:“翘想”“企想”,都是思念、盼望的意思,这就是同词义、同结构的“同步构词”。下面具体讨论同步构词的类型、功用和产生根源等。

---

① 动宾式是时间词的一种构词方式。时间词还有其他类型的同步构词,比如“晨来”“晚来”“夜来”“今来”“春来”“秋来”“年来”等是附加式时间词,表示早晨、晚上、今天、春天、秋天、今年等,“来”可以看作不表义的词缀。如宋袁去华《诉衷情·中秋微雨入夜开霁》:“晓来犹自雨冥冥,投晚却能晴。”“晓来”就是清晨,与表示傍晚的“投晚”相对应。关于时间词其他类型的组合,笔者将另文讨论。

一、同步构词的类型

同步构词现象普遍存在，其类型主要有以下两种：

第一种，简单同步构词：单语素与一组同义语素分别构词

一个单音节词，与一组同义词构成同类型(同结构)、同意义的双音词。若甲、乙、丙、丁在某种情况下有相同的含义，则可以构成甲A、乙A、丙A、丁A(或A甲、A乙、A丙、A丁)等，即置换前语素或后语素，形成同义同构的双音词。下面举动宾式、并列式、疑问式等方式构词。此类同步构词的特点比较鲜明，有一个语素相同，因而判断起来比较简单，所以称为“简单同步构词”或者“狭义同步构词”。

例一，“寄～”类(寄言、寄语、寄声、寄音)

《梁诗》卷二十三庾肩吾《赋得嵇叔夜》：“寄言山吏部，无以助庖人。”

《宋诗》卷七鲍照《代少年时至衰老行》：“寄语后生子，作乐当及春。”

《魏诗》卷四魏文帝曹丕《燕歌行》：“郁陶思君未敢言，寄声浮云往不还。”

《梁诗》卷十七刘缓《游仙》：“寄音青鸟翼，谢尔碧海流。”

“言、语、声、音”同义，分别与“寄”组合，形成动宾式双音词，含义都是告诉、问候、询问等。这是动宾式的例子。

例二，“～切”类(凄切、感切、痛切、悲切、惨切)

《梁诗》卷八何逊《日夕望江山赠鱼司马》：“管声已流悦，弦声复凄切。”

《晋诗》卷二枣据《杂诗》：“顾瞻情感切，恻怆心哀伤。”

晋陆云《与杨彦明书》：“存想其人，痛切肝怀。”

晋袁宏《后汉纪·和帝纪下》：“凭上书……辞甚悲切。上恻然感寤。”

《梁诗》卷四江淹《效阮公诗》：“仲冬正惨切，日月少精华。”

“凄切”“感切”“痛切”“悲切”“惨切”是同义并列双音词，犹言忧伤、悲痛。因为“切”为入声字，所以排在后一个语素位置上，符合“平上去入”的调序原则。

考“切”本指以刀切物。刀在人身上切割是很痛苦的，在汉魏六朝文献中，常用“切”喻指极度忧伤、悲痛。如《汉诗》卷十二《古诗·李陵录别诗》：“怆恨切中怀，不觉泪沾裳。”以下是诗歌的例子，用同义或反义对文的句式证明“切”有忧伤义：

《宋诗》卷四谢惠连《夜集叹乖》：“诚哉曩日欢，展矣今夕切。”（“欢”与“切”义相反）

《宋诗》卷八鲍照《还都道中》：“物哀心交横，声切思纷纭。”

《宋诗》卷九鲍照《园中秋散》：“既悲月户清，复切夜虫酸。”

《梁诗》卷六沈约《赠到南郡季连》：“情劳伊尔，念切纷吾。”

《陈诗》卷八江总《明庆寺》：“市朝沾草露，淮海作桑田。何言望钟岭，更复切秦川。”①

以上“切”均与“哀”“悲”“劳”“望”等表示悲伤的词语相对应，含义亦同。

再以“凄切”同义并列为例。如《陈诗》卷七江总《梅花落》：“梅花色白雪中明，横笛短箫凄复切。”这是“凄”与“切”用“复”并列起来。唐长孙佐辅《横吹曲辞关山月》：“凄凄还切切，戍客多离别。”这是“凄凄”“切切”叠音连言者。又有“凄凄切切”。唐吴融《李周弹筝歌》：“始似五更残月里，凄凄切切清露蝉。”可以进一步证明“切”的悲伤义。

所以，“凄切”“感切”“痛切”“悲切”“惨切”均属于同义并列式双音词，同义且同构。

第二种，复杂同步构词：一组同义语素与另一组同义语素分别构词

一组类义相同的语素可以与另一组同义语素以同样的方式分别构成同类双音词。此类同步构词的特点是同义、同构，但语素不同。上一类则有一个语素是相同的。因此，我们称之为“复杂同步构词”或“广义同步构词”。

例三，我们以一组描写女性美貌或妆扮的中古诗歌词语为例。涂饰化妆类双音词通常是动宾结构的双音词，当是由动宾式词组逐渐凝固而成。此类

---

① “望”有悲伤义，详见本文“例七”下注。

描写在六朝时期有些还没有完全成词，唐诗中则固定成词。

(1)散黛、散黄、散麝

《梁诗》卷二十二梁简文帝萧纲《美人晨妆》："散黛随眉广，燕脂逐脸生。"

唐王维《扶南曲歌词》："朝日照绮窗，佳人坐临镜。散黛恨犹轻，插钗嫌未正。"

"散"为涂抹、涂饰义。《梁诗》卷二十七费昶《咏照镜》："晨晖照杏梁，飞燕起朝妆。留心散广黛，轻手约花黄。"

"黛"是女子用以画眉的青黑色颜料。"散黛"即画眉，在眉毛上涂抹黛色颜料，这是女子化妆的重要内容。刘勰《文心雕龙・情采》："夫铅黛所以饰容，而盼倩生于淑姿。"是其证。

> 《梁诗》卷九王训《奉和率尔有咏》："散黄分黛色，熏衣杂枣香。"
>
> 《陈诗》卷二张正见《艳歌行》："萦环聊向牖，拂镜且调妆。裁金作小靥，散麝起微黄。"

"散黛""散黄""散麝"为置换同类语素(黛、黄、麝，化妆用的粉末状颜料①)的同步构词。

《说文》中有"㪔"字，应当是"散"早期的写法。许慎解释为"杂肉"。林义光《文源》认为是"杂"，"本义当为分散之散……经传皆用散字"。②"散"有分散、散布、洒水等义，后来也写作"撒"，直接表示动作。如果表示状态，则是粉末状物。可以指药物。《后汉书・方术传下・华佗》："佗以为肠痈，与散两钱服之，即吐二升脓血，于此渐愈。"《南史・宋纪上・武帝》："我王为刘寄奴所射，合散傅之。"寒食散即其义。也可以指涂抹化妆的胭脂等。因之，把散末状

---

① 麝香是一种香料，粉末呈暗褐色。

② 《说文》相关的解释。如《说文・米部》："糂糳，散之也。"段注："糂者衍字……糳本谓散米，引申之凡放散皆曰糳。"段注中涉及封"散"的解释还有很多。如《说文・巾部》："布，枲织也。"段注："引申之凡散之曰布，取义于可卷舒也。"《说文・水部》："灑，汛也。"段注："凡埽者先灑。《弟子职》云：实水于盘，攘臂袂及肘，堂上则播灑，室中握手是也。引申为凡散之称。"《说文・水部》："汛，灑也。"段注："卂，疾飞也。水之散如飞，此以形声包会意也。"《说文・非部》："靡，披靡也。"段注："披靡，分散下垂之皃。《易・中孚》九二曰：吾与尔靡之。孟、王皆曰：散也。凡物分散则微细。"

胭脂等涂抹到脸上也称为“散”。“散黛”“散黄”“散麝”的“散”即是涂抹义。《汉语大词典》无此义，当补。

（2）拂黛

《北魏诗》卷二周南《晚妆》：“拂黛双蛾飞，调脂艳桃发。”

“拂”是涂饰义，常用于化妆的描写，在中古诗歌中习见。如《齐诗》卷四谢朓《杂咏·镜台》：“照粉拂红妆，插花理云发。”《梁诗》卷二十一梁简文帝萧纲《戏赠丽人》：“丽姐与妖嫱，共拂可怜妆。”《梁诗》卷二十八刘氏《赠夫》：“妆铅点黛拂轻红，鸣环动佩出房栊。”《陈诗》卷四陈后主叔宝《梅花落》：“拂妆疑粉散，逐溜似萍开。”《陈诗》卷五徐陵《奉和咏舞》：“低鬟向绮席，举袖拂花黄。”

“拂黛”同“散黛”。《汉语大词典》释“拂”为“装饰打扮”，似未确切。“拂”是由“擦拭”“掠过”义演变出涂抹义，而非广义的装饰打扮义。唐孟浩然《美人分香》：“髻鬟垂欲解，眉黛拂能轻。”亦其例①。

与“拂”义同而音近的是“傅”。《梁诗》卷二十梁简文帝萧纲《艳歌篇十八韵》：“分妆间浅靥，绕脸傅斜红。”又《独处怨》：“弹棋镜奁上，傅粉高楼中。”《陈诗》卷五徐陵《乌栖曲》：“风流荀令好儿郎，偏能傅粉复熏香。”

（3）点黛

《梁诗》卷二十八刘氏《赠夫》：“妆铅点黛拂轻红，鸣环动佩出房栊。”

《陈诗》卷八江总《新入姬人应令》：“数钱拾翠争佳丽，拂红点黛何相似。”

《隋诗》卷八《杂曲歌辞·黄门倡歌》：“点黛方初月，缝裙学石榴。”

“点”有涂抹、妆饰义，诗中习见。《北周诗》卷二庾信《舞媚娘》：“眉心浓黛直点，额角轻黄细安。”《陈诗》卷四陈后主叔宝《三妇艳词》：“小妇初妆点，回眉对月钩。”又《采莲曲》：“随宜巧注口，薄落点花黄。”皆其义。

---

① “拂”还有掠过、拂动义。也是距离的靠近。《晋诗》卷十二庾阐《登楚山》：“拂驾升西岭，寓目临浚波。”唐李白《陌上赠美人》：“骏马骄行踏落花，垂鞭直拂五云车。”“拂”皆是马鞭挥动在马身上掠过的意思。

“点”本义是小黑点,涂抹上小黑点也是“点”,所以引申有“涂饰”义。三国魏何晏《景福殿赋》:“点以银黄,烁以琅玕。”唐陈子昂《彩树歌》:“状瑶台之微月,点巫山之朝云。”宋杨万里《过宝应县新开湖十首》之七:“半浓黛汁点遥林,微淡铅膏抹暮云。”以上诸例“点”是用于绘画,表示“涂抹,点缀”。女子在脸上妆点与之类似。

“点黛”与“散黛”“拂黛”同义,即用青黑色的颜料画眉。也属于同构同义。这是动词“点、散、拂”的同义替换。

“点黛”还用于书写、绘画的场合,因为写字、绘画也用黛色颜料。《全后汉文》卷九十三魏繁钦《砚赞》:“方如地象,圆似天常,班彩散色,枢染毫芒,点黛文字,曜明典章。”《水经注·浍水》:“青崖若点黛,素湍如委练,望之极为奇观矣。”《水经注·济水二》:“青崖翠发,望同点黛。”此二例形容山色像水墨画一样美。

(4)点星

《梁诗》卷二十六徐君蒨《别义阳郡》:“饰面亭,妆成更点星。颊上红疑浅,眉心黛不青。”

“点星”是脸颊涂上星形的图案,这也是女子妆扮的一个内容。北周庾信《镜赋》:“靥上星稀,黄中月落。”唐褚亮《咏花烛》:“靥星临夜烛,眉月隐轻纱。”以上“星”都是女子化妆的图案。

当然,也可以是贴上星形的饰品。《梁诗》卷二十梁简文帝萧纲《美女篇》:“约黄能效月,裁金巧作星。”是“星”常用金箔裁剪而成。

(5)约黄

《梁诗》卷二十梁简文帝萧纲《美女篇》:“佳丽尽关情,风流最有名。约黄能效月,裁金巧作星。”

“约黄”就是在额头上涂抹黄色的颜料。《北周诗》卷二庾信《舞媚娘》:“眉心浓黛直点,额角轻黄细安。”唐梁锽《美人春卧》:“落钗仍挂鬓,微汗欲消黄。”宋王安石《与微之同赋梅花得香字》之一:“汉宫娇额半涂黄,粉色凌寒透薄装。”可以为证。

“约”字本义是缠绕、束缚义。《汉诗》卷三繁钦《定情诗》:“何以致殷勤,约指一双银。"《晋诗》卷一傅玄《艳歌行有女篇》:"头安金步摇,耳系明月珰。珠环约素腕,翠羽垂鲜光。"是其例。其核心义是动作的"靠近",故有沿、依、绕之义。还可以引申为吹拂义,由与表面相接触的依、沿义产生。再引申,则有涂贴义,均是空间距离靠近的动作。

与"约"同义的还有"散",故也称"散黄"。例见前。

"黄"又称"花黄"。可以比照的是《梁诗》卷二十七费旭《咏照镜》:"留心散广黛,轻手约花黄。""约花黄"也称为"贴花黄",《梁诗》卷二十九《横吹曲辞·木兰诗》:"当窗理云鬓,对镜帖花黄。"唐崔液《蹋歌词》之一:"鸳鸯裁锦袖,翡翠贴花黄。"①

还称"拂花黄"。《陈诗》卷五徐陵《奉和咏舞》:"低鬟向绮席,举袖拂花黄。"盖拂过与轻贴动作相似。

也称"点花黄"。《陈诗》卷四陈后主叔宝《采莲曲》:"随宜巧注口,薄落点花黄。"

"约花黄""贴花黄""拂花黄""点花黄",属于三音节同步构词。以上例子证明:不仅双音词有同步构词的规律,多音节词和词组同样有同步结构的普遍趋势,这是一种语言上的认知类推。

另外,作为"花黄"的颜料大约与"麝香"有关系。前引《陈诗》卷二张正见《艳歌行》:"萦环聊向牖,拂镜且调妆。裁金作小靥,散麝起微黄。"可供参考。

以上双音节词都是化妆义的动词,其特点是:由动作义引申出涂抹义的一类动词("散""拂""点""约"等)与化妆物品("星""黄""红""黛"等)结合,从而构成动宾式双音词。"散""拂""点""约"等本义相差甚远,但为什么都能够与"星""黄""红""黛"等表示胭脂等的语素结合,从而表示涂抹义呢?因为这些单音词共同的核心义是空间上靠近、贴近,而涂抹正是一种靠近、贴近。所以,许多词同义,本质是核心义的相近、相同。

下面一例则有所不同。

---

① "贴花黄"也许与"贴星"相似,即"花黄"可以是一种能够剪出来的面饰,因而用"贴"。未能确定,存疑。也许"贴"是距离无限的靠近,因而与"点""拂""约"等同义,都可用于涂饰义。

(6)注口

《晋诗》卷十九《清商曲辞·子夜四时歌·春歌》："画眉忘注口，游步散春情。"

《梁诗》卷二十九《西曲歌·攀杨枝》："自从别君来，不复着绫罗。画眉不注口，施朱当奈何。"

《陈诗》卷四陈后主叔宝《采莲曲》："随宜巧注口，薄落点花黄。"

以上"注口"是涂抹口唇义，为动宾结构。《汉语大词典》引唐、明二例，释为"指妇女涂了口脂的嘴"，是偏正结构。缺此义，当补。

"注"的本义是水灌注，也表示倾倒义，口红涂到唇上，也用"注"字。

前三例"散黛""拂黛""点黛"大约用于眉毛的化妆，"点星"大约用于脸颊的化妆，"约黄""散黄"等大约用于额头的化妆，"注口"用于嘴唇的化妆。看来古代女子的化妆是全方位的，也有比较复杂的程序。

"散黛""拂黛""点黛"属于前语素的同类置换，"约黄""散黄"也属于前语素的同类置换；"点黛""点星"属于后语素的同类置换。这些小类都是简单同步构词。而"散黛"类、"约黄"类、"点星"类合为一组，就是相对复杂的同步构词了。它们都是动宾式，即动作＋颜料，故构词方式相同；含义大致相同，表示涂饰化妆，因而属于同步构词。"注口"则有所不同，是动作＋对象，与以上同步构词不同类。

二、研究同步构词规律的意义

研究同步构词规律有什么意义？一些语言现象的来源、结构尚不清楚，但是根据同步构词的规律就可以有初步的判断。同步构词是一种十分能产的构词类型，形成一个个词群。我们发现了这些词群，就发现了它们的共性，发现了它们成词的来源和规律，也解释出了词语的确切含义。因而，同步构词有助于看清词汇的整体系统，具有较强的解释力。我们以三组主要表示否定意思的双音词为例。

例四，《诸病源候论》卷六《解散病诸候·寒食散发候》："热多则弦駃，有癖则洪实，急痛则断绝。凡寒食药率如是。无苦，非死候也。"《诸病源候论校注》曰："无苦，犹言无害，指对人体并无危害。苦，患也。"

这个解释不准确。“无苦”与“无害”同义，二者都是“无妨”的意思，犹言“不要紧”。文义是说这个病症不要紧，不是死的症候。

我们先看“无苦”的例子：

《搜神记》卷五“丁姑祠”：“须臾，有一老翁乘船载苇，妪从索渡。翁曰：‘船上无装，岂可露渡，恐不中载耳。’妪言：‘无苦。’翁因出苇半许，安处着船中，径渡之至南岸。”《齐民要术》卷八《作鱼鲊》：“作长沙蒲鲊法……四五宿，洗去盐，炊白饭，渍清水中。盐饭酿，多饭无苦。”以上“无苦”都是“无妨”的意思。

与之相似的有“何苦”。

《三国志·魏志·曹仁传》：“长史陈矫俱在城上，望见金等垂没，左右皆失色。仁意气奋怒甚，谓左右取马来，矫等共援持之，谓仁曰：‘贼众盛，不可当也。假使弃数百人何苦，而将军以身赴之！’”意思是即使抛弃数百人也不要紧。《梁书·陈伯之传》：“(陈伯之)候伺邻里稻熟，辄偷刈之。尝为田主所见，呵之云：‘楚子莫动！’伯之谓田主曰：‘君稻幸多，一担何苦？’”①“何苦”本义是没有什么痛苦，引申即何妨。

再看“无害”。

> 《荀子·儒效》：“不知，无害为君子；知之，无损为小人。”《后汉书·贾逵传》：“其余同《公羊》者什有七八，或文简小异，无害大体。”《齐民要术》卷一《种谷》：“良田宜种晚，薄田种早。良地非独宜晚，早亦无害；薄地宜早，晚必不成实也。”

还有“不害”。

《汉书·董仲舒传》：“贤材虽未久，不害为辅佐。”颜师古注：“害，犹妨也。”这个解释注意到了“害”在虚化抽象后的含义。

还有“何害”。

《旧唐书·柳亨传》：“臣恐因循，流近致远，积小为大，累微起高。勿谓何伤，其祸将长；勿谓何害，其祸将大。”此以“何伤”与“何害”对文，都是何妨的

---

① “何苦”还有“何必”义。《世说新语·方正》五一：“有相识小人贻其餐，肴案甚盛，真长辞焉。仲祖曰：‘聊以充虚，何苦辞？’真长曰：‘小人都不可与作缘。’”即其例。现代汉语中“何苦”多为此种用法，含有“何必自讨苦吃”的意味。

意思。

“害”有伤害义，《说文》：“害，伤也。”抽象含义是妨害，故“何害”即何妨，“无害”即无妨，“不害”即不妨。《晋诗》卷二十杨苕华《赠竺度》：“罗纨可饰躯，华冠可耀首，安事自剪削，耽空以害有。”“害”即妨碍义。现代方言口语还有“不害事”的说法。

《左传·僖公二十八年》：“若其不捷，表里山河，必无害也。”这里的“无害”似可以理解为无危害，含义较为具体实在，引申则可以虚化指抽象的妨碍。

我们还可以根据同步构词规律，验证以上说法。与“苦”“害”义近的有“伤”“妨”“废”“损”等，都有伤害、损害义，可以与“无苦”“无害”一样同步构词，表示抽象的无妨、不要紧。

(1)何伤、无伤

“何伤”常连言，表示没有关系，没有妨碍，相当于现代汉语的“何妨”“不要紧”。“何伤”表示何妨的意思，来源很早。

《论语·先进》：“子曰：‘何伤乎？亦各言其志也。’”《墨子·耕柱》：“子墨子曰：‘去之苟道，受狂何伤！’”是其较早用例。屈原《九章·涉江》：“朝发枉睹兮，夕宿辰阳。苟余心其端直兮，虽僻远之何伤！”意思是假如我心意正直，地处偏远又何妨。

中古时期，“何伤”继续沿用，典籍习见。

《晋诗》卷二十支遁《咏怀诗》：“廓矣千载事，消液归空无。无矣复何伤？万殊归一涂。”《三国志·蜀志·秦宓传》：“盖《河》《洛》由文兴，六经由文起，君子懿文德，采藻其何伤！”《南齐书·崔慧景传》：“古人有力扛周鼎，而有立锥之叹，以此言死，亦复何伤！”“伤”的本义是伤害，引申有妨碍的意思，“何伤”即何妨。此用法延续至今。

直接否定的说法就是“无伤”。《孟子·梁惠王上》是其较早用例：“王答曰：‘是诚何心哉？我非爱其财而易之以羊也，宜乎百姓之谓我爱也。’曰：‘无伤也。是乃仁术也，见牛未见羊也。’”成语“无伤大雅”也是谓对大雅无妨，即不要紧。

(2)何损、无损

《荀子·儒效》：“不知，无害为君子；知之，无损为小人。”“无损”与“无害”对文，都是“无妨”的意思。汉董仲舒《春秋繁露·山川颂》：“且积土成山，无损也;成其高,无害也。”北齐颜之推《颜氏家训·养生》:“《抱朴子》牢齿之法……今恒持之;此辈小术,无损于事,亦可修也。”唐净显《题广爱寺楞伽山》:“为经巢贼应无损,纵使秦驱也谩劳。”

还有“何损”。

《后汉书·文苑传·赵壹》:“今壹自谴而已,岂敢有猜!仁君忽一匹夫,于德何损?而远辱手笔,追路相寻,诚足愧也。”

(3)何妨、无妨

“无妨”出现较早。

《战国策·燕策》:“且臣之使秦,无妨于赵之伐燕也。”《抱朴子内篇·释滞》:“若圣人诚有所不能,则无怪于不得仙,不得仙亦无妨于为圣人,为圣人偶所不闲,何足以为攻难之主哉?”《宋诗》卷九鲍照《咏白雪》:“无妨玉颜媚,不夺素缯鲜。”

“何妨”的出现似乎稍晚。

三国吴支谦译《须摩提女经》:“满财语邠池言:‘卿家所事别自供养,我家所事别自供养,虽复所事不同,何妨人自私好?’”东晋佛陀跋陀罗共法显译《摩诃僧祇律》卷第十四:“佛言:‘比丘汝何不语彼,纵令迦卢比丘非是梵行,何妨我修梵行。’”《魏书·礼志三》:“高祖曰:‘册旨速除之意,虑广及百官,久旷众务。岂于朕一人,独有违夺?今既依次降除,各不废王政,复何妨于事,而犹夺期年之心。’”

(4)何废、不废

《魏诗》卷二王粲《从军》诗:“画日处大朝,日暮薄言归。外参时明政,内不废家私。”谓内不妨碍干家中私事。《北周诗》卷三庾信《伤王司徒褒》:“静亭空系马,闲峰直起烟。不废披书案,无妨坐钓船。”此以“不废”与“无妨”同义对文。

盖“伤”“害”“废”“损”等皆表示伤害、损害,都是较具体的含义,“苦”由味觉感官的苦楚,转指心灵的伤痛。词语根据具体的搭配对象又有不同的具体释义。“损害、伤害”是对身体而言,转而用于其他抽象事物就是“妨碍”义。

这些词古文中多用于否定句或反问句，如“无伤、无害、无苦、无损、无废”和“不伤、不害、不苦、不损”等表示否定义，“何伤、何害、何苦、何损、何废”等用于疑问句。

从词义发展的角度看，是“伤”“害”“苦”“废”“损”等词的同步引申；从构词的角度看，属于同步构词，即有“不废”，就有“不伤”“不害”等。以上都是与“无苦”“无害”同类同义的构词，为偏正结构。值得注意的是，“伤”“害”“苦”“废”“损”这些词如果单独使用，大多只能是动词，而一般不作副词用。只有与疑问语素、否定语素结合时，才是副词。

例五，《晋诗》卷十六陶渊明《和刘柴桑》：“山泽久见招，胡事乃踌躇。直为亲旧故，未忍言索居。”从句意看，“胡事”犹言“何必”。这个解释是否正确，结构关系如何？我们可以从同步构词的角度进行分析和判断。

中古时期，以疑问代词或否定副词与语素“事”构成的双音词例很多，犹言“何必”“不必”。兹举例如下：

(1)“安事”

犹言何必、为何。“安”表示疑问。

《晋诗》卷七张载《招隐》：“去来捐时俗，超然辞世伪。得意在丘中，安事愚与智？”

《晋诗》卷十一郭璞《游仙》：“灵溪可潜盘，安事登云梯？”

《梁诗》卷六沈约《休沐寄怀》：“虽云万重岭，所玩终一丘。阶墀幸且足，安事远遨游？”

(2)“何事”

即何必、为何。表示疑问，用于疑问句的句首。

《晋诗》卷十五张奴歌：“何事迷昏子，纵惑自招殃？”

《宋诗》卷十吴迈远《长相思》：“闺阴欲早霜，何事空盘桓？”

《齐诗》卷二王融《王孙游》：“春草行已歇，何事久佳期？”

所以“胡事”与“何事”“安事”同为疑问语素与“事”构成的否定副词。还有直接用否定语素与“事”组合的双音副词。

(3)“空事”

犹言不必。“空”与“无”“不”含义相因。

《宋诗》卷九鲍照《拟青青陵上柏》:“浮生旅昭世,空事叹华年。”

《隋诗》卷七大义公主《书屏风》:“富贵今何在,空事写丹青。”

(4)“无事”

“无事”与“空事”同,谓不必。

《梁诗》卷七沈约《初春》:“无事逐梅花,空教信杨柳。”

《梁诗》卷十吴均《发湘州赠亲故别》:“古来非一日,无事更劳心。”

(5)“毋事”

后代还有“毋事”,犹无须。

明胡应麟《诗薮·近体下》:“以少陵之才,攻绝句即不能为李,讵谓不若摩诘,彼自有不可磨灭者,毋事更屑屑也。”

从这样多的构词类型和使用频率来看,“胡事”与“安事”“何事”“空事”“无事”“毋事”同义同构,是副词,为偏正结构。“事”常用作名词,单独使用没有“必要”的意思,但是在与疑问词或否定词组合后,就表示了“不必、何必”的意思,成为中古诗歌常用词,而词典中通常没有收录这些双音节副词。

例六,晋陶渊明《桃花源记》:“不足为外人道也。”俗语有“区区小事,何足挂齿”。“足”是值得的意思,但是通常只用于否定式或疑问式中,作为语素出现,“不足”“何足”即其例。我们从其同步构词的词群中可以证明这一点。

(1)“安足”

犹言哪里值得,用疑问词表示否定的意思,即不值得。

《魏诗》卷八阮侃《答嵇康》:“晋楚安足慕?屡空守以贞。”

《魏诗》卷九嵇康《述志》:“冲静得自然,荣华安足为?”

《晋诗》卷八潘尼《赠汲郡太守李茂彦》:“河朔贵相忘,歧路安足悲?”

(2)“焉足”

《魏诗》卷三徐干《杂诗》:“时不可再得,何为自愁恼?每诵昔鸿恩,贱躯焉足保？"

《魏诗》卷十阮籍《咏怀诗八十二首》："荣名非己宝，声色焉足娱？"

《晋诗》卷五陆机《君子行》："掇蜂灭天道，拾尘惑孔颜。逐臣尚何有，弃友焉足叹？"

(3)"岂足"

《魏诗》卷十阮籍《咏怀诗八十二首》："去置世上事，岂足愁我肠？"

《宋诗》卷三谢灵运《初去郡》："彭薛裁知耻，贡公未遗荣，或可优贪竞，岂足称达生？"

(4)"何足"

《魏诗》卷九嵇康《答二郭》："功名何足殉？乃欲列简书。所好亮若兹，杨氏叹交衢。"

《宋诗》卷十一《清商曲辞·华山畿》："闻欢大养蚕，定得几许丝？所得何足言，奈何黑瘦为？"

"何足言"就是"何足挂齿"的意思。

以上四组用疑问词"安""岂""何""焉"与"足"组合成副词，表达了"不值得"的意思，后常常接谓语动词。

(5)"不足"

《魏诗》卷六陈思王曹植《五游》："九州不足步，愿得凌云翔。逍遥八弦外，游目历遐荒。"

《宋诗》卷三谢灵运《还旧园作见颜范二中书》："流沫不足险，石林岂为艰。"

《抱朴子内篇·遐览》："凡七种之，则用其实合之，亦可以移形易貌，飞沈在意，与《墨子》及《玉女隐微》略同，过此不足论也。"

"不足"谓不值得。这是否定的表达方式，也是副词。

"足"有充足的意思，"不足""未足"往往表示不够、不充足，作动词谓语。如：《汉诗》卷六秦嘉《赠妇》："既得结大义，欢乐苦不足。"《北周诗》卷四庾信

《咏画屏风》:“定知欢未足,横琴坐石根。”

如果“不足”等后接主要动词或形容词,则“不足”就是副词,修饰谓语,谓不值得。但是单用“足”通常不作副词用。

“～事”“～足”两组同步构词,可以清晰地展现出此类副词的特点:用于否定句(或用疑问的形式表达的依然是否定);若除去否定语素,则“事”“足”不作为副词使用。“无苦”组稍有不同,可以作动词,可以作副词;但多用于否定句。这个现象提供的信息是:此类双音词不是语素相加完成的,而是词组紧缩或固化产生的。但是又不可能都是词组固化产生的,很大程度上来源于语言的类推机制。

词语研究中,利用同步构词规律,可以给我们比较充足的信息,发现比较特殊的语言现象,从而作出比较妥当的判断。

以上同步引申或同步构词,都使同义词和双音节词数量大大增加,这是汉语词汇量增加的一个原因。当然,在现代汉语中,这些词绝大部分消失了,原因在于不符合语言经济性的原则。

三、如何利用同步构词的规律

同步构词的主要原因是认知类推。古人同类推演、同类仿照,就产生了同义、同构的双音词。对于今天的研究者来说,利用同步构词的规律,就可以解释许多语言现象,数学王子高斯说过:“数学中的一些美丽定理具有这样的特性:它们极易从事实中归纳出来,但证明却隐藏得极深。”其实,语言也同样如此,甚至从事实中归纳出来也未必轻而易举。比如上文举到的“约黄”,就不仅与“散黄”“点黄”“拂黄”相联系,还应当与“散黛”“点黛”“拂黛”相比勘,甚至与“点星”“注口”相类比,这就需要利用同步构词的规律,从前后语素分别推演,从相同构式中找出联系,从同类词中找出系联的依据。所以,不仅仅需要归纳,还需要演绎,需要推导。

例七,我们利用同步构词规律,搜寻关于企盼类动宾式双音词词群,看看呈现什么样的构词分布,意义的发展走向是否有共性。我们分析“翘”“企”“竦”三组。

(1)“翘～”类

我们先看以“翘”构成的双音词。考《说文·羽部》：“翘，尾毛长也。”段注：“按尾长毛必高举，故凡高举曰翘。《诗》曰：‘翘翘错薪。’高则危。《诗》曰：‘予室翘翘。’”魏曹植《斗鸡》诗：“群雄正翕赫，双翘自飞扬。”是“翘”的核心义是高举。盼望见某人则“翘首以待”，即伸长脖子远望，引申指对人的仰慕、悬想、思念。所以“翘”与相关的词组合就产生了一系列双音词，分别属于同步构词：

第一组是“翘＋对象”，形成动宾式。

> 汉陈琳《檄吴将校部曲文》：“是以立功之士，莫不翘足引领，望风响应。”
>
> 三国魏阮籍《奏记诣蒋公》：“群英翘首，俊贤抗足。”
>
> 南朝梁沈约《贺齐明帝登祚章》：“日月以冀，遐迩翘心。”
>
> 《南齐书·王融传》：“北地残氓，东都遗老，莫不茹泣吞悲，倾耳戴目，翘心仁政，延首王风。”

“心”本来是名词，也是中国人观念中能够思考的器官，故可以归入宾语类①，但似乎归入心理动词类也可以。

第二组是“翘＋(心理)动词”，形成并列式。

> 《文选·曹植〈杂诗〉》之一：“过庭长哀吟，翘思慕远人。”李善注：“翘，犹悬也。”
>
> 南朝陈徐陵《与李那书》：“脱惠笺缯，慰其翘想。”
>
> 宋无名氏《贺圣朝预赏元宵》：“万民翘望彩都门，龙灯凤烛相照。”②

---

① 相关的词语有“悬心”，犹言“心都提起来了”。

② “望”不是单纯的视觉动词，而是有强烈的心理活动在其中。考《说文·亡部》：“望，出亡在外望其还也。”“望其还”而未还，就自然产生忧伤惆怅之感。六朝诗歌中，出游观赏时多用“眺”“观”“览”“视”等词，少用“望”，也说明了“望”字所蕴含的特殊含义。《魏诗》卷三繁钦《定情》：“日中兮不来，飘风吹我裳。逍遥莫谁睹，望君愁我肠。”“日暮兮不来，凄风吹我襟。望君不能坐，悲苦愁我心。”《梁诗》卷三江淹《感春冰遥和谢中书》：“暮意歌上卷，怅哉望佳人。”以上诸例“望”都有企盼、思念和惆怅之义，正与《说文》所说含义相符。

第三组是“翘十表敬之词”，形成并列式。

如“翘诚”“翘敬”“翘慕”等，例略。

第四组是“翘＋‘翘’的同义词”，形成并列式。

《后汉书·袁谭传》：“翘企延颈，待望雠敌，委慈亲于虎狼之牙，以逞一朝之志，岂不痛哉！”宋王令《寄王正叔》：“得报速是宜，翘企不容坐。”

“翘企”，是踮起脚跟，形容盼望殷切，属于同义并列双音词。

南朝梁陶弘景《周氏冥通记》卷二：“有缘自然会，不待心翘翘。”

“翘翘”重叠当是最纯粹明确的同义连言了。

以上都属于狭义的同步构词。其中“翘首”类为一组同步构词，属于动宾式；其他三组为一类同步构词，属于并列式。但“翘首”类与另外三组不是同步构词，虽然它们同义，但不同构。

(2)“企～”类

“企”与“翘”义近，都是动词，“翘”是鸟尾上翘，“企”是人足踮起。《说文·人部》：“企，举踵也。”《汉书·高帝纪》：“吏卒皆山东之人，日夜企而望归。”颜师古注：“企谓举足而竦身。”

“企”与“翘”可以有同类的构词方式。

第一组是“企＋对象”，形成动宾式。

有“企踵”“企脚”“企足”等。

《汉书·萧望之传》：“是以天下之士，延颈企踵，争愿自效，以辅高明。”

南朝宋刘义庆《世说新语·容止》三二：“诸君莫轻道仁祖，企脚北窗下弹琵琶，故自有天际真人想。”

唐韩愈《送穷文》：“企足以待，置我雠冤。”

第二组是“企＋心理动词”，形成并列式。

有“企望”“企想”“企怀”“企盼”等。

《吕氏春秋·顺说》：“天下丈夫女子，莫不延颈举踵而愿安利之。”高诱注:"延颈,引领也。举踵,企望之也,愿其尊高安而利也。"

《后汉书·袁绍传》:"桥瑁乃诈作三公移书,传驿州郡,说董卓罪恶,天子危逼,企望义兵,以释国难。"

晋潘岳《射雉赋》:"甘疲心于企想,分倦目以寓视。"

晋王羲之《荀侯帖》:"荀侯佳不?未果就卿,深企怀耳。"

第三组是"企+表敬之词",形成并列式。
如"企诚""企敬""企慕""企仰""企羡"等。

汉崔寔《政论》:"富者不足僭差,贫而无所企慕。"

《陈书·宣帝纪》:"朕企仰前圣,思求讼平,正道多违,浇风靡乂。"

《北史·阳休之传》:"休之始为行台郎,便坦然投分,文酒会同,相得甚款,乡曲人士,莫不企羡焉。"

明陆采《怀香记·飞报捷音》:"书生俊杰真天纵,出人头地建奇功,钟彝镂忠勇,流芳企崇。"

第四组是"企+'企'的同义词",形成并列式。
有"企伫""企立""企竦"等。

《晋诗》卷五陆机《与弟清河云》:"企伫朔路,言欢尔归。心存言宴,目想容辉。"

"企伫"是踮脚伫立,也是形容企盼。

《文选·陆机〈叹逝赋〉》:"望汤谷以企予,惜此景之屡戢。"李善注:"《毛诗》曰:'谁谓宋远,跂予望之。'郑玄曰:'跂足则可望见之。'企与跂同。"

《文选·曹植〈求自试表〉》:"夫临博而企竦,闻乐而窃抃者,或有赏音而识道也。"李善注:"《说文》曰:'博,局戏也,大箸十二棋。'又曰:'企,举踵也。''竦,犹立也。'"

"企踵"类与"翘首"类,属于同步构词,其含义都是表示思念、企盼或恭敬。

它们在动宾式、并列式两种组合中，构词方式完全相同①。

(3)"竦～"类

"竦"是挺直身体义。《说文·立部》："竦，敬也。从立，从束。束，自申束也。"段注："敬者，肃也。……収下曰：竦手。谓手容之恭上其手也。《周南》毛传曰：乔，上竦也。"《广雅·释诂一》："竦，上也。"《汉书·韩信传》："士卒皆山东人，竦而望归。"颜师古注："竦，谓引领举足也。"可知这里"竦"包括了翘首和企足。《后汉书·张衡传》载张衡《思玄赋》："竦余身而顺止兮，遵绳墨而不跌。"李贤注："竦，企立也。"身体挺直，必然高起来。所以，"竦"的核心义也是"高"。

因此，踮足是高，鸟翘起尾巴是高，人挺直身体也是高。这个共同的核心义导致三个动词具有了同样的词义引申途径，同样的构词组合。也就是说，"企""翘""竦"有词义上的同步引申：由动作到心理。许慎没有用挺身义来解释"竦"，而是指出动作所代表的心理状态，即恭敬、肃敬、盼望。王念孙《读书杂志·余编》："竦，敬也。言敬余身而循礼也。"正好说明"竦"既可表示身体动作，又可表示心理状态。

根据这个特点，"竦"也有类似的同步构词。

第一组是"竦＋对象"，形成动宾式。

有"竦心""竦神""竦耳""竦意""竦首"等。

《韩非子·说疑》："此十五人者，为其臣也，皆夙兴夜寐，卑身贱体，竦心白意，明刑辟，治官职，以事其君。"

---

① 另外还有"企＋处所名词"，可以看作动补式。"企石"(又作"跂石")谓脚踏在石头上并脚跟踮起，这是远望期盼的一个典型动作，因而也直接表示期盼义。如：《宋诗》卷二谢灵运《从斤竹涧越岭溪行》："企石挹飞泉，攀林摘叶卷。想见山阿人，薜萝若在眼。"《北周诗》卷四庾信《咏画屏风》："面红新着酒，风晚细吹衣，跂石多时望，莲船始复归。""跂"有提起脚后跟义。《荀子·劝学》："吾尝终日而思矣，不如须臾之所学也；吾尝跂而望矣，不如登高之博见也。"即其证。故"跂石"谓提起脚跟在石上站立。《北周诗》卷四庾信《卫王赠桑落酒奉答》："愁人坐狭斜，喜得送流霞。跂窗催酒熟，停杯待菊花。""跂窗"谓在窗边踮起脚(向外看)。《太平广记》卷三六四引《集异记》："(女子)容貌殊丽，友章于斋中遥见，心甚悦之。一日，女子复汲，友章蹑屣企户而调之曰：'谁家丽人，频此汲耶？'"这一组是"翘首"类所不具备的。

《汉书·礼乐志》："听者无不虚己竦神，说而承流。"

《文选·东方朔〈非有先生论〉》："吴王曰：'可以谈矣，寡人将竦意而览焉。"张铣注："竦，正也。"

《北史·崔宏传》："天师寇谦之每与浩言，闻其论古兴亡之迹，常自夜达旦；竦意敛容，深美之。"

"竦神""竦意"都指集中精神，犹言"注意"，全神贯注。

三国魏杨修《答临淄侯笺》："观者骇视而拭目，听者倾首而竦耳。"

宋司马光《与薛子立秀才书》："光是用矍然喜于今之世而复见古之士，且竦首倾耳，以俟朝廷之得人而贺之也。"

第二组是"竦＋心理动词"，形成并列式。

常见有"竦望""企想""竦怀""企盼"等，例略。

唐陆贽《奉天论拟与翰林学士改转状》："承命竦悉，顾惭非宜，进退彷徨，不知所措。"

《续资治通鉴·宋哲宗元祐六年》："太皇太后谕旨：'天意不顺，宜罢宴。'众皆竦服。"

明张居正《答应天巡抚孙小溪书》："辱手翰。以忠耿自誓，无任竦服。"

《隋书·音乐志中》："百灵竦听，万国咸仰。"

第三组是"竦＋表敬之词"，形成并列式。

如"竦敬""竦慕""竦仰"等。

《旧唐书·宪宗纪下》："宪宗嗣位之初，读列圣实录，见贞观、开元故事，竦慕不能释卷。"

唐康骈《剧谈录·说方士》："赵归真探赜元机，善制铅汞，气貌清爽，见者无不竦敬。"

第四组是"竦＋'竦'的同义词"，形成并列式。

有"竦伫""竦立""竦企""竦踊"等。

唐张九龄《荔枝赋》:“闻者欢而竦企,见者讶而惊佗。”

宋秦观《越州请立程给事祠堂状》:“越人无不踊跃竦企,愿见公之所为。”

三国魏曹丕《弹棋赋》:“于时观者,莫不虚心竦踊,咸侧息而延伫。”南朝宋谢灵运《七夕咏牛女》:“徙倚西北庭,竦踊东南观。”

“竦踊”不是典型的同义并列,但是动作相近。

以上三组同步构词的例子,至少可以给我们如下启示:

一是有些行为动词可以转化为心理动词,以上“翘”“企”“竦”其共同的核心义是“高”,所以可以表示恭敬义,这是对高人的仰慕;可以表示企盼、思念义,就是“翘首以待”,这是人们盼望时的典型动作。

二是三组词都有完全相同的同步构词,如“翘想”“企想”“竦想”,“翘心”“企心”“竦心”,“翘慕”“企慕”“竦慕”等,而整个“翘”“企”“竦”三组都有同类的构词。

三是核心义在同步构词研究中占据重要地位。这三组词中的每一小类都是简单的同步构词,而这三组词之间的词语系统是更大范围的同步构词,它们的构词如此相似,是因为它们都是类似的行为动词,并从类似的行为动词转化为心理动词,它们具有共同的核心义“高”。所以,相同的核心义、同类词词义抽象化是同步构词形成的原因。

当我们对个别生疏词语无解时,循着同步构词的线索,就可以找出脉络轨迹了。根据这个规律,寻找同步构词的大大小小词群,这样词义之间的联系和分别理清了,词义系统就可以清晰呈现。这是研究同步构词规律的价值所在。

第三节　名词的同步构词:说“凤笙”[①]

古诗中常见“凤笙”一词。唐韩愈《谁氏子》:“或云欲学吹凤笙,所慕灵妃媲萧史。”唐沈佺期《凤笙曲》:“忆昔王子晋,凤笙游云空。”宋张先《虞美人》:“凤笙何处高楼月,幽怨凭谁说。”明何景明《吕黄门画竹歌》:“龙盘嶰谷山

① 《说“凤笙”》发表于《合肥师范学院学报》2014年第5期。内容有所删改。

中石，更待伶伦截凤笙。”又，著名礼学专家沈文倬先生，被誉为“三礼研究第一人”，也是浙江大学古籍所的前辈。沈先生字凤笙。

“凤笙”何义？通常认为，指笙的形体像“凤”。汉应劭《风俗通·声音·笙》：“《世本》：‘随作笙。’长四寸，十二簧，像凤之身，正月之音也。物生故谓之笙。《诗》云：‘我有嘉宾，鼓瑟吹笙。’”①《文选》潘岳《笙赋》：“基黄钟以举韵，望凤仪以擢形。”李善注引《说文》：“笙，十三簧，象凤之身。”又丘希范《侍宴会乐游苑送徐州应诏诗》：“诘旦阊阖开，驰道闻凤吹。”臣延济曰：“‘凤吹’，笙也。笙体象凤，故比之也。”以上说法认为“凤笙”因形状像凤而得名。

笔者以为，“凤笙”不是说笙的形状像凤，而是说笙吹奏的声音像凤鸣一样美妙。

一、“凤笙”与“凤吹”

五代丘光庭《兼明书》卷四《文选》专门驳斥五臣的《文选注》，每条下先列五臣的说法，再以“明曰”提出己见。其中讨论过与“凤笙”相类似的“凤吹”一词：

丘希范《侍宴会乐游苑送徐州应诏诗》云：“诘旦阊阖开，驰道闻凤吹。”臣延济曰：“‘凤吹’，笙也。笙体象凤，故比之也。”明曰：“‘吹’者，乐之总称。‘凤’者，美言之也。以天子行幸，必奏众乐，岂独吹笙而已哉。故《月令》云：‘命乐工习吹，大享帝于明堂。’是谓众乐为‘吹’也。”

丘光庭认为“凤者，美言之也”。又据《礼记·月令》篇，指出“吹”指演奏音乐，“凤吹”言美妙的乐曲，不独限于笙乐。此说甚是。在此进一步证成之。

考“吹”指吹奏管乐。《梁诗》卷十三张率《相逢行》：“小妇尚娇稚，端坐吹参差。丈夫无遽起，神凤且来仪。”《北周诗》卷四庾信《寄徐陵》：“故人倘思我，及此平生时。莫待山阳路，空闻吹笛悲。”是其例。

“吹”又径指管乐。《魏诗》卷一曹操《气出倡三首》其二：“酒与歌戏，今日相乐诚为乐。玉女起，起舞移数时，鼓吹一何嘈嘈。”《陈诗》卷四陈后主叔宝《前有一樽酒行》：“殿高丝吹满，日落绮罗鲜。莫论朝漏促，倾卮待夕筵。”其中“鼓吹”犹言打击乐和管乐，为并列结构；“丝吹”指弦乐和管乐。

---

① 王利器：《风俗通义校注》，北京：中华书局，1981年，第281页。

也可泛指音乐，即“众乐”。如《汉书》卷二二《礼乐志》：“皆令歌儿习吹以相和，常以百二十人为员。”“习吹”即练习演奏。《宋诗》卷五宋孝武帝刘骏《夜听妓》：“寒夜起声管，促席引灵寄。深心属悲弦，远情逐流吹。”“弦”“吹”对举，指音乐。“悲弦”指优美的音乐，“流吹”也指像流水般的音乐。《陈诗》卷六虞世基《奉和幸江都应诏》：“回塘响歌吹，极浦望旌旃。”《梁诗》卷二十八刘令娴《和婕妤怨》：“日落应门闭，愁思百端生。况复昭阳近，风传歌吹声。”“歌吹”即指音乐、歌曲。

中古诗歌常见“清吹”一词，谓悦耳的管乐，也泛指优美的乐曲。《齐诗》卷四谢朓《赠王主簿》：“清吹要碧玉，调弦命绿珠。……馀曲讵几许，高驾且踟蹰。”《梁诗》卷八何逊《寄江州褚咨议》：“追忆边城游，奚寻平生乐。……清吹或忘归，繁文时间作。”“清吹”犹言清曲，指美好的歌声或音乐。“凤吹”“凤笙”与此构词和意义类似。

“凤”常形容美好的事物，如《齐诗》卷三谢朓《赛敬亭山庙喜雨》：“会舞纷瑶席，安歌绕凤梁。”“凤梁”指美好的房梁。《陈诗》卷二顾野王《长安道》：“凤楼临广路，仙掌入烟霞。章台京兆马，逸陌富平车。”《梁诗》卷二十梁简文帝萧纲《艳歌篇十八韵》：“凌晨光景丽，倡女凤楼中。前瞻削成小，傍望卷旌空。”“凤楼”指美好的楼宇。

“凤”也形容美好轻盈的动作。《梁诗》卷二十五梁元帝萧绎《夕出通波阁下观妓》：“起龙调节奏，却凤点笙簧。树交临舞席，荷生夹妓航。”《北周诗》卷四庾信《看舞》：“鸾回不假学，凤举自相关。到嫌衫袖广，恒长碍举鬟。”唐刘禹锡《浙西李大夫述梦四十韵并浙东元相公酬和斐然继声》：“凤姿常在竹，鷃羽不离蒿。”自注上句指“二公”，下句“自谓”。所以“凤姿”犹言英姿，用以称美他人。

“凤”多形容美妙的音乐。《宋诗》卷十王素《学阮步兵体》：“沈情发遐虑，纡郁怀所思。仿佛闻箫管，鸣凤接嬴姬。”《梁诗》卷一梁武帝萧衍《咏笛》：“柯亭有奇竹，含情复抑扬。妙声发玉指，龙音响凤凰。”李白《上元夫人》：“手提嬴女儿，闲与凤吹箫。眉语两自笑，忽如随风飘。”皆其例。

因此，丘光庭的解释是正确的，“凤吹”指美好的音乐，不独指笙吹奏的乐曲。唐李白《宫中行乐词》之八：“莺歌闻太液，凤吹绕瀛洲。”唐郎士元《听邻家吹笙》：“凤吹声如隔彩霞，不知墙外是谁家。”皆其证。《汉语大词典》认为“凤吹”是“对笙箫等细乐的美称”，不够全面。

二、“凤笙”的同类构词

凤是传说中的神鸟，是美好的象征。《左传·昭公十七年》：“我高祖少皞挚之立也，凤鸟适至。”人们认为凤是美好的形象，凤鸣声也是优美的声音，因而多用来形容声音美妙。《诗·大雅·卷阿》：“凤皇鸣矣，于彼高冈；梧桐生矣，于彼朝阳。”《荀子·解蔽》：“《诗》曰：‘凤凰秋秋，其翼若干，其声若箫。有凤有凰，乐帝之心。’”这首逸诗已经把“凤凰”与“箫声”联系起来了。用“凤”修饰声音的例子很多。

“凤曲”。唐沈佺期《奉和春初幸太平公主南庄应制》：“自有神仙鸣凤曲，并将歌舞报恩晖。”唐卢仝《感秋别怨》：“蛾眉谁共画，凤曲不同闻。”“凤曲”就是美妙的乐曲。

“凤吟”。唐吴筠《竹赋》：“上点点以云翳，下泠泠而凤吟。”

“凤音”。南朝梁江淹《灯赋》：“淮南王，信自华，淫命彩女兮饵丹砂。饵丹砂，学凤音。”南朝梁何逊《七召·治化》：“映景星于初月，聆凤音于将晓。”北齐刘昼《新论·崇学》：“昆竹未断，则凤音不彰。”

“凤唱”。唐白居易《王子晋庙》：“鸾吟凤唱听无拍，多似《霓裳》散序声。”

“凤歌”。宋苏轼《坤成节集英殿宴教坊词·问女童队》：“凤歌谐律，方资燕俎之欢；鹭羽分庭，忽集寿山之下。”宋陈亮《点绛唇·圣节》：“锵韶濩，凤歌鸾舞，玉斝飞香醑。”

“凤乐”。唐高宗《太子纳妃太平公主出降》：“环阶凤乐陈，玳席珍羞荐。”宋欧阳修《渔家傲》：“此会此情都未半，星初转，鸾琴凤乐匆匆卷。”

“凤啸”。唐李绅《悲善才》：“花翻凤啸天上来，裴回满殿飞春雪。”

“凤响”。南朝梁陶弘景《冥通记》卷二：“飞龙辕于霞路，奏凤响于云衢。”

“凤哢”。唐赵抟《琴歌》：“凤哢吟幽鹤舞时，捻弄铮摐声亦在。”

“凤语”。五代齐己《凤琴引》：“一一宫商在素空，鸾鸣凤语翘梧桐。”

以上“凤”皆形容声音或音乐的美好。

也有径直以“凤”修饰乐器者。如：

“凤琴”。唐温庭筠《和沈参军招友生观芙蓉池》：“桂栋坐清晓，瑶琴双凤丝。”唐王勃《三月曲水宴》：“凤琴调上客，龙辔俨群仙。”

“凤丝”。北宋周邦彦《垂丝钓》：“愁几许，寄凤丝雁柱。”

“凤管”。南朝宋鲍照《登庐山望石门》：“倾听凤管宾，缅望钓龙子。”南朝梁沈约《侍宴乐游苑饯徐州刺史应诏》：“沃若动龙骖，参差凝凤管。”

“凤笛”。唐卢照邻《赠许左丞从驾万年宫》：“黄山闻凤笛，清跸侍龙媒。”

“凤筝”。元萨都剌《手帕》诗：“尘拂凤筝笼笋指，梦回鸳枕衬桃腮。”

上述诸例“凤”修饰各种乐器，指美好的管乐或音乐。《汉语大词典》中多有正确的解释：“凤丝”是“琴弦的美称”；“凤筝”是“筝的美称”；“凤乐”是“和美悦耳的音乐”。明汪廷讷《狮吼记·访友》：“歌儿舞女朝朝醉，凤管鸾笙步步随。”《汉语大词典》也说“凤管鸾笙”是“笙箫之乐的美称”。同理，“凤管”当是管乐的美称；“凤吹”当是吹奏乐或音乐的美称。“凤笙”当是笙乐的美称。

误解者不止“凤笙”。《明史·文苑传一·杨维桢》：“或呼侍儿歌《白雪》之辞，自倚凤琶和之。”《汉语大词典》解释“凤琶”：“凤首琵琶。琵琶顶部状如凤首，故称。”这也是望文生义。

《礼记·礼运》载：“麟、凤、龟、龙，谓之四灵。”在中华文化中，“凤”与“龙”皆是美好的象征。古诗中与“凤”作用相同且常常对应出现的是“龙”。“凤”与“龙”等对称，形容美好。如：晋陆云《从事中郎张彦明为中护军》诗之六：“凌渊龙跃，披林凤振。”唐虞世南《赋得临池竹应制》：“龙鳞漾嶰谷，凤翅拂涟漪。”此二例以“龙”“凤”的出现描写其美好。

南朝宋鲍照《白云》：“凤歌出云阙，龙驾戾蓬山。”南朝陈江总《横吹曲》：“箫声凤台曲，洞吹龙钟管。镗鎝渔阳掺，怨抑胡笳断。”唐王勃《三月曲水宴》：“凤琴调上客，龙辔俨群仙。”唐鲍溶《会仙歌》：“轻轻蒙蒙，龙言凤语何从容。”明许三阶《节侠记·圆全》：“鸣凤管，吸龙川；歌扇软，舞衣斑。”此五例则以“凤”“龙”作修饰语，形容其美好。“凤歌”“龙驾”形容美好的歌声和华丽的车驾，而不可能是凤形的歌声或龙样的车驾。“龙言凤语”犹言美好的语言、美好的谈吐。

此外，“凤”还多与“鸾”等神鸟对举。如：唐宋之问《太平公主山池赋》：“凤舞鸾歌兮俨欲飞，披烟弄月兮宵未归。”唐薛存诚《仙石灵台赋》：“或鸾回而凤转，乍云点而霜横。”不独音乐用“凤笙”“凤乐”等，以上两例用“凤舞”或“凤转”形容舞蹈之美。

三、“凤笙”与“凤鸣”

确如丘光庭所言：“凤，称美也。”可以是形貌之美，姿态之美，声音之美；而音乐之美在于声音，故当用“凤鸣”义为好。这是我们的推论。古籍中是否有直接描写声音之美用“凤鸣”的记载呢？我们看以下诸例：

> 汉刘向《列仙传·萧史》：萧史者，秦穆公时人也。善吹箫，能致孔雀白鹤于庭。穆公有女字弄玉，好之，公遂以女妻焉。日教弄玉作凤鸣，居数年，吹似凤声，凤凰来止其屋。公为作凤台，夫妇止其上，不下数年。一日，皆随凤凰飞去。故秦人为作凤女祠于雍宫中，时有箫声而已。①

“吹似凤声”说明声音像凤鸣。化用这一典故的诗文很多。南朝梁简文帝《筝赋》：“江南之竹，弄玉有鸣凤之箫焉。洞阴之石，范女有游仙之磬焉。”是其例。

> 《列仙传·王子乔》：王子乔者，周灵王太子晋也。好吹笙，作凤凰鸣。游伊、洛之间，道士浮丘公接以上嵩高山。三十余年后，求之于山上，见桓良，曰：“告我家，七月七日待我于缑氏山巅。”至时，果乘白鹤驻山头，望之不得到，举手谢时人，数日而去。亦立祠于缑氏山下，及嵩山首焉。②

“好吹笙，作凤凰鸣”，是说声音美如凤鸣。其含义十分清楚，与凤身形无关。化用这一典故的诗文很多。《晋诗》卷十七陶渊明《述酒》：“王子爱清吹，日中翔河汾。”《文选》孔稚珪《北山移文》：“闻凤吹于洛浦，值薪歌于延濑。”李善注引《列仙传》有所不同：“王子乔，周宣王太子晋也。好吹笙，作凤鸣，游伊洛之间。”北魏郦道元《水经注·洛水》有相似的记载：“昔王子晋好吹凤笙，招延道士与浮丘同游伊洛之浦。”

北周庾信《周五声调曲·宫调曲二》：“凤响中夷则，天文正玉衡。”倪璠注：“《律历志》曰：‘黄帝使伶伦作律，制为十二筒，以听凤之鸣。七月，律中夷则。’”故南朝陈张正见《赋得山中翠竹》诗：“云生龙未上，花落凤将移。莫言栖

---

① 王叔岷：《列仙传校笺》，北京：中华书局，2007年，第80页。

② 王叔岷：《列仙传校笺》，第65页。

嶰谷，伶伦不复吹。”

《文选》何晏《景福殿赋》：“故能翔岐阳之鸣凤，纳虞氏之白环。”李善注：“《国语》：‘周内史过曰：周之兴也，鸑鷟鸣于岐山。’”

三国魏曹植《七启》：“观游龙于神渊，聆鸣凤于高冈。”晋孙绰《游天台山赋》：“觌翔鸾之裔裔，听鸣凤之嗈嗈。”晋张协《七命》：“鸣凤在林，伙于黄帝之园；有龙游渊，盈于孔甲之沼。”

因此，可以说“鸣凤”（或“凤鸣”）是吉祥的征兆。用“凤”修饰音乐、乐器和声音，取其声音之美。“凤笙”与“凤箫”“凤笛”“凤管”“凤丝”为同类构词方式。

认为“凤笙”取凤形之美，源头在许慎。《说文解字·竹部》：“笙，十三簧。象凤之身也。笙，正月之音。物生，故谓之笙。”而后代可能因为此说而造出凤形的笙，也是可以预料的事情。唐罗邺《题笙》：“筠管参差排凤翅，月堂凄切胜龙吟。”就是这一说法的体现。后代有折中巧妙的说法，如《宋史·乐志一》：“昔轩辕氏命伶伦截竹为律，后令神瞽协其中声，然后声应凤鸣，而管之参差亦如凤翅。”可见，“声应凤鸣”是主要的，其次才是形如“凤翅”。

另外，“凤鸣”是什么样的声音，无从知晓，但必定悦耳。“凤鸣朝阳”“凤歌鸾舞”“凤管鸾箫”等词语，《汉语大词典》解释为“形容美妙的歌舞”“形容美妙的声音或乐曲”，皆是。而释“凤唱”为：“比喻悠细的乐音。”释“凤吟”曰：“比喻清悠纤细的声音。”不知道“悠细”“纤细”之说根据何在？

考《汉书·律历志》，其记云：“黄帝使泠纶，自大夏之西，昆仑之阴，取竹之解谷生，其窍厚均者，断两节间而吹之，以为黄钟之宫。制十二筒以听凤之鸣，其雄鸣为六，雌鸣亦六，比黄钟之宫，而皆可以生之，是为律本……夷则：则，法也，言阳气正法度而使阴气夷当伤之物也。位于申，在七月。”①从记载中可以看出，凤之鸣，有雌雄之别，大致接近于黄钟之宫调。

沈文倬先生研究三礼，取字凤笙，可能因为“凤笙”代指乐。古代礼乐不分，有礼必有乐。晋陶渊明《饮酒》诗之二十：“凤鸟虽不至，礼乐暂得新。”亦其义。

① （东汉）班固：《汉书》，北京：中华书局，2012年，第959页。

第四节　同步构词的作用:以“把别”为例[①]

“把别”常出现于明清诗文集,而辞书没有收录。本文从“把别”出现的语境分析,认为它是“握持手臂告别”的意思。又借助“把臂”一词,根据同步构词的规律,证明“把别”是由“把臂”或“把臂告辞”“把臂而决”等短语紧缩而来,与“执别”“握别”“拱别”“揖别”等词同义同类。

汉语中存在同步构词[②]的现象,即一组意义相近的单音词往往以相同的构词方式或者与同一个语素结合的形式构成一组双音节同义词。“把别”常出现于明清诗文集,而辞书没有收录。这个词在汉语中是怎样产生的?其确切含义是什么?本文分析“把别”出现的语境,根据汉语同步构词的规律加以阐释。

一、“把别”出现的语境

在汉语中,“把别”一词,主要见于明清诗文集等,目前可查的资料中最早[③]的用例出现于明代。例如陈伯康《寄淇县胡知县原长》:“相望宜阳浑咫尺,夷门把别意何长。”陈全《送金长史之新淦》:“骊歌空把别,杯酒惜离分。”查应光《送荩铭、彦符二侄之云间,彦符复自云间抵芜湖,赋此志别》:“客路何当重把别,吴江冷落对霜枫。”从这些诗句可以看出,“把别”已经固定成词。

“把别”在清代诗文中也有不少用例。如陈梓《别津夫》:“把别醉吟看短剑,鬓丝催老是孤篷。”华岩《并出吴芑君陈古铭两君见怀之作走笔和答云》:“吴君把别经六载,赤鳞不至河脉枯。”刘秉恬《道出临洺关龙观察自大名远来迎谒赋赠》:“三年把别匆匆事,一旦相逢款款情。”陆进《别蒋驭鹿》:“凄凉此把

① 《论汉语的同步构词——以“把别”为例》发表于《古汉语研究》2019年第3期,署名王云路、刘潇。内容有所删改。

② 王云路在《中古诗歌语言研究》445页中提出“同步构词”的概念。

③ 本文所提到的“最早”,指的是目前所见文献资料中最早的,未必就是语言事实。

别，杯酒泪潸潸。”吕留良《与柯寓匏书》：“把别忽已经年，某衰病侵寻，呕血不已。”

“把别”这个词在清代应用较广，学者注解古诗时也会用到，如姚炳《诗识名解》卷一解释托名李陵诗“长当从此别，且复立斯须”指出：“俱是长途把别，不能远随之语。”卢元昌《杜诗阐》卷十五解释杜甫《送何侍御归朝（李梓州泛舟筵上作）》“春日垂霜鬓，天隅把绣衣”，曰：“绣衣非天隅，客把别者欲其留，盖由君是故人。”

“把别”广泛流行于明清之际，以至于日本人也以“把别”入诗。《大河内文书》①中有源辉声②“丈夫把别偏多泪”一句，是对即将回国的中国驻日使团成员沈文荧③的一段临别感言。

上述诗文“把别”均出现于描写送别的语境，应该是“握持手臂告别”的意思，清钱维乔《元旦喜庄甥似撰北归见过》：“把别匆匆二载余，乍逢执手转踟蹰。”正以“把别”与“乍逢”反义相对。杜甫《苦战行》有“去年江南讨狂贼，临江把臂难再得”两句，浦起龙《读杜心解》卷二评价此诗：“悲死事也。首句单点，‘自云’句追述，即向者‘临江把臂’时语也……通从把别一见上生情。”是用“把别”解释“把臂”。换句话说，用于离别义的“把别”当源于“把臂”。这个说法是否能成立呢？我们从“把臂”及其构词方式说起。

二、“把臂”类同步构词之一

“把臂”一词最早见于东汉。《东观汉记·杨政传》：“因把臂责之曰：‘卿蒙国恩……’”《汉语大词典》解释“把臂”有“握持手臂，表示亲密”和“谓亲切会晤”两个义项。这两个义项相关，但并不全面。“把臂”不仅用于会面的场合，也用在离别的场合。例如汉袁康《越绝书·越绝外传记吴王占梦》：“伏地而书，既成篇，即与妻把臂而诀，涕泣如雨。”晋干宝《搜神记》卷一：“取织成裙衫两副遗超，又赠诗一首，把臂告辞，涕泣流离。”南朝宋范晔《后汉书·吕布传》：

---

① 《大河内文书》系大河内辉声（1848—1882）参与并保存的中日韩文人笔谈原稿。

② 源辉声，号桂阁，祖居大河内，故又称大河内辉声或源桂阁，是松平正纲十二世孙，日本华族。精通汉诗、汉学，广交文士。

③ 沈文荧，号梅史，浙江姚江（今浙江慈溪）人，首届驻日公使团随员。

“太守张邈遣使迎之，相待甚厚，临别把臂言誓。”“把别”当与“把臂告辞”“把臂而诀”“临别把臂”等说法完全同义。

手臂连言，“把臂”就等于“把手”，“把手”是“握手”的意思，既可用于会面时，又可用于告别。《三国志·魏志·张邈传》：“吕布之舍袁绍从张杨也，过邈临别，把手共誓。”唐钱起《山下别杜少府》：“把手意难尽，前山日渐低。”宋欧阳修《奉酬扬州刘舍人见寄之作》：“把手或未能，尺书幸时寓。”用于离别时的“把手”就是“分手”，还可以称“把别手”，清吴清鹏《四兄将别有诗答之》：“且复把别手，鸡鸣天欲曙。”

从上文可以推测：“把别”当由“把臂告辞”“把臂而诀”“临别把臂”等说法紧缩而来，同时也源于“把手”，这两条线索并行不悖。如何印证这一点呢？我们从同步构词的角度分析。

古人分别，往往执手①。《楚辞·九歌·河伯》：“子交手兮东行，送美人兮南浦。”朱熹注：“交手者，古人将别，则相执手，以见不忍相远之意。”从这个角度思考，与“把臂”“把手”语义相同的词有“执手”“握手”“拱手”“揖手”等，“执手”“握手”是拉住对方手的动作，“拱手”“揖手”是自己双手做出的礼节性动作。这几个词语的共性在于都以手的动作表达某种社交情感，它们各自还衍生出一组相关词语。

（一）“执手”组

“执手”较早出现于东汉。《诗·郑风·遵大路》：“遵大路兮，掺执子之手兮。”郑玄笺：“言执手者，思望之甚也”。三国魏嵇康《阮德如答二首》：“临舆执手诀，良诲一何精。”《三国志·吴志·孙休朱夫人传》：“休惧，遣夫人还建业，执手泣别。”宋寇准《送李生归秦中》：“酒阑还执手，之子拟归秦。”清钱维乔《元旦喜庄甥似撰北归见过》：“把别匆匆二载余，乍逢执手转踟蹰。”以上例句都说明“执手”不但用于相见时，也可用于分别时。分别时的“执手”还可称为“执手而别”。《三国志·魏志·诸夏侯曹传》：“上乃下舆，执手而别。”《北齐书·帝纪第一·神武上》：“魏帝饯于乾脯山，执手而别。”

① 故古人直接用“分手”表示分别。南朝梁何逊《何水部集·送韦司马别》：“悯悯分手毕，萧萧行帆举。”南朝梁释慧皎《高僧传》卷五：“至于高会净因，当期之岁寒耳，于是分手泣涕而别。”唐李白《古风》：“分手各千里，去去何时还。”现代汉语依然有“分手”一词。

“执手而别”可以紧缩为“执别”，大约出现于南北朝时期。如南朝宋刘敬叔《异苑·鬼九》：“向晨，树去，乃俱起执别。”《旧唐书·文苑上·卢照邻传》：“照邻既沉痼挛废，不堪其苦，尝与亲属执别，遂自投颍水而死，时年四十。”

《汉语大词典》解释“执别”为：“握手告别。”这个解释是正确的。这一组词语按照出现的时代顺序可大致排列为：“执手”“执手而别”“执别”。

（二）“握手”组

“握手”表示“拉手”义的用例较早出现于东汉。《东观汉记·马援传》：“援素与述同乡里，相善，以为至当握手迎如平生。”唐元结《别王佐卿序》：“在少年时，握手笑别，虽远不恨。”宋陆游《斋中杂兴》：“道逢若耶叟，握手开苍颜。”清纳兰性德《送梁汾南还为题小影》：“握手西风泪不干，年来多在别离间。”

《汉语大词典》解释“握手”曰：“执手，拉手。古时在离别、会晤或有所嘱托时，皆以握手表示亲近或信任。”所说是。用于离别的“握手”可称为“握手而别”，较早出现于唐代。《北齐书·杜弼传》：“世宗大悦曰：‘言虽不多，于理甚要。’握手而别。”元陆文圭《赠朱自明序》：“余不知所以言也，一笑，握手而别。”

“握手而别”紧缩为“握别”，较早出现于宋代。宋洪刍《次李元亮韵》：“鄮侯庙下相逢处，扬子桥头握别时。”明蒋臣《寄家人书》：“握别时，已觉弟之神情惘惘。”清卢元昌《寄司马山人十二韵》：“我与山人自关中握别，远客天边，身如转蓬。”

这一组词语按照出现的时代顺序可大致排列为：“握手”“握手而别”“握别”。

（三）“拱手”组

“拱手”是一种交际礼节，“两手相合以示敬意”的意思，较早出现于春秋战国时期。如《管子·霸形·内言五》：“桓公变躬迁席，拱手而问。”也表示轻而易举的意思。《汉书·陈胜项籍传》：“内立法度，务耕织，修守战之备，外连衡而斗诸侯，于是秦人拱手而取西河之外。”是其例。

用于离别时的“拱手”可称为“拱手而别”或“拱别”，都出现较晚。明抱瓮老人《刘元普双生贵子》：“言讫，拱手而别。”明陈孝威《大中大夫王味艾先生传》：“翰乃献索公，拱别诸君。”《聊斋志异·聂小倩》：“既而相对词竭，遂拱别归寝。”清黄六鸿《福惠全书·教养·学规仪注》：“诸生大门外道傍打恭送，众各拱别。”

这一组词语按照出现的时代顺序可大致排列为：“拱手”“拱手而别”“拱别”。

（四）“揖手”组

“揖手”也是一种交际礼节，与“拱手”同义，较早见于宋代。宋刘学箕《木犀赋》：“左揖手兮素娥，右拍肩兮青女。”明高出《释怀诗二十首乙卯冬日作》：“神人导我，望翠微峰，飞天仙子，揖手招从。”用于离别语境的例子不多，如明高启《送王孝廉至京省其父待制后归金华》：“送君揖手忽已远，乌巾猎猎风中斜。重闱归拜想无恙，故园正见开梅花。”

用于离别时，“揖手”可称为“揖别”。宋曹彦约《昌化朱浪潘子云，汉臣季子也。汉臣既物故，持其季父圣与诗来，因问堪村徐季登，其健如昔。昔戊戌省试后，道出昌化，馆于汉臣。一日同访季登，遇榜下第于渡口，今三纪矣。因子云告别，有感前事，作此章以饯之，为我谢圣与兼简季登》：“客已倦游今老矣，君须揖别故凄然。”清黄六鸿《福惠全书·教养·学规》：“父母与会宗，二门外揖别。”是其例。

简言之，以上四组同义词都是同步构词的典型例子：由“执手”和“执手而别”紧缩成“执别”，由“握手”和“握手而别”紧缩成“握别”，由“拱手”和“拱手而别”紧缩成“拱别”，都经历了三个阶段，而“揖手”到“揖别”，目前没有发现“揖手而别”的中间环节，但是按照复音词同步构词、同步发展的类推规律，应当是一致的。“拱别”和“揖别”同时出现于清黄六鸿的《福惠全书》，印证了这一点。“把别”可视为经历了“把臂”“临别把臂”这样的早期发展路径紧缩成词，也可视为由“把手”省略了中间环节“把手而别”而来，类似于“揖手”到“揖别”的情况。因此，“把别”与“执别”“握别”“拱别”“揖别”属于一组清晰的同步构词的例子，它们都出现于离别场合，都有告别义，都属于连动式（或者是状中式）动词，可以称为“同义同构词”。

三、“把臂”类同步构词之二

如果“把”的对象不是手臂而是其他物品，同样有一组同步构词，其含义依然是告别。

(一)“把袂”组

“把臂”的同时就抓住了衣袖,所以“把臂”的同义词有“把袂”,较早见于南朝梁何逊《赠江长史别》:“饯道出郊坰,把袂临洲渚。”这是用在分别时。也可用在相见时,如唐崔宗之《赠李十二白》:“思见雄俊士,共话今古情。李侯忽来仪,把袂苦不早。”

专用于离别时的“把袂”可以称为“别袂”,较早见于唐李益《城西竹园送裴佶王达》:“远行从此始,别袂重凄霜。”其后用例增多,如宋晁说之《席上别诸公》:“西城别袂望东城,勇发征车却怯行。”明李舜臣《送傅光禄朝晋赴京》:“都门清雅古来名,复此微官托俊英。南陌联镳常日得,西郊别袂片时轻。”清刘大櫆《雪霁呈同志》:“素连高空澄晖映,别袂彩色浮衰容。”而“把袂”和“别袂”的结合,则可以构成“把别袂”,较早见于唐钱起《送王季友赴洪州幕下》:“销魂把别袂,愧尔酬明时。”

这一组词和短语按照出现的时代顺序可大致排列为:“把袂”“别袂”“把别袂”。

古代送别时除了有“把臂”“把袂”的动作,往往还会设宴饯行,举杯相送。因此有“把卮”“把觞”“把杯”“把酒”等一系列相关词语。分述如次:

(二)“把卮”组

“把卮”较早见于宋马廷鸾《我辈小年,端午给假,蒲酒奉亲之外,日游村田间,致足乐也。今老矣,竹坞老友近馆授徒,逢此小熟,奉一酌道旧,且有感于并汾旧事云》:“千年感旧怀开卷,一酌销忧强把卮。”宋元时期有“手把卮酒”和“把卮酒”的说法,如宋陆游《登灌口庙东大楼观岷江雪山》:“白发萧条吹北风,手把卮酒酹江中。”元王恽《题耆英图奉呈子初中丞》:“升平盛事那得再,梦寐席间把卮酒。”明清习见“把卮”。明李梦阳《晚秋王喻二监察见过二首》:“自种吾堂菊,无人共把卮。”清张鹏翀《槎溪留别旧好》:“三年懒入承明直,几度花开共把卮。临别风光更堪恋,微风细雨落梅时。”

用于离别时的“把卮”还可以称为“别卮”,较早见于宋代,如陈仁子《送张才之全州学官序》:“古迂陈某序此以当别卮。”强至《送刘嗣复都官赴辟秦州幕府》:“入秦乘夏颇相宜,笑拂征鞍尽别卮。”明清也有用例,从略。

“把卮”与“别卮”的合并则产生了“把别卮”,较早用例见于清张鹏翀《未至，亦以此诗示之。时腊月十四日也》："寒朝风雪深，为君把别卮。"

这一组词和短语按照出现的时代顺序可大致排列为："把卮""别卮""把别卮"。

（三）"把觞"组

与"把卮"同义的还有"把觞"，宋赵蕃《将至辰州走笔寄在伯教授二首（其二）》："庭前甘菊都开否，记得去年同把觞。"此例中"把觞"用于会面场合。明赵完璧《晓帆歌送温玉斋》："凉云凄雨不忍别，把觞挹袂嗟相逢。"此例中"把觞"用于离别场合。专用于离别场合的"把觞"可以称为"别觞"，谓"以酒送别"，较早见于唐李咸用《送从兄入京》："多情流水引归思，无赖严风促别觞。"也见于宋陈起编纂的《江湖小集》，明清用例大增，例略。

"把觞"与"别觞"的组合则是"把别觞"，较早见于宋赵蕃《寄送于去非三首（其三）》："闻说催归骑，何由把别觞。"

从所见文献例证看，这一组词和短语按照出现的时代顺序可大致排列为："把觞""别觞""把别觞"。

（四）"把杯"组

与"把卮""把觞"同构同义的还有"把杯"，谓"拿着酒杯"，较早见于唐代。如司空图《故乡杏花》："寄花寄酒喜新开，左把花枝右把杯。"元袁桷《四月廿一日与继学同出健德门，而伯庸以是日入都城，作诗寄之》："把杯客不见，我心为之灰。""把杯"用于见面的场合。专用于离别时的"把杯"，可以称为"别杯"，较早见于唐杜荀鹤《送吴蜕下第入蜀》："下第言之蜀，那愁举别杯。"同理，"把杯""别杯"可以合并为"把别杯"，其早期用例见于宋李流谦《仲明留少城未还，予将归矣，留诗别之》："判袂四十日，望君君不来。过门先问讯，立马屡徘徊。正坐牵归梦，无缘把别杯。鹤山果西去，会面更悠哉。"

有趣的是，为凑足音节，"把别杯"还可以扩展为"把别离杯"，在清代诗文集中偶有用例。汤鹏《送曾晓沧孝廉》："那堪萧瑟地，还把别离杯。"尹继善《和蕉园抵青门有作》："他乡才握手，又把别离杯。"显然，这里的音节切分是"把/别离杯"，以"别离杯"作为"把"的宾语。

这一组词和短语按照出现的时代顺序看："别杯"与"把杯"几乎同时出现，之后有了"把别杯"，这与"把卮"一组的演变途径是一致的，而"把别离杯"是临时的扩展，不属于词。

（五）“把酒”组

“把酒”就是“拿酒杯喝酒”，较早见于唐代。孟浩然《过故人庄》：“开轩面场圃，把酒话桑麻。”白居易《阳观桃花时招李六拾遗饮》：“华阳观里仙桃发，把酒看花心自知。”“把酒”用于离别场合可以称为“别酒”，较早见于唐代。如唐曹邺《送进士李殷下第游汾河》：“单车欲云去，别酒忽然醒。”宋元亦有用例，例略。

“把酒”与“别酒”的结合则称为“把别酒”，较早见于明代。如明金实《官桥送别》：“桥东桥西把别酒，桥北桥南折杨柳。”

这一组词和短语按照出现的时代顺序可大致排列为：“把酒”“别酒”“把别酒”。

四、小结

我们把上文讨论的几组词和短语按出现的时代顺序大致排列后放在一起对照：

A类：“V＋手”

1.执手→执手而别→执别

2.握手→握手而别→握别

3.拱手→拱手而别→拱别

4.揖手→　〇　→揖别

B类：“把＋N”

1.把袂＋别袂→把别袂

2.把卮＋别卮→把别卮

3.把觞＋别觞→把别觞

4.把杯＋别杯→把别杯

5.把酒＋别酒→把别酒

A类四组由握持义的单音节动词和“手”组成“V＋手”，既可以用于会面场合，又可以用于分别场合，进而出现了专用于分别场合的“V＋手＋而别”和“V＋别”，除最后一组以外，其余四组都显示了从“V＋手”到“V＋手＋而别”再到“V＋别”的先增繁后紧缩的过程。B类五组中“把＋N”“别＋N”几乎同时出现，往往难分先后，但是它们的出现都早于“把＋别＋N”。换句话说，“把＋别＋N”在每一组中都是最晚出现的，从既可以用于会面又可以用于分别场合的“把＋N”，到出现专用于分别场合的“把＋别＋N”，是一个增繁的过程。可以说，考察同步构词不仅仅是静态的同义词，也可以体现词汇演变的动态过程，处于发展线索同一位置的词或短语也是同义同步的，虽然这些过程并不一定完全整齐划一，或许会有多位或缺位，但基本发展趋势是一致的。

我们前文推测，“把臂”具体化为“把臂告辞”“把臂而诀”等之后又概括简化为“把别”；或是“把手”直接发展到“把别”，其过程都非常符合A类四组的词汇演化线索，却并不符合B类五组的词语演化线索。

在A类发展线索上，“把别”处于“V＋别”的位置，根据汉语同步构词的规律，在这个位置上的“执别”“握别”“拱别”“揖别”是同义词，属于状中式双音词，以分别的语用场合作为聚合关系，都表示“握持手臂或以手上的某种动作为礼节而告别”。它们的中心词为“别”，中心意义就是“分别”。“把别”产生的时代晚于上述四个词语，显然是受其构词方式类化产生的同义词。

从同步构词的角度看，“执手”“握手”“拱手”都经历了先繁后简的发展过程，即“执手而别”“握手而别”“拱手而别”缩略固化为“执别”“握别”“拱别”，“揖手”则直接发展出“揖别”。从动态轨迹上看，“把臂”发展为“把臂告辞”“把臂而诀”“临别把臂”等之后又紧缩为“把别”是合理的；“把手”直接发展出“把别”也是合理的。

因而A类至少可以完善为以下六组词语：

1. 执手→执手而别→执别
2. 握手→握手而别→握别
3. 拱手→拱手而别→拱别
4. 揖手→　○　　→揖别
5. 把臂→把臂而别→把别
6. 把手→　○　　→把别

从时间序列可以断定，“把别”并非由“把别手”“把别袂”“把别卮”“把别觞”“把别杯”“把别酒”概括紧缩而来。

至此，我们不但确定了“把别”的含义，也明确了“把别”的来历，找到了“把别”在“执手分别义”词族中的坐标位置，其理论根据就是汉语的同步构词规律。

当然，任何事物的发展都有例外，比如为了强调分别时的“执手”，也偶见“执别手”。如苏轼《送欧阳季默赴阙一首》：“坐看士衡执别手，更遣梦得出奇句。”“执别手”就是“临别执手”，后代也有径称“别手”者。明贡修龄《饮瞿氏东皋席上即事留别》：“好友不堪轻别手，长廊曲槛倍傍徨。”这似乎合乎B类的发展模式，但是时间顺序是相反的，所以只能看作特例。

简言之，A类的发展路径是：

“V＋手(臂)”→“V＋手(臂)而别”→“V别”

B类的发展路径是：

“把＋N”＋“别＋N”→“把别N”

同样为离别义，同样为动宾结构，为什么出现两种不同的演变结果呢？因为A类是线性发展，先扩展后紧缩；B类是两词并出，叠加后固化，演变路径是不同的。

第五节　中古汉语语法研究综述①

中古汉语语法研究是从二十世纪八十年代才开始蓬勃兴起的研究领域，同以往零星研究相比，在研究对象、内容、形式、理论和方法等方面都有了新的拓展，出现了可喜的成果。中古汉语语法研究一方面继承了我国传统语言学的深厚底蕴，另一方面在借鉴与融合现代语言学理论方面也取得了显著的成效。当然，中古汉语语法研究起步较晚，无论是在深度还是广度上都有待于进一步发展。

一、中古汉语语法研究概述

我国的语法研究是从对虚词的研究开始的，元代卢以纬的《语助》是我国

---

① 《中古汉语语法研究综述》发表于《古汉语研究》2010年第3期，署名王云路、楚艳芳。内容有所删改。

第一部专门研究汉语虚词的专著,也可以说是我国第一部语法学专著。1898年马建忠的古代汉语语法专著《马氏文通》的问世标志着我国现代科学意义上的语法学诞生,此后不断有关于古代汉语语法研究的论著问世。自从1924年我国第一部白话语法著作《新著国语文法》出版以来,现代汉语语法研究一直都是二十世纪以来汉语语法研究的主流,甚至可以说是汉语语言学研究的主流。黎锦熙不仅是现代汉语语法研究的奠基人,也是近代汉语语法研究的开创者,二十世纪二十年代后期,他先后发表了《中国近代语研究提议》和《中国近代语研究法》,开创了近代汉语语法研究的先河。吕叔湘从二十世纪四十年代起,发表了一系列有关近代汉语的论文,为近代汉语语法研究开辟了更为广阔的空间。二十世纪八十年代以后,近代汉语研究迅速展开,语法方面的研究也空前活跃,取得了辉煌的成果。以敦煌文献语法研究为例:蒋礼鸿的《敦煌变文字义通释・释虚字》、太田辰夫的《中国语历史文法》(第二部)较早地对敦煌变文的虚词进行了训释和描写,吴福祥的《敦煌变文语法研究》《敦煌变文12种语法研究》则对敦煌变文的虚词作了比较全面的定量分析和分类描写,洪艺芳的《敦煌吐鲁番文书中之量词研究》、杨荣祥的《近代汉语副词研究》分别对社会经济文书和敦煌变文中的量词、副词作了较为系统的研究。而中古汉语语法研究与硕果累累的上古汉语,尤其是近、现代汉语语法研究相比则是起步晚,成果少。近些年来,随着中古汉语分期的明确以及众多学者的大力倡导,中古汉语语法研究逐渐引起学界的广泛关注,有关中古汉语语法研究的论著逐年增多。二十一世纪初,董志翘、王东的《中古汉语语法研究概述》曾从句法和词法两个方面入手,大致描绘了二十一世纪以前中古汉语语法研究的概况,但对构词法等方面研究的总结尚显欠缺。

中古汉语指东汉魏晋南北朝隋时期的文献语言,它以其口语化的特色在汉语史研究中占据着承上启下的重要地位。二十世纪八十年代以前,中古汉语语法研究以单篇论文为主,专著罕见。二十世纪五十年代后期,王力在《汉语史稿》中阐述了一些语法观点,如:“到了中古时期,被动式又有了新的发展。不仅‘被’字句用得更普遍了,更重要的是:‘被’字句也能插入关系语(施事者),它在一般口语里普遍代替了‘为……所’式。”“使成式产生于汉代,逐渐扩展于南北朝,普遍应用于唐代。”等等。日本汉学家太田辰夫的《中国语历史文法》从历史的角度来考察现代汉语语法的形成,其中也有些零星涉及中古汉语语法的论述。这些论述都属于举例或概述性质，并无较深入的探讨。之后，洪诚对系词的研究，刘世儒对量词、系词的研究，祝敏彻对处置式、动补结构以及构词法的研究，周一良对六朝佛典语法的研究等都取得了一定的成就，给后学者提供了诸多的启发，推动了中古汉语语法研究的深入开展。总的看来，这一时期的中古汉语语法研究内容较零散，方法较单一，队伍较狭小。

二十世纪八十年代以后，中古汉语语法研究开始逐步走向自觉。二十世纪九十年代初期，王云路、方一新在《中古汉语语词例释》中首次以“中古汉语”作为书名，并在书中详细地阐明了“中古汉语”的分期主张，把其上下限分别定在东汉和隋末，至此，中古汉语开始作为一个独立的历史时期被关注。这一时期的中古汉语语法研究虽仍以单篇论文为主，但不论是单篇论文还是专著都明显增多，研究队伍不断扩大，理论意识逐步加强，在研究对象、内容、形式、理论和方法上也都有了新的拓展。

二、中古汉语语法研究的新进展

二十世纪八十年代以来，中古汉语语法研究取得了很大的成绩，具体表现如下：

1. 研究内容日益丰富

语法研究包括词法和句法两个方面。二十世纪八十年代以前，中古汉语语法研究涉及到的内容较狭窄，主要是对量词、系词、动补结构以及处置式等的研究，全面的词法、句法研究尚未展开。二十世纪八十年代以后，中古汉语语法研究几乎涉及到了词法和句法的各个领域，具体说来：

(1)词法方面

词法研究主要包括词类研究和构词法研究。

在词类研究方面，名词、动词、形容词、数量词、代词、副词、连词、介词、助词、拟声词等都有所涉及。名词、动词、形容词是汉语中包含成员数量最多的词类，然而对它们从语法的角度进行研究的论著并不多见。对名词、动词的研究以其中特殊的一小类为主，有对时间名词、方位词、助动词、位移动词等的研究。如柳士镇的《魏晋南北朝期间的动词时态表示法》，汪维辉的《方位词“里”考源》，段业辉的《中古汉语助动词研究》，崔达送的《中古汉语位移动词研究》，蔡言胜的《〈世说新语〉方位词研究》，何亮的《从中古相对时点看汉语时间表达认知方式的发展》《中古汉语时点时段表达研究》等。对形容词的研究罕见,如马予超的《〈世说新语〉形容词研究》。对数量词(尤其是量词)、代词、副词、介词、助词的研究较充分,涉及面广,系统性强,研究方法新颖。如贝罗贝的《上古、中古汉语量词的历史发展》,张万起的《量词"枚"的产生及其历史演变》,贝罗贝、吴福祥的《上古汉语疑问代词的发展与演变》,遇笑容的《〈贤愚经〉中的代词"他"》,邓军的《魏晋南北朝代词研究》,葛佳才的《东汉副词系统初探》,高育花的《中古汉语副词研究》,吴波的《中古汉语介词研究》,吴金花的《中古汉语时间介词研究》,曹广顺的《〈佛本行集经〉中的"许"和"者"》,蒋绍愚的《〈世说新语〉〈齐民要术〉〈洛阳伽蓝记〉〈贤愚经〉〈百喻经〉中的"已""竟""讫""毕"》,龙国富的《姚秦汉译佛经助词研究》等。

中古汉语词类研究的特点是:第一,注重意义的训释和分类描写。对各个词类的提取规则、中古汉语的词类系统、中古汉语词类的特点等问题的系统性探讨还不多见。如许卫东的《〈高僧传〉时间副词研究》,作者从《高僧传》中找出一百四十八个时间副词,对它们进行了详细的分类、描写,并在每个词后做出词频统计,然而对时间副词的界定及分类标准则是采用前人成说(主要是现代汉语的研究成果),并未就此进行深入研究,对这一类词的总体特征也没有充分地勾勒出来。第二,注重虚词研究。专门的研究虚词的论著较多,系统性较强,研究方法新颖,而实词的分类性论著就很少见,说明实词与虚词的研究很不平衡。究其原因,从语言性质来说,汉语是"分析性语言",它不像印欧语那样依赖严格意义的形态变化来表示语法关系和语法意义,而是主要借助于语序和虚词等其他语法手段来表示,这是学者们关注虚词的原因之一。从研究方法来说,现代语言学理论尤其是认知语言学中语法化理论的引进给汉语虚词的研究注入了新鲜的血液,这也使得二十世纪八十年代以来的虚词研究与以往的研究相比有明显的不同:学者们不再满足于单纯的词语训释或对用法的简单描写,而是注重运用现代语言学理论与方法来探求虚词形成与发展的机制和动因,并试图从中总结规律,提出相关的理论与方法。如龙国富的《从中古佛经看事态助词"来"及其语法化》以佛经为基本材料,讨论了事态助词"来"语法化的途径、动因及机制。高育花的《中古汉语副词研究》不仅对中古汉语副词作了详尽的描写和分类,考察了一些副词的语法化过程,还作了较为深入的理论探索。

构词法研究一直都是词汇研究和语法研究共同关注的焦点。在这方面，中古汉语落后于现代汉语。二十世纪五十年代以后，现代汉语对构词法已经有了较系统的研究，把词分为单纯词和合成词两大类，对合成词不仅细分为复合式、派生式和重叠式三种类型，而且对复合式合成词的构造方式进行了深入的探讨。中古汉语构词法研究较早的是对词缀（有些论著中称“词头”“词尾”）的研究，如“自”“复”“儿”“家”“当”等。近年来，在对词缀研究持续升温的同时也开始关注构词法中的其他现象。一些学者把词语的语义内容与构词形式分析相结合、传统小学与现代语言学相结合，研究细致深入，并能够从文献用例中找出线索，总结提炼规律，在描写的同时进行解释，进而作出理论上的阐述，同时还能够发现中古汉语在构词方式上的一些独特之处。通常对意义的分析越全面、越深刻，就越有可能对形式上的各种现象予以科学合理的解释。如冯春田的《魏晋南北朝时期某些词法问题研究》，李思明的《中古汉语并列合成词中决定词素次序诸因素考察》，周日健的《〈颜氏家训〉复音词的构成方式》，董秀芳的《动词性并列式复合词的历时发展特点与词化程度的等级》，马连湘的《从〈世说新语〉复合词的结构看汉语构词法在中古的发展》，丁喜霞的《中古常用并列双音词的成词和演变研究》，张仕春的《联合式构词法在中古时期最能产的原因》，王云路的《论具体语素与抽象语素的结合——并列复音词中特殊的一类》等。

（2）句法方面

在句法方面，目前的研究成果主要包括对某种句法结构、句式、句类以及复句的研究，具体成果如下：

结构研究。诸如对使成式、动补结构、“所”字结构、“动词＋得＋宾语”结构、“动词＋将”结构、介宾短语“於/在＋处所”、动结式等的研究。如曹广顺的《魏晋南北朝到宋代的“动＋将”结构》，蒋绍愚的《汉语动结式产生的时代》，吴福祥的《试论现代汉语动补结构的来源》，魏培泉的《说中古汉语的使成结构》，冯胜利的《汉语动补结构来源的句法分析》，吴波的《中古汉语介宾短语“於/在＋处所”句法位置的变化》等。

句式研究。句式是按照句子的局部特征划分出来的句子类型，它比较集中地体现了现代汉语句子的结构特点以及语义表达上的特色。中古汉语对一些特殊句式的关注较多，有对判断句（包括判断词）、被动句（包括被动词）、处置式、双宾句、存在句、完成貌句式、比拟式、兼语句、方字句、比较句等的研究。如朱庆之的《汉译佛典中的“所 V”式被动句及其来源》，汪维辉的《系词“是”发展成熟的时代》，江蓝生的《从语言渗透看汉语比拟式的发展》，董志翘的《中古汉语“被”字句的发展和衍变》，梅祖麟的《先秦两汉的一种完成貌句式——兼论现代汉语完成貌句式的来源》，曹广顺、遇笑容的《中古译经中的处置式》，朱冠明的《中古译经处置式补例》，魏培泉的《中古汉语新兴的一种平比句》，萧红的《也说中古汉语双宾语结构的形式与发展》，刘宋川的《两汉时期的双宾语结构》，王建军的《汉语存在句的历时研究》等。

句类研究。句类是按照句子的不同语气划分出来的句子类型，包括陈述句、疑问句、祈使句和感叹句四类。中古汉语对疑问句（包括疑问词）的研究最充分，成果也最多。如李崇兴的《选择问记号“还是”的来历》，朱庆之的《魏晋南北朝佛典中的特殊疑问词》，石锓的《论疑问词“何”的功能渗透》，曹广顺、遇笑容的《中古汉语中的“VP 不”式疑问句》，朱冠明的《关于“VP 不”式疑问句中的“不”的虚化》，刘开骅的《中古汉语疑问句研究》等。其他句类研究还有待开拓或进一步深入。

复句研究。这项研究大约是在二十一世纪初才刚刚兴起，成果较少，中古汉语现有的复句（包括关联词）研究成果主要是对假设复句及假设关联词、让步复句的探讨，如孟凯的《中古汉语让步复句探析》，何锋兵的《中古汉语假设复句及假设连词专题研究》等，中古汉语复句尚存在极大的研究空间。

以上成果论文类占多数，专著类相对少见。近年来以中古汉语语法为研究对象的硕博论文逐年增多，研究队伍不断壮大，如张延成的《中古汉语称数法研究》，吴波的《中古汉语介词研究》，连佳的《中古汉语假设复句关联词研究》，罗素珍的《中古汉语语气词专题研究》等，显示出中古汉语语法研究的发展趋势与活力。

2.研究类型多样化

二十世纪八十年代以前的中古汉语语法研究形式较单一，专题研究居多。近三十年来，研究形式呈现出多样化的局面：

（1）专书语法研究。专书语法研究是汉语史研究的基础性工作，也是汉语史研究的重要环节。如何亚南的《〈三国志〉和裴松之注句法专题研究》运用穷尽描写与历时、共时比较相结合，形式分析与语义分析相结合等研究方法，以

《三国志》和裴松之注为依托，讨论了“所 V(＋N)结构”作状语，处置式的产生，判断句、被动句、兼语句、选择问句的发展等句法问题。汪维辉的《〈齐民要术〉词汇语法研究》对《齐民要术》中的量词、动补结构、判断句以及一些新兴的虚词进行了研究。另外，《高僧传》《百喻经》《洛阳伽蓝记》《搜神记》《颜氏家训》《世说新语》《诸病源候论》《太平经》《真诰》《抱朴子》《论衡》《梁书》等也有专门研究。

(2)专类体裁语法研究。中古汉语专类体裁语法研究相对薄弱，仅佛经比较常见，如朱庆之的《试论汉魏六朝佛典里的特殊疑问词》，龙国富的《姚秦汉译佛经助词研究》等都是以佛经为研究对象。还有学者以诗歌、小说为研究对象，如王云路的《中古诗歌附加式双音词举例》，范妍南的《中古小说中的判断句》，徐红梅的《六朝小说的“於”“于”用法研究》等。其他材料尚挖掘不多。此外，在一些专类体裁的综论中，也有一些涉及中古汉语语法，如俞理明的《佛经文献语言》，王云路的《汉魏六朝诗歌语言论稿》等。

(3)断代语法研究。随着中古汉语分期的明确以及中古汉语语法研究的深入展开，断代语法研究的论著不断涌现，以专题研究为主。如柳士镇的《魏晋南北朝历史语法》，反映了魏晋南北朝时期汉语语法的新生与发展。董志翘、蔡镜浩的《中古虚词语法例释》是专门研究中古汉语虚词的断代语法著作，书中除了解释副词、介词、连词、助词等虚词外，还解释了一部分助动词、代词和词缀，当然，其“中古”的界定延至唐宋。

(4)语法史研究。这一时期，关于中古汉语语法史的专著虽尚未问世，但与此相关的著述有所涉及。如向熹的《简明汉语史》(下册)单列“中古汉语语法的发展”一章，论述了中古汉语的各个词类及句法的发展，例证丰富，简明扼要。日本汉学家志村良治的《中国中世语法史研究》对中国中世汉语的把字式、被动式、使役式、疑问表达以及各种词类进行了研究，较为细致公允。这些也都是研究中古汉语语法的重要参考资料。

3.研究理论与方法有新拓展

柳士镇在谈及语法史的研究方法时指出：“传统的研究方法主要是在描写的基础上进行定性，现在学者们已不仅仅满足于定性，还尽力在定性的基础上作出解释。即便是描写的研究，也更多地注意运用统计的方法，进行定量的描写。描写与解释相结合的研究方法，已经成为目前中古汉语语法研究的主要特点。为了更好地进行解释，又引入不少新的语言理论，如语法化理论、语义指向理论、配价理论、语义特征分析法等。”①随着研究的深入以及现代语言学理论的引进，近三十年来的中古汉语语法研究在继承以往分类、描写的基础上更加注重研究的系统性、理论性，注重在描写的基础上进行解释，并逐步走上形式与意义相互交融，相互印证的研究道路，研究水平和质量不断提高。近年来的中古汉语语法研究在理论与方法上都表现出一些新的特点，概括地说有如下几个方面：

(1)形式分析与意义分析相结合。如王云路的《试说“鞭耻”——兼谈一种特殊的并列式复音词》，通过对一组同义、同类词语的考察，证明中古存在一种由“具体语素＋抽象语素”构成的并列复音词，其含义多由具体语素决定。高育花在《中古汉语副词研究》中认为形成一个副词的决定性条件是它在句法结构中的位置，其次语义基础也是形成副词的基础条件，还进一步探讨了中古汉语中各类副词在语义指向方面的特点。何亮在《中古汉语时点时段表达研究》中探讨了时点时段研究中语义分析与形式验证的结合问题等。不论是词语结构还是句法结构都是形式与意义的统一体。对词语或句法结构进行分析，需要从形式与意义两个方面入手，已经成为学者们的共识。一些中古汉语词汇研究的著作在进行词语考释的同时，还考察了一些词语的语法功能和构词法，将语义与语法结合起来进行研究。因为语义除了词汇意义外，还有语素意义、语法意义、语用意义等多种类型，结合起来研究会有透彻的阐释。如江蓝生的《魏晋南北朝小说词语汇释》解释“何等”条：用作主语、谓语、宾语、定语，相当于疑问代词“什么”；修饰动词作状语，相当于“怎么”。再如“阿，阿侬、阿堵”条中指出：“阿”在六朝小说中做名词词头，极为常见，可以大致分述为四种情况：亲属称谓词前冠以“阿”、人姓、名、字前冠以“阿”、人称代词前冠以“阿”、指示代词前冠以“阿”。对“何等”和词头“阿”的用法阐述详尽而细致。

(2)共时研究与历时研究相结合。中古汉语语法研究以中古为依托，上溯下探，最终的研究范围往往不限于中古这一时期，这恐怕与中古汉语所处的过渡地位不无关系。如萧红的《〈洛阳伽蓝记〉句法研究》勾勒了《洛阳伽

① 柳士镇：《汉语历史语法散论》，上海：上海人民出版社，2007年，第169页。

蓝记》的句法特点，还注意上溯上古汉语，下联近现代汉语，进行大跨度的历时比较，附带勾勒出汉语中某些比较重要的句法形式的发展轮廓。日本学者古屋昭弘的《〈齐民要术〉中所见的使成式 Vt＋令＋Vi》一文讨论了《齐民要术》中的 Vt＋令＋Vi 使成式，而且对其进行了溯源探流的分析。此类论著不胜枚举，共时与历时相结合的研究方法已经成为中古汉语语法研究的一种常见方法。

(3)注重研究的系统性。近年来对“复”“自”作词缀的构词特征的讨论，就是注意语言系统性的一个表现。葛佳才的《东汉副词系统研究》把副词纳入到副词系统中加以整体观照，视野宽广，结论周详。邓军的《魏晋南北朝代词研究》系统地研究了魏晋南北朝时期的人称代词、指示代词和疑问代词，指出这一时期的代词在类系上逐渐趋于统一和简化，但总体上仍未摆脱先秦语法的模式，保持着文言的基架。李明的《两汉时期的助动词系统》通过对《史记》《汉书》《论衡》及二十九部东汉佛典的考察，得出两汉时期的助动词有十二个，助动词系统较先秦有了进一步的发展，新产生了“肯(表条件可能)、应、须”三个助动词，“足以、可以”也凝固成词，还出现了助动词的连用形式。对语言进行系统性研究往往能透过现象看到本质，发现语言的一些共性与规律。

(4)注重借鉴现代语言学理论与方法。现代语言学给我们提供了诸多的理论与方法，如结构理论与结构层次分析，变换理论与句式变换分析，特征理论与语义特征分析，配价理论与配价结构分析，指向理论与语义指向分析，认知理论与语言认知分析，语用理论与语言运用分析等，学者们立足于中古汉语，善于从现代语言学中选择一些合适的理论与方法去为中古汉语语法研究服务。如蔡言胜的《〈世说新语〉方位词研究》和何亮的《中古汉语时点时段表达研究》，都是运用认知语言学的相关成果解释了一些中古汉语中的语法现象。此类文章还有高育花的《中古汉语副词语义指向分析》，龙国富的《〈阿含经〉“V＋(O)＋CV”格式中的“已”》《从中古佛经看事态助词“来”及其语法化》，康振栋的《中古汉语里否定词前的“了”字》，吴波的《中古汉语介宾短语“於/在＋处所”句法位置的变化》，竺家宁的《中古佛经中的“所”字结构》等。

各种理论与方法都可以综合运用。刘开骅的《中古汉语疑问句研究》作为断代专题语法研究，描写了中古汉语疑问句的基本面貌，勾画了汉语疑问句演变的历史轨迹，阐释了一些内在机制。有的研究尚缺乏理论意识，只停留在平面描写状态，没有上升到理论高度加以阐述，这不能不说是一个遗憾。

三、中古汉语语法研究的发展趋势

中古汉语语法研究起步虽晚，但可以借鉴其他领域既有的研究成果，扬长避短，少走些弯路。与上古、近代，尤其是现代汉语语法研究相比，中古汉语语法研究在今后需要做的工作还很多，现择要述之：

1. 做好相关资料的整理工作

语料整理和鉴别是研究的前提和基础，如果我们的研究所依据的语料存在问题，那么据此得出的结论也就不甚可靠了。反过来，语法研究的成果又可以为语料鉴别提供依据。如曹广顺、遇笑容的《从语言的角度看某些早期译经的翻译年代问题——以〈旧杂譬喻经〉为例》一文，依据动词连用式、处置式、被动式这三种魏晋南北朝时期汉语变化最为明显的三种语言现象，推测《旧杂譬喻经》的翻译年代应该大体上与《撰集百缘经》和《六度集经》相近，也是三国前后的作品。再如《大方便佛报恩经》是一部失译经，旧附"后汉录"，方一新、高列过的《从疑问句看〈大方便佛报恩经〉的翻译年代》一文通过考察该经的特指问句和疑问句语气助词，判定该经是一部翻译时间不早于三国、具体译经年代待考的佛经，而并非东汉译经。

梅祖麟曾将整理白话资料的原因说得明明白白："一则是古代白话资料太分散，有些书不易看到，能看到的也往往要翻检一大本书才能读到几十页白话资料，二则是找到书后还要做标点、校对、考订年代等工作。"编写中古汉语的资料汇编虽有难度，但随着研究工作的深入开展，编写工作已经成为可能，我们期待《中古汉语研究资料汇编》或《中古汉语语法资料汇编》等早日问世。

在当今这个数字化进程异常迅猛的时代，电子文献的重要性已经进一步显现，我们的文献存储与检索必须走缩微化、计算机化的道路。目前可以用来研究、检索的纸质文献与电子文献并存，手工检索与计算机检索并用，从而使研究更准确、高效。因此我们在完善纸质文献的同时，还要加速电子语料库的建设，在逐步改进、更新现有语料库的基础上，可以再研发更加适合中古汉语语法研究的新型语料库，充分利用现代科技给我们提供的诸多便利。

2.充分利用相关学科的研究成果

语言是一个复杂的统一体，中古汉语语法研究要与其他相关学科的发展相协调，积极利用其他学科的研究成果来推动自身的发展。“目前语法研究已不再是纯粹的语法范畴内的研究了，而是与语音、词汇、语义、语用、功能等结合在一起的研究，同时又与心理学、逻辑学、社会学、民族学、历史学、文化学、人类学、认知科学等结合，形成了各种边缘学科。……这不仅丰富了汉语语法研究的内容，扩大了语法研究的领域，也开阔了人们的视野，看到了语法学与语言学内部不同分支学科乃至与各种社会学科和自然学科之间的种种联系，从而也加强了对语法规律自身的解释性。”①

在学科内部，语法与语音，尤其与词汇有着密切的关系，在研究过程中要加强三者的沟通。如词汇研究的发展可以推动语法研究的发展，语法研究的深入也会促进其他相关学科的发展。中古汉语语法研究还应注意与方言、外语的沟通，“汉语历史这么悠久，方言这么丰富复杂，有这么多关系密切的亲邻语言，正是类型学大好的用武之地。……当代语言类型学像其他流派一样，主要关注语法研究，其中语序更成为当代类型学的核心领域。”②语言类型学就是基于比较的方法而建立起来的一门进行跨语言（包括方言和外语）研究的新兴学科，寻求人类语言的共性，中古汉语语法研究在这方面也应当有所尝试，为汉语史乃至整个人类语言学史的研究作出贡献。

中古汉语语法研究还要加强与逻辑学、数学、统计学、计算机科学等相关学科的沟通，形成文、理、工学科的大交融，分工合作，取长补短。在现代语言学中，已经形成了逻辑语言学、计算语言学等交叉学科。现代汉语语法研究在这方面已经作出了积极的尝试，中古汉语语法研究也应该拓宽视野。举一个浅显的例子：我们对自然语言处理的研究是从机器翻译开始的，现在已经能够把一种语言翻译成另一种或几种语言（一般是同时语言），然而到目前为止，还没有实现古代汉语和现代汉语的互译，很显然，这需要多个学科的人员积极配合，逐步完成。另外，定量分析与定性分析相结合是我们的常用方法之一，而其中的定量分析就是用数据统计的手段对语料进行研究，有量的说明才能使

---

① 邵敬敏等：《汉语语法专题研究》，桂林：广西师范大学出版社，2003年，第4页。

② 刘丹青：《语序类型学与介词理论》，北京：商务印书馆，2003年，第7页。

定性分析有据可依。

3.拓宽研究领域,加强理论建树

目前的中古汉语语法研究注重对被动句等特殊句式的研究,注重对一些特殊虚词的研究,而一些从古至今没有变化的语法现象被人忽略,一些字面普通而义别的虚词常常视而不见。我们要不断拓宽研究领域,深入到中古汉语语法的各个方面。目前中古语法研究的语料主要集中在佛经、史书、诗歌、小说,还应当进一步拓展到道藏、医书、兵书、科技书、杂著、注疏文献、经石碑帖、出土文书等,采撷的范围应更加广泛。

在学术研究中,方法问题至关重要。柳士镇说:“语法史研究常用的方法是描写和解释。描写什么,怎样描写,用什么理论解释,怎样解释,也是语法史研究中必须考虑的重要问题。”①在研究过程中不仅要注意描写的方法,更要注意解释的方法,还要在此基础上提取出相关的理论,把研究提升到一个新的高度。目前中古汉语语法研究的理论与方法还处于借鉴与摸索的阶段。中古汉语语法研究在结合与借鉴现代语言学的过程中要考虑到汉语自身的特点,也要考虑到与现代汉语的差别,注意总结并提出自己的理论与方法。

4.加强语法史研究

应当撰写《中古汉语语法史》。这部《中古汉语语法史》应该是描写与解释相结合,理论与方法相结合,既包含着传统语言学的深厚底蕴,又充满着现代语言学的气息,是一部从学术发展的角度进行的理论性的总结。当然,这需要以专书、专题、断代语法研究为基础,使词法、句法研究融会贯通,形成系统,从而使中古汉语语法的面貌完全展现出来。

总之,中古汉语语法研究从20世纪80年代开始在继承与发展中逐渐走向自觉,但任重道远。

---

① 柳士镇:《汉语历史语法散论》,上海:上海人民出版社,2007年,第168页。

第三章　词形与词义的演变

第一节　词义理解中的模棱两可现象：说“馀音绕梁”

成语“馀音绕梁”的“馀音”，人们通常都理解为“尾音”，是错误的。“馀音”就是美音，形容声音婉转悠长。“馀”因为食物充足义而引申出美好义，可以形容或修饰许多事物。也说明词义理解中有模棱两可的情形。

有些词语似乎可以理解为甲，也可以理解为乙，甚至可以兼具“甲乙”二义，显得模棱两可。这种现象是怎么产生的？根源在哪里？有没有兼具“甲乙”二义的合理性？本文以成语“馀音绕梁”及相关词语为例，初步探讨这个问题。

“馀音绕梁”形容乐曲、歌声美妙，这是大家都知道的典故成语。但是具体解释起来，是表示美妙的歌声萦绕屋梁，还是歌声的尾音萦绕屋梁？“馀音”究竟是“美音”还是“尾音”？可能就不一定很清楚了。

《列子·汤问》：昔韩娥东之齐，匮粮，过雍门，鬻歌假食。既去，而馀音绕梁欐，三日不绝。

这是“馀音绕梁”的原始出处。类似的记载不少，如：

晋张华《博物志》卷八：馀响绕梁，三日不绝，左右以其人弗去。

《北周诗》卷四庾信《听歌一绝》：协律新教罢，河阳始学归。但令闻一曲，馀声三日飞。①

① 引文出自逯钦立辑校：《先秦汉魏晋南北朝诗》，北京：中华书局，1983 年。下同。

从文意可以体会出，这是盛赞乐声之美，极言歌声高亢圆润、悠扬婉转。那么“馀音”究竟该如何理解？是“美音绕梁，三日不绝”，还是“尾音绕梁，三日不绝”？笔者以为，“馀音”不等于“尾音”，“馀音”就是“美音”，指舒缓婉转悠长的歌声。我们从四个方面证明“馀”有美好义，常用来形容声音之美妙，并探讨其得义缘由和相关问题。

一、“馀”有美好义，常形容声音美妙

“馀音”就是“美音”，指悠扬婉转的歌声。我们讨论几组例子：

（一）“馀哇”与“哀音”

《宋诗》卷三谢灵运《拟魏太子邺中集八首・平原侯植》：

良游匪昼夜，岂云晚与早。众宾悉精妙，清辞洒兰藻。

哀音下回鹄，馀哇彻清昊。中山不知醉，饮德方觉饱。

这首诗讲欢聚之乐，以“哀音”与“馀哇”相应，皆谓美好的声音。

汉魏六朝时期，常常用“哀音”形容美妙的音乐。南朝乐府《子夜四时歌・春歌》：“春林花多媚，春鸟意多哀。春风复多情，吹我罗裳开。”①鸟鸣声悦耳，与“花多媚”相呼应。三国吴竺律炎共支谦译《摩登伽经》：“异类众鸟游戏其上，哀音相和，闻者欢悦。”姚秦弗若多罗与鸠摩罗什译《十律诵》卷五十九：“种种众鸟，哀声相和，甚可爱乐。”此二例佛经亦用“哀声”、“哀音”形容鸟鸣声婉转动听。

《晋书・文苑传・成公绥》载《啸赋》：“于时曜灵俄景，流光濛汜，逍遥携手，踌躇步趾，发妙声于丹唇，激哀音于皓齿。”此以“妙声”与“哀音”对文同义。

南朝宋谢灵运《拟魏太子邺中集诗八首・阮瑀》：“妍谈既愉心，哀音信睦耳。”此以“妍谈”与“哀音”对文，“妍”与“哀”皆美好义。《三国志・魏志・吴质传》裴松之注引《魏略》：“既妙思六经，逍遥百氏，弹棋闲设，终以博弈，高谈娱心，哀筝顺耳。”“高谈”与“妍谈”都为快意之交谈，与“哀筝”对文。

---

① 引文出自（宋）郭茂倩编：《乐府诗集》，北京：中华书局，1979年。下同。

南朝宋何承天《鼓吹铙歌十五首·芳树篇》:“哀弦理虚堂,要妙清且凄。”此例“哀弦”用“要妙清且凄”形容。

凡此,都是“哀音”形容美好声音的证据。下面一例更是“哀音”与“馀音”同义的明证:

《宋诗》卷九鲍照《夜听妓》:丝管感暮情,哀音绕梁作。芳盛不可恒,及岁共为乐。

既然“哀音绕梁”是指“美音绕梁”,那么“馀音绕梁”不也是“美音绕梁”了吗?关于“哀音”表示美好的声音,钱钟书《管锥编》已有论述①,笔者在《中古诗歌语言研究》中有比较详细的分析②,这里就不展开了。

(二)“馀音”与“和响”

《晋诗》卷七张载《七哀诗》:阳乌收和响,寒蝉无馀音。

此例以“馀音”与“和响”对文同义。

考“和”有和谐美好义,常常形容声音美好。《礼记·乐记》:“其声和以柔。”《左传·昭公二十一年》:“故和声入于耳,而藏于心。”《乐府诗集·燕射歌辞三·晋朝飨乐章》:“渥恩颁美禄,《咸》《濩》听和音。”“和声”“和音”谓优美的音乐。“和响”与之同类,也表示优美的音乐。“馀音”与“和响”相对,同样也表示美好的声音。

(三)“馀”常形容美妙动人的乐曲或声音

(1)三国魏嵇康《琴赋》:含显媚以送终,飘馀响乎泰素。

(2)唐孟郊《奉报翰林张舍人见遗之诗》:孤韵耻春俗,馀响逸零雾。

“馀响”指美妙之音。孟郊诗“孤韵”谓孤高之韵,与“馀响”相应。

① 钱钟书:《管锥编》,北京:中华书局,1986年。

② 王云路:《中古诗歌语言研究》,西安:世界图书出版西安有限公司,2014年。相关内容可参王云路:《中古汉语词汇史》,北京:商务印书馆,2010年;以及王云路、王诚:《汉语词汇核心义研究》,北京:北京大学出版社,2014年。

(3)《齐诗》卷四谢朓《赠王主簿》:清吹要碧玉,调弦命绿珠……馀曲讵几许,高驾且踟蹰。

(4)《梁诗》卷十五徐勉《送客曲》:袖缤纷,声委咽,馀曲未终高驾别。

“馀曲”谓美好的乐曲,与“高驾”相应,皆有褒义。与“高驾”同类的表述很多。《文选·沈约〈冬节后至丞相第诣世子车中作〉诗》:“高车尘未灭,珠履故馀声。”“高车”与“高驾”同。可以指高大的车马,更是对对方的尊称。尚有“高足”“高论”“高见”“高人”等,皆是尊称对方的敬语。

(5)《梁诗》卷二十一梁简文帝萧纲《祠伍员庙》:光功摧妙算,载籍有馀声。

“馀声”与“妙算”相应。

(6)《文选·繁钦〈与魏文帝笺〉》:优游变化,馀弄未尽。

(7)唐张仲素《穆天子宴瑶池赋》:却瞻辽廓而无见,尚闻箫鼓之馀弄。

“馀弄”就是美妙的乐曲。刘良注:“弄,曲也。”

(8)唐李峤《钟》诗:欲知常待扣,金簴有馀清。

“馀清”谓美妙之声。

以上“馀哇”“馀曲”“馀声”“馀响”“馀弄”“馀清”皆指美妙动听的音乐或声音。与“馀音”同。比较《晋诗》卷十九《清商曲辞·神弦歌·娇女》:“弦歌奏声节,仿佛有馀音。”可知“馀音”也应当形容美音婉转悠扬。

二、“馀”有美妙义,还可形容其他事物

(一)“馀”常形容女子妙曼的姿态神情

(9)《晋诗》卷一傅玄《却东西门行》:退似潜龙婉,进如翔鸾飞。回目流神光,倾亚有馀姿。

(10)《齐诗》卷五刘绘《咏博山香炉》:复有汉游女,拾羽弄馀妍。荣色何杂揉,缛绣更相鲜。

(11)《梁诗》卷九何逊《苑中见美人》:团扇承落花,复持掩馀笑。

(12)《隋诗》卷三隋炀帝杨广《喜春游歌》:步缓知无力,脸曼动馀娇。锦袖淮南舞,宝袜楚宫腰。

“馀娇”“馀姿”“馀妍”“馀笑”都形容女子妩媚可爱。以上例证中的“馀”不可能表示“剩馀”或“末尾”义。

(二)“馀”还可状山水、植物等自然事物的美好

(13)《晋诗》卷八闾丘冲《三月三日应诏》:馀萌达壤,嘉木敷荣。

此以“馀”与“嘉”同义相应。“馀萌”谓美好的嫩芽。

(14)《晋诗》卷十六陶渊明《桃花源诗》:桑竹垂馀荫,菽稷随时艺。

“馀荫”谓美好的树荫。唐韩愈《海水》诗:“一木有馀阴,一泉有馀泽。”亦其例。

(15)《汉书·外戚传下·孝成班倢伃》:愿归骨于山足兮,依松柏之馀休。

(16)宋秦观《和渊明〈归去来辞〉》:识此行之匪祸,乃造物之馀休。

“馀休”谓浓密的树荫。引申指荫庇。《汉书》颜师古注:“休,荫也。”

(17)《宋诗》卷一谢瞻《答康乐秋霁》:夕霁风气凉,闲房有馀清。

“馀清”谓美好的清凉之气。

(18)唐刘长卿《陪元侍御游支硎山寺》诗:林峦非一状,水石有馀态。

“馀态”犹妍姿,形容水石之美。

(19)唐孟郊《感别送从叔校书简再登科东归》:清风散言笑,馀花缀衣襟。

“馀花”谓好看的花。

(20)宋张道洽《咏梅》:老树有馀韵,别花无此姿。

“馀韵”是说老树有独特的韵味，其他的花没有这样的姿态①。是山水树木花草的美好样子都可用“馀”形容。

(21)唐杜甫《军中醉饮寄沈八刘叟》：酒渴爱江清，馀甘漱晚汀。

“馀甘”就是“美味”，而《汉语大词典》引此例解释为“馀留香甜滋味”，显然不通。

(三)“馀”还可以形容抽象事物之美

(22)陶渊明《桃花源诗》：怡然有馀乐，于何劳智慧。

“馀乐”指欢乐。

(23)汉司马相如《子虚赋》：问楚地之有无者，愿闻大国之风烈，先生之馀论也。

(24)《宋书·周朗传》载《报羊希书》：吾虽疲冗，亦尝听君子之馀论，岂敢忘之。

“馀论”犹高论，宏论，是称颂对方之词，是不能解释为“剩馀”或“末尾”义的。

(25)《梁诗》卷二十三庾肩吾《经陈思王墓》：公子独忧生，丘垅擅馀名。

“馀名”谓美好的名声。

(26)唐孟郊《送陆畅归湖州因凭题故人皎然塔陆羽坟》：饶彼草木声，仿佛闻馀聪。

“馀聪”指美好聪慧。

总的说来，“馀”形容的是舒缓之美，用于音乐，则是婉转悠扬；用于女子，就是婀娜妙曼；用于自然物的状貌，则是轻柔舒展。山水草木是可见的，为视觉感受；树荫清凉则是可感的，为触觉感受；“馀甘”并列，则是美味，属于味觉感受。用在抽象的思维认知上，可指交谈或心绪之畅快等，因而赏心。这种美

① 这与“风韵犹存”的含义是不同的。一个“犹”字，说明了“依然”的意思。

都是一致的，是舒缓优雅的，因而与“悠长”有密切关系。

三、从同步引申看“馀”为何有美好义

以上例子均可证明“馀”有美好义，“馀音绕梁”即美音绕梁。那么，“馀”何以有美好义？我们从造字义的引申与同类词语同步引申的比较中探讨这一问题。

（一）“馀”的美好义源于本义

考《说文·食部》：“馀，饶也。”本义是食物有馀。《诗·秦风·权舆》：“於我乎，夏屋渠渠。今也每食无馀。”《三国志·魏志·袁术传》：“荒侈滋甚，后宫数百皆服绮縠，馀粱肉。”是其本义。有馀粮，食物充足，是一件美好的事情，由此引申出美好义是很自然的。

“民以食为天”，汉字里许多表示美好的字与饮食相关，如“美”的造字义跟吃羊肉相关，“羊大为美”。在上古汉语中，与“馀”一样表示食物充足或吃饱的词，多能引申出美好义，如：

《说文·皿部》：“益，饶也。”段注：“食部曰：饶，饱也。凡有馀曰饶。”①

《说文·人部》：“优，饶也。”段注：“食部‘饶’下曰：饱也。引伸之凡有优皆曰饶。《诗·瞻印》传曰：优，渥也。笺云：宽也。《周语》注曰：优，饶也。《鲁语》注曰：优，裕也。其义一也。”

《周礼·地官司徒》：“以其馀为羡。”郑司农云：“羡，饶也。”

因此，“益”“优”“饶”“羡”“饱”“饫”等都与“馀”同样具有充足、美好义。《淮南子·齐俗篇》：“衣食饶溢，奸邪不生，安乐无事，而天下均平。”《文选·王粲〈从军诗〉之一》：“军中多饫饶，人马皆溢肥。”吕向注：“饶，馀也。”以上“饶溢”“饫饶”皆充足义、丰满义。唐韩愈《次同冠峡》诗：“今日是何朝？天晴物色饶。”“物色饶”犹言物色美好。宋罗大经《鹤林玉露》卷十五：“杜陵《咏鸥》云：‘江浦寒鸥戏，无他亦自饶。却思翻玉羽，随意点春苗。’言浦鸥闲戏，使无他事，亦自饶美。”“饶美”为同义并列结构。其他例略。

---

① （清）段玉裁：《说文解字注》，上海：上海古籍出版社，1981年。

(二)“馀”与“清”的类比

我们还可以从更广一层的同类引申的角度印证“馀音”指美好的音乐。“清”有美好义，许多诗文例子中的“馀”似乎都可以用“清”字替换，如：

《晋诗》卷十三曹茂之《兰亭》：“时来谁不怀，寄散山林间。尚想方外宾，迢迢有馀闲。”《晋诗》卷十九《清商曲辞·神弦歌·娇女》：“弦歌奏声节，仿佛有馀音。”《梁诗》卷十五徐勉《送客曲》：“袖缤纷，声委咽，馀曲未终高驾别。”以上“馀闲”“馀音”“馀曲”均可以释为“清闲”“清音”“清曲”。

“清”本指水清澈，引申可以形容许多美好的事物。中古时期玄学兴盛，清谈之风流行，一系列高雅的词都冠之以“清”，如名词有“清谈”“清议”“清言”“清名”“清誉”等；形容词有“清逸”“清明”“清雅”“清隽”“清和”等。“清”由水之清澈引申出美好义，与“馀”由食物丰饶引申出美好义，道理是一致的，都是由具体到抽象的意义演变方式。上引唐孟郊诗“清风散言笑，馀花缀衣襟”，正以“清”与“馀”对文，皆美好义。

与“馀”一样，“清”有美好义，也可修饰多种事物。兹举数例：

《宋诗》卷三谢灵运《拟魏太子邺中集诗·徐幹》：“清论事究万，美话信非一。”此以“清论”与“美话”对文。

《南齐书·王奂传》：“殷道矜有生便病，比更无横病。恒因愚习惰，久妨清叙。”“清叙”犹言清谈，与前文例中的“妍谈”“高谈”“馀论”以及上例“清论”同义。

《隋诗》卷六虞世基《秋日赠王中舍》：“清文宁解病，妙曲反增愁。”此又以“清”与“妙”对文同义，“清”形容文章优美。

唐李商隐《安平公诗》：“府中从事杜与李，麟角虎翅相过摩。清词孤韵有歌响，击触钟磬鸣环珂。”“清”与“孤”相应，皆美好义。

盖水的清澈与声音的纯美是一致的。因而美好的声音、乐曲常称“清”。如：

《魏诗》卷七陈思王曹植《弃妇》：“慷慨有馀音，要妙悲且清。”

《晋诗》卷二十一《刘妙容宛转歌》：“月既明，西轩琴复清。”

《梁诗》卷二十六荀济《赠阴梁州》：“鹤舞想低昂，鹍弦梦清切。”

以上三例“清”或“清切”都形容曲调优美。下面的例子则是“清”作定语，形容音乐之美：

《晋诗》卷十七陶渊明《述酒》："王子爱清吹，日中翔河汾。""清吹"指悦耳的管乐。

《晋诗》卷二十杨苕华《赠竺度》："清音可娱耳，滋味可适口。""滋味"指美味，与"清音"相对应。

《宋诗》卷三谢灵运《拟魏太子邺中集 · 魏太子》："急弦动飞听，清歌拂梁尘。"

南朝宋刘敬叔《异苑》卷一："夜半闻水中有弦歌之音，宫商和畅，清弄谐密。"

《梁诗》卷四江淹《效阮公诗》："岁暮怀感伤，中夕弄清琴。"

《梁诗》卷七沈约《八咏诗 · 夕行闻夜鹤》："且养凌云翅，俯仰弄清音。"

宋梅尧臣《次答郭功甫》："江南有嘉禽，乘春弄清吭。"

"清吹""清音""清歌""清弄""清琴""清吭"等皆谓美妙的声音，或是人的歌声，或是乐器的声音，或是鸟鸣声。

再比照两例，隋卢思道《辽阳山寺愿文》："圆珠积水，流清妙之音。"此以"清妙"同义连言。南朝梁萧统《七契》："初音鱼踊，馀妙绕梁，何止田文慨慷、刘靖心伤而已哉！"此以"馀妙"同义连言，均形容声音美好①。"馀妙绕梁"形容声音婉转动人，与"哀音绕梁"、"馀音绕梁"意义相同。

四、人们误解"馀"所揭示的语义现象

（一）古注或辞书对"馀音"等的误解

"馀"有美好义，例证甚夥。然人们大多误解为现代汉语常用义"多馀""遗留"。如：

《文选 · 陆机〈于承明作与士龙〉诗》："伫眄要遐景，倾耳玩馀声。"刘良注："玩想其馀语之声。"②"玩馀声"当谓欣赏美妙的声音。

《文选 · 沈约〈冬节后至丞相第诣世子车中作〉诗》："高车尘未灭，珠履故

---

① 我们说"清"和"馀"同义，也是相对而言，因为都指美好。具体说来，"清妙"指声音上的清澈、清亮，"馀妙"指声音上的悠长婉转，因而都可以与"妙"构成并列式双音词。"清妙""馀妙"均为具体语素与抽象语素的并列，是同义并列式双音词的重要类型之一。

② （梁）萧统编，（唐）五臣、李善注《文选》，中华书局，1987 年版。下同。

馀声。”吕延济注:“馀声者,思昔时之履步,若在耳故也。”“珠履故馀声”,是说穿着珠宝之鞋,所以步履轻盈悦耳。

《文选·马融〈长笛赋〉》:“曲终阕尽,馀弦更兴。”“馀弦”指美妙的乐曲。吕延济注曰:“馀弦,谓笛声渐微复起,亦如击弦之馀响,将更起声也。”所说牵强。以上是古注的误解,下面则是词典的误解。

《汉语大词典》对“馀音”的解释是:

> 1. 声音不绝。形容歌唱或演奏十分动听感人。汉张衡《思玄赋》:“素女抚弦而馀音兮,太容吟曰念哉。”汉王褒《洞箫赋》:“条畅洞达中节操兮,终诗卒章尚馀音兮。”
>
> 2. 不绝之音,感人至深之音。晋潘岳《杨荆州诔》:“举声增恸,哀有馀音。”

《汉语大词典》的解释有两点值得称许,一是注意到了名词与动词词组的区别。汉代的《思玄赋》与《洞箫赋》的“馀音”属于词组,保留了“馀”的馀留义;晋时的潘岳《杨荆州诔》已经作为凝固的名词了。二是已经体会到了“馀音”指声音美好,因而用“感人至深之音”来阐发,例子都正确,但名词例还是囿于“馀”字“遗留”的含义而用“不绝”解释,就不妥了。声音舒缓悠长也是一种美,加之“三日不绝”的描写,人们就确切认为“馀音”就是遗留的音了,但又无法回避行文形容的美好义,所以就含混而模棱两可了。

《汉语大词典》对“馀曲”的解释是:“乐曲的非主要部分。”例证是《史记·乐书》唐司马贞述赞:“洋洋盈耳,《咸》《英》馀曲。”这里的“馀曲”其实就是美音。

其实,“馀音”与“馀弦”“馀曲”都相同,指声音美好。

(二)误解往往与相联事物分界不清有关

因为与相关事物界限难以截然区分,往往产生模棱两可现象,也举三个例子:

《晋书·郭舒传》:“乡人盗食舒牛,事觉,来谢。舒曰:‘卿饥,所以食牛耳,馀肉可共啖之。’”此处可以说美肉可共食之。《汉语大词典》引此例释“馀肉”为“剩馀的肉”,也说得通,即剩余的肉我们一起分享。由于二解均可,就产生了词义理解上的模棱两可现象。

《韩非子·功名》:“故人有馀力易于应;而技有馀巧便于事。”三国魏曹植《名都篇》:“馀巧未及展,仰手接飞鸢。”南朝梁刘勰《文心雕龙·封禅》:“致义会文,斐然馀巧。”《汉语大词典》引此三例释“馀巧”为“应付裕如的技能、技巧”,这个解释就显得词义含混,模棱两可。这里的“馀巧”指美好的技能。①

《文选》载谢朓《和伏武昌登孙权故城》诗:“幸藉芳音多,承风采馀绚。”刘良注:“言其雅风采咏馀美。绚,美也。”未释“馀”字。考“馀绚”为一词,谓美好的文采。《梁诗》卷六沈约《长歌行》:“声徽无惑简,丹青有馀绚。”又《从齐武帝琅琊城讲武应诏》:“虹壑写飞文,岩阿藻馀绚。”“馀绚”指文彩华美。《隋诗》卷四杨素《赠薛播州》:“高调发清音,缛藻流馀绚。”“馀绚”与“清音”正相对。《汉语大词典》释“馀绚”为“无限的美”,亦未确。

按“绚”本谓五彩丝线,织成文采。《论语·八佾》:“巧笑倩兮,美目盼兮,素以为绚兮。”《说文》引此逸诗末句,段注曰:“马融曰:绚,文貌也。郑康成《礼注》曰:采成文曰绚。注《论语》曰:文成章曰绚。许次此篆于绣、绘间者,亦谓五采成文章,与郑义略同也。”②

人们常常觉得“馀音”是尾音或遗留的声音,是因为没有意识到“馀”有美好义,词典中并没有这一义项。而人们对“清”的误解也跟“馀”一样:汉张衡《舞赋》:“含清哇而吟咏,若离鹍鸣姑耶。”晋张协《七命》:“若乃追清哇,赴严节。”《汉语大词典》引此二例释“清”为“单一;单纯”。③ 这个理解显然不对,“清哇”跟“馀哇”同义,指美好的声音。

(三)古注或辞书对“遗音”等的误解

汉语词语有同步构词的规律。“馀”有遗留义,“遗”也有遗留义,因而产生

---

① 正如“学而优则仕”是说学习之外有余力——即有余暇——就可以当官,而人们往往理解成学习优秀就可以当官。这也是一个两解的例子。

② “文采”是中性义,也比喻文笔。南朝梁刘勰《文心雕龙·才略》:“王逸博识有功,而绚采无力。”是其例。上引“馀绚”是其例。作形容词则是褒义,表示多彩貌,即美。《晋书·习凿齿徐广等传赞》:“习亦研思,徐非绚美。”宋罗大经《鹤林玉露》卷十三:“巧女之刺绣,虽精妙绚烂,才可人目,初无补于实用,后世之文似之。”“绚美”“绚烂”等均指美好,华美,为同义并列双音词。现代汉语还有“绚烂”“绚丽”等双音词。

③ 《汉语大词典》编辑委员会:《汉语大词典》,上海:汉语大词典出版社,1993年。下同。

了同样的构词“遗音”“遗响”“遗声”等，人们的理解依然含混不清。比如：

遗音：不绝之馀音。形容音乐或诗歌极其美好。《礼记·乐记》：“《清庙》之瑟，朱弦而疏越，一倡而三叹，有遗音者矣。”三国魏阮籍《咏怀》之三十：“箫管有遗音，梁王安在哉。”

遗声：犹馀音。三国魏繁钦《与魏文帝笺》：“而此孺子遗声抑扬，不可胜穷，优游转化，馀弄未尽。”南朝宋鲍照《乐府·升天行》：“凤台无还驾，箫管有遗声。”

遗响：犹馀音。汉王褒《洞箫赋》：“吟气遗响，联绵漂撇，生微风兮。”宋苏辙《真兴寺阁》诗：“萧然倚楹啸，遗响入云霄。”

以上是《汉语大词典》的例子和释义。有的可以理解为美音，有的可以理解为萦绕不绝的声音。但是《汉语大词典》“不绝之馀音”这个释义不确，还是源于对“馀音”的不解。

“遗音”为什么有美好义？《说文·辵部》：“遗，亡也。”段玉裁注：“《广韵》：‘失也，赠也，加也。’按皆遗亡引伸之义也。”“遗”本身是不能引申出美好义的。“遗”与“馀”只在“遗留”的意义上相同。根据同步构词的规律，有“馀音”“馀响”“馀声”，指美好的音乐；相应地就有了“遗音”“遗响”“遗声”，也指美好的声音，这是同步构词的结果。从本义抽象出的核心义看，“馀”跟“遗”有很大的不同。

以上所列误释的主要是《文选注》和《汉语大词典》的例子。《文选注》的失误在于注家未能把握魏晋南北朝时期“馀”已经引申出美好义。《汉语大词典》等误释“馀音”，还有一个重要的原因：大约唐宋以后，人们因为不解“馀”有美好义，也许与误注的引导（如《文选注》）也有关系，因而运用“馀音”等词时似乎也有些当作“遗留下来的声音”了。如清平步青《霞外攟屑·诗话·费鹿峰诗笺》：“泛然酬应之作，犹是七子遗响。”或者是行文利用了“馀”等的“遗留”义、“其他”义等，如唐柳宗元《夏昼偶作》诗：“日午独觉无馀声，山童隔竹敲茶臼。”宋王安石《九井》诗：“馀声投林欲风雨，末势卷土犹溪坑。”凡此，都增加了辨析和理解的难度。

简言之，“馀”早期是剩馀、馀留义，魏晋时产生出美好义，后代因为误解，就对“馀音”的含义模糊不清了，因而解释成“不绝之音，感人至深之音”。这也许是训诂的一大难题。所以，注意词语的发展脉络和时代性，是我们理解古诗文的重要原则之一。

第二节　词语由伤害义到悲哀义的引申：辨“悲摧”还是“悲催”①

“悲催”或“悲摧”是近几年产生的网络词语，较早的用例大概见于2010年，举例如下：

(1)世界杯期间，中文互联网又添新流行词汇，先是“ME AND KAKA”被广为传唱，接着“悲催帝”隆重登场，火爆异常。(《江南时报》2010年07月14第02版)

(2)英特尔无需悲催：苹果iPad发货量远低于上网本(CNET科技资讯网2010年10月15日)

(3)北京车市：狂欢后的悲摧(《中国经济周刊》2011年1月18日)

(4)新闻两面性，听起来有点“悲摧”，但也大可不必由此质疑新闻之无用，因为这个世界本就是多样性的，并因此而丰富多彩、耐人寻味。(《国际金融报》2011年07月28日)

李馨、丁建川、韩立秋②对二词的写法和来源都有讨论，认为“悲摧”一词最早见于《孔雀东南飞》中的“阿母大悲摧”一句，“悲摧”为古已有之的正确写法。但他们的分析有所不同。李馨(2011)认为“悲催”应该是“悲摧”的假借字。丁建川(2012)认为“悲摧”是同义并列复音词，“摧”与“怆”“悲”义近。并明确指出赞同“悲摧”，因为“悲摧”渊源有自，“摧”从手崔声，动作感强；而且

① 《“悲摧”还是“悲催”？——兼谈词语由伤害义到悲哀义的引申》发表于《语言科学》2020年第3期。署名王云路、刘芳。内容有所删改。

② 参李馨：《鸠占鹊巢的“悲催”》，《语文建设》2011年第5期，第36—37页。丁建川：《“悲催”与“悲摧”》，《咬文嚼字》2021年第1期，第38—40页。韩立秋：《流行语“悲催”的来源及其语义泛化》，《中南大学学报》(社会科学版)2013年第5期，第258—262页。例(1)、例(3)、例(4)引自丁建川文，例(2)引自韩立秋文。

“摧”有“毁坏”(木秀于林,风必摧之)“崩裂”(地崩山摧壮士死)等义,皆与“哀伤”义有相通相连之处。所说是,惜未分析得义缘由。韩立秋(2013)找出古文中《孔雀东南飞》之外“悲摧”连用的文例,列出 7 例,十分难得。但是认为“悲摧”的含义是“因悲伤而使内心受到摧残”,则未必妥当。日常生活中,使用者不理解“摧”的悲伤义,多写作“悲催”,以为其含义是“悲伤得催人泪下”(百度百科)。因此对“悲摧”的词义与成词理据仍有重新讨论的必要。“核心义是词义变化发展中起制约作用的因素,在一定程度上决定词义演变的方向和结果。”①这里从核心义的角度进一步分析其得义之由,并揭示同类词语的词义引申规律。

一、“摧”的词义系统

《说文》:“摧,挤也。从手崔声。一曰挏也,一曰折也。”段注:“《释诂》《毛传》皆曰:‘摧,至也。’即抵之义也。自推至摧六篆同义。……‘一曰挏也’。挏者,攤引也。‘一曰斲也’。斲者,断也。今此义行而上二义废矣。”②

从核心义的角度看,“摧”是一种施力,表示用力迫近,“即抵之义也”。可指推挤、挤压,也可指推引、牵拉。无论推挤还是推引,都是一个物体对另一个物体施力,以达到迫近(即“抵”)的目的,只是方向不同:“推”是向前或向外的施力,“引”是向后或向内的施力。而施力过猛,可能会导致折断、毁坏,考《说文》“挫,摧也”“斲,断也”,皆其证。这大约是“摧”有“推”和“折”这两个含义的原因。③

施力向外,“推”表示抑制、排挤,用例较多,例如:

(5)《易·晋》:“初六,晋如摧如,贞吉。”

① 王云路、王诚:《汉语词汇核心义研究》,北京:北京大学出版,2014 年,第 126 页。

② 按《说文·手部》:“推,排也。”“挨,推也。”“排,挤也。”“挤,排也。”“抵,挤也。”“摧,挤也。”这六个字都是手部动作,都是推挤、挤压的意思,即段注所谓“自推至摧六篆同义”。

③ 《说文·人部》:“催,相儔也。”段玉裁注:“犹相迫也。《邶风·北门》曰:‘室人交遍摧我。’传曰:‘摧,沮也。’音义曰:‘摧,或作催。’据许则催是也。不从传者,传取沮坏之义,与摧训挤、训折义同。”是段玉裁亦指出摧可训“挤”、训“折”,可为证。

孔颖达疏:“何氏云:摧,退也。”“晋”即“进”,则“摧”即“退”。

(6)《诗·邶风·北门》:“我入自外,室人交遍摧我。”

毛传:“摧,沮(一作‘阻’)也。”郑玄笺:“摧者,刺讥之言。”按:这里的“摧”,表示“使沮丧”“讥讽”,是用语言排挤抑制对方,所以可以理解为“讥讽”。

“抑制”“排挤”义可发展出“沮丧”义。① 例如:

(7)唐康骈《剧谈录·袁相雪换金县令》:“宰邑者为众所挤,摧沮莫能自白。”

施力向上,“推”可以表示“推进”“推举”,用例较少。例如:

(8)唐吕温《送段九秀才归澧州》诗:“摧贤路已隔,赈乏力不任。”

施力猛烈,则受力对象有可能折断、凋落、毁坏,受力对象既可以是具体事物,也可以指抽象事物。如:

(9)《史记·孔子世家》:“太山坏乎! 梁柱摧乎! 哲人萎乎!”

这是用梁柱折断来喻指贤人的逝世。

(10)东汉孔融《卫尉张俭碑铭》:“凌刚摧坚,视危如宁。”

现代汉语还有成语“无坚不摧”。

(11)北朝北魏《丘哲妻鲜于仲儿墓志》:“内外悲恸,痛妇功之不遐;表里号悼,伤母道之中摧。”

(12)《晋书·甘卓传》:“溯流之众,势不可救,将军之举武昌,若摧枯拉朽,何所顾虑乎?”

“摧枯拉朽”已是成语。

由此构成的动宾式复音词如“摧朽”“摧枯”“摧角”“摧弦”“摧轮”“摧坚”“摧锋”等,都表示受事对象折断。

---

① 与之类似,“沮”也从“阻止”“抑制”义引申出“沮丧”义。

更多的时候“摧”与表示折断、凋落、毁坏等义的语素组合成动补式复音词，进一步说明“摧”的结果。例如：

(13)东汉张衡《西京赋》：“梗林为之靡拉，朴丛为之**摧残**。”

(14)晋潘岳《射雉赋》：“毛体**摧落**，霍若碎锦。”

(15)《三国志·魏志·任峻传》：“军国之饶，起于枣祗而成于峻。”裴松之注引《魏武故事》：“**摧灭**群逆，克定天下。”

(16)北魏郦道元《水经注·河水一》：“所往征伐，无不**摧服**。”

(17)《魏书·赵遐传》：“遐率甲士九千，所在冲击，数百里中，莫不**摧靡**。”

(18)《周书·韦孝宽传》：“城外又造攻车，车之所及，莫不**摧毁**。虽有排楯，莫之能抗。”

(19)《新唐书·李嗣业传》：“(嗣业)后应募安西，军中初用陌刀，而嗣业尤善，每战必为先锋，所向**摧北**。”

“落”“毁”“灭”等都应该是“摧”的结果，故这一类词从构成上来说，应该是动补结构。而“摧”本指动作，这个动作本身就含有破坏、毁灭、毁坏的含义，所以，以上复音词也可以看作并列或连动结构。

以下几例则是相对明确的并列式：

(20)《汉书·贾山传》：“雷霆之所击，无不**摧折**者；万钧之所压，无不糜灭者。”

(21)《三国志·魏志·田豫传》：“(田豫)为校尉九年，其御夷狄，恒**摧抑**兼并，乖散彊猾。”

还有“摧拉”“摧戕”“摧剉”“摧挫”等，例略。

二、“摧”的悲伤义的产生

从具体到抽象，是语义发展的基本规律。如果“摧”的受事对象是人，则意义发生了变化，即由“物理的迫近或毁坏”向“心理的伤害(即忧伤)”转化。细分之，如果“摧”的对象是面部各部位，如“摧眉”“摧颜”等，以眉头、面容受到压迫，表示低头与忧伤。例如：

(22)唐李白《秦女休行》:"素颈未及断,**摧眉**伏泥沙。"

如果受事对象是人的"心""肝"等,则由生理的痛苦转为心理的悲伤,并以此比喻内心悲怆程度之甚。例如:

(23)《文选·三良诗》李善注:"古歌曰:大忧**摧**人**肺肝心**。"

(24)魏曹丕《善哉行》:"乐极哀情来,憀亮**摧肝心**。"

(25)魏曹丕《燕歌行》:"展诗清歌聊自宽,乐往哀来**摧肺肝**。"

(26)晋潘岳《寡妇赋》:"少伶俜而偏孤兮,痛忉怛而**摧心**。"

(27)晋潘岳《寡妇赋》:"思缠绵以瞀乱兮,**心摧伤**以怆恻。"

(28)晋孙绰《表哀诗》:"酷矣痛深,剖髓**摧肝**。"

(29)南朝梁江淹《哀千里赋》:"魂终朝以三夺,**心**一夜而九**摧**。"

(30)唐柳宗元《寄许京兆孟容书》:"每当春秋时飨,孑立捧奠,顾眄无后继者,惸惸然欷歔惴惕,恐此事便已,**摧心**伤骨,若受锋刃。"

"摧"的伤害义表现在心理上就是悲伤,二者有时候无法完全区分,上引例子就是这种情形。汉魏以来,"摧折"的对象已经从具体的物品,如树枝、梁柱等,投射到人的内脏,如心、肝、肺等。而伤痛与悲苦相因而生,用五内摧折,形容哀痛之极,成为中古以来文献中常见的表达方式。这一类词中有些描写悲伤的状态或悲伤的声音。例如:

(31)《文选·苏武诗四首之二》:"长歌正激烈,中心**怆以摧**。"

"以"连接了同义的"怆"和"摧"。

(32)东汉蔡琰《悲愤诗》:"慕我独得归,哀叫声**摧裂**。"

(33)三国魏曹植《王仲宣诔》:"翩翩孤嗣,号恸**崩摧**。"

(34)晋左芬《万年公主诔》:"挽僮齐唱,悲音**激摧**。士女歔欷,高风增哀。"

"摧"还直接与表示悲伤的词组合,例如:

(35)《隶释·(东汉)凉州刺史魏元丕碑》:"民失慈父,四海之内,莫匪**摧伤**。"

(36)《三国志·吴志·孙皎传》:"临书**摧怆**,心悲泪下。"

(37)晋潘岳《寡妇赋》:“顾影兮伤摧,听响兮增哀。”

(38)《宋书·文九王传》:“岂图祐善虚设,一旦永谢,惊惋摧恸,五内交殒。”

(39)唐严挺之《大智禅师碑铭并序》:“望庐山兮摧慕①,瞻朗谷兮悲绝。”

(40)宋叶绍翁《四朝闻见录·考异四》:“遽罹祸变,弥剧哀摧。”

“摧伤”“摧怆”“摧恸”“摧慕”“哀摧”等,都是悲伤义,为并列复音词。而我们所探讨的“悲摧”一词,正属于此类。例如:

(41)《乐府诗集·杂曲歌辞十三·焦仲卿妻》:“兰芝惭阿母:‘儿实无罪过。’阿母大悲摧。”

(42)《周书·晋荡公护传》:“顾视悲摧,心情断绝。”

因此,“悲摧”的组合是符合“摧”的词义发展和构词规律的,它们是同义并列的关系。

关于“摧”的“悲伤”义项,王力曾批评旧版《辞海》在“摧”字下设立“犹悲也”的义项是望文生义②,而王力 1979 年主编的《古汉语常用字字典》中“摧”字收有“悲伤”这一义项③,2000 年出版的《王力古汉语字典》中“摧”字条依然保留了这一义项。这说明“摧”有“悲伤”义得到了王力先生的认可,但限于体例,并未解释其意义来源。

三、“催”的词义系统

“催”与“摧”同源。“催”字在先秦文献中并不多见。例(6)“室人交遍摧我”,陆德明《经典释文》:“摧,徂回反,或作‘催’,音同,《韩诗》作讙。”又《隶释·(东汉)金乡长侯成碑》:“梁木圮颓,鸿仪催零。”《隶释·(东汉)金广延母徐氏纪产碑》:“(阙文)终殁,五内催碎。”可以看出在这个时期,“催”在使用上与“摧”并没有区别。朱骏声《说文通训定声》指出:“(催)即摧之或体,系于此。”从先秦两汉时期的语例来看,“催”“摧”二字在使用上是完全同义的。

---

① “慕”指小孩儿思念父母的啼哭声,也有悲伤义。

② 参王力:《训诂学上的一些问题》,《中国语文》1962 年第 1 期,第 7—14 页。

③ 参见杨琳:《训诂方法新探》,北京:商务印书馆,2011 年,第 13 页。

人以手施力，因此可以作“亻”旁，也可写作“扌”旁。

《王力古汉语字典》①指出：“催促的‘催’古但作‘趣’。”先秦时期，“催促”义多用“趣”表示。汉魏时期，“催”开始有了“催促”义。《说文》：“催，相俦(一作‘擣’)也。”段注：“犹相迫也。”“摧”与“催”的含义本是一致的，都指一物对另一物的施力。但分化后，“摧”强调折断、毁灭受事对象，而“催”强调使受事对象加快速度。例如：

(43)晋李密《陈情表》：“郡县逼迫，催臣上道。”

(44)《北史》：“初，普惠被召，传诏驰骅骝马来，甚迅速，伫立催去。”

比较由“催”组合的复音词，更能够看出二者的区别。一是“催”＋动作，表示催促受动者动作加快。例如：

(45)唐韩愈《赠同游者》诗：“唤起窗全曙，催归日未西。”

(46)宋乐史《太平寰宇记·岭南道十二·智州》：“所入赋租，宜州差人去催征。”

还有“催产、催要、催讨”等，都是催促(对方)动作的加快，“催奶”“催妆”也是催促加快出奶、加快化妆。

二是催促的方式＋催，可以看作状中式，例如：

(47)清洪昇《长生殿·复召》：“万岁爷自清晨不曾进膳，后宫传催排膳伺候。”

(48)清曾纪泽《拣员补参赞各缺疏》：“惟有同知衔候选知县杨书霖，经臣叠次函催，始肯出洋，已于七月十九日行抵巴黎使署。”

“传催”是传令催促，“函催”是发信催促。还有“坐催”“拘催”“饬催”等，分别表示“坐等催促”“拘传催促”“饬令催促”等。

三是“催”与同义词的并列组合。例如：

(49)《后汉书·杨伦传》：“谏诤不合，出补常山王傅，病不之官。诏书敕司隶催促发遣。”

---

① 王力：《王力古汉语字典》，北京：中华书局，2000年，第45页。

(50)元无名氏《谢金吾》第一折："他，他，他，催进的来，不放片时刻。"

(51)元无名氏《飞刀对箭》第一折："我今亲身直至绛州，催趱军马，走一遭去。"

(52)清蒲松龄《送喻方伯》诗："扫轨方恨晚，除诏何迫催。"

上引"催促""催进""催趱""迫催"等词，多表示使快速或快速义。

魏晋之后，"摧"与"催"的含义已逐渐分化，"催促""极速"与"悲伤"义没有联系，其复音词也没有结合的例证，所以"悲"与"催"的结合无甚道理。①

四、词语由伤害义到悲哀义的引申规律

词语有同步构词和同步引申的规律，不仅仅"摧"可以由伤害(动作)义向悲伤义演变，一系列表示伤害的词如"剥""切""裂""伤""割"等，也都有此规律。

首先，这类词可以与"心""肝"之类的受事对象结合，表示悲伤。例如：

(53)东汉王逸《九思·悯上》："思怫郁兮肝切剥，忿悁悒兮孰诉苦。"

(54)东汉王逸《九思·哀岁》：睹斯兮嫉贼，心为兮切伤。

(55)晋潘岳《马汧督诔》："凡尔同围，心焉摧剥，扶老携幼，街号巷哭。"

(56)《梁书·昭明太子传》："皇情悼愍，切心缠痛；胤嗣长号，跗萼增恸。"

(57)《梁书·江淹传》："不任肝胆之切，敬因执事以闻。"

(58)《宋书·礼志一》："烈祖明皇帝以正日弃天下，每与皇太后念此日至，心有剥裂。"

(59)《晋书·文帝纪》："顾惟先王宗庙，蒸尝无主，太妃丧庭，廓然靡寄，悲痛感摧，五内抽割。"

以上词语的对象都是"肝""心"或"五内"等，以对内脏的伤害形容内心的

① 丁建川文也指出："'悲摧'之'摧'义为'催促'，与'悲'义不搭，因而在构词理据上不可索解。严格地说，'悲催'应是'悲摧'的误写。"

伤痛。

其次，也可以不出现心、肝、五内等受事对象，“剥”“裂”“切”等表示伤害义的语素相互组合为复音词，如“摧剥”“摧裂”“剥裂”“切割”等，表示悲伤义；或者“剥”等直接与“悲”“哀”等语素结合，也表示悲伤义。例如：

(60)东汉荀悦《汉纪·成帝纪二》：“凤惧，称病就第。乃上书乞骸骨，辞旨**哀切**。”

(61)晋袁宏《后汉纪·和帝纪下》：“凭上书……辞甚**悲切**。上恻然感寤。”

(62)晋王羲之《频有哀祸帖》：“频有哀祸，**悲摧切割**，不能自胜。奈何奈何！省慰增感。”

(63)北齐颜之推《冤魂志·徐铁臼》：“日日骂詈，时复歌云：‘桃李花，严霜落奈何；桃李子，严霜早落已。’声甚**伤切**，似是自悼不得成长也。”此例用“伤切”形容声音悲哀。

(64)《宋书·礼志二》：“重览奏议，益以**悲剥**，不能自胜，奈何奈何！”

“悲摧”与“哀切”“悲切”“伤切”“悲剥”等同义同构。

身体的创伤往往伴随着疼痛，生理的疼痛能引申为心理的疼痛。“伤”“切”“剥”“裂”等词与“摧”一样，都可以指造成伤害的动作，当它们与身体的部位结合时，则以身体的伤痛来喻指内心的悲痛。

当古人要表达抽象概念时，往往用具体的概念来比拟，正如沈家煊(1997)所说：“从认知上讲，隐喻的方向是从身域投射到心域，‘以身喻心’是普遍现象。”①“摧心”“剥心”等动作并不是真实发生的，而是以这种肉体伤害的疼痛程度来比喻心灵的悲伤程度，这是从外至内、从生理至心理、从具体至抽象的引申，因而具有普遍的规律性。

还有一种语言现象也可以证明由生理伤害到心理悲伤这一词义发展的普遍规律：词义引申往往会伴随着字形的分化。据宋洪适《隶释》记载，东汉时期的《司隶从事郭究碑》中已有了“慛”字：“喆人其徂，万夫惨慛。铭勋金

① 沈家煊：《词义和认知——〈从词源学到语用学〉评介》，《外语教学与研究》，1997年第3期，第74—76页。

石，以慰孔怀。"《广韵》："慛，伤也，忧也。" 这个后起专字并没有流行开来。"慛"字的产生是因为同"惨"连类而及产生的偏旁类化？还是因为"摧"有了悲伤义而造的后起专字？皆有可能，笔者更倾向于后者。可以比照的是"创"与"怆"。《说文·刃部》："刅，伤也。从刃从一。创，或从刀仓声。"《心部》："怆，伤也。"段玉裁注："怆训伤，犹创训伤也。""创"本指刀刃造成的创伤；又有"怆"字，表示悲伤。"创"字的伤害义与"怆"的悲伤义是相应的一对，在字形上完全分化。而有的词语，伤害义与悲哀义仍保留在同一个字形中，最典型的是"伤"字。"伤"单用有"伤害"与"悲哀"两义，且都多见于典籍，《说文》同时以"伤"释"创"与"怆"，正说明了这一点。"伤"的悲伤义有后起字"慯"，并未通行。① "摧"之于"慛"，跟"伤"之于"慯"，可以类比。只是现代汉语中"伤"流行更广，"摧"较弱，因而有"伤心"而罕见"摧心"。"悲伤"常见，而"悲摧"只是近些年流行起来的一个古语词。

简言之，"摧"的悲伤义是由伤害义引申而来的，同类词语也有类似的引申途径。"悲摧"是正确的写法，为同义并列结构，其组合有据可依。现在网络用语中流行的"悲催"，不符合语言规范。

第三节　词义演变中的"殊途同归"现象：以"跟""根"为例②

查阅唐宋典籍，会发现"根"有一个特殊用法。如宋《增注唐策》卷一《牛僧孺贤良策》："今陛下诚能诏天下里胥市吏，随人所在，皆备黄籍，来者根其从，去者审其方，居者详其业，疾者筹其数。"① "根"与"审"对文，有追寻、查找根源的意思。

① 《说文·心部》："慯，㥄也。"段玉裁注："《周南·卷耳》传曰：'伤，思也。'此伤即慯之叚借，思与忧义相近也。《方言》伤，《广雅》作慯。"《说文·心部》："悴，㥄也。"段玉裁注："《方言》：'悴，伤也。'伤即慯字。"《说文·人部》："伤，创也。"段玉裁注："《刃部》曰：'刅，伤也。'二字为转注。"段玉裁以"伤"为伤害义，以"慯"为忧思义，其实二词词义相因。

② 《谈谈汉语词义演变中的"殊途同归"现象——以"根/跟"的寻找义为例》发表于《浙江大学学报》(人文社会科学版)2022年第5期，署名王云路、梁逍。内容有所删改。

这种现象前人时贤已有关注。元《吏学指南·捕亡》"根捉"条云:"追寻曰根,擒捕曰捉。"李崇兴等编的《元语言词典》也说:"根:追寻。《元典章·兵部一》:'其军人在逃根获,初犯一百七下,再犯处死。'又《刑部十一》:'直候根到赃物,然后令元告事主当官一同开封下验。'"①此外,一些学者在注本中也将"根"随文解释为"寻找"义(语例和具体解释详后),可惜没有讨论其意义的来源。

又据李如龙②、曹志耘③等调查,今广东和平、龙川、兴宁、丰顺、揭西、阳西塘口、信宜思贺、钱排、高州新垌、电白沙琅、化州新安、廉江石角、青平,广西合浦、博白(以上属客家话),广东茂名、高州、化州、电白(以上属粤语)等地方言都用"跟"表示"寻找"这一概念。项梦冰对此做过研究,认为"寻找义动词'跟'是乾嘉时期之后发生于部分粤东客家话的一项晚期词汇创新","只在粤东存在一个局部的连续分布区,这是G(引者按,指'跟')类词形的扩散源",由于客家人西迁,"这一说法也出现在粤西、桂东一带"④。这里显然把具有寻找义的"跟"看作清代新产生的方言词。

"跟"和"根"在近代汉语和现代汉语方言里都有大量表示寻找义的用例,而《汉语大词典》《汉语大字典》"跟"和"根"条下都没有收录此义。关于"跟"和"根"的关系,日本学者内田道夫在《校注刘知远诸宫调》中说:"根寻:寻找,查寻。'根'与'跟'同。"⑤把二词看作通假关系。这也是一些学者的共识。

笔者认为,目前的研究还远远不够准确和深入。王力先生说:"我们研究语义,首先要有历史的观念……无论怎样'俗'的一个字,只要它在社会上占了势力,也值得我们追求它的历史。"⑥"跟"和"根"的寻找义究竟是什么时候产

---

① 李崇兴、黄树先、邵则遂编:《元语言词典》,上海:上海教育出版社,1998年,第105页。

② 李如龙等:《粤西客家方言调查报告》,广州:暨南大学出版社,1999年,第172—173页。

③ 曹志耘主编:《汉语方言地图集(词汇卷)》,北京:商务印书馆,2008年,第148页。

④ 项梦冰:《汉语方言里的寻找义动词》,见复旦大学语言文字学科《语言研究集刊》编委会编:《语言研究集刊》第21辑,上海:上海辞书出版社,2018年,第482—497页。

⑤ 原为日文,承蒙范丽婷博士翻译,特此致谢。参[日]内田道夫:《校注劉知遠诸宫》,《东北大学文学部研究年报》,1964年第14号,240—323页。

⑥ 王力:《新训诂学》,见《王力文集》(第十九卷),济南:山东教育出版社,1990年,第173页。

生的？是新创方言词还是通语词？是新词还是新义？“跟”和“根”这种读音相同、意义相同的两个词究竟是什么关系，是同音假借还是殊途同归？该如何分析？这些都是本文要探讨的问题。

一、“根/跟”寻找义的产生时间

我们先看看文献中“根/跟”具有寻找义的例子，从而判断其产生时间。因为文献中“根”较早出现，我们先从它说起。

（一）“根”

表寻找义时，“根”可以单独使用，还可以参与构词，可构成“根寻”“根觅”“根索”“根捉”“根捕”“根缉”“根买”“根收”“根访”“根问”等词。以下分义项论述，并随文辨析“根”的意义。

1.“追究、追求、调查”义①

（1）余考释氏之言，未为佳证。……释氏不复根其众归之鸿致，陈其细趣以辨其非，非所安也。（北魏《水经注·河水一》）②

（2）旬余日来，闻颇有言事者，其间岂无切中时病，而绝不闻朝廷从而行之，是亦示虚言而不根实效也。（宋《苏舜钦集》卷十一《诣匭疏》）

（3）听一季或半年内许令自陈，绍兴四年以前所欠官物一切不问，委官根责。（《宋会要辑稿·食货五·官田杂录》“绍兴五年四月十九日”条）③

（4）程大昌言：“……如本司觉察稍有违戾，巡辖使臣送所属根罪，

---

① 为了便于说明“根”的寻找义的来源，与之密切相关的义位也在这里一同讨论，如调查、追究等。它们的区别在于搭配对象不同：寻找的是具体的人或物，调查、追究的则是事因、罪责等抽象事物。

② 《水经注·河水一》下文：“幽致冲妙，难本以情，万像遐渊，思绝根寻，自不登两龙于云辙，骋八骏于龟途，等轩辕之访百灵，方大禹之集会计，儒、墨之说，孰使辨哉。”“根寻”可以看作同义连文，也可以认为“根”是副词。

③ 《居延汉简》：“☑根责吞远候史徐光鞍钱四□☑。”其中“根责”似乎与宋代的用法类似，但由于原简断折，语境不清，不能据此下结论。参看甘肃省文物考古研究所等编《居延新简·甲渠候官与第四燧》，（北京）文物出版社1990年版，第565页。

依条施行。"(《宋会要辑稿·方域一一·递铺二》"乾道八年令月三日"条)

例(1)乃郦道元批评释氏《西域记》不追究各种说法的宏大目标,不说明其深微旨趣而随意征引;例(2)"不根实效"即不求实效;例(3)"根责"、例(4)"根罪"是问责、问罪的意思。

(5)妄说地狱天堂,根寻无人的见。(《敦煌变文校注》卷四《降魔变文》)

(6)帝怒,令刘岑乘小舟根访屈曲之处,比直路较二十里。(《唐宋传奇集》卷六《开河记》)

(7)斩指事乃蔡驷所说,又[赵]子幾委蔡驷根问,乃是因砍木误斩指,有数人参证甚明。(宋《续资治通鉴长编》卷二百三十五"熙宁五年七月己亥"条)

以上"根寻""根访""根问"之"根"是调查义。

2."寻找"义

(8)[宋]齐愈案款云:"……再蒙取会到中书舍人李会状:'……'又根取到元状草子,再勘方招。"案:齐愈所坐,乃首书张邦昌姓名,而会所草,乃空名议状。又当时已根取到元状草至狱,而此云"网匿其稿",盖误记也。(宋《建炎以来系年要录》卷七"建炎元年秋七月癸卯"条注)

(9)窃缘大议已定,岂可因兹细故,不终恩意?乃于金内特减一万锭,准五十万两。兼为讲和已后,大军根取粮草。(金《吊伐录》卷上《遣计议使副及回谢书》)

例(8)两个"根取"可能有不同的理解。前者上承"取会"①,又有异文作"根勘"②,可知"根"为调查义。后者所在的句子与"网匿其稿"相对,又带有地

① 《汉语大词典》"取会"条义项二:"古代公文用语。犹核实,勘对。"参看《汉语大词典》编辑委员会编《汉语大词典》第二卷,(上海)汉语大词典出版社1988年版,第877页。

② 《三朝北盟会编》卷一一一"建炎元年七月十五日"条亦载此事,文字略同,前一"根取"作"根勘"。按,《建炎以来系年要录》所引"齐愈案款"文字通俗,可能是当时审问的实录,"根取"是口语词,《三朝北盟会编》作"根勘",似系改俗为雅。

点,“元状草”指具体的物品,则“根”义为寻找,“取”是表示动作结果或完成的助词①,例(9)同。

(10)[刘知远]不故泥污了牛皮㚇,且向泊□(中)寻访。……只为牛驴寻不见,担惊忍怕,捻足潜踪。……正熟睡,盆倾也似雨降,觉来后不见牛驴。半陂泊,根寻到天晚。(金《刘知远诸宫调》二)

(11)忽于法场上不见二人,不知何往,根觅不见。监斩官并刽子二人来见太公。二人言:“奇怪之事!”太公问曰:“何事?”二人具说于法场上待斩,二人化一阵狂风,不见了此二人。太公见道,令将士寻觅。左右依令,根寻到侠府东约四五里地,见轩辕黄帝庙门前两壁厢有千里眼、顺风耳。(元《全相平话五种·武王伐纣书》卷下)

以上二例讲的都是寻找走失的人或物。例(10)分别用“寻访”“寻”“根寻”②,例(11)用“根觅”“寻觅”“根寻”③,这些都是同义词之间的替换,“寻访”“根寻”“根觅”“寻觅”为同义复词。

(12)忽报初一日夜有兵马在城外作闹……乃知是姚平仲统诸路军兵作过。寻令根捉,称本人未回军寨。(宋《三朝北盟会编》卷三十三“靖康元年二月二日”条)

例(12)又见于《吊伐录》卷上《宋主回书》,文字差别不大,然“根捉”作“勾捉”。“根捉”为求取、追捕义。

(13)今后站户如遇买马,仰本管先行相视过,然后立契成交,须要根

① 曹广顺认为,“唐代‘取’字对其前面的动词已经没有什么特别的选择要求,它的词义已经虚化,基本上从动词演变成助词了”;“(宋代)出现了少量‘动+取+补语’的用例”,“这种用例在唐代尚未见到,宋代也极少见”。参看曹广顺:《近代汉语助词》,北京:商务印书馆2014年版,第79,84—85页。本例正是其例,弥足珍贵。

② 廖珣英注:“根寻:按着踪迹(或线索)去寻找。……广东梅县话‘跟’‘寻’同是‘找’的意思,但是‘跟’包含着向别人询问的成分。”参看廖珣英:《刘知远诸宫调校注》,北京:中华书局1993年版,第86页。

③ 钟兆华注:“根觅:找寻;寻踪觅迹地找。”“根寻:根觅。”参看钟兆华:《元刊全相平话五种校注》,成都:巴蜀书社,1990年,第93页。

买年小肥壮无病耐骑坐者，无得听从站户，止图价少，滥买年老有病瘦弱马匹。（《元典章·兵部三·驿站》“立站赤条画”条）

（14）下番使臣在前托以采取药材，根买希罕宝货，巧取名分，徒费廪给，今后并行禁止。（元《通制条格·关市》“市舶”条）

例（13）的“根买”与下文“滥买”对应。这两例“根买”，李崇兴等解作“挑选购买”①，甚是。

要之，“追究、追求、调查”的可以是事件、效果、原因等，“寻找”的对象则多为具体的人或物，都可以归入寻找义的范畴②。

从以上文献资料的时间看，“根”表调查义的用例早于表寻找义的用例，前者在南北朝时已经出现，后者在宋元时期使用广泛。从文献类型看，无论是国书、史书、奏议等正式文体，还是狱词、变文、话本等通俗文字，都有载录。从地域看，南北均可通行③。从现代汉语方言看，它在南方有较广的分布，在山东以及西北、西南等地的若干点也有零星分布，呈现出“远隔分布”④，这种现象说明这些方言都保留了该词古老的用法。据此，可以判断这个词曾经是一个通语词，在口语、书面语里都可使用。

（二）“跟”

与“根”相比，“跟”的寻找义出现的时间要晚一些。下面略举数例。

1.“寻找”义

（15）凡雇倩人力及干当人，如解库掌事……俱各有行老引领。如有逃闪，将带东西，有元地脚保识人前去跟寻。（宋《梦粱录》卷十九“雇觅人力”条，清嘉庆十年《学津讨原》本）

（16）两个丫嬛看了，只叫得苦，皮匣子不知那里去了。那娘子听了，慌忙起来，道：“快央人去龙符宫里报与官人知道，教他早来跟寻。”（《水浒

① 李崇兴、黄树先、邵则遂编：《元语言词典》，上海：上海教育出版社，1998年，第106页。

② 下文如无特殊说明，“根/跟”的寻找义都包括具体和抽象两方面的意义。

③ 苏舜钦、李心传、程大昌等是南方人，而《吊伐录》《刘知远诸宫调》《元典章》等书都带有明显的北方方言色彩。

④ 参［日］岩田礼编：《汉语方言解释地图》，东京：白帝社，2009年，绪论、第20页。

传》第五十六回，明万历三十八年容与堂刻本，下同）

(17)一家人尽诛戮，尽诛戮。走了陀满与兴福，兴福。遍张文榜行诸处，多用心，跟音根捉亡徒。（元《月亭记》第六折，明万历十七年唐氏世德堂刻本）

(18)唐僧："你二师兄化斋不见到来，用你跟找一回。"沙僧："谨遵师傅命令。领了师傅令，跟找二师兄。"（清临淄八仙戏《西游记·白虎岭》第三场，清同治八年抄本）

以上"跟寻"同"根寻"，"跟捉"同"根捉"，与"跟找"一样，为同义连文。

2."追究、调查"义

(19)吴学究道："叫唤集高唐州押狱、禁子。"跟问时，数内有一个禀道："小人是当牢节级蔺仁……"（《水浒传》第五十四回）

(20)陈大郎道："……你丈夫回来，跟究出情由，怎肯干休？"（明《古今小说》卷一，明末天许斋刻本）

以上"跟问"同"根问"，"跟究"同"根究"。

以上例子是我们找到的文献原貌。但值得注意的是，古籍在流传过程中，文字会不断地被"当代化"，即根据理解而被改动，"根"和"跟"是否也有这种情况？答案是肯定的。

如宋邓椿《画继》卷三"程堂"条："无姓无名逼夜来，院僧根问苦相猜。"①宋本作"根问"，到清代就被改成"跟问"了，如《四库全书》本《蜀中广记》卷一〇八："无姓无名迫夜来，院僧跟问苦相猜。"

类似的例子还有《古本老乞大》（约刊于1418—1450年）："因此将那人家连累，官司见着落根寻逃躯有。""根寻"，《老乞大谚解》（1670年刊行）作"跟寻"。又如《水浒传》第二十二回："张文远又禀道：'犯人宋江逃去，他父亲宋太公并兄弟宋清见在宋家村居住，可以勾追到官，责限比捕，跟寻宋江到官理问。'"第七十一回："那团火绕坛滚了一遭，竟攒入正南地下去了。……宋江随即叫人将铁锹、锄头掘开泥土，根寻火块。"

---

① 据中华书局1985年影印辽宁省图书馆藏宋陈道人书籍铺刻本。

从目前的用例看，改动的原因可能是人们对“根”的寻找义感到陌生，就用“跟”来替换。上引《水浒传》，一作“跟寻”，一作“根寻”，反映的是“根”被改作“跟”，但修改不彻底，因此前后用字不一致①。

陈垣《校勘学释例》卷三云：“跟随、跟寻，元均作‘根’。‘跟’字虽非后起，然当时实用‘根’不用‘跟’。”②陈垣所说大体正确，但事实上，元代本子也有用“跟”的。如元《宣和遗事》前集：“诸军且跟着明皇入蜀。”（《士礼居丛书》影元本）又如元《朝野新声太平乐府》卷七周德清《斗鹌鹑·双陆》：“散三似敬德赶秦王不相离，有叔宝后跟随。”又：“明皇当日，力士跟随，曾拈色数，殢杀杨妃。”（《四部丛刊》影元本）后两例正作“跟随”。当然，从总体上看，在“寻找”这个义位上元代用“根”的多，用“跟”的很少。

“跟寻”较早见于《梦粱录》，该书虽为宋人所作，但我们见到的版本是清代的，不能保证其原始样貌如此。其后诸例见到的也是明代版本。因此，我们初步推断“跟”表示寻找义的例子最晚在明代出现。

二、“根/跟”寻找义的来源

上文已经证明“根”表寻找义的例子在南北朝时便已出现，而“跟”表寻找义的用例最晚产生于明代。那么，“根/跟”为什么有寻找义？“根/跟”的寻找义是各有源头，还是同音假借？下文尝试分析“根/跟”的词义演变轨迹，从而确定其寻找义的来源，也进而说明二者的关系。

（一）“根”的词义演变

“根”本指植物的根部，它在最底端，因此“根”有尽头、源头义。南朝梁《江文通集·丹砂可学赋》：“冀幽路之或旸，测神宗之无缓，践云根之不赊。”“根”一本作“极”③。宋《叶适集》卷一二《东溪先生集序》：“文不为扶疏茂好，惟自根极而成者，无不具也，故不得志于科举。”“根极”同义连文。

---

① 《水浒传》里，“跟寻”有五例，而作“根寻”的仅有一例，可见到了明朝末期，人们对“根”的寻找义已经感到很陌生了。

② 陈垣：《校勘学释例》，北京：中华书局，2004年，第72—73页。

③ 参看丁福林、杨胜朋：《江文通集校注》，上海：上海古籍出版社，2017年，第164页。

用为动词,“根”有穷尽、根绝义。《管子·君臣下》:“昔者,圣王本厚民生,审知祸福之所生,是故慎小事微,违非索辩以根之。”尹知章注:“必寻索分辩得其根而止之也。”《后汉书·西羌传》:“羌虽外患,实深内疾,若攻之不根,是养疾疴于心腹也。”李贤注:“根,谓尽其根本。”向着事物的根源穷追到底、查个水落石出的过程,就是追究、调查。宋《首楞严义疏注经》卷九:“根本者,求根寻本,究物之元底也。”(T39/953c)本例可以较好地理解“根”追究、调查义的来源①。元《吏学指南·推鞫》“根问”条:“究其本末也。谓虽有告言事尚隐讳而合问者。”亦是其例②。所以“根”引申出调查、深究义是顺理成章的,出现较早。

用作副词,“根”有全部、彻底义。南朝梁《真诰·握真辅第二》:“正尔烧香,入静具启,夜当根陈情事,使尽丹苦之理,动静别白。”现代汉语“根究”“根治”“根绝”的“根”都是这个意思。

北齐《颜氏家训·勉学》:“夫学者贵能博闻也。郡国山川、官位姓族、衣服饮食、器皿制度,皆欲根寻,得其原本;至于文字,忽不经怀,己身姓名,或多乖舛,纵得不误,亦未知所由。”本例“根寻”理解为偏正结构或并列结构皆可,换言之,“根”理解为“彻底地”或“追究”似乎皆通,可以看作是过渡阶段。

那么,“根”表示具体的寻找义是如何产生的?先看用例:

> (21)以广西经略安抚司奏:“……本司体访得交趾人使拥数千人在境上,事体非轻,已即时行下雝州安抚、都监司,催促永平寨同巡检、寨官措置弹压,仍究实前项事迹,就行追捕贼徒赴官,根出元劫去交趾物色牛马等,发还交迹(趾)受领。……将溪峒贼人所劫去交趾牛马等件,日下根出交还。……又根出贼人所虏交趾妇人,还归本国。”(《宋会要辑稿·兵一三·捕贼三》“庆元六年九月十一日”条)

① 佛典据中华电子佛典协会电子版 CBETA,用字母、数字标示出处,如“T39/953c”表示《大正藏》第 39 册 953 页第三栏;下文 X 表示《卍续藏》。

② 现代汉语里有“寻根问底/寻根究底/寻根溯源”“探本穷源/探本溯源”“追根究底/追根溯源/追本穷源/追本溯源”“刨根问底”“穷根究底”等词语,都隐含了“根”的寻根义。

上例“根”解作具体的寻找义或抽象的调查义似乎都可以①。据汪维辉研究，“寻”也有这两个义项：其寻求、探索义先秦已见；而寻找义最早能上溯到东汉初期，汉末以后逐渐多见起来②。根据上引诸例，我们认为“根”与“寻”类似，其抽象的调查义产生在前，而具体的寻找义出现在后③。

“究”也有类似的引申过程，可为旁证。《诗·大雅·荡》：“侯作侯祝，靡届靡究。”毛传：“究，穷也。”“究”有穷尽义，可引申出探寻、追究义。《诗·小雅·常棣》：“是究是图，亶其然乎。”毛传：“究，深。图，谋。”孔颖达疏：“汝于是深思之，于是善谋之。”此义沿用至今。

综上，“根”的词义演变如图1所示：

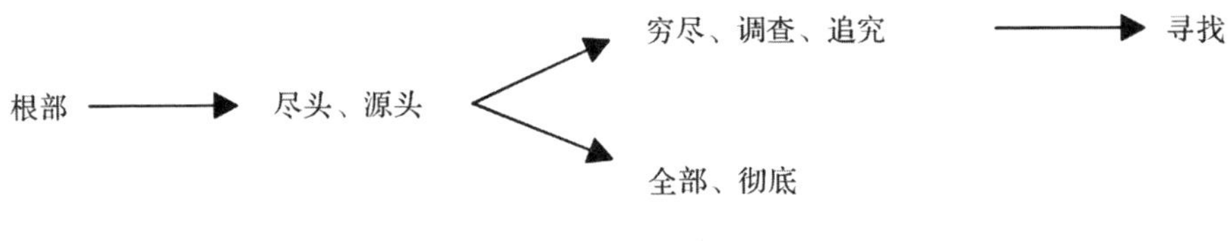

图1 “根”的词义演变

(二)“跟”的词义演变

“跟”与“根”同源。《急就篇》“蹲踝跟踵相近聚”，颜师古注：“足后曰跟，亦谓之踵。跟犹根也，下著于地如木根也。”王凤阳说：“‘跟’和‘踵’是古今同义词，它是汉以后才兴起的，是用树木的‘根’比喻人的脚‘踵’的产物，所以《释名·释形体》说‘足后曰跟，在下方著地，一体任之，象木根也’。”④但二者是否为假借关系？

“跟”本义为脚后跟，引申出追随、跟踪义。宋《莆阳居士蔡公文集》卷三十

① “寻找”与“寻究”义有时很难区分，如唐《圆觉经大疏钞科》卷三：“圆澄讲师（讳义和）根寻印本，募缘刊本疏钞，开就其科。”（X9/458a）此例“根寻”作“寻找”“寻究”讲似乎均可，可见二义关系之密切。

② 汪维辉：《东汉—隋常用词演变研究》（修订本），北京：商务印书馆，2017年，第133—136页。

③ 也许因为“寻根”本身就是抽象的，是不可见的，之后发展出寻找义，当是寻根义的形象化。

④ 王凤阳：《古辞辨》（增订本），北京：中华书局，2011年，第139页。

一《论军贼王伦》："朝廷差去使臣，难为跟逐，远去官军。"宋《三朝北盟会编》卷一百五十一"绍兴二年五月三日"条："俄报郭进已得关，为第一功，(岳)飞喜之，解金束带并随行跟从物赏之。""跟逐""跟从"皆同义并列。

由追随、跟踪义引申，如果目标是具体的，就是寻找；如果目标抽象化，就是调查、追究。先有具体义后有抽象义。马贝加曾讨论过动词"跟"向介词发展的过程，指出"汉语史上'跟随—师从'的演变不止一次发生"，"汉语中'师从—求索'的演变路径具有一定的普遍性"；并认为追随义动词"跟"可发展出引进师从者的介词"$跟_{21}$"和引进求索者的介词"$跟_{22}$"，即"跟(动)→$跟_{21}$(师从)→$跟_{22}$(求索)"①。马先生所论虽然是动词向介词发展的过程，但说明"跟"的跟随义能引申出寻找义，而且近代、现代汉语里引进求索者的介词都用"跟"而不用"根"，说明了二者的差异。

女子追随男子，就是"嫁"。明《醒世恒言》卷三："你便要从良，也须拣个好主儿，这些臭嘴臭脸的，难道就跟他不成?"追随能够赶上目标，就是"及、抵"。清《续孽海花》第四十三回："今儿见了面，真是名不虚传，我是那儿跟得上呢!"

"踵"也有类似的引申路径，可资佐证。宋《六书故》卷十六："踵，主勇切。足后跟也。别作歱、穜。《说文》：'歱，跟也。''踵，追也。''穜，相迹也。'按，追者，迹去者之后因谓之踵，非有二字。""踵"本义为足后跟，引申出追随、跟踪义。《左传·昭公二十四年》："吴踵楚，而疆场无备，邑能无亡乎?"杜预注："蹑楚踵迹。"由追随、跟踪义引申出寻找义。《后汉书·马融传》载融《广成颂》："测潜鳞，踵介旅。"李贤注："踵犹寻也。"宋《北山集》卷六《代玠祭考妣文》："既念先庐为火荡爇，旋痛几筵留寓别业。爰开瓦砾，踵寻故基。室屋稍具，奉二灵归。""踵寻"同义连文。

综上，"跟"的词义演变如图2所示：

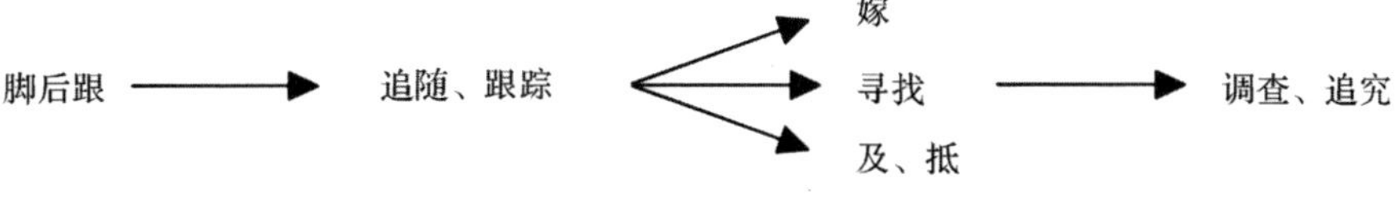

图2　"跟"的词义演变

① 马贝加：《汉语动词语法化》，北京：中华书局，2014年，第255—260页。

综上,“根”的寻找义由穷尽义引申而来,而“跟”的寻找义由追随义发展而来。所以,寻找义是“根”“跟”两个词在演变过程中产生的新义,属于“殊途同归”。二者的区别是:作为动词,“根”的主要义位是“调查、追究”,向着事物的根源寻找原因,是静态的;“寻找”是其次要义位。发展顺序是先抽象后具体。而“跟”的“寻找”义是其主要义位,是动态的;“调查”是其次要义位。发展顺序是先具体后抽象。这都是由它们的本义决定的,也是它们在现代汉语里具有不同用法的主要原因。

三、“根/跟”寻找义的现状

众所周知,在现代汉语普通话里,“根/跟”没有寻找义,那么寻找义动词“根/跟”去哪里了?它们已经变为方言词(或语素)了。除本文开头所举的地区外,还有:

跟病:问病。粤语。广东[翁源]①。[张]清水《我却要鸡蛋鸭蛋一同说》:“～,即问病。最平常、普通的,就是用土制的花帕子包八九个鸡蛋去探问。”②

跟:③打听。客话。福建永定下洋。佢随时～你,好关心你。③

有的读音稍微改变,把原来的不送气声母读成了送气音,如:

垦 k‘ən:寻找:倷覅瞎～瞎～,抽屉里呒不铜钿勒海。(苏州话)④

□k‘ən:翻找东西:你开抽头～何物事你打开抽屉找什么?|弗要瞎～|箱子里～着一副手套||读同“肯”的阴平调。(崇明话)⑤

---

① 翁源话属客家话,编者恐误记。

② 许宝华、宫田一郎主编:《汉语方言大词典》(修订本),北京:中华书局,2020年,第5718页。

③ 许宝华、宫田一郎主编:《汉语方言大词典》(修订本),北京:中华书局,2020年,第5717页。

④ 叶祥苓:《苏州方言词典》,南京:江苏教育出版社,1993年,第218页。苏州话里表示“寻找”这个概念也说“寻”,据汪平调查,当地人说“垦”时带有贬义。参看汪平:《苏州方言研究》,北京:中华书局,2011年,第238页。按,同一个概念要表达不同的感情色彩,会选用不同的词,这是语言的通例。

⑤ 张惠英:《崇明方言词典》,南京:江苏教育出版社,1993年,第132页。

有的已变成构词语素，如：

跟找：四处寻求比较稀缺的东西：我想～个香炉儿。（无棣话）①

跟问：追问，刨根问底：一～，他就慌了|三～两～，～掉儿底儿了露出破绽。（牟平话）②

跟寻：追问，寻找：事情过了十年了，还有人～着哩|局子里没人管，全靠个家～哩。（兰州话）③

根问：（古）寻问，查问。跟寻：（古）追问，打问。（嘉峪关新城话）④

跟究：①盘问；追问（底细）：＜滇＞他平素最怕老婆，每天下晚不回家，她就会来～他。《云滇·九流闹馆》。（昆明话）⑤

跟寻：追寻，调查（来历、根底）：～下佢。（广州话）⑥

跟问：询问：你上班见到佢时～下这件事。（梅县话）⑦

根问：询问。（宁化话）⑧

以上方言词典大多记作“跟”而不是“根”，原因是方言的记录者对“根”的寻找义感到陌生，就按照现在通行的理解来记作“跟”了。

要之，“根/跟”的寻找义在现代汉语方言里还在使用。就分布范围而言，客家话最广，在粤东、粤西、桂东都有分布；粤语次之，主要在粤西、桂东一带；而在吴语、官话区只有零星的分布了。如表1所示。

---

① 博士生刘潇告知，她的家乡话山东庆云方言也有类似的说法。谨此致谢。张金圈：《无棣方言志》，广州：世界图书出版广东有限公司，2015年，第227页。

② 罗福滕：《牟平方言词典》，南京：江苏教育出版社，1997年，第282页。

③ 张文轩、莫超：《兰州方言词典》，北京：中国社会科学出版社，2009年，第314页。

④ 嘉峪关市《新城镇志》编纂委员会编：《新城镇志》，兰州：甘肃人民出版社，2015年，第267页。

⑤ 张华文、毛玉玲：《昆明方言词典》，昆明：云南人民出版社，2013年，第200页。

⑥ 白宛如：《广州方言词典》，南京：江苏教育出版社，2003年，第329页。

⑦ 黄雪贞：《梅县方言词典》，南京：江苏教育出版社，1995年，第177页。

⑧ 张桃：《宁化客家方言语法研究》，广州：广东人民出版社，2019年，第79页。

表1 “根/跟”的寻找义在现代汉语方言中的分布表

形式	客家话	粤语	官话				吴语
			冀鲁官话	胶辽官话	兰银官话	西南官话	
词	永定、翁源、梅县、和平、龙川、兴宁、丰顺、揭西、阳西塘口、信宜思贺、钱排、高州新垌、化州新安、电白沙琅、廉江石角、青平、博白、合浦	茂名、高州、化州、电白					苏州、崇明
语素	宁化、梅县	广州	无棣、庆云	牟平	兰州、嘉峪关新城	昆明	

注:“词”“语素”表示“根/跟”以词或语素的形式出现。

四、结语

本文探讨了“根/跟”寻找义的产生时间、来源、关系和现状。小结如下:

“根/跟”都有寻找义,但是产生时间不同。“根”最晚在南北朝时已经出现调查义,在宋元时期寻找义得到广泛使用;而“跟”的寻找义大概要到明代才见到。“根/跟”的寻找义在普通话里没有保留下来,而在粤语、吴语、客家话及部分官话里沿用至今。

“跟”和“根”读音相同,都有寻找义,似乎表现为异体字关系,但它们的源头是不同的,演变轨迹也不同。“根”的寻找义经历了这样的引申过程:根部→尽头、源头→穷尽、调查、追究→寻找;而“跟”的寻找义的演变路径为:脚后跟→追随、跟踪→寻找→调查。因而可以判定:(1)“跟”和“根”具有寻找义是新义而不是新词;(2)关于二词的关系,它们属于词义引申路径上的“殊途同归”,不能因为同源关系就轻易断定为“同音假借”;(3)后来出现的混用或版本文字“当代化”的修改,以及方言中记作“跟”,都与人们的不同理解有关,在寻找义上用“跟寻”而不用“根寻”,或者现代汉语中有“跟随”而无“根随”,也是明证。

词义演变中的“殊途同归”现象,是汉语词义演变过程中一个需要认真关注的问题。它们原本字形不同、意义不同,但是读音相同,在其后的演变过程中轨迹相交,产生了共同的义位。这时候最容易把它们归为“同音假借”。再简单举一个例子:“月食”与“月蚀”同义同音不同字形,辞书通常认为“食”是“蚀”的假借字。其实“食”有“吃”这个基本含义,由“吞食”引申出“消灭、遮蔽、掩盖”义是很常见的,那么,月亮被遮住了一部分就是“月食”,不是很正常吗?只是因为还有个“月蚀”,我们就认为“食”是假借字了。其实这就是词义演变过程中的“殊途同归”现象。

第四节　医书语词的嬗变更替:以“谷气”“消气”为例①

古医书中存在一些独特的专业术语,这些语词很难在大众用语中流行,往往在语言的发展过程中被取代或淘汰。下面我们试分析二则。

古医书中的“谷气、谷神”和“消化、腐熟、杀谷”是两组同义词,经过演变,“谷气”和“消化”保存下来,其他同义词则湮灭消失。

一、谷气 谷神

古人认为食物在进入胃部消化的过程中,变成气体,主养生命机体。古医书用“谷气”来指称此义。

(1)今脾病不能为胃行其津液,四支不得禀水谷气②,气日以衰,脉道不利,筋骨肌肉,皆无气以生,故不用焉。(《素问·太阴阳明论》)

(2)黄帝曰:“愿闻谷气有五味,其入五脏:分别奈何?”(《灵枢经·五味》)

(3)诸乘寒者,则为厥,郁冒不仁,以胃无谷气,脾濇不通,口急不能言,战而慄也。(《伤寒论·平脉法》)

---

① 《试谈古医书两组同义词的变化消长》发表于《语言研究》2009 年第 2 期,署名王云路、王前。内容有所删改。

② 此例以“水谷气”连言。

“谷”本义是粮食的总称。《说文·禾部》:“谷,续也,百谷之总名也。”

“气”在古医书中常指主宰人体生命活动的重要物质形态。《素问·调经论》:“气有余则写其经隧,无伤其经,无出其血,无泄其气。”《灵枢经·决气》:“何谓气?岐伯曰:上焦开发,宣五谷味,熏肤充身泽毛,若雾露之溉,是谓气。”《伤寒论·辨脉法》:“若脉浮大者,气实血虚也。”

所以“谷气”指称食物经体内消化,产生出的支撑生命之气。后来又出现“谷神”一词,与“谷气”同义。

(4)人病脉不病,名曰内虚,以无谷神,虽困无苦。(《伤寒论·平脉法》)成无己注:“谷神者,谷气也。”刘渡舟注:“谷神,水谷精微之气。”

(5)热邪始散,真气尚少,五脏犹虚,谷神未复,无津液以荣养,故虚羸而生病焉。(《诸病源候论·伤寒病诸候下·伤寒病后虚羸候》)丁光迪注:“谷神,在此指谷气。”

为什么会用“谷神”代指“谷气”?考《说文·示部》:“神,天神,引出万物者。”徐锴系传:“天主降气以感万物,故言引出万物也。”徐灏注笺:“天地生万物,物有主之者曰神。”这是“神”的本义。

由于天神引出万物,对人类社会的产生起到了极其重要的作用,所以又引申出“重要、珍贵”义。《尔雅·释诂下》:“神,重也。”例如:

(6)宝之珍之,贵之神之,如是则说常无不受。(《荀子·非相》)

(7)玉少石多,多者不为珍;龙少鱼多,少者固为神。(《论衡·自纪》)

(8)又世俗率神贵古昔而黩贱同时,虽有追风之骏,犹谓之不及造父之所御也。(《抱朴子·尚博》)

此以“神贵”同义连言。

另外,古医书中“精、气、神”常常并举,指称人生命的主宰。如:

(9)今精坏神去,荣卫不可复收,何者?(《素问·汤液醪醴论》)

(10)所言节者,神气之所游行出入也,非皮肉筋骨也。(《灵枢经·九针十二原》)

(11)五脏六腑之精气,皆上注于目,血气与脉并于上系。上属于脑,后出于项中。(《诸病源候论·风病诸候下·风头眩候》)

“神”与“气”在此义项上成为同义关系。

《灵枢经·小针解》:“所谓‘易陈’者,易言也。‘难入’者,难著于人也。‘粗守形’者,守刺法也。‘上守神’者,守人之血气有余不足,可补泻也。‘神客’者,正邪共会也。‘神’者,正气也。‘客’者,邪气也。”

由此可见,“谷神”的命名源于谷气的重要性,就像“神”引导世界万物一样,谷气对生命具有主宰和支配作用,加之“神”与“气”本身就有相关性,因而以“神”取代“气”,“谷神”就有了“谷气”义。从词义构成上说,“谷神”表示“谷气”,是通过隐喻方式产生的新词。

“谷神”与“谷气”二词在此义项上完全相同,但从笔者对上古到唐代几部医书的统计来看,二者的使用频率却并不一致,见表1:

表1　“谷神”“谷气”在不同时代医书中的使用频次表

书名	素问	灵枢经	伤寒论	金匮要略	脉经	诸病源候论	备急千金要方
成书年代	先秦	先秦	汉代	汉代	晋代	隋代	唐代
谷神	0	0	1	0	0	1	0
谷气	1	4	3	1	16	18	10

从上表可以看出,从上古到近代,“谷神”的使用频率一直远远低于“谷气”,并逐渐消失,为什么会产生这种现象?

笔者以为,“谷神”使用频率低并最终消失的原因有二:(1)“谷神”是抽象的,是从消化后的谷物对生命机体的重要性角度来命名;而“谷气”在古医书中使用的是本义,是具体的,是从谷物消化后的形态来命名。具体的概念“谷气”比抽象的概念“谷神”更容易被人接受。(2)“谷神”到近代又指代掌管五谷的神①,与谷气义容易混同;而“谷气”的意义是单一清晰的,不能产生歧义。所以“谷气”的应用范围比较广而持久。《后汉书·华佗传》:“陀语普曰:‘人体欲得劳动,但不当使极耳。动摇则谷气得销,血脉流通,病不得生。’”《初学记》卷

① 如《孟子·尽心下》:“民为贵,社稷次之,君为轻。”朱熹注:“社,土神。稷,谷神。”《通典·社稷》:“若稷是谷神,祭之用稷,反自食乎?”这个义项与表示“谷气”的“谷神”不是一回事。

二七引晋杨泉《物理论》:“谷气胜元气,其人肥而不寿,养性之术,常使谷气少,则病不生矣。”是其例。

二、消化 腐熟 杀谷

古医书中常用“消”“化”或双音词“消化”来表示消化义。

(12)病反腹满肠鸣,溏泄食不化,渴而妄冒,神门绝者死不治。(《素问·气交变大论》)

(13)岐伯曰:夫中热消瘅则便寒,寒中之属则便热,胃中热则消谷,令人县心善饥。(《灵枢经·师传》)

(14)脉沉、小、迟,名脱气,其人疾行则喘喝,手足逆寒,腹满甚,则溏泄,食不消化也。(《金匮要略·血痹虚劳》)

也有用“腐熟”来表示消化义:

(15)中焦者,在胃中脘,不上不下,主腐熟水谷。(《难经·三十一难》)

(16)太仓主腐熟五谷,不吐不下。(《备急千金要方·膀胱腑方·三焦虚实》)

(17)仓者,胃之上口也。脾受胃禀,乃能熏蒸腐熟五谷者也。(《脾胃论·脾胃虚则九窍不通论》)

“腐熟”是什么结构方式?“腐”有“烂”义。《说文·肉部》:“腐,烂也。从肉府声。”《玉篇·屋韵》:“腐,烂也。”“熟”也有“烂”义。《方言》卷七:“胹,饪,亨,烂,糦,酋,酷,熟也。自关而西秦晋之郊曰胹,徐扬之间曰饪,嵩岳以南陈颍之间曰亨。自河北赵魏之间火熟曰烂,气熟曰糦,久熟曰酋,谷熟曰酷。熟其通语也。”《广韵·屋韵》:“熟,市六切,烂也。”可见,“腐熟”一词为同义并列结构。

“腐熟”为何会有消化义?因为食物被消化后的状态与东西腐烂后的状态很像。现代汉语中还有“腐熟”一词,指“不易分解的有机物(如粪尿、秸秆、落叶、杂草)经过微生物的发酵、分解,产生有效肥分,同时也形成腐殖质。”①其“食物消化”义已经消失。

另有“杀谷”一词，也表示“消化食物”。

18）……心中则饥，邪热不杀谷，潮热发渴，数脉当迟缓，脉因前后度数如法，病者则饥，数脉不时，则生恶疮也。（《伤寒论·辨脉法》）

19）东垣有云，邪热不杀谷，此脾胃虚弱，末传寒中。（《薛氏医案·命门火衰》）

20）虽有脉数，为邪热不杀谷者，亦用之。（《证治准绳·杂病证治准绳·诸呕逆门·胃反》）

《说文·殳部》：“杀，戮也。”由于杀戮和消化有共同的结果，即人或物的消亡，通过隐喻方式，“杀”又引申出消化义②。

“消化”“腐熟”“杀谷”的使用情况也不均衡，如表 2 所示：

表 2　“杀谷”“腐熟”“消化”在不同时代医书中的使用频次表

书名	素问	灵枢经	难经	伤寒论	金匮要略	脉经	诸病源候论	备急千金要方
成书年代	先秦	先秦	先秦	汉代	汉代	晋代	隋代	唐代
杀谷	0	0	0	1	0	1	0	0
腐熟	0	0	1	0	0	0	0	1
消化	0	0	0	0	1	2	19	15

从前引文献和上表可以看出，“消”“化”单用的例子出现较早，合并成“消化”的例子在汉代才出现，晚于“杀谷”和“腐熟”；作“消化”义时，“腐熟”“杀谷”的用例很少，到后来已经完全消失，最终被“消化”一词所独占③。原因何在？

① 见《现代汉语词典》“腐熟”条，商务印书馆，2006 年版。

② “杀谷”又引申出谷物遭霜降而枯萎义。《宋书·五行志》：“厥水流入国邑，陨霜杀谷。”

③ “消化”还表示消解程度更强的“消融”，还抽象为对知识或事物的“理解”和“认识”，都是“消化”义的引申，不是并行关系，不会产生歧义。

从语用角度讲，“消化”是“消”与“化”的合并，意义没有变化；“腐熟”的本义并非“消化”，古人利用其与“消化”之间的相似关系，引申出新义；“杀谷”是动宾结构，结合并不紧密，作为词的典型特征不如并列结构明显，没能进入大众用语。因此，“腐熟”和“杀谷”没有生命力，最终被淘汰。

从语义角度讲，“腐熟”“杀谷”“消化”描述的过程有所不同，“腐熟”和“杀谷”描述的是胃在吸收食物养料前的分解过程，犹言分解食物；“消化”则不但强调胃分解食物的过程，还强调了吸收其养分，使之变成人体一部分的过程，即消而化之。可见，“消化”比“腐熟”和“杀谷”的指称更为全面。所以最终能战胜“腐熟”和“杀谷”，沿用至今。

第五节　具象到抽象的意义演变：释“齖䶗”①

敦煌变文中《齖䶗新妇文》为我们熟知，然“齖䶗”一词却颇费解。它在《齖䶗新妇文》中凡四见：“夫齖䶗新妇者，本自天生，斗唇阁舌，务在喧争”；“本性齖䶗，打煞也不改”；“齖䶗新妇甚典砚，直得亲情不许见”；“本性齖䶗处处知，阿婆何用事事悲”②。其他文献中再无用例，注释主要有三种：

郭在贻《训诂丛稿·唐代俗语词杂释》“齖䶗”条：“考《集韵》去声祃韵：‘謯讶，言不正。’其中謯、䶗同在一小韵之内，讶、齖音近，仅声调不同而已。颇疑齖䶗就是謯讶，其义为言语不正。”③

项楚《敦煌变文选注》：“齖䶗，形容言语泼辣好斗。”④

《唐五代语言词典》：“齖䶗，齿不平，喻言语泼辣好斗。”⑤

从文意来看，这些解释似乎都能说通，但是仔细推敲上文所举诸例，“齖䶗”是专门用来形容女子泼辣、凶狠的，而以上释义均未提及，也未探求得义之

① 《释“齖䶗”》发表于《西南交通大学学报》（社会科学版）2009 年第 4 期，署名王云路、许菊芳。内容有所删改。

② 黄征、张涌泉：《敦煌变文校注》，北京：中华书局，1997 年，第 1216—1217 页。

③ 郭在贻：《训诂丛稿》，载《郭在贻文集》（第一卷），北京：中华书局，2001 年，第 10 页。

④ 项楚：《敦煌变文选注》，成都：巴蜀书社，1990 年，第 789 页。

⑤ 江蓝生、曹广顺：《唐五代语言词典》，上海：上海教育出版社，1997 年，第 400 页。

由，所以有深究的必要。

一、“齖𪘏”表示“齿不平”

“齖𪘏”一词各家释义为“齿不平”“言语不正”“言语泼辣”，是有根据的。考“齖”，《玉篇·齿部》：“齖，齇齖，齿不平。”《广韵·麻韵》：“齖，齇齖，齿不平正。”《类篇·齿部》：“齖，牛驾切，齖齵，齿不正。又鱼加切，齰齖，齿不相值也。”“𪘏”，有牙齿的意思①。如《龙龛手镜·齿部》：“𪘏，苦加反，犬齿也。”《五音集韵·箇韵》：“𪘏，𪘏䶩，齿貌。”可见，齖、𪘏二字都描述牙齿不平正，而它们的释义又都从叠韵联绵词齇齖、齖齵、齰齖、𪘏䶩中体现出来。这正是以上三家释义的根据。

除了齇齖、齖齵、齰齖、𪘏䶩，笔者发现汉语中有一大批像这样由齿音（主要是崇母字）和喉牙音（主要是溪、疑、影母字）组合的叠韵联绵词，都表示牙齿不平的意思，如：

齹䶣　《广韵·佳韵》：“齹䶣，齿不正也。”②《类篇·齿部》：“齹䶣，齿不齐。”③

龃龉　《集韵·语韵》：“龃龉，齿不正。”④

齱齵　《集韵·厚韵》：“齱齵，齿不正。”

䶫𪙪　《类篇·齿部》：“𪗋𪗋，齿不正貌。”“𪗋”即“𪙪”，《六书故·齿部》：“齞，又作𪙪、𪗋。”⑤柳宗元《招海贾文》：“黑齿䶫𪙪，鳞文肌。”⑥

---

① “𪘏”也有啮的意思。如《广雅·释诂》：“𪘏，啮也。”《六书故·齿部》“𪘏”条引《字林》曰：“𪘏，大啮也。”

② （北宋）陈彭年：《钜宋广韵》，上海：上海古籍出版社，1983年，第108—109页、第53页。下不出注。

③ （北宋）司马光：《类篇》，上海：上海古籍出版社，1988年，第66页上，65页下，66页下，513页上，251页下。下不出注。

④ （北宋）丁度：《集韵》，北京：中国书店，1983年，第691、908、691、441、852、443、438、443页。下不出注。

⑤ （南宋）戴侗：《六书故》，载《景印文渊阁四库全书》（第二二六册），台北：台湾商务印书馆，1986年，第118页上。

⑥ （清）董浩等：《全唐文》，北京：中华书局，1983年，第5888页下，4572页下。

齵差　《荀子·君道》:“天下之变,境内之事,有弛易齵差者矣。”清王先谦集解:“齿不正曰齵。齵差,参差不齐”①。

段玉裁最先注意到这个词族,他在《说文解字注》“齇”字条中认为《说文》齇、龉互训,实际为叠韵之一词,是“齿不相值”:

> 齇龉,叠韵。《广韵》曰:龃龉,不相当也。或作鉏铻,上床吕切,下鱼巨切。按:金部鋤下云,鉏鋤也。或作铻。《周礼》注作鉏牙,《左传》西鉏吾以鉏吾为名,牙吾古音皆在九鱼,古龃字有单用者,《东方朔传》曰龃者,齿不正也,许书各本齇训龉齿也。龉训齿不相值也。二篆自当类厕,各本离之甚远。又,齇,侧加切,龉,鱼举切,全失古语叠韵之理。盖由齇之字变为龃,龉之字变为齖,因以齇齖并入麻韵。而与齇画分异处耳。今从齺齵之例正之,不为专辄也。②

后人对这个词族也多有考证。郭在贻先生认为,齇齖又作齚齖、厏厊、痄庌、謯訝、㰤御等,表示龃龉不合,言语违戾③。任继昉认为以上是一组表示尖锐突出、参差交错义的同源词④。

再看“齖齣”,“齖”在韵书中有牛驾切、鱼加切两个读音,是疑母字,属于牙音;“齣”苦加切,为溪母字,也是牙音,“齖齣”一词和齖齵、齣齾的情况相类,正属于我们以上所讨论的同源词。因此,“齖齣”确有牙齿不平正的意思。

二、“齖齣”的相关同源词

古人造词是用形象的事物来表示抽象的概念,也就是说,抽象概念往往从很多具体的事物上体现出来的。我们所讨论的这组同源词也是这样,由牙齿的不平正推开去,一切不平正的东西都可以用这组同源词来表示,如前面提到的“謯訝”,另外还有:

鉏铻　《集韵·语韵》:“鉏铻,相距貌。”

---

① (清)王先谦:《荀子集解》,北京:中华书局,1988 年,第 243 页。

② (清)段玉裁:《说文解字注》,上海:上海古籍出版社,1981 年,第 76 页上—76 下。

③ 郭在贻:《训诂丛稿·唐代俗语词杂释》,第 105 页。

④ 任继昉:《汉语语源学》,重庆:重庆出版社,1992 年,第 187 页。

鉏牙　《类篇·金部》："鉏牙，物傍出也。"

鉏鋙　《说文解字·金部》："锜，鉏鋙也。"①清王先谦《诗三家义集疏》卷十三"既破我斧，又缺我锜"疏："陈奂：锜，穿木之器，其耑鉏御然。鉏御，犹齟齬也。……陈乔枞：锜之为物，盖如臿而有三齿，与芣之有两刃者相似。"②

嵖岈　《太平寰宇记》卷二十"河南道·莱州"："嵖岈山在县北三十里，其山形势嵖岈为名。"又作"岈嵖"，清邓廷罗《兵镜备考》卷十二"谨养勿劳并气积力"："唐李愬求自试为隋唐邓节度使。……居半岁，知士可用，乃请济师，拔道口栅，战岈嵖山，取垆冶城，袭郎山，释贼将丁士良，擒陈光治。"③又有"岈岈嵖嵖"，清李百川《绿野仙踪》第六回："高高下下，环顾惟鸟道数条；岈岈嵖嵖，翘首仰青天一线。"④

嶄岩　《汉书·司马相如传上》："深林巨木，嶄岩参差。"颜师古注："嶄岩，尖锐貌。"⑤唐宋之问《龙门应制》："山壁嶄岩断复连，清流澄澈俯伊川。"⑥宋程大昌《演繁露》卷九"浮石"："石之出水也，本甚嶄岩不齐。绍兴甲子岁，两浙大水漫灭垠岸，浮石没焉。水退石仍出，而嶄岩者皆去，盖为猛浪沙石之所淙凿，乃此圜浑也。""嶄岩"与"圜浑"义正相反。

杈枒　《广韵·麻韵》："枒，杈枒。"又作"枒杈"，元王恽《赵邈齪虎图行》："巅崖老树缠冰雪，石觜枒杈横积铁。"⑦《水浒全传》第十二回："杈枒怪树，变为肐膊形骸；臭秽枯桩，化作腌臜魍魉。"又作"桠槎"，《西游记》第二十八回："两个拳头，和尚钵盂模样；一双蓝脚，悬崖榾柮桠槎。"又作"槎枒"，唐元稹《寺院新竹》："冰碧林外寒，峰峦眼前耸。槎枒矛戟合，屹仡龙蛇动。"又作"槎牙"，宋欧阳修《于刘功曹家见杨直讲女奴弹琵琶戏作呈圣俞》："啄木不啄新生枝，

① （东汉）许慎：《说文解字》，北京：中华书局，1963 年，第 295 页下。

② （清）王先谦：《诗三家义集疏》，北京：中华书局，1987 年，第 540 页。

③ （清）邓廷罗：《兵镜三种》，载《四库全书存目丛书》（子部三五），济南：齐鲁书社，1995 年，第 357 页上。

④ 李百川：《绿野仙踪》，北京：人民文学出版社，1987 年，第 49 页。

⑤ （东汉）班固：《汉书》，北京：中华书局，1962 年，第 2553 页。

⑥ （清）彭定求等编：《全唐诗》，北京：中华书局，1960 年，第 627、4464、8115 页。下不出注。

⑦ （清）顾嗣立：《元诗选初集》，北京：中华书局，1987 年，第 458 页。

惟啄槎牙(原校:一作'牙槎')枯树腹。"

以上这些词就分别表示牙齿、金属器物、山势、树木等的不平正。因此,说"齖齵"就是"齟齖",只说对一部分,"齖齵"所包含的意义还不止这些。

三、"齖齵"在变文中的含义

《齖齵新妇文》中"齖齵"一词有泼辣、凶狠的意思,这与不平正有什么关系呢?笔者以为,显露出牙齿的不平状就必然要张开嘴巴,而张口露齿往往是凶相的表现,因此,这组词又附带有张开嘴巴,露出凶相的意思。例如《太平御览》卷三六八"唇吻"引《通俗文》"唇不覆齿谓之齖齴"①,即是其例。同样的还有:

啀喍　玄应《一切经音义》卷十二《起世经》卷三音义:"啀喍,犬见齿啀啀然也。"②《寒山诗》:"我见百十狗,个个毛鬇鬡。卧者渠自卧,行者渠自行。投之一块骨,相与啀喍争。"③

啀喍,又作嘊喍、崖柴、齷齜、齷齚,均为张口露出牙齿貌。此词蒋礼鸿在《敦煌变文字义通释》"崖柴"条中有精彩的考证,他认为,柴的本字为"龇"④,与"啀"字同义连文,都是开口露齿的意思⑤。郭在贻⑥、吴金华⑦亦有考证。笔者也找到了"柴"写作"龇"的例证:

嘊龇　宋非浊集《三宝感应要略录》:"身心如春,闭目见无量鸟兽嘊龇啄餐骨肉,愿师见救疗。"⑧

---

① (北宋)李昉等:《太平御览》,北京:中华书局,1960年,第1695页下。

② (唐)玄应:《一切经音义》,载阮元:《宛委别藏》(第九二—九三册),南京:江苏古籍出版社,1988年,第374页。

③ 项楚:《寒山诗注》,北京:中华书局,2000年,第158页。

④ 《说文解字·齿部》,44页下:"龇,齿相断也。一曰开口见齿之貌。从齿,柴省声,读若柴。"

⑤ 参见蒋礼鸿:《敦煌变文字义通释》,上海:上海古籍出版社,1997年,第306页。

⑥ 参见郭在贻:《训诂丛稿·唐代俗语词杂释》,上海:上海古籍出版社,1997年,第107—108页。

⑦ 参见吴金华:《三国志校诂》,南京:江苏古籍出版社,1990年,第65页。

⑧ 《大正新修大藏经》(第51册),台北:新文丰出版有限公司,1983年,第850页中。

齹齷　《类篇·齿部》:“齷,齹齷,齿露貌。又齹齷，切齿。”

此外,还有作“啀啀”的,如《管子·戒》:“管仲又言曰:‘东郭有狗啀啀,旦暮欲齧我猳,而不使也。今夫易牙,子之不能爱,将安能爱君?君必去之。’”①

以上的啀喍、啀喍、崖柴、崖柴、齷齽、齷齚、啀龇、齹齷、啀啀,都表示犬、猴、鸟兽等动物张开嘴,露出凶相。

跟张嘴相关的用“口”旁,跟张目瞪眼相关的用“目”旁。所以还有一组与之相关的“睚眦”等词值得讨论。我们所看到“睚眦”一词的最早用例是《战国策·韩策二》:“夫贤者以感忿睚眦之意,而亲信穷僻之人,而政独安可嘿然而止乎?”②其中“睚眦”是瞪大眼睛,怒目而视的意思。

又作“眦睚”,《史记·龟策列传》:“素有眦睚不快,因公行诛,恣意所伤,以破族灭门者,不可胜数。”③也是瞪眼怒目的意思。

又《史记·范雎列传》:“一饭之德必偿,睚眦之怨必报。”司马贞《索隐》:“睚音崖卖反,眦音士卖反。又音崖债二音。睚眦谓相嗔而怒目切齿。”“睚眦”明明是“目”旁,只表示瞪眼,但司马贞却用“怒目切齿”来解释“睚眦”,显然张目、露齿都是发怒的显著特征。再看隋阇那崛多等译《起世经》卷三:“所有诸狗其身烟黑,垢汙可畏,睚𥈠嗥吠,出大恶声。”④其中的“睚𥈠”和我们上面所举“啀喍”如出一辙⑤,一用“目”旁,一用“口”旁。盖发怒时可以张目,也可以张嘴露齿,或者二者兼而有之。考《龙龛手镜·目部》:“𥈠俗,眦正。”⑥说明“睚眦”就是“睚𥈠”。

因此,“齖齣”与“睚眦”“眦睚”“睚𥈠”以及“啀喍”密切相关,都是面露凶相,“齖齣”用露出牙齿表示,而其他则用瞪大眼睛或张开嘴巴表现,“牙”与

---

① 黎翔凤:《管子校注》,北京:中华书局,2004年,第521页。

② (西汉)刘向:《战国策》,上海:上海古籍出版社,1978年,第996页。

③ (西汉)司马迁:《史记》,北京:中华书局,1959年,第3224、2415页。下不出注。

④ [日]高楠顺次郎编:《大正新修大藏经》(第1册),台北:新文丰出版有限公司,1983年,第323页中。

⑤ (唐)玄应《一切经音义》卷十二《起世经》卷三音义用“啀喍”释“啀𥈠”:“啀喍,经文作‘睚眦’,五卖、助卖反,瞋目也。”(《训诂丛稿·〈游仙窟〉释词》,111页)

⑥ (辽)释行均:《龙龛手镜》,北京:中华书局,1985年,第311页、第422页。

"口"又是密不可分的。

四、"齖齘"还表示女子娇媚貌

由上面的分析可知,"齖齘"的语源义是牙齿不平正,又有开口露齿作凶相的意思,在《齖齘新妇文》中它专指女子的凶狠、泼辣,这应当没有疑义。有趣的是,笔者在文献中发现了一组与"齖齘"音近而表示女子娇媚态的同源词:

窊窣 唐张鷟《游仙窟》卷二:"然后逶迤回面,窊窣向前。"

娅姹 唐窦臮《述书赋》:"广平之子,令范之首。娅姹钟门,逶迤王后。"唐黄滔《赠郑明府》:"垂柳五株春娅姹,鸣琴一弄水潺湲。"

窊窣 元汪大渊《岛夷志略·巴南巴西》:"凡民间女子,身形窊㓯,自七岁,父母以歌舞教之,身摺叠而圆转,变态百出,粗有可观。"

考《广韵·麻韵》:"窊窣,作姿态貌。"又,"窊㓯,女作姿态。"《集韵·麻韵》:"窊㓯,女娟①也。"《玉篇·宀部》:"窊窣,娇态貌。"《骈雅·释训》:"窊窣,姿媚也。"《集韵·马韵》:"娅姹,作姿。"又有"娅嵞",《集韵·麻》:"娅嵞,态也。"②

"齖"在《广韵·麻韵》中与"窊""娅"读音相近,"齘"又与"㓯""窣""嵞""姹"读音相近。准此,以上联绵词与"齖齘"的读音相近。而从文献用例以及字书释义来看,这些词语都表示女子娇媚态,它们与我们所说的女子泼辣义有何联系呢?

考"窊窣"在《集韵》中还有个解释是"不正",《集韵·麻韵》:"窊窣,不正。"《类篇》中也有"窊窣,不正"的解释,《类篇·宀部》:"窊窣,不正。"元佚名《招捕总录》注:"窊㓯,上於加切,下苦加切。韵释女作姿态貌,今中原方言为妇人狠恶之称。"另,元代文献中有"牙恰""讶掐"等词,与"齖齘"相当。

牙恰 《全元散曲》无名氏小令《满庭芳》:"牙恰母亲,吹回楚雨,喝退湘云。把丽春园扭做了迷魂阵,教别人进退无门。心恶又偏毒最狠,性搊搜少喜

---

① "娟"字不可考,笔者认为,"娟"乃"媚"字形近之误,《类篇·女部》:"窊㓯,女媚也。"见《类篇》455页上。

② 以上字书中各例,郭在贻先生《训诂丛稿·〈游仙窟〉释词》"娅姹"条已作考证,认为它们是同源词。

多嗔。"①《雍熙乐府》卷八元小令《一枝花·风情》:"面皮儿封荅,冰凌块六月里生鼻凹,鸡翅儿弹的下,苦眼铺眉做势煞,乖劣牙恰。"

讶掐　《全元散曲》马致远小令《青杏子·悟迷》:"也不怕薄母放讶掐,谙知了性格儿从来织下。"

牙恰,《元语言词典》释为"乖戾"②。王锳在《宋元明市语汇释》中据明《行院声嗽·人事》"厉害,牙恰"解释为"厉害"③。并据杂剧《衣袄车》中有番将名"史牙恰",疑"牙恰"一词源自少数民族语言,这一点与本节第二部分所提到的与藏语词同源不谋而合。

显然,从读音和意义来看,"牙恰"和"讶掐"与我们所讨论的"齖齁"应该是一个词的几种不同形式。

可见窊窊、娅姹、窊㜭、娅媣等表示女子娇媚态的联绵词与齖齁、牙恰、讶掐等表示女子撒野态的联绵词是一组读音相近的同源词,这是为什么呢?盖女子的不正(就是我们说的"不正派")往往可从两个方面表现出来,一是凶狠、泼辣,一是故作娇媚,抑或这二者本来就是一个事物的两个方面:娇媚过头就成了撒娇,撒娇过头了就是撒野,再进一步就成了泼辣、凶狠。或者说,娇媚和泼辣都是某类女子达到目的的手段。因此"窊窊"等词同时具有了这两个方面的意义。《通俗编》卷三四"夭斜"条:"《丹铅录》:唐诗:'钱唐苏小小,人道最夭斜。'又"长安女儿双髻鸦,随风趁蝶学夭斜。'夭与夭不同,读若歪。俗以妇人身容不正曰夭斜。'按:夭斜之夭,《香山集》自注云:'伊耶切。'则当在六麻,与佤音有别,《玉篇》有窊窊,读若鸦茶,训憨痴貌,《集韵》亦谓窊窊为不正,此乃与香山所云'夭斜'通耳。"④其中就认为"窊窊"的意思是妇人身容不正,可以为证。

简言之,"齖齁"的意思是女子凶狠、泼辣。它的语源义是牙齿不平正,张口露齿。而且自古以来就存在着一个庞大的与"齖齁"相关的同源词族,这些词语"音转字变,而其义俱通"⑤。

---

① 隋树森:《全元散曲》,北京:中华书局,1964 年,第 1689、259 页。下不出注。

② 李崇兴、黄树先、邵则遂编:《元语言词典》,上海:上海教育出版社,1998 年,第 370 页。

③ 王锳:《宋元明市语汇释》,贵阳:贵州人民出版社,1997 年,第 63 页。

④ (清)翟灏:《通俗编》,北京:商务印书馆,1958 年,第 752 页。

⑤ (清)郝懿行:《尔雅义疏》,上海:上海古籍出版社,1983 年,第 93 页。

以上分析还可以说明：通过考察同源词，不仅可以解释某些疑难词语的含义，还可以科学地厘清一组词语的真正来源与关系，这对于整个汉语词汇面貌的探索都是很有帮助的。

第六节　词义与读音：也谈"将进酒"①

一、引言

《将进酒》为乐府旧题，汉鼓吹铙歌中已有。《乐府诗集》卷十六《鼓吹曲辞一·汉铙歌》："将进酒，乘大白。辨加哉，诗审搏。放故歌，心所作。同阴气，诗悉索。使禹良工观者苦。"南朝何承天、萧统，唐元稹、李白、李贺等也作有《将进酒》诗。其中，李白沿用乐府旧题作《将进酒》影响最大：

将进酒②

《宋书》："汉鼓吹铙歌十八曲，有《将进酒》曲。"《乐府诗集》："《将进酒》古词云：'将进酒，乘大白。'"大略以饮酒放歌为言。宋何承天《将进酒篇》曰："将进酒，庆三朝。备繁礼，荐嘉肴。则言朝会进酒，且以濡首荒志为戒。若梁昭明太子云，洛阳轻薄子，但叙游乐饮酒而已。"

君不见黄河之水天上来，奔流到海不复回。君不见高堂明镜悲白发，朝如青丝暮成雪。人生得意须尽欢，莫使金樽空对月。天生我材必有用，千金散尽还复来。烹羊宰牛且为乐，会须一饮三百杯。岑夫子，丹丘生，

① 《也谈"将进酒"》发表于《语言研究》2023年第1期，署名王云路、杨淼。

② 本文所引《将进酒》依据清人王琦注《李太白全集》。诗题有异文，敦煌文书伯二五六七题作《惜罇空》；《文苑英华》两见，卷一九五收此诗题作《将进酒》，卷三三六作《惜空罇酒》。

进酒君莫停①，与君歌一曲，请君为我倾耳听。钟鼓馔玉不足贵，但愿长醉不用醒。古来圣贤皆寂寞，惟有饮者留其名。陈王昔时宴平乐，斗酒十千恣欢谑。主人何为言少钱，径须沽取对君酌。五花马、千金裘，呼儿将出换美酒，与尔同销万古愁。

诗题"将进酒"之"将"的读音多有争议。主要有以下诸说。

读 qiāng 说。此说影响最大。高中语文课本《中国古代诗歌散文欣赏》所收《将进酒》篇注释云："将进酒，汉乐府旧题。将(qiāng)，请。"②大型辞书如《汉语大字典》《汉语大词典》在引了《集韵·阳韵》"千羊切"后，所列书证均收"将进酒"一例。一般认为"将"是请愿义，主要理由有二：其一，"将 qiāng"字在古汉语中可释为"请"，如《诗·卫风·氓》："将子无怒，秋以为期。"毛传："将，愿也。"郑笺："将，请。"其二，《将进酒》题旨是劝酒歌，训为"请"正合此意。③

读 jiāng 说。叶嘉莹④认为"将"读作 qiāng 有误，《诗经》中"将仲子兮""将子无怒"中的"将"字因是表示柔婉的语气词，故读为 qiāng，而'将进酒'之'将'不是女子对男子，不表示柔婉之意，故应读作 jiāng。后来学者又从其它角度补充论证，如魏学宝⑤指出："将"字读音的历史流变中，唐代无清母的读音，至宋才有清母字的读音；明清时期，"将"平声清母字读音占有越来越重要的地位，今人读 qiāng 是沿袭清代语音。现代汉语中"将"字实无 qiāng 音，为了避免叶音造成字无定音的后果，"将进酒"之"将"读为 jiāng 比较适宜。但叶、魏二说均未提及"将"应作何解。

① 此处也有异文。陈尚君指出《文苑英华》《乐府诗集》为"将进酒，杯莫停"二句，明清通行文本《李诗通》《全唐诗》为"将进酒，君莫停"，而伯二五六七、《河岳英灵集》《唐文粹》均无此句，知此二句为后补。

② 人民教育出版社课程教材研究所、中学语文课程教材研究开发中心、北京大学中文系语文教育研究所：《中国古代诗歌散文欣赏》，北京：人民教育出版社，2005 年，第 41 页。

③ 刘勇刚(《〈将进酒〉的"将"应读"qiāng"》，《江海学刊》，2000 年第 6 期，第 106 页)较明确地阐释了"将进酒"中"将"应读[$tɕ^{h}aŋ^{1}$]的理由，可参看。

④ 叶嘉莹：《谈〈将进酒〉读音的错误》，https://video.zhihu.com/video/1145476579554680832? 2018 年 3 月 10 日。

⑤ 魏学宝：《〈将进酒〉的"将"究竟怎么读》，《光明日报》，2019 年 1 月 12 日第 12 版。

此外，另有认定“将”读 jiāng 而释为别义者。青木正儿①引《诗经·大雅·既醉》“尔殽既将”《毛传》：“将，行也。”认为“将进酒”之“将”与此处同。倪志云②认为“将”是“且”义：把“将进酒，乘大白”理解为“请喝酒，用大杯”，不如理解为“且喝酒，用大杯”，语义和语气都更为自然。檀作文③则以诗词传统中的对仗修辞例论定“将进酒”的“将”字是“将要”之义。

综上所述，“将”凡两读四解而无定说，其实质是对“将”的释义存在分歧。本文拟从核心义的角度梳理“将”的词义系统，同时兼顾“将进酒”的内部结构等因素，说明《将进酒》中“将”应作何解。

二、“将”的意义变化

“将”，甲骨文字形从又从肉，为双手持肉之形。④ 金文以“䵼”作为过渡形态，为《诗·周颂·我将》“我将我享”之“将”的古文。⑤ 夏渌⑥又从古文字兼并与消亡的角度指出“将”字“从鼎煮肉”至“简化省鼎”的变化过程。战国文字即作从又持肉于爿，形旁又、肉、爿分别为手、肉、床的象形字，会持取祭祀意。

---

① [日]青木正儿：《〈汉诗大系〉第八卷》，东京：株式会社集英社，1975 年，第 309 页。

② 倪志云：《向蒋维崧先生求证“将进酒”的“将”字的读音》，《国学茶座》，2015 年第 1 期，第 131—136 页。

③ 檀作文：《乐府旧题〈将进酒〉“将”字的读音及其新旧传统》，《中国文化》，2018 年第 1 期，第 230—244 页。

④ 甲骨文中的“□(⿰爿殳)”，学界多释为“⿰爿手”，从爿从又，爿、又分别为床、手的象形字，会扶持、扶助意，后世典籍中也写作“将”。“将”为“⿰爿手”的假借字，详后。王子杨(《释甲骨金文中的“将”——兼说古文字“将”之流变》，《出土文献》第 4 辑，上海：中西书局，2013 年，第 115—120 页)指出甲骨文“□(⿱夕廾)”为后世“将”的源头，从肉从又，为双手奉肉之形，会持肉以祭之意。

⑤ 参看周法高主编：《金文诂林》，香港：香港中文大学出版社，1975 年，第 4440—4454 页。徐同柏、王国维、容庚、于省吾等均持此说。陈剑(《甲骨金文旧释“䵼”之字及相关诸字新释》，《出土文献与古文字研究》第 2 辑，上海：复旦大学出版社，2008 年，第 13—47 页)认为旧释为“䵼”之字，皆当改释为“肆解牲体”之“肆”。王子杨认同陈说，并进一步指出“将”的金文是“□”《集成》5251、“□”《集成》4038，即在甲骨文“□(⿱夕廾)”基础上添加“爿”或“鼎”作为过渡形态。

⑥ 夏渌：《论古文字的兼并与消亡》，《武汉大学学报》(社会科学版)，1991 年第 2 期，第 90 页。

表 1　“将”的字形演变表

(《合集》27604)	(《合集》31046)	(《合集》31770)
(《集成》2137)	(《集成》5395)	(《集成》9091)
(《睡·效》46)	(《睡·答》208)	(《睡·为》214)

综合以上古文字字形及用例可知，“将”的造字意是用手持肉于床，多用于祭祀中表进献、奉献之义。“床”为搁置祭品的台子。①《诗·周颂·我将》：“我将我享，维羊维牛，维天其右之。”持肉奉献于祭台，这是其本义的直接应用。“将”的核心义当为“奉持而进”，朱熹《诗集传》言：“将，行也，亦奉持而进之意。”这一动作的过程是持物朝着接受者方向的运动，可以分两个步骤：一是着眼于“持”，即执持，为对事物的把握状态；一是着眼于“进”，即进献，为有方向的运动过程。从这一运动具有的核心特征衍生出一些动作、名物义。

第一，侧重于把握，掌控。掌控的对象为车，就是使车按路径运行，为驾御义。如《史记·田叔列传》：“少孤贫困，为人将车之长安，留，求事为小吏，未有因缘也，因占著名数。”司马贞索隐：“将车，犹御车也。”掌控的对象为抽象的观念，就是遵奉、秉承。《仪礼·聘礼》：“束帛将命于朝。”郑玄注：“将，犹奉也。”《列子·杨朱》：“人之所以贵于禽兽者，智虑；智虑之所将者，礼义。”掌控的对象为语言或语调，就是操，指用某种方言说话。明张煌言《北征录》：“达衔口，有巡司解逻卒登舟讥察，见余将北音，貌魁梧，疑为亡虏。”

掌控的对象由物转为人，即控制、带领。对他人为带领、率领。《左传·桓公九年》：“楚子使道朔将巴客以聘于邓。”对自己为控制、约束。《汉书·兒宽传》：“宽为人温良，有廉知自将，善属文，然懦于武，口弗能发明也。”“自将”犹言“自持”。特指对军队的控制，有统率、指挥义。《说文·寸部》：“将，帅也。”段注：“帅当作衛。行部曰：衛，将也。二字互训。”《左传·文公二年》：“先且居

① “床”古时常表示台子，如“鼓床”“祭床”“笔床”等，都是搁置物品的架子。现代汉语还有“机床”“牙床”“河床”等用法，与之类似。

将中军，赵衰佐之。”用作名词，指将帅，是为率领义的变调构词。① 现代汉语还有“将军”的用法。《群经音辨》卷六：“将，持也，即良切。持众者曰将，即亮切。”《孙子·计》：“将者，智、信、仁、勇、严也。”即为此义。范围延展，也可喻指在某一领域称雄者。宋苏轼《雪后刘景文和顺阇黎诗见赠次韵答之》：“载酒邀诗将，臞儒不是仙。”现代汉语还有“干将”“武将”等说法。而从被操控、被率领者的角度看，就是顺从。《庄子·庚桑楚》：“备物以将形。”陆德明释文：“将，顺也。”《汉书·礼乐志》：“招摇灵旗，九夷宾将。”颜师古注：“将，犹从也。”唐李商隐《赴职梓潼留别畏之员外同年》：“乌鹊失栖常不定，鸳鸯何事自相将？”“相将”犹言“相从”。

能够率领控制者，自然足够大，足够强，引申为壮大之义。②《说文·手部》：“拇，将指也。”段注：“将指，谓手中指也……手以中指为将指为拇，足以大指为将指为拇。”“将”与“大”的关系显见。《诗·小雅·北山》：“嘉我未老，鲜我方将。”毛传：“将，壮也。”《诗·商颂·长发》：“有娀方将，帝立子生商。”毛传：“将，大也。”郑笺：“禹敷下土之时，有娀氏之国亦始广大。”壮大与美相因。《诗·豳风·破斧》：“哀我人斯，亦孔之将。”王引之《经义述闻》卷五：“毛传曰：将，大也。家大人曰：大与美义相近。《广雅》曰：将，美也。首章言将，二章言嘉，三章言休，将、嘉、休，皆美也。将、臧声近，亦孔之将，犹言亦孔之臧耳。”《方言》卷一：“将，大也。凡物之大貌曰丰。”由大可引申为盛。宋苏轼《送吕希道知和州》诗：“君家联翩三将相，富贵未已今方将。”古人的观念中，空间和时间概念可以互相转化，故空间之广大可转为时间之长久。《诗·商颂·烈祖》：“以假以享，我受命溥将。”马瑞辰通释：“盖言我受天之命溥且长，犹《公刘篇》‘既溥既长’，以溥、长对举也。”

中古以来，“将”还可作为介词引进动作掌控的对象，与“持”“取”“把”等词

---

① 孙玉文(《汉语变调构词考辨》，北京：商务印书馆，2015年，第721—726页)“将$_1$”条指出：“《经典释文》给‘将’的原始词和滋生词注音近100例，绝大多数注去声，这是因为即良切一读常见，不必太多注音的缘故。其中平去兼注1例，正表现出‘将’是变调构词的。”

② “壮”“将”庄精准双声，阳部叠韵，故“将”有大义。段玉裁认为“皆就叠韵双声得之”。《尔雅·释诂一》：“壮……将，大也。”郝懿行义疏：“壮，与奘同，而声近将。”《说文》：“壮，大也。”又：“奘，驵大也。”二说皆通。

相近。如隋阇那崛多译《佛本行集经》卷三十一《昔与魔竞品》："我今见汝，甚大欢喜，遍满身体，不能自胜，我欲将汝作于善友，共相爱敬。"①

第二，侧重于进献。进献是予神（或人）的动作，运动轨迹一定是单向的、向外的，即往远离起始位置的方向。如传递义，是信息等离开原来地方。《论语·宪问》："童子将命。"朱熹集注："将命，谓传宾主之言。"如行进义，是表示向前行走远离初始位置，《诗·郑风·丰》："子之昌兮，俟我乎堂兮，悔予不将兮。"孔传："将，行也。"进献是动作上的向前，将来是时间上的向前，"将来"义或基于此特征引申而来。②

进献的目的是祈求神灵保佑。《诗·周南·樛木》："乐只君子，福履将之。"郑玄笺："将，犹扶助也。""扶助"就是护佑的意思。人的帮助也称"将"。《三国志·魏志·华佗传》："行数里，昕卒头眩堕车，人扶将还，载归家，中宿死。""扶将"是具体的帮助，即扶持、搀扶义；唐白居易《康日华赠坊州刺史制》："矧吾褒赠以荣之，恻隐以将之。"这里的"将"是抽象的帮助。

进献供奉的对象由神灵转为人，就有供养；奉养义。《诗·小雅·四牡》："王事靡盬，不遑将父。"毛传："将，养也。"孔颖达疏："我坚固王事，所以不暇在家以养父母。"

至此可以证明，从本义中推求出的"奉持而进"义能够统摄"将"的绝大多数义项，正为"将"的核心义。

第三，"奉持而进"义常常在语境中整体呈现。如：

(1)"请还挚于将命者。"郑玄注："将，犹传也。传命者，谓摈相者。"（《仪礼·士相见礼》）

(2)将笔来，朕自作之。（《洛阳伽蓝记·平等寺》）

---

① 关于处置式的来源问题，可参看刘子瑜《唐五代时期的处置式》（《语言研究》，1995年第2期，第133—140页），吴福祥《再论处置式的来源》（《语言研究》，2003年第3期，第1—14页），曹广顺、龙国富《再谈中古汉语处置式》（《中国语文》，2005年第4期，第320—332页、第383—384页）等，此处从略。

② "将"之本字外，"㸓"为"将"的另一意义来源。王云路、方一新《中古佛经写本与刻本比较漫议》（《古汉语研究》，2018年第1期，第2—7页、第103页）对"将"的两个意义来源有详细阐释，可参看。

前者是携带信息、命令给人，就是传达或表达义。后者是拿笔给人，就是传递义。

特别需要说明的是，“将”在上古汉语中表奉持、进献义，如果受事对象是“酒肉”，可以在句子中不作为宾语出现，即动作中的对象隐含，这是其本义决定的。如：

(3)殷士肤敏，裸将于京。(《诗·大雅·文王》)

(4)或剥或亨，或肆或将。(《诗·小雅·楚茨》)

(5)我将我享，维羊维牛，维天其右之。(《诗·周颂·我将》)

例(3)朱熹集传：“将，行也，酌而送之也。”“将”隐含了对象“酒”，表示进酒义。例(4)郑笺：“有肆其骨体于俎者，或奉持而进之者。”例(5)孔颖达疏：“以将与享相类，当谓致之于神。”郑笺、孔疏均呈现出了“将”所隐含的对象，即祭祀时所用的牲肉。孔疏“将与享相类”，是说在祭祀时“将”与“享”用法类似，更证明了“将”的含义特征。上述三例中“将”均表示进酒肉，动作中的对象“酒肉”在句法形式上没有出现。①

在中古文献中，“将”语义泛化，其目的可与祭祀无关，其宾语角色也不限于酒或肉，故“将”的动作对象即便为“酒”或“肉”，也需要呈现出来。如：

(6)今日忽然将酒肉来共相娱乐，展释情故，即与夫人饮酒食肉，作众伎乐欢喜娱乐，恚心即灭。(南朝齐昙景译《佛说未曾有因缘经》卷下)

(7)若人以酒诳他欲行旷野之人言：“是第一阿娑婆酒，令人不醉。”而与恶酒，彼将酒去，既入旷野崄处饮之，饮已极醉无所觉知，如是醉人所有

① 上古动词语义角色隐含的问题已有不少学者关注，可参看胡敕瑞《从“隐含”到“呈现”(上)》(《语言学论丛》第31辑，北京：商务印书馆，2005年，第1—21页)、《从“隐含”到“呈现”(下)》，(《语言学论丛》第38辑，北京：商务印书馆，2009年，第99—127页)，蒋绍愚《词汇、语法和认知的表达》(《语言教学与研究》，2011年第4期，第20—27页)、《汉语历史词汇学概要》(北京：商务印书馆，2015年，第144—146页)，王诚《从语义角色看先秦到汉代动词的演变——以“捽”“攘”“挥”为例》(《汉语史学报》第16辑，上海：上海教育出版社，2016年，第212—218页)，史文磊：《“从综合到分析”相关概念辨正——以〈左传〉〈战国策〉“派遣”义“使”的用法差异为例》(《浙江大学学报》(人文社会科学版)，2021年第2期，第185—204页)等。

财宝悉为贼取或夺其命。(北魏瞿昙般若流支译《正法念处经》卷八)

这时候的“将”更多体现的是“持拿”“持奉”义。唐诗中“将”的这一用法多见,李白《将进酒》诗“五花马、千金裘,呼儿将出换美酒”即其例。又如:

(8)天下未宁吾道丧,更谁将酒酹吟魂。(杜荀鹤《哭方干》)

(9)将炙啖朱亥,持觞劝侯嬴。(李白《侠客行》)

(10)闲将酒壶出,醉向人家歇。(白居易《洛阳有愚叟》)

“将进酒”之“将”正为此义,下文会进一步阐明。

三、“进”的词义

前文已论述了“将”的本义、核心义及其词义系统,并证明了“将”在上古汉语中可作为对象自足动词,表示进奉酒食。为了说明“将进酒”的关系,有必要再考察“进”的语义特征和发展脉络。

“进”(進),甲骨文字形从止、从隹,金文以后多从辵、从隹,止、辵为义近形符。《说文·辵部》:“进,登也。从辵,閵省声。”高鸿缙①“进”条指出:“字从隹,从止,会意。止即脚,隹脚能进不能退,故以取意。”“进”的造字意是隹脚,这个形象用以表现“鸟上前、前进”的含义。“进”的功能特征就是泛指的上前、前进义,由此引申有进步、进献、进入、靠近、超过等意义,这里从略。

表 2 “进”的字形演变表

(《合集》32535)	(《集成》10174)	(楚帛书乙八·五)

那么,“将进酒”中“进”应该怎样解释呢?“进”用以表达和酒食相关的含义时,为“进奉”义,其后接所进奉之物。如:

(11)楚郄宛之难,国言未已,进胙者莫不谤令尹。(《左传·昭公二十七年》)

(12)凡进食之礼,左殽右胾。(《礼记·曲礼上》)

① 高鸿缙:《中国字例》,台北:三民书局,1960年,第489页。

(13)故竖谷阳之进酒,不以雠子反也,其心忠爱之,而适足以杀之。(《韩非子·十过》)

例(11)杜预注:"进胙,国中祭祀也。"这里的"进胙"指的是"进献祭祀用的牲肉"。例(12)"进食"即为"进奉食物"义。例(13)"进酒"是"奉上酒",与斟酒劝饮等动作是紧密联系的。此外,"进酒"也用于祭祀相关语境,如《易林·小畜》:"折臂蹻足,不能进酒,祠祀阔旷,神怒不喜。"又《易林·震》:"折臂接手,不能进酒,祈祀闲旷,神怒不喜。"这些例证的"进"以进奉、奉献义为主,所进之物可以指酒、祭品,也可以泛指食物。

(14)履蒲席,衣布晞身,乃屦,进饮。(《礼记·玉藻》)

(15)君举有功而进飨之,无功而励之。(《吴子·励士》)

(16)咸进酌于金罍,献万年之玉觞。(东汉黄香《天子冠颂》)①

例(14)"进饮"的"饮"指酒。《左传·成公十六年》:"王闻之,召子反谋。谷阳竖献饮于子反,子反醉而不能见。"是其例。例(15)"进飨"是用酒食招待以资鼓励。例(16)中"进酌"犹"进酒","酌"指酒。《礼记·曲礼下》:"酒曰清酌。"

故"进"早期表示进奉食物让对方享用,与"将"同义。从魏晋时期进奉对象可以转为自我,即把食物进奉给自己,因而直接具有饮、食义:

(17)一觞聊独进,杯尽壶自倾。(晋陶潜《杂诗》之二)

(18)荀勖尝在晋武帝坐上食笋进饭,谓在坐人曰:"此是劳薪炊也。"(《世说新语·术解》)

(19)淹素能饮啖,食鹅炙垂尽,进酒数升讫,文诰亦办。(《南史·江淹传》)

例(17)"进"即为动词"饮"义,例(19)以"进酒"表"饮酒"义;例(18)"进饭"就是"吃饭"。对象转化是词义演变的一个常见现象,比如现代汉语中依然有"进食"一词,表示自主吃饭;而上古表示进奉食物,《礼记·曲礼上》:"凡进食

① 唐徐坚等《初学记·礼部下》收录此文。

之礼，左殽右胾。”是其例。

综上分析，“将进酒”作为乐府旧题，其“进”只能是进献、进奉义，“进酒”即奉上酒。① 因为“进”的饮、进食义产生于魏晋，汉乐府的“将进酒”恐怕还属于“进奉”义。

四、“将进酒”的结构与含义

“将”“进”语义已明，为奉持、进献义。“将酒”“进酒”的例子也不少，那么，“将进酒”就是“将酒进酒”的缩略式，是以同义平列的方式组合在一起，即表示奉上酒请对方饮用。

“将”“进”义同，从语义表达上来说，“将进酒”当然也可以仅作“进酒”，但后者语气促而不扬。同时，铙歌十八曲的题目中三字曲名有十二曲，此后文人自作新乐府，有两字题、三字题，但究竟以三字题为多，可见制铙歌以三字为主。“将进酒”曲名形成或与此有关系。②

“将”“进”连言用于“V_1+V_2+O”结构中也有例证：

(20)“升，实觯，西阶上坐奠觯，拜，执觯兴。宾席末答拜。举觯者坐祭，遂饮，卒觯，兴。坐奠觯，拜，执觯兴。宾答拜，降洗，升实之，西阶上北面。”郑玄注：“将进奠觯。”（《仪礼·乡射礼》）

(21)“公当楣再拜，宾三退，负序，公侧袭受玉于中堂与东楹之间。”郑注：“三退，三逡遁也。不言辟者，以执圭将进授之。”（《仪礼·聘礼》）

(22)灵公谓盾曰：“吾闻子之剑盖利剑也。子以示我，吾将观焉。”赵盾起将进剑。（《公羊传·宣公六年》）

例(20)“将进奠觯”指奉持祭祀，例(21)“将进授之”是进奉玉帛，例(22)的“将进剑”与“将进酒”为同类结构，仅对象不同，“将进”是奉持、进献义。

也有可以两解的例子，如《国语·越语上》：“越人饰美女八人，纳之太宰

① 一说“将”是副词性的“且”字义，“将进酒，承大白”即为“且喝酒，用大杯”。通过对“进”的历时考察可知，乐府旧题“将进酒”中“进”为进奉、奉献义，姑且进奉一杯酒于义不合。

② 感谢钱志熙教授提供这一思考角度。

嚭，曰：‘子苟赦越国之罪，又有美于此者将进之。’”《孔子家语·在厄》：“（孔子）召颜回曰：‘畴昔予梦见先人，岂或启佑我哉？子炊而进饭，吾将进焉。’”此二例“将”可以理解为“将要”义，也可以理解为“将进”同义并列，表示进献。此外，自先秦始人们就用复音词“将欲”，《老子》：“将欲夺之，必固与之。”《墨子·非攻下》：“中情将欲求兴天下之利，除天下之害。”这些例证中“将”也有将要，打算两解。这其实是由于“将”的词义在短语或复合词中被其他词义、词性皆同的词代表，“将进”“将欲”中“将”的词义分别由“进”“欲”直接代表并且表示出来，长此以往，人们不再追问以致遗忘了“将”本身原有的词义，转而重新分析“将”的词义。①

词义发展中产生多义、甚至歧义是很正常的。比如一个动作本身即存在施事主体与受事对象两方面，以不同的方面为视角主体，会有两方面的词义。一个词语包含这两方面含义，在词义发展早期是常见的现象。如“见”，同时有“看见”和“出现”两种含义。“夺”，同时有“夺走”和“失去”两种含义。“输”有“输送”和“失去”两种含义。“通”有“知晓”和“传达、告知”两方面含义。另外，动作实施与否，也会产生两种含义：实施前属于想要、打算，实施中则属于具体的动作。这里的关键是双音节并列造成的。上文的“将”就是在“将进”并列时产生了不同的理解。

一说“将”表请愿义，读 qiāng，源于《诗经》毛传和郑笺。这里有三个问题需要讨论，包括意义、结构和读音。一是意义。《诗·国风·氓》：“将子无怒，秋以为期。”毛传：“将，愿也。”笺云：“将，请也。民欲为近期，故语之曰：‘请子无怒，秋以与子为期。’”《诗·国风·将仲子》：“将仲子兮，无踰我里，无折我树杞。”毛传：“将，请也。仲子，祭仲也。踰，越。里，居也。二十五家为里。杞，木名也。折言伤害也。”笺云：“祭仲骤谏，庄公不能用其言，故言请，固距之。”

---

① 段退《先秦至隋唐“将”字句研究》（天津：南开大学出版社，2020 年，第 44—47 页）以“将欲”“将请”“必将”“将养”为例，指出了“将”的词义被弱化、虚化，“将欲”“必将”“将养”三例笔者以为然。于此，特别要说明的是“将请”所引三例，其“将”均非请愿义。具体例证如下：《国语·晋语八》：“文子将请之于楚。”《北史·徐则传》：“晋王将请受道法，则辞以时日不便。”《大唐新语》：“将请尚方断马剑，斩足下。”未有音注将其注解为 qiāng，此三例“将”词义明确，为将来、将要义。

笔者以为“请”用于句首，只是语助词，是名词①的前附加成分，凑足音节而不表义。毛传、郑笺是随文释义，并不是其字义。也没有其他旁证。

二是结构。考先秦、两汉乃至后代的文献用例，都是《诗经》同一句式的仿照，没有在其他句型中出现。如：

(23)将子无怒，秋以为期。(《诗·国风·氓》)

(24)将仲子兮，无踰我里，无折我树杞。(《诗·国风·将仲子》)

(25)将叔无狃，戒其伤女。(《诗·郑风·大叔于田》)

(26)载输尔载，将伯助予！(《诗·小雅·正月》)

(27)将子无死，尚能复来。(《穆天子传》卷三)

(28)将子无欢，神听钟鼓。(唐柳宗元《湘源二妃庙碑》)

(29)将伯之助，义不敢忘。(《聊斋志异·连琐》)

可以发现此类句法结构与毛诗保持了高度的一致性，皆为“V＋O”格式，没有发现“V_1＋V_2＋O”的例子，那么，一定要把这一结构放在“将进酒”这种“V_1＋V_2＋O”的结构中就没有道理了。

三是读音。目前所见最早明确指出“将”读为 qiāng 的是唐代颜师古《汉书》音注，《毛传》《郑笺》均无直接注音。《汉书·匡衡传》：“郑伯好勇，而国人暴虎。”师古曰：“《诗·郑风·太叔于田》之篇曰：‘襢裼暴虎，献于公所。将叔无狃，戒其伤汝。’襢裼，肉袒也。暴虎，空手以搏之也。公，郑庄公也。将，请也。叔，庄公之弟太叔也。狃，忕也。汝亦太叔也。言以庄公好勇之故，太叔肉袒空手搏虎，取而献之。国人爱叔，故请之曰勿忕为之，恐伤汝也。襢音祖，裼音锡，字并从衣。将音千羊反。狃音女九反。”既然与《诗经》意义用法相同，毛传、郑笺都没有特别注音，到唐代平白加了一个“千羊反”的注音，根据何在？千年之后的我们为什么不按照汉代毛传而按照唐代颜注的发音呢？所以“将”影响最大的“请愿”义和“qiāng”的读音，都是不可靠的。

至于以诗词传统中的对仗修辞例论定“将进酒”的“将”字是“将要”之义，则于“将进酒，乘大白”或“将进酒，庆三朝”语例中皆语义不顺。前面讨论中已经涉及，这里从略。

---

① 比如亲属身份称谓：子、叔、伯和人名“仲子”。其实“仲子”也是排行。

要而言之，李白《将进酒》诗中“将”应读 jiāng，奉持、进献义，“将”“进”为同义平列结构，“将酒”“进酒”合言之就是“将进酒”。

第七节　试论音变在词语发展中的作用①

许多发生语音变化的词我们称之为“通假”，但是发生音变的并不一定是假借字，假借只是音变的一种类型。“音变”就是有本字，又据此产生了另外音近(同)的写法或新词。音变是汉语新词或新义产生的一个重要途径。这里讨论了音变的三种情况：(1)单音词变为双音词。讨论了由音变产生的联绵词在双音词发展中所占据的比例、方式和功用。(2)单音词本身的音变。有四种主要类型：音近义同，或者为同音替换；临时性同音(音近)假借；音近造词(字)和历时的方言音变。(3)复音词的音变。主要包括单纯式音变和音义兼顾式音变。

汉语词形的演变、结构的演变、词义的演变，其间联系千丝万缕，关系错综复杂，真可谓“剪不断，理还乱”，但总还有些规律可以探寻。笔者以为制约汉语词义发展的要素有两个：词的核心义和基本读音。核心义是由本义概括而来，贯穿于所有相关义项的核心部分，是词义的灵魂，由此产生的词义占了词语的大部分义位。基本读音导致了词语内部的语音变化，以及与其他语音相关词的联系，前人所说的“因声求义”就是针对语音变化而言的。这里讨论词语由语音联系而发生的词形和结构的变化，主要从音变的方式、类型入手。

一、通假与音变

许多发生语音变化的词我们称之为“通假”。但是发生音变的并不一定是假借字，假借只是音变的一种类型。我们用例子说明。

例一、蜗牛——瓜牛

《三国志·魏志·管宁传附焦先》裴松之注引《魏略》：“自作一瓜牛庐，净

① 《试论音变在词语发展中的作用》发表于《汉语史学报》第8辑，2009年。内容有所删改。

扫其中。营木为床,布草蓐其上。至天寒时,搆火以自炙,呻吟独语。"又《贾逵传》裴松之注引《魏略》:"(杨沛)治疾于家,借舍从儿,无他奴婢。后占河南夕①阳亭部荒田二顷,起瓜牛庐,居止其中,其妻子冻饿。""瓜牛庐"如何解释?裴松之曰:"瓜当作蜗;蜗牛,螺虫之有角者也,俗或呼为黄犊。"按:此说是。"瓜牛庐"即"蜗牛庐"。晋葛洪《神仙传》卷六"焦先"亦作"瓜牛庐"。又《清诗别裁集》卷十八魏坤《寄居虫》:"人生如瓜牛,长负躯壳累。……常共水族游,爱此一螺翠。延缘遂迁入,宛转据其内。"证明寄居在螺中的正是"瓜牛",即"蜗牛"。

古人常称斗室为"蜗牛庐"等。如《北齐书·蔡俊传》:"高祖客其舍,初居处于蜗牛庐中,苍鹰母数见庐上赤气属天。"《全梁文》卷六载梁武帝《天象论》:"譬犹宅蜗牛之角,而欲论天之广狭;怀蚌螺之壳,而欲测海之多少,此可谓不知量矣。"宋王以宁《渔家傲》:"卖药得钱休教化,归来醉卧蜗牛舍。"所以"瓜牛"就是"蜗牛"。"瓜""蜗"《宋本玉篇》《广韵·麻韵》并"古华切",古同音,《字汇补·瓜部》:"瓜,与蜗通。"

例二、敖戏——劳戏

《齐民要术》卷六《养羊》:"牧羊必须大老子,心性宛顺者,起居以时,调其宜适。……若使急性人及小儿者,拦约不得,必有打伤之灾;或劳戏不看,则有狼犬之害;懒不驱行,无肥充之理;将息失所,有羔死之患也。""劳戏不看",犹言嬉戏不照看羊群。《隋诗》卷四薛道衡《和许给事善心戏场转韵》:"繁星渐寥落,斜月尚徘徊。王孙犹劳戏,公子未归来。"品文义,"劳戏"即嬉戏,玩耍义,可以无疑。

考"劳戏"本字当为"敖戏"。《汉书·霍光传》:"从官更持节,引内昌邑从官驺宰官奴二百余人,常与居禁闼内敖戏。"《三国志·魏志·陶谦传》:"陶谦字恭祖,丹阳人。"裴松之注引三国吴韦昭《吴书》:"甘公夫人闻之,怒曰:'妾闻陶家儿敖戏无度,如何以女许之?'"

又作"遨戏","敖""遨"古今字。《论衡·验符》:"龙出往世,其子希出,今小龙六头,并出遨戏,象乾坤六子,嗣后多也。"又《自纪》:"建武三年,充生,为小儿,与侪伦遨戏,不好狎侮。"《百喻经·小儿争分别毛喻》:"譬如昔日有二小儿,入河遨戏,于此水底得一把毛。"唐韩愈《杂诗》:"独携无言子,共升昆仑颠。

---

① "夕"当是"几"之误。

……遨戏未云几，下已亿万年。”

又作“傲戏”“敖嬉”，与“敖戏”同。《世说新语·简傲》刘孝标注引《文士传》：“（嵇）康性绝巧，能锻铁。家有盛柳树，乃激水以圜之，夏天甚清凉，恒居其下傲戏，乃身自锻。”宋苏辙《偶游大愚见余杭明雅照师赋诗送之》：“俯首笑不答，且尔聊敖嬉。”“遨”“傲”，当为“敖”字之借。

从文字上看，《说文·放部》：“敖，出游也。”“敖”“遨”古今字。从读音上看，“劳”《广韵》“鲁刀切”，来母豪韵；“敖”“遨”“五劳切”，疑母豪韵，“劳”与“敖”“遨”均为牙音、叠韵。故“劳戏”与“敖戏”“遨戏”“敖嬉”皆音近义通，为并列结构。又，《广韵·萧韵》：“嫽，相嫽戏也。”“嫽”亦为“敖”的音变，与“劳”声韵更近。

例三、党羽——党与、党附

有的音变加上想象、联想，则变得形象具体，表面看似乎更合乎逻辑，而且我们也未必知道是音变的结果。比如近、现代汉语有“党羽”一词，谓党徒，多指恶势力集团中的附从者。《太平御览》卷一一〇引《唐书》：“太平公主与左仆射窦怀贞、侍郎岑义等谋逆，事觉，皇帝率兵诛之，穷其党羽。”《封神演义》第九三回：“擒其渠魁，殄其党羽。”“党羽”是一种比较形象的说法，本字当是“党与”。《公羊传·宣公十一年》：“纳公孙宁、仪行父于陈。此皆大夫也，其言纳何？纳公党与也。”《宋书·武帝纪中》：“十月，镇恶克江陵，毅及党与皆伏诛。”“党与”谓结党相与者。又作“党附”。《南齐书·王晏传》：“论荐党附，遍满台府。”“党与”“党附”是并列结构，而“党羽”就说不清楚什么结构了。有说“党羽”即结党以为羽翼，只能说是人们的想象和比喻。

那么什么叫“音变”呢？就是有本字，又产生了另外音近（同）的写法或新词。“瓜牛”就是“蜗牛”的音同假借，“劳戏”就是“敖戏”的音近假借，是不同的写法。“党羽”则是“党附”“党与”等音变的结果，是新词。二者的区别在于：虽然都发生了变化，但假借是偶然性的借用，或者本字非常明确；其他音变则创造了新词，甚至是单音节到双音节的变化，一个词到多个词的变化等。这里主要探讨音变在汉语构词和词义中的作用，当然也包括通假现象。

二、音变产生复音词

音变在汉语构词中占据什么样的地位呢？我们以单音词变为双音词的例

子来说明这个问题。汉魏以来，汉语词语逐步由单音节向双音节发展，途径很多。下面以形容词“怅”和动词“落”为例，看看双音节新词的类型。

（一）“怅”的双音化

“怅”是怨望、失意义。《说文·心部》：“怅，望恨也。”《楚辞·九歌·山鬼》：“怨公子兮怅忘归，君思我兮不得间。”汉司马相如《长门赋》：“日黄昏而望绝兮，怅独托于空堂。”晋潘岳《金谷集作》：“亲友各言迈，中心怅有违。”南朝梁任昉《奉和登景阳山》：“物色感神游，升高怅有阅。”“怅”能产性很强，可以构成许多种类型的双音词。如：

1. 并列式：

怅恨：《史记·陈涉世家》：“陈涉少时，尝与人佣耕，辍耕之垄上，怅恨久之。”失译《大方便佛报恩经》卷五：“时我不果所愿，心怀怅恨，忧悲苦恼。”晋刘琨《答卢谌书》：“天下之宝，固当与天下共之。但分析之日，不能不怅恨尔。”

怅惋：《晋书·孝友传·许孜》：“明日，忽见鹿为猛兽所杀……孜怅惋不已。”唐张怀瓘《书断·高正臣》：“高尝许人书一屏障，逾时未获。其人出使淮南，临别大怅惋。”

怅悼：南朝梁僧祐《出三藏记集》卷一一周颙《抄成实论序第七》：“是使大典榛芜，义种行辍，兴言怅悼，侧寐忘安。”清蒲松龄《聊斋志异·林四娘》：“一夕忽惨然告别……公送诸门外，湮然没。公怅悼良久。”

怅惜：《新唐书·刘子玄传》：“至忠得书，怅惜不许。”宋曾巩《与王介甫第三书》：“顾苟禄以弃时日，为可怅惜。”

怅慨：宋程大昌《演繁露·六州歌头》：“《六州歌头》，本鼓吹曲也……音调悲壮，又以古兴亡事实之，闻其歌使人怅慨。”

怅憾：明李东阳《纪行杂志》：“见殿宇敝陋，寝殿尤圮，塑像皆暴露风日中。因忆旧岁兖州尝求修庙记，而坏弛如此，怅憾不能置。”

2. 联绵词：

怅怏：晋支遁《咏怀》：“怅怏浊水际，几忘映清渠。”《北史·崔勉传》：“季景于世隆求右丞，夺勉所兼，世隆启用季景，勉遂怅怏自失。”唐牟融《寄周韶州》诗：“寄语故人休怅怏，古来贤达事多殊。”按：“怏”是郁郁不乐义。《战国策·赵策三》：“辛垣衍怏然不说曰：‘嘻，亦太甚矣先生之言也？’”唐牟融《有感》：“盛世嗟沈伏，中情怏未舒。”

怅惘、怅罔:《楚辞·九辩》"怆怳懭悢兮"王逸注:"中情怅惘,意不得也。"宋苏轼《与滕达道书》之六:"会合邈未有期,不免怅惘。"按:《文选·潘岳〈西征赋〉》:"惘辍驾而容与,哀武安以兴悼。"李善注:"惘,犹罔。罔,失志之貌也。"

怅惆:唐王维《叹白发》:"怅惆故山云,徘徊空日夕。"《敦煌变文集·八相押座文》:"每夜唯闻处处悲,借问因何怀怅惆。"多作"惆怅"。《楚辞·九辩》:"廓落兮,羁旅而无友生;惆怅兮,而私自怜。"三国魏阮瑀《杂诗二首》之二:"念当复离别,涉路险且夷。思虑益惆怅,泪下沾裳衣。"晋陶渊明《归去来兮辞》:"既自以心为形役,奚惆怅而独悲。"按:"惆"是失意貌。《荀子·礼论》:"案屈然已,则其于志意之情者惆然不嗛。"杨倞注:"惆然,怅然也。"晋陆机《叹逝赋》:"虽不寤其可悲,心惆焉而自伤。"

怅悢:东晋法显译《佛说大般泥洹经》卷一:"如是再三,纯陀怅悢,举声叹曰:'何其怪哉!世间虚空。'"怅悢,宋元明三本、宫本、圣语藏本作"怅恨"。清吴骞《扶风传信录》:"二十八日生归,见惟空室,怅悢若失。"按:"悢"为忧伤义。三国魏嵇康《与山巨源绝交书》:"女年十三,男年八岁,未及成人,况复多病,顾此悢悢,如何可言!"

怅望:南朝齐谢朓《新亭渚别范零陵云》:"停骖我怅望,辍棹子夷犹。"唐杜甫《咏怀古迹》之二:"怅望千秋一洒泪,萧条异代不同时。"元萨都剌《满江红·金陵怀古》:"六代繁华,春去也,更无消息。空怅望,山川形胜,已非畴昔。"按:"望"有惆怅、忧伤义。《说文·亡部》:"望,出亡在外,望其还也。"盼望归来而未归,则必然惆怅、失望。

以上为有双声或叠韵关系的并列双音词,我们通常也看作联绵词,如"怅快""怅惘""怅悢""怅望"都是叠韵词,"惆怅"为双声词。

3.附加式:

怅然:战国楚宋玉《神女赋》序:"罔兮不乐,怅然失志。"《史记·日者列传》:"宋忠、贾谊忽而自失,芒乎无色,怅然噤口不能言。"《汉诗》卷十《乐府古辞·古诗为焦仲卿妻作》:"阿兄得闻之,怅然心中烦。"

怅其:晋羊徽《赠傅长猷傅时为太尉主簿入为都官郎》:"违好独羁,怅其凄而。"

怅而:晋陶渊明《荣木》:"静言孔念,中心怅而。"

怅如:晋挚虞《答杜育》:“怀恋结好,心焉怅如。”

怅尔:唐陈子昂《上薛令文章启》:“怅尔咏怀,曾无阮籍之思。”

4.叠音词:

怅怅:晋潘岳《哀永逝文》:“怅怅兮迟迟,遵吉路兮凶归。”西晋竺法护译《正法华经》卷二:“今四部众,意咸怅怅,当令坦然,无余结恨。”怅怅,宋元明三本、宫本作“怅恨”。《宋书・庾登之传附庾炳之》:“然不知臣者,岂不谓臣有争竞之迹,追以怅怅。臣与炳之周旋,俱被恩接,不宜复生厚薄。”

叠音词在很大程度上可以归入联绵词或者并列式中。一般说来,当表示的是单音词含义时,可以看作并列式;当产生新义时,就属于联绵词。

5.偏正式:

怅塞:明方孝孺《与郑叔度书》之六:“何时复得会面,临纸怅塞,惟千万自重不宣。”

怅怀:《文选・张衡〈西京赋〉》:“于是众变尽,心酲醉,盘乐极,怅怀萃。”薛综注:“萃,犹至也……怅然思念,所当复至也。”

怅恋:宋司马光《别刘孝叔杂端手启》:“前日暂得诣别,怅恋何可胜言。”

此三例看作并列式亦可。

(二)“落”的双音化

“落”本义是失落、脱落。《诗・卫风・氓》:“桑之未落,其叶沃若。”可比喻生命的终结。《书・舜典》:“二十有八载,帝乃殂落。”《国语・吴语》:“人民离落。”韦昭注:“落,殒也。”可比喻事物或事情的荒废。《庄子・天地》:“夫子阖行邪?无落吾事!”可比喻荒废的状态,即零落、稀疏或衰败。《管子・宙合》:“盛而不落者,未之有也。”《史记・汲郑列传》:“郑庄、汲黯始列为九卿,廉,内行修絜。此两人中废,家贫,宾客益落。”还可以表示心情的落寞等。构成双音词有如下结构类型:

1.联绵词:

牢落:《东观汉记》卷十六《第五伦传》:“第五伦自度仕宦牢落,遂将家属客河东,变易姓名,自称王伯齐。”“牢落”即寥落,是冷落孤寂之义。吴树平校注曰:“牢落,茫茫然无着落。”晋陆机《文赋》:“心牢落而无偶,意徘徊而不能揥。”《梁书・简文帝本纪》:“今岱宗牢落,天步艰难,淳风犹郁,黎民未乂。”唐张九龄《自彭蠡湖初入江》:“牢落谁相顾,逶迤日自愁。更将心问影,于役复何求?”

唐刘长卿《题魏万成江亭》："萧条方岁晏，牢落对空洲。才出时人右，家贫湘水头。"以上"牢落"皆忧伤貌。

陆落：《论衡·程材》："论者多谓儒生不及彼文吏，见文吏利便而儒生陆落，则诋訾儒生以为浅短，称誉文吏谓之深长。"刘盼遂《论衡集解》："陆落，双声联绵词，失意之貌。"

寥落：《隋书·卢思道李孝贞薛道衡传》："史臣曰：'李、薛纡青拖紫，思道官涂寥落，虽穷通有命，抑亦不护细行之所致也。'"唐元稹《行宫》："寥落古行宫，宫花寂寞红。"

落漠：《宋书·王景文传》："更思此家落漠，庶非通谤，且广听察，幸无复所闻。"唐李贺《崇义里滞雨》："落漠谁家子？来感长安秋。"内心是孤寂，外表则是冷淡、冷漠。考"漠"是寂静无声义。《楚辞·远游》："漠虚静以恬愉兮，淡无为而自得。"《汉书·冯奉世传》："四方饥馑，朝廷方以为忧，而遭羌变。玄成等漠然，莫有对者。"颜师古注："漠，无声也。"所以"落漠"本来也是并列结构，但叠韵，具有联绵词的特性。以下"莫""寞"通"漠"。

落莫：唐韩愈《送杨少尹序》："不知杨侯去时城门外送者几人？车几辆？马几匹……不落莫否？"元辛文房《唐才子传·李宣古》："竟薄命无印绶之誉，落莫自终。"还作"莫落"。《王梵志诗》第255首："君看我莫落，还同陌路人。"《资治通鉴·唐文宗大和九年》："涯待之殊落莫。"胡三省注："落，冷落也。莫，薄也。落莫，唐人常语。"胡三省将"落莫"分开解释，未确。"落莫"就是冷落的意思。

落寞：唐辨才《设缸面酒款萧翼》："披云同落寞，步月共裴回。"《朱子语类》卷一二二："吕丈在乡里，方取其家来，骨肉得团聚，不至落寞。"

以上这组联绵词可表示孤寂，忧伤、冷落义。从"落漠"组的意义和结构看，本来是同义(近义)并列，通常却看作联绵词，说明语音的作用有时比语素义的作用更大。

2.并列式：

衰落：《诗·小雅·天保》"如松柏之茂"汉郑玄笺："如松柏之枝叶常茂盛，青青相承，无衰落也。"

摧落：晋潘岳《射雉赋》："毛体摧落，霍若碎锦。"唐薛用弱《集异记补编·符契之》："俄造其居，室宇摧落，园圃荒芜，旧识故人，孑遗殆尽。"

冷落:唐卢仝《萧二十三赴歙州婚期》:“淮上客情殊冷落,蛮方春早客何如?”唐钱起《山路见梅感而有作》:“行客凄凉过,村篱冷落开。”

跌落:《醒世姻缘传》第九回:“俺虽是跌落了,我还竭力赔嫁。”

零落:《汉书·礼乐志》:“草木零落,抵冬降霜。”《魏诗》卷四曹丕《陌上桑》:“伴旅单,稍稍日零落。惆怅窃自怜,相痛惜。”

堕落:《全后汉文》卷十四桓谭《新论·祛蔽》:“夫古昔平和之世,人民蒙美盛而生,皆坚强老寿,咸百年左右乃死,死时忽如卧出者,犹果物谷实,久老则自堕落矣。”《后汉书·独行传·戴就》:“又复烧地,以大针刺指爪中,使以把土,爪悉堕落。”

坠落:《全唐诗补编·全唐诗续拾》卷四释道世《颂六十二首》:“坠落幽阇道,关闭牢深密。”

破落:旧题三国吴支谦译《撰集百缘经》卷七:“时有一人值行见塔,有少破落,和泥补治,及买金薄,安钻其上。”

以上多表示衰败、冷落或忧伤义。

还有动词“失落”“流落”“蒴落”“陨落”“脱落”“滑落”等①,形容词“错落”“俐落”“磊落”等,名词“部落”“聚落”“院落”“村落”等。例略。

3.叠音词:

落落:晋陆机《叹逝赋》:“亲落落而日稀,友靡靡而愈索。”《后汉书·耿弇传》:“将军前在南阳建此大策,常以为落落难合,有志者事竟成也!”唐韩愈《东都遇春》:“悠悠度朝昏,落落捐季孟。”都是孤单寂寞貌。成语有“落落寡欢”。

4.附加式:

落然:有清静、落寞、荒废、冷淡等义。唐陆龟蒙《甫里先生传》:“先生平居以文章自怡,虽幽忧疾病中,落然无旬日生计,未尝暂辍。”唐杜牧《唐故岐阳公主墓志铭》:“自是闭门,落然不闻人声。”

5.动宾式:落魄。例详后。

“怅”“落”都是能产性很强的单音词,所构成的双音节词很多,以上仅是举例而已。总的说来,单音词变为双音词,手段很多,通常并列式是最能产的构

① 这几例有的也可以看作偏正式(状中式)或连动式。

词方式，其次是附加式和联绵词。可见由音变产生的联绵词在双音词发展中占据了不小的比例。

三、音变产生联绵词

通过音变产生的联绵词，其特点是将单音词通过缓读、长言、反切等方式扩展成双音节，并且有的词写法很多。扩展的大致顺序是：去声字等通常向前扩展，阴平字等通常向后扩展，因而两个音节一般都符合平上去入的调序排列规则。

（一）取声母成字，为双声联绵词

乱——凌乱、零乱、历乱、流乱、辽乱、撩乱、潦乱、缭乱等

凌乱：杂乱、不整齐的意思。《齐诗》卷三谢朓《隋王鼓吹曲·钧天曲》："威风来参差，玄鹤起凌乱。"

零乱：宋柳永《戚氏》："晚秋天，一霎微雨洒庭轩。槛菊萧疏，井梧零乱，惹残烟。"

历乱：《宋诗》卷九鲍照《绍古辞》："忧来无行伍，历乱如覃葛。"

流乱：汉枚乘《柳赋》："漠漠庭阶，白日迟迟。于嗟细柳，流乱轻丝。"北齐颜之推《颜氏家训·文章》："凡为文章，犹人乘骐骥，虽有逸气，当以衔勒制之，勿使流乱轨躅，放意填坑岸也。"①

辽乱：《王梵志诗》第19首："中途少少辽乱死，亦有初生婴孩儿。"

撩乱：《王梵志诗》第9首："撩乱失精神，无由见家里。妻是他人妻，儿被后翁使。"唐元稹《兔丝》："荆榛易蒙密，百鸟撩乱鸣。"

潦乱：《敦煌变文集·下女夫词》："女答：何方所管？谁人伴换？次第申陈，不须潦乱。"

缭乱：隋巢元方撰《诸病源候总论》卷二十二《霍乱候》："霍乱有三名：一名胃反，言其胃气虚逆，反吐饮食也。二名霍乱，言其病挥霍之间便致缭乱也。"唐杨凝《咏雨》："尘浥多人路，泥归足燕家。可怜缭乱点，湿尽满宫花。"

以上词的核心意思是"乱"，前面加的音节都是"乱"音变的结果，其目的是

① 《水经注》中"流乱"一词很多，有凌乱、混乱和水流汇合两个意思，这里从略。

构成双音词。现代汉语还有成语“眼花缭乱”。

“落”变成“牢落”“陆落”“寥落”也属于此类双声联绵词。

有时音变后似乎看不出其间的声韵关系，如：

盘——盘薄、盘陁、盘陀、磻陁

《荀子·富国》：“为名者否，为利者否，为忿者否，则国安于磐石，寿于旗翼。”杨倞注：“盘石，盘薄大石也。”已经解释了“盘”或“盘薄”的含义，就是大，巨大。所以“磐石”或“盘石”就是大石、巨石。《寒山诗》第203首：“我向前溪照碧流，或向岩边坐磐石。心似孤云无所依，悠悠世事何须觅。”唐皮日休《太湖诗·销夏湾》：“我来此游息，夏日方赫曦。一坐磐石上，肃肃寒生肌。”《太平广记》卷四四“萧洞玄”（出《河东记》）：“庭中有磐石，可为十人之座。”

可以作“盘陁石”等。《寒山诗》第176首：“秉志不可卷，须知我匪石。浪造山林中，独卧盘陁石。”又第267首：“盘陁石上坐，溪涧冷凄凄。”敦煌本《八相变》：“南北东西行十步，问阿那个盘陁石最平？”敦煌本《前汉刘家太子传》：“至于城北十里已来，不知投取之地，遂于磻陁石上而坐。”

由以上例证中可以看出：“磐石”（或“盘石”）与“盘陁石”（或“盘陀石”）相同。“盘陁”是“盘”的音节缓读。《汉语大词典》解释“盘陀”为：(1)石不平貌。(2)指不平的石块。皆误。其实，盘或盘陀，只是大貌，大则自然平坦了。

另外，“盘薄”等与“磅礴”同源，也是大貌，只是更抽象了，可以状广大无边貌，也可以状气势恢宏貌。例略。

(二)取韵母成字，为叠韵联绵词

这一方法古已有之。《尔雅·释水》：“‘河水清且澜漪’，大波为澜，小波为沦，直波为径。”晋郭璞注：“澜言涣澜，沦言蕴沦，径言径涎。”澜——涣澜，沦——蕴沦，是向前扩展；径——径涎，是向后扩展。都成为叠韵联绵词。

椒——椒聊

《诗·唐风·椒聊》：“椒聊之实，蕃衍盈升。”毛亨传：“椒聊，椒，木名。”唐陆德明释文：“椒，木名。聊，辞也。”“椒”音变为“椒聊”，就是音节拖长的结果。

蜻——蜻蜓

《吕氏春秋·精谕》：“海上之人有好蜻者，每居海上，从蜻游，蜻之至者，百数而不止，前后左右尽蜻也。”高诱注：“蜻，蜻蜓。”是上古称“蜻”，汉魏长言称“蜻蜓”。晋张华《博物志》卷四：“五月五日埋蜻蜓头于西向户下，埋至三日不食则化成青真珠。”也作“蜻蛉”“蜻虰”“蜻蝏”，例略。

疏——扶疏

枝叶繁茂分披貌。《吕氏春秋·任地》：“树肥无使扶疏，树硗不欲专生而族居。肥而扶疏则多秕，硗而专居则多死。”《世说新语·汰侈》：“枝柯扶疏，世罕其比。”《世说新语·黜免》：“大司马府听前有一老槐，甚扶疏。”《文选·嵇康〈琴赋〉》：“忽飘摇以轻迈，乍留联而扶疏。”李善注：“言扶疏四布也。”“疏”即分散疏朗貌，音节向前延展，就成了双音词“扶疏”。

纷——纷回、纷员、纷云、纷纭、纷芸等

“纷”是杂多、纷繁义。《史记·淮阴侯列传》：“听不失一二者，不可乱以言；计不失本末者，不可纷以辞。”是其例。取“纷”的韵近字与“纷”组合，则形成叠韵联绵词。

纷回：《后汉书·班固传下》：“永平八年，复议通之。而廷争连日，异同纷回，多执其难，少言其易。”南朝梁刘勰《文心雕龙·物色》：“是以四序纷回，而人兴贵闲；物色虽繁，而析辞尚简。”

纷员：《汉书·礼乐志》：“赤雁集，六纷员。”颜师古注：“纷员，多貌也。”

纷云：《汉书·司马相如传下》：“威武纷云，湛恩汪濊。”颜师古注：“纷云，盛貌。”

纷纭：《楚辞·刘向〈九叹·远逝〉》：“肠纷纭以缭转兮，涕渐渐其若屑。”王逸注：“纷纭，乱貌也。”宋梅尧臣《五月十三日大水》：“纷纭闾里儿，踊跃竞学泅。”

纷芸：《敦煌变文集》卷一《捉季布传文》：“项羽乌江而自刎，当时四塞绝纷芸。”

相近的还有“分非”“芬菲”等，皆音近义同。但以偏旁相同的“纷纭”为正字。并列式则是“纷乱”等，叠音词则是“纷纷”。

有的联绵词写法并不多。

昂——昂藏

状高耸或气宇轩昂貌。晋陆机《晋平西将军孝侯周处碑》：“汪洋廷阙之傍，昂藏寮寀之上。”《全齐文》卷十九孔稚珪《祭外兄张长史文》：“惟君之德，高明秀挺，浩汗深度，昂藏风领，学不师古，因心则睿，筌蹄象繇，糠粃庄惠。”《水经注·淇水》：“石壁崇高，昂藏隐天，泉流发于西北隅，与金谷水合，金谷即沾台之西溪也。”王维《偶然作》：“客舍有儒生，昂藏出邹鲁。”《北史·高祐传》：“昂性似其母，幼时便有壮气。及长，俶傥，胆力过人，龙犀豹颈，姿体雄异。……以其昂藏敖曹，故以名字之。”“昂”本有昂扬、高耸义，音节扩展为“昂藏”，含义相同。

(三)单音词分解为二字

也可以看作单音节词的缓读。

委——逶迤(迤逶)、威纡、威夷、威迟、委蛇等

表示曲折宛转貌。

逶迤：《文选·扬雄〈甘泉赋〉》：“梁弱水之濎濙兮，蹑不周之逶迤。”吕向注：“逶迤，长曲貌。”又作“迤逶”。唐元结《招陶别驾家阳华作》：“引望见何处，迤逶陇北川。”

逶蛇：《淮南子·泰族》：“河以逶蛇故能远，山以陵迟故能高。”《史记·蒙恬列传》：“于是渡河，据阳山，逶蛇而北。”

逶夷：晋陆云《登台赋》：“于是迴路逶夷，邃宇玄芒。”宋欧阳修《乐郊》：“有山在其东，有水出逶夷。”

逶迂：唐李德裕《知止赋》：“度双阙之苍翠，若天泽之逶迂。”

逶迤：宋薛士隆《雁荡山赋》：“躐曾岩之鹿苑，穷逶迤之渊泉。”

威夷：《晋诗》卷四潘岳《金谷集作》：“回溪萦曲阻，峻阪路威夷。”又卷十四羊徽《答丘泉之》：“王路威夷，戎役孔勤。”

威纡：《宋诗》卷三谢灵运《登狐山》：“迴旷沙道开，威纡山径折。”《北周诗》卷一王褒《长安有狭邪行》：“威纡狭邪道，车骑动相喧。”联绵词可以倒写，故又作“纡威”。《陈诗》卷十释洪堰《游钟山之开善定林息心宴坐引笔赋》：“杖策步前岭，褰裳出外扉。轻萝转蒙密，幽径复纡威。”

威迟：《宋诗》卷五颜延之《秋胡行》：“驱车出郊郭，行路正威迟。”又《北使洛》：“隐悯徒御悲，威迟良马烦。”

委蛇：《楚辞·离骚》：“驾八龙之婉婉兮，载云旗之委蛇。”

委移：《楚辞·九章·悲回风》：“轧洋洋之无从兮，驰委移之焉止。”王逸注：“一作驰逶蛇之焉至。”

委佗：《后汉书·任李万邳刘耿传赞》：“委佗还旅，二守焉依。”李贤注：“佗音移，行貌也。”

委它:《后汉书·儒林传序》:“服方领习矩步者,委它乎其中。”李贤注:“委它,行貌也。”

委迤:唐王勃《平台秘略论·贞修》:“清贞清一保其道,委迤屈伸合其度。”

还有“倭蛇”“委迟”等,例略。

这些联绵词虽然写法不同,但含义同,常见的正宗写法为“逶迤”,其他“逶纡”“逶夷”“逶迟”等,“威纡”(又作“纡威”)与“威夷”“威迟”等,以及“委佗”“委蛇”“委移”等,都是联绵词的不同写法。

笔者以为,“逶迤”的本字当是“委”,为长或弯曲貌。汉刘向《说苑·正谏》:“螳螂委身曲附欲取蝉,而不知黄雀在其傍也。”南朝宋谢灵运《登永嘉绿嶂山》:“涧委水屡迷,林迥岩逾密。”此例“委”与“迥”对文同义。现代汉语还有“委曲求全”“委屈”“委婉”等词语。“委”通过音节扩展的方式变为双声联绵词“委迤”等,最后偏旁类化等写作“逶迤”。①

但是到了唐代,就已经有人不解其义,从而“望蛇生义”了。《史记·苏秦列传》:“嫂委虵蒲服,以面掩地而谢。”司马贞索隐:“委虵谓以面掩地而进,若蛇行也。”“虵”同“蛇”。此说分解联绵词,误。

觏——邂逅

“邂逅”就是“觏”的缓读或反切。觏,古侯切;邂,胡懈切,声母虽不同,古、胡声近。又《诗·唐风·绸缪》:“今夕何夕,见此邂逅。”陆德明释文:“觏,本又作逅,同胡豆反。”证明“觏”“邂”均可以从“胡”双声。

“邂逅”亦作“邂遘”“邂觏”,与“觏”都是相遇的意思。《诗·郑风·野有蔓草》:“有美一人,清扬婉兮。邂逅相遇,适我愿兮。”毛传:“邂逅,不期而会。”陆德明释文:“遘,本亦作逅。”南朝宋鲍照《赠傅都曹别》诗:“邂逅两相亲,缘念共无已。”《诗·豳风·伐柯》:“我觏之子,笾豆有践。”需要双音节时写作“邂逅”,需要单音节时则作“觏”,这是古人构成四字句时的一个灵活表达方式。

再如“胡同”(原写作“衚衕”)为“弄”的反切②,“囫囵”为“浑”的反切,“冬

---

① 《文选·潘岳〈笙赋〉》:“修樾内辟,余箫外逶。”李善注:“逶,逶迤,渐邪之貌。”从注释可以看出,“逶”只是“逶迤”的省略。

② 参陆宗达、王宁:《训诂与训诂学》,太原:山西教育出版社,1994年,第468页。而“里弄”则是并列结构。

烘”为“空”的反切，“窟窿”为“孔”的反切等，皆是。

音变产生的双音词主要有两个功能：(1)扩大了选词范围。人们根据韵律的要求选择使用单音词或双音词，而许多时候双音词的使用频率高于单音词。比如根据四音节要求，成语“囫囵吞枣”“眼花缭乱”中，就用“囫囵”和“缭乱”；“浑身上下”“乱云飞度”中，就只能用“浑”和“乱”。(2)创造了功能相对单一的新词，这也是词语发展日趋分工精细的一个表现。音变产生的联绵词往往功能单一，即承担的含义或用法通常比单音词简单。比如“昂”有动词等用法，可以有多种组合，“昂藏”则只作形容词。所以，在某些情况下，音变产生的新词与原来的单音词含义并不完全一致。比如“声音浑厚”的“浑”就不是“囫囵”所能包括的。

四、音变产生同义词

上面谈的是单音词变为双音词的例子，而双音词或多音词也通过音变等方式不断变化。

(一)单纯式音变

完全根据语音产生变化，往往变得面目全非，既看不出含义，也看不出结构，就是单纯式音变。

1.并列式的音变

静谧(静漠)——静密、静便、静办、静扮

近代汉语中表示安静、清静义的双音词很多，如：

静密：唐薛调《无双传》：“后日当活。微灌汤药，切须静密。”瞿秋白《赤都心史》一：“沉沉的夜色，安恬静密笼罩着大地。”

静便：唐杜甫《秋日夔府咏怀奉寄郑监李宾客一百韵》：“药饵虚狼借，秋风洒静便。”元范梈《赠安西王提举别》：“天子念逢掖，锡官颇静便。”清黄景仁《济南病中杂诗》：“车吹喧都会，幽居此静便。”

静办：元李行道《灰阑记》楔子：“便等他嫁了人去，倒也静办。”明高明《琵琶记·杏园春宴》：“你静办，若借马与我骑，便索死。”又作“净办”。元杨文奎《儿女团圆》楔子：“我两个不曾娶老婆哩，分另这家私，倒也净办。”《水浒传》第一一四回：“寻个净办处安身，以终天年，岂不美哉！”“净办”即“静办”。

静扮：元关汉卿《陈母教子》第三折："母亲要打我，番番不曾静扮。"

现代东北方言仍称安静为"静便"或"静面"。是现代汉语仍有此用法。

这些词的意思是很明确的：清静、安静。然而，以上诸例是怎么产生的？属于什么结构？就不是那么容易看出来的。笔者以为："静密""静便""静办""静扮"都是方音的记录，当是"静谧"的音变。三国魏嵇康《琴赋》："竦肃肃以静谧，密微微其清闲。"《陈书·宣帝纪论》："克淮南之地，开拓土宇，静谧封疆。"而更早的写法有"静漠"（静莫）等。《文子·守静》："老子曰：'静漠恬淡，所以养生也。'"《淮南子·泰族》："今夫道者，藏精于内，栖神于心，静莫恬淡，讼缪胸中。""静谧""静漠"等都是安静、清净之义，是同义并列结构。所以"密""便""办""扮"等是"谧"或"漠"的音变。

花俏——花哨——花胡哨——花里胡哨等

花胡哨：明沈璟《桃符记》第二折："咱两个显妖邪索使些花胡哨，他那里气昂昂仗剑提刀。"《红楼梦》第三五回："便是有事缠住了，他必定也是要来打个花胡哨，讨老太太和太太的好儿才是。"

花狸狐哨：《西游记》第十二回："我家是清凉瓦屋，不像这个害黄病的房子，花狸狐哨的门扇！"

花丽狐哨：《金瓶梅词话》第二十回："他自吃人在他跟前那等花丽狐哨，乔龙画虎的，两面三刀哄他，就是千好万好了。"

花黎胡哨：《金瓶梅词话》第七二回："你做奶子，行奶子的事，许你在跟前花黎胡哨，俺每眼里是放的下砂子底人。"

花里胡绍：《老残游记续集遗稿》第一回："墙上的画年代也很多，所以看不清楚，不过是些花里胡绍的人物便了。"

花里胡哨：杜鹏程《保卫延安》第三章："眨眼工夫，他那身蓝臻臻的衣服，倒让泥染得花里胡哨了。"

以上三音节的"花胡哨"或四音节的"花里胡哨"等都是双音节词"花哨"的扩展，"花哨"又是"花俏"的音变。张可久《张小山北曲联乐府》："玉蕉窗映绿纱，笑语闲琵琶，月淡娑婆树风香，富贵花俏人家，小小仙鬟过茶。"《金瓶梅》第二十三回："因和西门庆勾搭上了，越发在人前花哨起来，常和众人打牙犯嘴，全无忌惮。"管桦《清风店》二："这女人，自从整风以来，打扮得越发花俏了。"丁玲《母亲》三："找这件衣服，她费了一点心思，既要好看，又要不花哨。"是其例。

从理论上讲,应当是并列式"花俏"音变为"花哨",然后扩展成"花里胡哨"等,但是目前看到的例子顺序正相反,不好解释。①

撩乱——没撩没乱、没留没乱

前面说过,"乱"可以音变成"缭乱""凌乱"等,还可以扩展为四音节,含义不变。《水浒传》第七回:"众多闲汉都来伺候,见衙内心焦,没撩没乱,众人散了。""没撩没乱"就是"撩乱",烦乱。金董解元《西厢记诸宫调》卷三:"没留没乱,不言不语,尽夫人问当,夫人说话,不应一句。""没留没乱"与"没撩没乱"同。

2. 动宾式的音变

落魄——落度、落托、落拓等

《史记·郦生陆贾列传》:"(郦食其)好读书,家贫落魄,无以为衣食业。"与"落魄"同义的是"失魂"和"失魄"。汉桓宽《盐铁论·诛秦》:"北略至龙城,大围匈奴,单于失魂,仅以身免。"晋葛洪《抱朴子外篇·行品》:"望尘奔北,闻敌失魄。"这三个双音词其实就是"失魂落魄"的意思,表示冷落、寂寞、潦倒等义。但是"失魂"和"失魄"两个词之间均没有语音的相关性,所以没有发生音变。"落魄"叠韵,具有变为联绵词的条件,所以发生了音变:

落度:《三国志·蜀志·杨仪传》:"往者丞相亡没之际,吾若举军以就魏氏,处世宁当落度如此邪!令人追悔不可复及。"《晋书·五行志中》:"元超兄弟大落度,上桑打椹为苟作。"

落托:《乐府诗集·清商曲辞三·懊侬歌之十》:"揽裳未结带,落托行人断。"宋陆游《醉道士》诗:"落托在人间,经旬不火食。"

落拓:唐李郢《即目》:"落拓无生计,伶俜恋酒乡。"

落索:宋林逋《雪》诗之三:"清夹晓林初落索,冷和春雨转飘萧。"

落薄:金元好问《中州集·李警院天翼》:"侨寓聊城,落薄失次。"元王实甫《破窑记》第三折:"我如今落薄了,不曾得官。"

3. 词组的音变

不碍吾眼——不二五眼

《汉语大词典》有"二五眼"一词,解释是:"方言。差劲。亦指差劲的人。"

---

① 后面的"没精打采"也属于此类。

例证为：丁玲《太阳照在桑干河上》四五："咱张裕民闹革命两年多了，还是个二五眼。"周立波《暴风骤雨》第二部二六："往年因为地情不明，干部没经验，分地真是二五眼。"辛显令《喜盈门》二三："我办过那种二五眼的蠢事吗？"从例证看当属于北方方言。得义缘由是什么？没有解释。笔者以为，"二五眼"应当是"碍吾眼"的音变。

近、现代汉语有"碍眼"一词，就是不顺眼、讨厌的意思。《平妖传》第五回："这分明嫌他碍眼，打发他开去的意思。"《红楼梦》第一〇三回："你们娘儿们仗着好亲戚受用也罢了，还嫌他碍眼，叫人药死他，倒说是服毒！"沙汀《困兽记》二六："现在，家里已经没有一个人碍眼了，但他反而一下变得拘谨起来。"

东北方言称"很好"的一个词组叫"不二五眼"（为记音词），如：这孩子不二五眼。意思是这个孩子很好。"不二五眼"当是"不碍吾眼"的音变，犹言"顺眼""不刺眼"。

简言之，"碍眼"如果扩展为词组，则是"碍吾眼"，作否定用法即为"不碍吾眼"，音变为"二五眼"和"不二五眼"，就看不出构词理据了。

没精塌彩——无精打采

《红楼梦》第三一回："王夫人见宝玉无精打采，也只当是金钏儿昨日之事，他没好意思的。"《老残游记》第六回："（老残）洗过脸，买了几根油条当了点心，无精打采的到街上徘徊些时。""没精打采"是什么结构？应当是两个偏正式的并列。《醒世姻缘传》第二一回："过了几日，那片云渐渐的没精塌彩，又渐渐的生起病来。"原来"没精打采"是"没精塌彩"的音变，只是变得没有道理了。①但是这不合逻辑的写法却成为通行和正规的写法了。以上二例说明：音变的特点之一是换成简单常见的字。

上面几种音变都是仅从声音入手，没有理据可言，以下的音变则根据联想加上谐音，变得似乎有道理了。这种类型古今都有，只是现代有增加的趋势。这也是音变的第二个特点：形象而容易理解。

① 当然，"没精打采"也可以看作"没精彩（采）"的扩展，"打"则是凑足音节的虚语素。

(二)音义兼顾式音变

音义兼顾式音变，就是音义都有联系的音变。这与人们的认知联想有密切关系。

生怕——深怕

都是很怕，唯恐的意思。唐曹唐《勖剑》："生怕雷霆号涧底，长闻风雨在床头。"宋周邦彦《庆春宫》："尘埃顦顇，生怕黄昏，离思牵萦。"金董解元《西厢记诸宫调》卷一："花憔月悴罗衣褪，生怕旁人问。"《红楼梦》第一一八回："平儿生怕宝玉疯癫嚷出来。"后来又有了"深怕"。邹韬奋《萍踪寄语》一："能否得到有价值的材料，此时不敢预说，深怕贸然发出了空头支票，将来没有法子兑现。"两个词都有道理。但是从用例看，是先有"生怕"，然后有音近的"深怕"，这是音义皆近的例子①。

莫名其妙——莫明其妙

清宣鼎《夜雨秋灯录・陬邑官亲》："及进西瓜汤，饮兰雪茶，莫名其妙。"《二十年目睹之怪现状》第五回："然而看他前两回来买东西，所说的话，没有一句不内行……想来想去，总是莫明其妙。""莫名其妙"是无法说出其中的奥妙，"莫明其妙"是无法明白其中的奥妙，都有道理。而早期正宗的说法应当是"莫名其妙"。"名"的含义比较古，就用浅显的"明"取代了。

创可贴——创口贴

现代汉语有"创可贴"，又叫"创口贴"。前者言创面可以粘贴，后者言贴在创口上，意思大致相近、读音也相近。其实早期是叫"创可贴"的，因为理解的差异，写成音近的"创口贴"了，这是歪打正着的记录，合乎情理，所以流传下来。

埋单——买单

现代流行的"买单"，又写作"埋单"，都是用餐付账的意思。一说吃饭付账时把账单覆置(埋伏)在桌上，以免他人(主要是被请者)看见，故称"埋单"；改成"买单"，就是购买饭局的账单了。② 两者读音相近，意思也大体一致，所以

---

① 杜牧诗"白云深处有人家"的异文有"白云生处有人家"，也是"生"与"深"音近易误的例子。

② 一说源于广东话，是语音相近造成的。

就变得都合理了。这些也都是听音为字的例子。

旅游——驴友

现代汉语中同音创造的新词比比皆是，如现代流行的一个词叫“驴友”，是一个民间新词，指远足旅行的人，是“旅游”的谐音。此词的好处不仅仅是谐音，还直观而形象：驴子的顽强吃苦、朋友的团结协作，都是结伴长途旅行所必需的，这个词都体现出来了。此词还符合现代流行名词的常用规范：“～友”，如“车友”“网友”“棋友”等。当然，二者意义上也有区别，“驴友”是名词，指擅长野外旅行者，而不是一般的旅游者，“旅游”则是动词。

音变的类型很多，以上只是举例性质，说明通假之外，语音在构词上还有很多作用。

五、单音词音变

单音词本身也发生音变，也同样需要从声音上寻找得义的理据。

指——诣

“指”有前往、到达义。《全隋文》卷二隋文帝开皇十年颁《诏释智舜》：“今遣开府卢元寿指宣往意，并送香物如别。”“指宣”即前去宣示。《魏书·司马睿传》：“召其党钱凤、邓岳、周抚等率众三万指造建业。”此言前往建业。“指造”同义连言，谓前往。同篇又曰：“今趣进军，指讨奸孽，宜速斩隗首，以谢远近。”“指讨”谓前往讨伐。又《杨播传》：“未审明大王发并州之日，已知有夏州义士指来相应，为欲广申经略，宁复帝基乎？”“指来”犹言前来、到来。又《南安王传》：“诏英曰：‘……今众军云集，十有五万，进取之方，其算安在？克殄之期，复当远近？竟以几日，可至贼所？必胜之规，何者为先？故遣步兵校尉、领中书舍人王云指取机要。’”“指取”犹言前取，即前往接取。以上诸例有学者认为：“‘指’在词中实际只起到动词词头的作用，整个词语的意义只在‘指’后的动词上。”①

事实上，“指”有前往义，在中古乃至近代文献中都不乏用例。《后汉书·岑彭传》：“自引兵乘利直指垫江，攻破平曲。”“直指”谓直奔、直往。又《朱儁传》：“故相率厉，简选精悍，堪能深入，直指咸阳。”《世说新语·识鉴》刘注引

① 黄征：《魏晋南北朝语词零札：指授、指取》，《中国语文》1993年第3期，第231页。

《温别传》："初，朝廷以蜀处险远，而温众寡少，悬军深入，甚以忧惧。而温直指成都，李势面缚。"又《豪爽》刘注引《翼别传》："于是征役三军，悉其帑实，成众五万，兼率荒附，治戎大举，直指魏、赵，军次襄阳，耀威汉北。"以上"直指"都后接地点名词，是直奔、直赴的意思。《隋诗》卷四薛道衡《出塞》："少昊腾金气，文昌动将星。长驱鞮汗北，直指夫人城。""直指"与"长驱"对文同义。唐孟浩然《下灨石》："榜人苦奔峭，而我忘险艰。放溜情弥惬，登舻目自闲。暝帆何处宿？遥指落星湾。""遥指"谓直奔。《太平广记》卷九十四"华严和尚"（出《原化记》）："弟子受命入城，遥指裴家。遇裴请假在宅，遂令报云。""遥指裴家"犹言径直奔往裴家。"遥"有径直义。

"指"为什么有前往义呢？因为"诣"有前往、到达义，《玉篇·言部》："诣，往也，到也。"故与之音近的"指"也有此义。这叫做音近义同，也符合音变以常见词替换陌生词的特点。①

密——媚；密——默；美——迷；没——迷

《梁诗》卷二十梁简文帝萧纲《美女篇》："密态随流脸，娇歌逐软声。朱颜半已醉，微笑隐香屏。""密态"与"娇歌"相应，"密"犹媚、娇。《梁诗》卷二十一萧纲《咏舞诗》："逐节工新舞，娇态似凌虚。""密态"与"娇态"同。六朝诗歌描写女子娇媚多用"密"，如《梁诗》卷十六刘孝绰《咏眼》："含娇睲已合，离怨动方开。欲知密中意，浮光逐笑回。"《陈诗》卷五徐陵《洛阳道》："相看不得语，密意眼中来。"又卷七江总《箫史曲》："弄玉秦家女，箫史仙处童。……密笑开还敛，浮声咽更通。"《隋诗》卷一卢思道《日出东南隅行》："中有可怜妾，如恨亦如羞。深情出艳语，密意满横眸。"又卷七丁六娘《十索》："兰房下翠帷，莲帐舒怨锦。欢情宜早畅，密意须同寝。欲共作缠绵，从郎索花枕。""密意"犹媚意，指娇媚的神情。《十索》例"密意"《乐府诗集》作"密态"，亦说明二词义近。《汉语大词典》释"密意"为"亲密的情意"，可通，但从以上文例看来，释"密"为亲密，似不如释为"娇媚"更好。② "密"与"媚"音近，故义通。

再举与此词音近类似的三例。《宋书·徐羡之传》："沈密寡言，不以忧喜见色。颇工弈棋，观戏常若未解，当世倍以此推之。""沈密寡言"即"沉默

---

① 现代还有人误读"造诣"为"造指"，恐怕也是此类。

② 《汉语大词典》未收"密态"一词，当补之。

寡言”。

《太平广记》卷六“东方朔”(出《洞冥记》及《朔别传》):“三足乌欲下地食此草,羲和以手掩乌目,不许下,畏其食此草也。鸟兽食此,即美闷不能动。”“美闷”即“迷闷”。《北齐书·权会传》:“曾夜出城东门,钟漏已尽,会唯独乘驴。……会亦不觉堕驴,因而迷闷,至明始觉,方知堕驴之处,乃是郭外,才去家数里。”

金董解元《西厢记诸宫调》卷三:“空没乱,愁把眉峰暗结。”元曾瑞《集贤宾·宫词》套曲:“睡不着,坐不宁,又不疼不痛病萦萦。待不思量霎儿心未肯,没乱到更阑人静。”“没乱”就是迷乱,指心神不定。

以上“密”通“媚”,“美”通“迷”、“密”通“默”、“没”通“迷”,都是音近假借,是一种误字,也可以看作音变。

而且有些音变的过程也是造词的过程,下例即是。

渚、步、浦——埠

六朝以来,“步”指停船的码头。柳宗元《永州铁炉步志》:“江之浒,凡舟可縻而上下者曰步。永州北郭有步,曰铁炉步。”“步”得名的缘由是什么?

从“渚”说。《水经注·赣水》:“又东北迳王步。步侧有城,云是孙奋为齐王镇此城之渚,今谓之王步,盖齐王之渚步也。”从《水经注》的记载看出,“渚”就是“步”,指水边可以停船的码头。“渚”有水边义。《楚辞·九歌·湘君》:“朝骋骛兮江皋,夕弭节兮北渚。”王逸注:“渚,水涯也。”

从“浦”说。南朝梁任昉《述异记》卷下:“瓜步在吴中,吴人卖瓜于江畔,用以名焉。吴中又有鱼步,龟步;湘中有灵飞步。昉案:吴楚谓浦为步,语之讹耳。”“浦”指水滨,上古即有。《诗经·大雅·常武》:“王谓尹氏,命程伯休父:‘左右陈行,戒我师旅。率彼淮浦,省此徐土。’”江淹《别赋》:“送君南浦,伤如之何!”停船的码头自然是在水滨。

从“步”说。宋吴处厚《青箱杂记》卷三:“盖岭南谓水津为步,言步之所及。故有罾步,即渔者施罾处;有船步,即人渡船处。”此说有些牵强,“步之所及”处很多,为什么泊船的水滨称“步”呢?

笔者以为,“渚”“浦”都指水滨,作为停船的码头是正常的,而“渚”多指小岛,故当以专指水边的“浦”为本字;而古人轻重唇不分,送气不送气不分,“浦”,滂母姥韵;“步”,并母暮韵,声邻纽,韵仅上、去之分,读音相近。加之

“步”字更为常见，故以“步”代替了“浦”。

由此看来，作为码头义既是水滨义的引申，也是新生事物不断出现的结果，究竟“步”算新词还是算新义，难以确断。到了宋代，另造新字“埠”，也就完完全全成为新词了，很难寻出“浦——步——埠”的发展线索。宋包恢撰《敝帚稿略》卷四《真州分司记》：“若南濒大河，则造河亭船埠，以便商贾。”宋方凤撰《存雅堂遗稿》卷二《北山道中》：“溪落旧痕枯野埠，树浮空翠湿危栏。”是其例。

扪——摸——抆

“摸”，抚摸。是汉魏时期的新词。《广雅·释言》：“摸，抚也。”东汉竺大力共康孟详译《修行本起经》：“目不见色，耳不闻声，呻吟呼吸，手足摸空，唤呼父母。”《风俗通义·怪神》：“太尉梁国桥玄公祖，为司马长史，五月末所，于中门外卧，夜半后，见东壁正白，如开门明，呼问左右，左右莫见，因起自往，手抆摸之，壁自如故，还床复见之，心大悸动。”《三国志·魏志·华佗传》：“故甘陵相夫人有娠六月，腹痛不安，佗视脉，曰：‘胎已死矣。’使人手摸知所在，在左则男，在右则女。”《北史·崔暹传》：“何不答府君：下官家作贼，止捉一天子牵臂下殿，捉一天子推上殿，不作偷驴摸犊贼。”

《史记·高祖本纪》：“项羽大怒，伏弩射中汉王。汉王伤胸，乃扪足曰：‘虏中吾指。’”《索隐》曰：“扪，摸也。”《后汉书·和熹邓皇后传》：“后尝梦扪天。”李贤注：“扪，摸也。”慧琳《一切经音义》卷四：“《声类》云：‘扪，摸也。’”“扪”产生于先秦。“摸”产生于汉代①，是“扪”的音变。后世也以“扪摸”连言。唐王维《燕子龛禅师》：“跳波谁揭厉，绝壁免扪摸。”

“抆”指用手接触，抚摸。上引《风俗通义·怪神》：“因起自往，手抆摸之。”又见于晋干宝《搜神记》卷三，“抆摸”作“扪摸”。可见“抆”当是由音近的“扪”演化而来。唐玄应《一切经音义》卷三：“（扪）经文或作抆。《字林》：‘抆，拭也。’”《释名·释宫室》：“门，扪也。在外为人所扪摸也。”“扪”“摸”与“抆”皆音近而义同。

以上是单音词音变的四种主要类型：音近义同，或者说同音替换；临时性同音（音近）假借；音近造词（字）和历时的方言音变。

---

① 也可能是方言音变造成的，无所谓时代先后。

现在还有许多词(尤其联绵词)没有找到得义的理据。如果从音变的角度考虑,可能会有一些进展。从本质上说,这也就是清代学者所说的"即音求义"。

第八节　略论形音义与词语演变的复杂关系①

北齐颜之推十分注重语言运用的准确性,多次对当时词语滥用的现象提出批评。如《颜氏家训·勉学》:"又尝见谓矜诞为夸毗,呼高年为富有春秋,皆耳学之过也。""高年"指岁数大,"富有春秋"指年轻;"矜诞"是夸耀,而"夸毗"是举止恭顺以取媚于人,后者现在已经无法区分了。产生混用的原因是因为字面有相近或相关的含义,如"矜诞"的"诞"和"夸毗"的"夸"都有夸耀的意思,经过认知联想,从而产生理解上的偏差和误解②。

在古代汉语中,由形音义相关而使词语含义模糊的例子占了一定的比例,分析时不能简单据字面阐释。此类新义往往也是由于联想这一认知途径产生的,演变过程是复杂的,很难简单判断,"剪不断,理还乱",甚至有些产生过程是我们无法确认的。下面试举几例。

例一　遥/径

"遥"在汉魏六朝和唐宋时有径直、直接义,多见于当时的小说。《史记·滑稽列传》:"王先生谓卢郎曰:'幸为我呼吾君,至门内**遥语**。'卢郎为呼太守。""遥语"犹言直言,"门内"显然不必要远呼。昙果共康孟详译《中本起经》卷下:"备办供具,兼肴重馔,烧众名香,**遥跪**请佛:'唯愿如来,枉屈尊神。'"(4/156c)"遥跪"谓径直跪下。《世说新语·雅量》:"尔时,吴兴沈充为县令,当送客过浙江,客出,亭吏驱公移牛屋下。潮水至,沈令起彷徨,问:'牛屋下是何物人?'吏云:'昨有一伧父来寄亭中,有尊贵客,权移之。'令有酒色,因**遥问**:'伧父欲食饼不?姓何等?可共语。'褚因举手答曰:'河南褚季野。'远近久承公名,令于

① 《略论形音义与词语演变的复杂关系》发表于《汉语史学报》第10辑,2011年。内容有所删改。

② 见笔者《试论语言研究与先秦礼仪的关系》,载《文史》2009年第2期。亦见本书第四章第一节。

是大遽，不敢移公，便于牛屋下修刺诣公。""遥问"即径直问，因为有酒色，问话直接而粗鲁。又《假谲》："庾欲奔窜则不可，欲会恐见执，进退无计。温公劝庾诣陶，曰：'卿但**遥拜**，必无他，我为卿保之。'庾从温言诣陶，至便拜，陶自起止之，曰：庾元规何缘拜陶士衡？'毕，又降就下坐，陶又自要起同坐。""卿但遥拜"谓你只管径直拜，也就是下文的"至便拜"。唐卢照邻《结客少年场行》："孙宾遥**见待**，郭解暗相通。""遥"是直接，与"暗"义正相反。《太平广记》卷三百三十八"卢仲海"（出《通幽记》）："尹迎劳曰：'饮道如何，常思曩日破酒纵思，忽承戾止，浣濯难申，故奉迎耳。'乃**遥入**，诣竹亭坐。""遥入"即径入。又卷四百五十八"担生"（出《广异记》）："行二十余里，忽有蛇逐。书生尚识其形色，**遥谓**之曰：'尔非我担生乎？'蛇便低头，良久方去。"《敦煌变文校注・燕子赋》："鵮鷯隔门**遥唤**，阿你莫漫辄藏！"以上"遥"皆径直、直接义，与动词搭配，作状语。或以为理解为"远"也是可以的，但似不如"径直"义贴切，比如上文的"遥入"只能理解为"径直入"，不能理解为"远入"。

但有时候究竟是直接义还是遥远义，是不容易判断的。《晋书・王逊传》："逊未到州，**遥举**董联为秀才。""遥举"谓直接提拔。又《戴若思传》："若思有风仪，性闲爽，少好游侠，不拘行操。遇陆机赴洛，船装甚盛，遂与其徒掠之。若思登岸，据胡床，指麾同旅，皆得其宜。机察见之，知非常人，在舫屋上**遥谓**之曰：'卿才器如此，乃复作劫邪！'若思感悟，因流涕，投剑就之。""遥谓之曰"即直接对他说。当然，如果此二例理解为"远远地"，也是可以的。杜牧著名的《清明》："借问酒家何处有，牧童**遥指**杏花村。""遥指"可以理解成"远远地指着"，而如果理解成牧童直指杏花村，也是合乎情理的。"遥"字含义在语句中这种界限的模糊性正是二义联系的纽带，或者说是诱因，这与认知联想或认知偏差密切相关。这是"遥"能够产生出径直义的一个内在因素。

"遥"有径直、直接义，还可以寻找外部联系。推其得义由来，最初有可能是"径"（徑）字之误，"徑"与"遥"二字形近。"巠""䍃"二字俗书形极近，讹混之例甚多。《异苑》卷九"浻""滛"互讹，例略。《东观汉记》卷十三《韦豹传》："韦豹，字季明。数年辟公府，辄以事去。司徒刘恺辟之……豹曰：'犬马齿衰，岂敢久待。荐之私，非所敢当。'遂跣而起，恺追之，遥去不顾。"吴树平校注：

"'遥',聚珍本同。范晔《后汉书·韦彪传》作'径',于义较长。"①《南齐书·萧谌传》:"高宗辅政,有所匡谏,帝既在后宫不出,唯遣谌及萧坦之遥进,乃得闻达。""遥进"《资治通鉴》齐明帝建武元年作"径进",故中华书局《南齐书》标点本曰:"疑作'径进'是。"②是其例。"径"与"遥"形近相混,从而使"遥"有了"径"义。

结合"指"和"遥"的特殊含义,这两个字合成的新词"遥指",也可以表示"直奔",直接前往,与本章第七节第五部分"指—诣"所举的"直指"同义。唐孟浩然《下灨石》:"榜人苦奔峭,而我忘险艰。放溜情弥惬,登舻目自闲。暝帆何处宿?**遥指**落星湾。""遥指"谓直奔。《太平广记》卷九十四"华严和尚"(出《原化记》):"弟子受命入城,**遥指**裴家。遇裴请假在宅,遂令报云。""遥指裴家"犹言径直奔往裴家。

例二　回/迴

"回"有长、远义。《齐诗》卷四谢朓《与江水曹至干滨戏诗》:"远山翠百重,回流映千丈。"此以"远"与"回"相对应。《隋诗》卷四薛道衡《入郴江》:"岸回槎倒轻,滩长船却浮。"又卷六虞世基《奉和幸将都应诏》:"回塘响歌吹,极浦望旌旃。"此二例以"回"与"长""极"相对应,都表示长、远义。"回"或作"迴"。《齐诗》卷四谢朓《落日同何仪曹煦》:"远听雀声聚,回望树阴沓。"此以"远"与"回"相对应。当然对文未必同义,但是古人的一个行文规律是,大多数对文都有词义上的相关性,而且以同义对文居多,这作为一个词义鉴别的方法是可以成立的。

"回"本义是掉转、回环、环绕义,何以有长远义?因与之形近的"迥"字有长、远之义。《齐诗》卷四谢朓《临溪送别》:"荒城迥易阴,秋溪广难渡。"《隋诗》卷七李巨仁《钓竿篇》:"潭迥通来易,川长雾歇难。"又《登名山篇》:"云开金阙迥,雾起石梁遥。"又王由礼《赋得岩穴无结构》:"叶落秋巢迥,六生石路深。"以上诸例"迥"皆与"广""长""遥""深"相对应,含义亦相应,都表示深长、长远。《魏诗》卷七陈思王曹植《杂诗》:"之子在万里,江湖迥且深。方舟安可极,离思故难任。""迥且深"谓长且深。高与远义相因,"迥"也有高

① 见《东观汉记校注》,郑州:中州古籍出版社,1987年,下册第497页。

② 《南齐书》,第753页。

义。南朝宋鲍照《学刘公干体》诗之二："树迥雾萦集，山寒野风急。"是其例。"迥"字含义的抽象概括，则有了表示差别大的意思，"迥然不同""迥异"等正是其义。

"回"与"迥"形相近，故使用时相混淆，从而使"回"有了"迥"义。有时候"迥"又作"逈"。南朝宋谢灵运《登江中孤屿》："怀新道转逈，寻异景不延。"《隋诗》卷六蔡允恭《奉和出颍至淮应令》："久倦川涂曲，忽此望淮圻。波长泛淼淼，眺迥情依依。""迥"字《文苑英华》作"回"。由于经常混用，难以区分，也就有了相同的含义。

例三　埸/场(場)

"埸"和"场(場)"二字形体十分相似，易混。《说文新附·土部》："埸，疆也。"《左传·桓公十七年》："疆埸之事，慎守其一，而备其不虞。"孔颖达疏："疆埸，谓界畔也。"杨伯峻注："埸音易，边境也。疆埸为同义联绵词。"《三国志·吴志·士燮传》："处大乱之中，保全一郡，二十余年疆埸无事。"《南齐书·魏虏传》："疆埸之言，差不足信。"又："疆埸之民，并安堵而息窥觎，百姓附农桑而不失业者，亦由此而已也。"所以上古、中古均称"疆埸"，为同义并列结构。

古时没有"疆场"一词。只有"场圃"。《诗·小雅·七月》："九月筑场圃。"毛传："春夏为圃，秋冬为场。"郑玄笺："场圃同地，自物生之时，耕治之以种菜茹，至物尽成熟，筑坚以为场。"《诗·小雅·白驹》："皎皎白驹，食我场苗。"朱熹集传："场，圃也。"

但是因为"疆埸"的"埸"与"场"(場)形近，后来就误为"疆场"，读音也变了。

以上三组词语内部关系复杂，联系紧密，使得一部分词语含义难以分辨，主要在于这些词语的形、音相近性与意义相关性作用于人脑产生的联想和混淆。形近者如"埸/场"(場)，是"埸"消失而为"场"(場)所取代；"遥/径""回/迥"两组则是前一字含义保留，同时拥有了后一字的含义，而其中前一组形音皆近，后二组字形相近。《颜氏家训·书证》云："古无二字，又多假借，以中为仲，以说为悦，以召为邵，以閒为闲(閑)，如此之徒，亦不劳改。"颜之推所说的"假借"，其实就是认知偏差导致的混淆，当然在今天看来，有些是古今字的关系。

例四　请间(間)/清闲(閒、閑)

《汉书·赵尧传》:"高祖独心不乐,悲歌。群臣不知上所以然,尧进**请间**。"《汉书·叔孙通传》:"(惠帝)作复道,方筑武库南,(叔孙)通奏事,因**请间**。"颜师古注:"请空隙之时,不欲对众言之。"所以"请间"的意思是:请求给予说话进谏的机会,往往是大臣请求君王允许单独进言。

"请间"为什么有这个意思?是什么结构?《史记·李斯列传》:"李斯数欲**请间谏**,二世不许。"又《孝文帝纪》:"代王驰至渭桥,群臣拜谒称臣。代王下车拜。太尉勃进曰:'愿**请间**言。'宋昌曰:'所言公,公言之。所言私,王者不受私。'"可见"请间言(谏)"是指请求私下里交谈,给予说话进谏的机会。而"请间"是"请间言(谏)"的省略。从表面上说"请间"是动宾结构,但从含义上说根本不是,其主要动词含义是没有出现的"言"或"谏",所以只能说是"请间言(谏)"的省略。"间"是间隙、空间的意思,引申指背人处,私下里。

中古时期,"请间"的用法已经相当固定了,由得便劝谏,引申为君臣密谈、聊天,对象也不局限于臣子对君王了。《宋书·袁顗传》:"与邓琬款狎,相过常**请间**,必尽日穷夜。顗与琬人地本殊,众知其有异志矣。"这是指臣子间的密谈。

南北朝时期还有一个与此相关的词是"清闲"。《南齐书·宗室·遥光传》:"(遥光)每与上久**清闲**,言毕,上索香火,明日必有所诛杀。""清闲"也是指与皇上密谈,或者说单独进谏。"清闲"的来源与"请间"似乎相关。

在汉代,表示请求皇上给予见面谈话的时间(机会),表示与皇上密谈,还有其他说法。《汉书·蔡义传》:"久之,诏求能为《韩诗》者,征义待诏,久不进见。义上疏曰:'……愿**赐清闲之燕**,得尽精思于前。'上召见义,说《诗》,甚说之。"

也作"赐清闲"。《汉书·循吏传·龚遂》:"王曰:'郎中令何为哭?'遂曰:'臣痛社稷危也!愿**赐清闲**竭愚。'王辟左右。"《后汉书·襄楷传》:"延熹九年,楷自家诣阙上疏曰:'……臣虽至贱,诚愿**赐清闲**,极尽所言。'书奏不省。"谓赐予机会谈话。

也作"承清闲"。《三国志·魏志·刘劭传》:"散骑侍郎夏侯惠荐劭曰:'……惟陛下垂优游之听,使劭**承清闲**之欢,得自尽于前,则德音上通,辉耀日新矣。'"

“赐(承)清闲”的目的是屏人密谈，而“清闲”也表示君王与臣子谈话，多指屏人密谈。《宋书·文九王传·始安王休仁》:“休佑于是输金荐宝，承颜接意，造膝之间，必论朝政，遂无日不俱行，无时不同宿，声酣聚集，**密语清闲**。”此例“密语”与“清闲”同义，含义明显。《南齐书·王晏传》:“与宾客语，好**屏人清闲**，上闻之，疑晏欲反，遂有诛晏之意。”诸例“清闲”皆指私下谈话。

“清闲”固定成词后，含义也扩大了，可指一般的交谈、闲聊。《世说新语·文学》12刘孝标注引《晋诸公赞》:“后乐广与(裴)**頠清闲**，欲说理，而頠辞喻丰博，广自以体虚无，笑而不复言。”《宋书·文五王传·庐江王祎》:“公因酒势，遂肆苦言，云朕及休仁与大宰亲数，往必**清闲**，赠贶丰厚。”“清闲”能指一般的交谈、闲聊，是因为“清闲”字面本身就透露着清谈、闲聊的意味，“请间”则只表示屏人密谈。

“请间”是“请间言”等的省略；“清闲”恐怕也与“赐清闲”(或“赐清闲之燕”)有关，都表示请求给予谈话(或密谈)的机会或径直表示谈话(或密谈)。这里也可以有两种理解。一是从词义考虑，“赐清闲”即赐予闲暇时光，也就是留出说话的时间，给予谈话的机会。二是从字形字音的角度考虑，因为“请”与“清”形、音皆相近，“间”与“闲”字形接近(二字本是一体，“间”本作“閒”，用作“閒暇”义时改写为“闲”)，意思上也有一定的联系，所以“请间”与“清闲”于形音义三方面都有联系，常常混淆，异文也多，例略。从字面上说，“请间”是动宾结构的复音词，“清闲”是并列结构的复音词，但是这个结构是无法表达其含义的，所以我们只能认为是词语省略产生的双音节动词①。

以上是形音义相关产生新的含义或使词语含义混淆，显示了词义演变的复杂性。下面两例则是形与音相关而产生新的表达方式。

例五　与世无双/举世无双

“举世无双”常见，东晋法显译《大般涅盘经》卷上：“尔时世尊，遥见彼来，告诸比丘：‘庵婆罗女今来诣我，形貌殊绝，举世无双。’”(1/194c)

东晋法显译《大般泥洹经》卷二：“佛告迦叶：‘如王大臣长者居士，生子端正，聪明黠慧，举世无双，众所爱重。’”(12/864b)

---

① 参看袁津琥:《“请间”校释》,《绵阳师专学报》,1994年第3、4期；左建:《说“清闲”》,《西南交通大学学报》,2008年第5期。

《大宝积经》卷五十六唐菩提流志译《佛说入胎藏会第十四之一》："彼孙陀罗是释迦种，犹如天女，仪容第一，举世无双。"(11/327a)

同时，译经中还有"与世无双"。以姚秦竺佛念译《出曜经》为例：卷二："然彼梵志，多饶财宝，仆从给使，居业成就；所纳妻室，颜貌殊特，与世无双。"(4/616c)斯4325《出曜经》卷第一(《敦煌宝藏》35册343页)、《中华藏》(50册598页上栏)均作"与世无双"。又下文："然吾处世，饶财多宝，仆从给使，居业成就。所纳妻室，颜貌殊特，与世无双。"(4/617a)又卷三："尔时阿梵和利自怙色貌与世无双，进过人貌，退及天形。"(4/622c)又："尔时众多童子等善知射术，筈筈相往，于射术上，彼最为第一。自恃高族，与世无双。"(4/624b)又卷二四："夫人在世，多自矫誉。自称功德，与世无双。"(4/736b)

其他译经也见用例，如姚秦佛陀耶舍共竺佛念等译《四分律》卷一："处胎九月，生男。颜貌端政，与世无双。"(22/570a)

从译经的情况看，"举世无双"出现较早，而汉语中早有"举"表示皆、全的用例。《左传·哀公六年》："僖子不对而泣曰：'君举不信群臣乎？'"《孟子·梁惠王下》："百姓闻王钟鼓之声，管钥之音，举疾首蹙頞而相告。"焦循正义："举，犹皆也。"此为副词用例。"举世"类"举"修饰名词的用法更多，如《庄子·逍遥游》："故**举世**皆誉之而不加劝，**举世**皆非之而不加沮。"《荀子·荣辱》："义之所在，不倾于权，不顾其利，**举国**而与之，不为改视。"旧题汉焦赣《易林·乾之需》："目瞤足动，喜如其愿，**举家**蒙宠。"故"举世无双"符合汉语的一贯表达方式，应是这一成语的正体。

但是译经中还有"与世无双"的说法，两者的使用频率也接近。如何解释这种现象？作"与世无双"者，"与"(與)通"举"(舉)①，二字形、音皆近，译经者产生联想，把"举"(舉)写成了"与"(與)。所以"与世无双"是由"举世无双"发生认知上的偏差，由形近、音近联想产生的新成语。因为不符合成语的确切含义，流行面不广，只在一个阶段、一种体裁文献(佛经)中产生②，中土文献则统一作"举世无双"，一直沿用至今。

---

① "与(與)""举(舉)"通用在中土典籍中颇多，最早与听觉偏差是密切相关的。所谓"通假"，盖源于此。

② 用"与世无双"之译经均出竺佛念之手，当为个人言语创新。

从汉语史的角度讲，这样的词也是需要关注的。《汉语大词典》未收“与世无双”，当补。又，《汉语大词典》“举世无双”条云：“全世界再没有第二个。形容稀有，很难找到。”以鲁迅《故事新编·铸剑》为证，引例太晚。

例六 日不暇给/目不暇给/目不暇接

中古流行“日不暇给”，就是忙碌、应接不暇的意思，表示每天忙不过来。《三国志·魏志·傅嘏传》：“扫除凶逆，芟夷遗寇，旌旗卷舒，日不暇给。”《宋书·明帝纪》：“朕属横流之会，接难晦之辰，龛暴剪乱，日不暇给。”又《武帝纪中》：“自永嘉播越，爰托淮、海，朝有匡复之算，民怀思本之心，经略之图，日不暇给。”《魏书·儒林传序》：“太祖初定中原，虽日不暇给，始建都邑，便以经术为先，立太学，置五经博士生员千有余人。”《南齐书·陆慧晓传》：“蚕事弛而农业废，贱取庸而贵举责，应公赡私，日不暇给，欲无为非，其可得乎？”“日不暇给”是中古习见成语，但现代汉语中并未流行。

近代开始流行“目不暇给”，谓眼睛看不过来。《镜花缘》第二十一回：“唐敖此时如入山阴道上，目不暇给，一面看着，一面赞不绝口道：‘如此美貌，再配这些穿戴，真是风流盖世！’”《施公案》第二二二回：“看的人已目不暇给，只听喝彩之声，不绝于耳。”《四游记·八仙蟠桃大会》：“〔王母〕命开阆苑同游……上窥无极，下彻四方，仍有插青点黛、拖白曳练者，令人目不暇给。”写法只有“目”与“日”这一点差别，但含义是有区别的①。

还有“耳目不暇给”的说法，谓耳朵眼睛都忙不过来。《武林旧事》卷二《元夕》：“至五夜，则京尹乘小提轿，诸舞队次第簇拥前后，连亘十余里，锦绣填委，箫鼓振作，耳目不暇给。”又卷三《西湖游幸》：“至于吹弹、舞拍、杂剧、杂扮、撮弄……不可指数，总谓之‘赶趁人’，盖耳目不暇给焉。”②

现代汉语流行“目不暇接”，因为现代汉语中“给”的读音和意义有些改变，“接”既与“给”（音 jǐ）的读音相近，又与“给”的古义相近。这三种表达方式在结构、字形、字音和意义上都有密切关系。“日不暇给”表示忙碌，时间不够；“目

① 宋洪迈《容斋续笔》卷十《曹参不荐士》：“然以其时考之，承暴秦之后，高帝创业尚浅，日不暇给，岂无一事可关心者哉？”此例“目不暇给”似乎与“日不暇给”同义。

② 现代东北方言说人被诸多事物搅得眼花缭乱，会说：“安静点，太赶趁人了。”正是这个用法。

不暇给”和“目不暇接”表示眼睛看不过来，当然也是一种忙碌。“日不暇给”的消失，“目不暇给”被“目不暇接”取代，都与“给”字读音和意义的变化密切相关。“日不暇给”的“给”是丰足、充裕义。《管子·国蓄》：“故使蓄贾游市，乘民之不给，百倍其本。”是其例。引申之，“给”有涉及、连接义。《国语·晋语一》：“诫莫如豫，豫而后给。”韦昭注：“豫，备也。给，及也。”《汉书·晁错传》：“下马地鬭，剑戟相接，去就相薄，则匈奴之足弗能给也。”颜师古注：“给，谓相连及。”“目不暇给”正用此义。唐韦瓘《周秦行纪》：“忽车音马迹相杂，罗绮焕燿，旁视不给。”“目不暇给”与“旁视不给”意思差不多。而现代汉语中“给”的这个读音和意义都发生了变化①，所以词语也随之消失或改变。

认知联想不仅产生新义，也会产生新词，此类情形古今皆有。比如“棘手”误为“辣手”，从而使“辣手”堂而皇之出现在报章上，这是至迟清代已经出现的新词；“买单”或“埋单”表示吃饭后付款，是当代出现的词语，其来由就已经有几种说法了。究竟何为正体？难以判断。二者音近、义相关，更多的是意义联想。

补记：汉字形音义的复杂关系，处处可以体现出来。近日看微信上一则发表于“私家花园”(2022年11月23日)的文章《一方院落，慢煮时光》，有这样一段文字：

> 下雨时，倚窗坐下，看雨水拍打花叶，顺入泥土；看雨滴沿着屋檐落下，落到石板上，溅起水花。

当我在电脑上录入这段话，“顺入泥土”几个字居然有了下划波浪线，表明这句话不顺，为什么不顺？试改成“渗入泥土”，就没有下划线了，是因为这样改就符合用词规律了。而打下“顺入轨道”几个字，也没有下划线（当然，我们判断行文是否符合汉语遣词造句规律，并非依据电脑，电脑只是依据规则呈现出来）。由此证明：(1)“雨水”只能“渗入泥土”，不能“顺入”。(2)错在搭配，不是“顺入”一词有误。(3)“渗入”误写成“顺入”，是音近造成的。所以应当属于听觉偏差。

---

① 古义只保留在固定格式中。

如果古人这样写，我们可能给"顺入"加入词义："同渗入。"也可以给"顺"加个义项："通'渗'。"（当然，"通"或"同"二字是可以互换，甚至可以不用的）这就是"通假"产生的原因，也是古代词语"音近义同（通）"的原因。所以，词语义项中有一类不是词义本身产生或抽象引申来的，而是使用中因为理解偏差产生的。古今一理，现代汉语中此类失误也比比皆是。

2022 年 11 月 29 日

第九节　中古汉语词汇研究综论①

从汉语发展的历史来看，中古汉语时期（东汉－隋）是一个承上启下、发展迅速、演变剧烈的阶段，其间词汇大规模复音化，口语词、俗语词、外来词大量出现。此阶段产生了许多珍贵的语言材料，如史书、诗文、小说、佛经、道藏、医书、兵书、农书、杂著，等等。中古汉语词汇研究正是围绕着这些语料，不断地探本求源。其发展趋势主要有二：一是从偏重具体词义考释到有意识的理论总结；二是逐渐重视对各类词语尤其是俗语词的研究。本世纪以来（2000—2011），中古汉语词汇研究在继承前人优秀成果的基础上不断发展，在研究的深度及广度上都有所开拓，呈现出良好的发展态势。

一、研究语料日益拓展

1. 对旧有材料的新探索

史书、诗文、小说历来是中古汉语词汇研究的重要语料。而近些年来，以往不太受重视的语料，如佛经、道藏、医书、杂著等也逐渐受到学者们的关注。

以佛经道藏为例，二者虽为宗教文献，但其语体色彩、词汇构成却大不相同。佛经中包含大量俚俗语词、外来词以及一些译者的习惯用语。道藏多用词古奥，大量关于天地鬼神、法术咒祝、修炼得道的词语都带有鲜明的宗教色

① 《本世纪以来（2000～2011）中古汉语词汇研究综论》发表于《浙江社会科学》2012 年第 10 期，署名王云路、黄沚青。内容有所删改。

彩。中古时期，这两种新兴语料的出现极大地丰富了汉语词汇，对其进行系统归纳和整理对于汉语史乃至宗教史、文化史研究都具有重要价值。

近年来，佛经道藏词语的研究日益系统化。或集中讨论某种语言现象，如钱群英《佛教戒律文献释词》(语言研究，2004.2)，周作明、俞理明《东晋南朝上清经中的动词"宴/晏"》(汉语史研究集刊第9辑，巴蜀书社，2006)。或从断代角度对文献进行总体分析，如史光辉《东汉翻译佛经词汇研究》(浙江大学博士论文，2000)、冯利华《中古道书语言研究》(巴蜀书社，2010)等。或就专人专书进行研究，如季琴《三国支谦译经词汇研究》(浙江大学博士论文，2004)，刘祖国《〈太平经〉词汇研究》(华东师范大学博士论文，2009)等。或分析语言规律，探讨构词法，如杜晓莉《〈摩诃僧祇律〉双音复合结构语义复合关系研究》(四川大学博士论文，2006)，刘晓然《双音短语的词汇化——以〈太平经〉为例》(四川大学博士论文，2007)等。

特别值得一提的是梵汉对勘、同经异译对比这两种方法在佛经研究中的运用。近年来，梵文、汉文同经异译等对勘材料越来越受到重视。董琨《"同经异译"与佛经语言特点管窥》(中国语文，2002.6)以两部佛经的不同译本为材料，探讨早期译经语言特点。陈文杰《同经异译语言研究价值新探》(古汉语研究，2008.1)论述了汉文佛典异译在汉语词汇研究中的重要价值。遇笑容《试说汉译佛经的语言性质》(历史语言学研究第1辑，商务印书馆，2008)通过梵汉对勘、同经异译对比、特殊语言现象考察等手段，证明中古译经的语言性质是在一定程度上受梵文影响的汉语。同时，学者们利用这些材料考证了佛典和中土文献中的疑难语词。如徐时仪《"喽啰"考》(语言科学，2005.1)，朱冠明、段晴《梵汉本〈法华经〉语词札记》(古汉语研究，2005.2)，张幼军《"庄严"一词梵汉对勘》(语言研究，2006.1)等。

2.重视发掘新语料

随着研究的深入，中古汉语词汇研究的语料范围不断扩大，此前长期未受重视的碑刻文献和注疏语料等也进入了学者们的研究视野。

(1)碑刻文献。碑刻文献数量丰富、时代明确、可靠性强，具有不可替代的语言价值。自宋代以来，已有不少学者从不同角度展开了研究。此前词汇学领域也注意利用碑刻文献考释词义，但鲜有关于碑刻文献词汇的系统性研究成果。直到近年来，碑刻文献词汇研究的重要价值才逐渐为人们所重视。相关论文有王立军《谈碑刻文献的语言文字学价值》(古汉语研究,2004.4)、毛远明《汉魏六朝碑刻文献语言研究的思考》(南京师范大学文学院学报,2005.1)等。专著方面,继罗维明《中古墓志词语研究》(暨南大学出版社,2003)之后,刘志生《东汉碑刻复音词研究》(巴蜀书社,2007)从东汉碑刻文献中整理出5167个复音词,逐一考证意义,分析结构,总结特点。曾良《隋唐出土墓志文字研究及整理》(齐鲁书社,2007)考释了不少隋代墓志词语。吕志峰《东汉石刻砖陶等民俗性文字资料词汇研究》(上海人民出版社,2009)对东汉石刻、砖文等民俗性实物文字资料中的词语进行了研究。徐志学《魏晋南北朝隋唐五代石刻用典语言形式研究》(华东师范大学博士论文,2011)采用统计分析方法,对石刻用典语言形式(包括词、短语、语句)的来源、变体形式及意义展开研究。此外,罗新、叶炜《新出魏晋南北朝墓志疏证》(中华书局,2005),王其祎、周晓薇《隋代墓志铭汇考》(线装书局,2008),毛远明《汉魏六朝碑刻校注》(线装书局,2008)对唐以前碑刻文献材料进行了较为详细的释文、校勘与考辨。

(2)注疏文献。先秦文献传到汉代,时人对其理解就产生了一些偏差或歧义,因此出现了汉儒遍注群经的局面,到了魏晋南北朝则形成了另一个注释高峰,如汉郑玄注、晋郭璞注等。注释语言的特点是以俗释雅,以今释古,通常采用当时通用的语词,是研究词语演变的绝佳材料。二十一世纪以来,中古注疏语料逐渐受到重视。如张能甫《郑玄注释语言词汇研究》(巴蜀书社,2000),对郑玄《毛诗笺》《三礼注》词汇作了较详尽的研究。胡晓华《郭璞注释语言研究》(浙江大学博士论文,2005)总结了郭璞注研究的历史和价值,论述了郭璞注词语的结构和特点。李清桓《郭璞〈方言注〉研究》(崇文书局,2006)讨论《方言注》的训释方法及其双音词结构。徐望驾《皇侃〈论语集解义疏〉语言研究》(中国社会科学院出版社,2006),着重分析皇侃注中反映的中古后期的语言现象。吴欣《高诱〈吕氏春秋注〉词汇研究》(浙江大学博士论文,2008),以高诱《吕氏春秋注》为主要研究对象,结合高诱的《淮南子注》,系统考察了高诱注的注释特色、词语构形及词义特征。徐曼曼《何休〈春秋公羊传〉解诂词汇训诂研究》(浙江大学博士论文,2011)从训诂学和词汇学的角度对何休注进行了较为全面的研究。此外亦有部分论文散见于各种期刊。

3. 语料本体鉴别日益科学化

对作者、译者、语料年代进行科学的考证和鉴别日益成为研究者关注的重点。二十世纪五十年代，杨伯峻和徐复成功地运用语言学方法考证了《列子》和《孔雀东南飞》的产生年代。此后，学者们不断进行尝试，并总结出一些行之有效的方法。

当前的语料鉴别主要包括语音、语法和词汇三种方法。各家或偏重其一，或三者兼顾，对诸多语料进行了较为科学的鉴别。词汇作为切入点之一，以其鲜明的时代性和地域性，在语料鉴别中发挥着重要作用。本阶段的研究成果有汪维辉《从词汇史看八卷本〈搜神记〉语言的时代》(上、下)(汉语史研究集刊第3、4辑，巴蜀书社，2000、2001)，方一新、高列过《从疑问句看〈大方便佛报恩经〉的翻译年代》(语言研究，2005.3)，王镆《八卷本〈搜神记〉语言的时代补证》(中国语文，2006.1)，颜恰茂、卢巧琴《失译、误题之经年代的考证——以误题曹魏昙谛译〈昙无德羯磨〉为例》(浙江大学学报，2009.3)等。

多学科的综合运用更利于语料鉴别。方一新《从译名演变看疑、佚佛经的翻译年代》(历史语言学研究第1辑，商务印书馆，2008)，许菊芳《四种现托名汉代小说语料鉴别研究》(浙江大学博士论文，2008)综合运用词汇和文献对照等多种手段。卢巧琴《东汉魏晋南北朝译经语料的鉴别》(浙江大学出版社，2011)综合相关学科，总结归纳了译经语料的鉴别方法。

二、研究分类日益明确

1. 词汇分类研究

从词汇内容上分类，主要包括疑难语词、常用词、雅言词三个方面。

疑难词语考释是历代学者关注的焦点。近些年来，学者们或在前人考释的基础上加以辨析补证，推进了研究的深度。或通过归纳类比，增补辞书的失收义项或失收词条。或就歧说纷纭的词语进行梳理，提出新解。如宋闻兵《“从容”拾义》(古汉语研究，2004.4)、蒋宗许《说“无所比数”“比数”》(古汉语研究，2006.2)、方一新《中古词语“护前”“觉损”考辨》(中国语文，2007.5)等。相关论著较多，兹从略。

常用词是词汇系统中最稳定的部分，其演变发展决定了整个词汇史的发展方向。王力《古代汉语》中已经把“常用词”列为古汉语研究的一个重要部分。世纪之交，李宗江《汉语常用词演变研究》（汉语大词典出版社，1999）、汪维辉《东汉一隋常用词演变研究》（南京大学出版社，2000）开启了常用词研究的新篇章。此后，不少研究都是针对常用词历史替换展开的，有些著述对其演变规律进行了理论性的探讨。如丁喜霞《中古常用并列双音词的成词和演变研究》（语文出版社，2006）探讨了常用并列双音词成词的途径、演变的机制和规律。

中古汉语中大量的雅言词、古语词也逐渐受到重视。如吴金华《〈三国志〉双音节雅言词散论》（古汉语研究，2007.2），季忠平《论雅言词研究与词典编纂》（语言研究，2007.2）认为雅言词是为了达到典雅的修辞目的而利用传世典籍中的词语或典故所构成的新词，是中古汉语词汇研究亟待拓展的新领域。季忠平《中古汉语雅言词研究》（复旦大学博士论文，2007）总结归纳雅言词的成词规律、成词方式及形义特点。高明《中古史书词汇论稿》（天津古籍出版社，2008）探讨了中古史书中的古语词研究的重要性。宋闻兵《〈宋书〉词语研究》（中华书局，2009）专辟一章对《宋书》中的评赞类词语进行系统性的讨论分析，颇具特色。

2.词汇发展规律研究

主要包括词义演变规律和构词规律两类研究。前者着重探求某一类词语的词义演变规律。如胡敕瑞《从隐含到呈现（上）——试论中古词汇的一个本质变化》（语言学论丛第 31 辑，商务印书馆，2005），王云路、张凡《释“踊跃”及其他——兼谈词义演变的相关问题》（中国语文，2008.3），董志翘《是词义沾染，还是同义复用？——以汉译佛典中词汇为例》（陕西师范大学学报，2009.3）等。后者侧重从构词方式上讨论语言规律。如唐贤清《佛教文献三音节副词特点及产生、衰落的原因》（古汉语研究，2007.4），董志翘《汉译佛典中的“形容词同义复叠修饰”》（语文研究，2007.4）等。另外，中古时期大量出现的附加式构词受到研究者的重视，如葛佳才《谈词尾“手”的虚化》（语言研究，2003.2），万久富、王芳《中古汉语中的词尾“当”》（西南民族大学学报，2006.3），蒋宗许《〈中古汉语的“儿”后缀商榷〉》（中国语文，2006.6）等针对词缀展开讨论。

三、研究成果多样化

1. 专题研究成果迭出

作为综合性的成果，专题研究能够较为完整地反映出词汇系统的全貌。二十一世纪以来，中古汉语词汇专题性研究成果包括专书词汇研究、专类体裁词汇研究、专类词汇研究三大类。

(1)专书词汇研究。如化振红《〈洛阳伽蓝记〉词汇研究》(中国文史出版社，2002)，郭颖《〈诸病源候论〉词语研究》(浙江大学博士论文，2005)，周生亚《〈搜神记〉语言研究》(中国人民大学出版社，2007)等都对专书的词汇系统及词义发展规律进行了研究。

(2)专类体裁词汇研究。如周俊勋《魏晋南北朝志怪小说词汇研究》(巴蜀书社，2006)介绍了志怪小说词汇构成、构词语素的发展与双音化发展、借词及佛经词汇等内容。真大成《魏晋南北朝史书词语论考》(南京大学博士论文，2008)针对魏晋南北朝史书词语研究史、异文以及新词源流等问题展开研究，并辑录注释了其中一些口语性较强的材料。

以上两类专题研究都十分重视探讨语料中的新词新义、复音词的构词方式，并对某类词语进行系统性的整理和研究，在兼顾研究的广度与深度的基础上描绘出词汇的概貌。

(3)专类词汇研究。专类词汇可从词性上分类，如副词、介词等；可从结构上分类，如附加式、并列式和联绵词等；可从意义上分类，如同义词、近义词、类义词等。通常以某书或某时期的一类词语为研究对象，重点分析其源流与演变，归纳其构词特点和发展规律。如徐正考《〈论衡〉同义词研究》(中国社会科学出版社，2004)，葛佳才《东汉副词系统研究》(岳麓书社，2005)，张巍《中古汉语同素逆序词演变研究》(上海古籍出版社，2010)等都是这类研究中较为出色的代表。

2. 通论性著作出现

此前许多汉语史专著中都有相关章节涉及中古汉语词汇问题，但是始终未见断代的词汇史问世。随着中古汉语研究的日益深入，对其进行断代总结的重要性和迫切性越发凸显，近年来开始出现了一些通论性著作。如周俊勋《中古汉语词汇研究纲要》(巴蜀书社，2009)对中古汉语词汇研究进行了多角度的总结概括，包括研究概况、词语构成类型、词义演变方式等方面。王云路

《中古汉语词汇史》(商务印书馆,2010)分为十四章,系统论述了中古汉语词汇的来源、特点,对中古各类复音词的结构类型、意义演变方式、意义系统及研究方法等都进行了较为全面深入的分析和总结。方一新《中古近代汉语词汇学》(商务印书馆,2010)分上下两编,对中古近代汉语研究中的相关问题及研究简史进行了全面系统的概括和梳理。

3.文献整理著作渐多

文献整理是词汇研究中的基础性工作,高质量的文献整理与注释对词汇研究大有裨益。近年来出现了大量单篇论文,就古籍校点中存在的问题提出了意见,促进了古籍整理的不断完善。二十一世纪以来出现的古籍整理著作主要有俞理明《〈太平经〉正读》(巴蜀书社,2001),赵幼文《三国志校笺》(巴蜀书社,2001),任继昉《释名汇校》(齐鲁书社,2006),陈桥驿《水经注校证》(中华书局,2007),迟铎《小尔雅集释》(中华书局,2008),胡守为《神仙传校释》(中华书局,2010),许逸民《金楼子校笺》(中华书局,2011)等。此外,日本学者麦谷邦夫、吉川忠夫所著《〈周氏冥通记〉研究(译注篇)》(刘雄峰译,齐鲁书社,2010)及《真诰校注》(朱越利译,中国社会科学出版社,2006)也是较为优秀的古籍整理著作。

4.词典编纂正在进行

针对现有大型辞书中的疏误,学者们提出了许多富有建设性的意见,有助于词典编纂的进一步完善。如王锳《〈汉语大词典〉商补》(黄山书社,2006)分"立目商补""释义商榷"等六个细目集中讨论了《汉语大词典》编纂中存在的问题,其中不乏对中古语词的精到见解。目前中古词汇研究领域已经出现了几部专书词典。如唐文《郑玄辞典》(语文出版社,2004),时永乐、王景明《论衡词典》(人民出版社,2005),日本学者辛岛静志《〈妙法莲华经〉词典》《〈道行般若经〉词典》(日本创价大学,国际佛教学高等研究所研究丛书,2001、2010)。方一新主持的教育部人文社科重大科研项目"中古汉语词典",成果为《中古汉语词典》。总体而言,词典编纂仍是中古汉语词汇研究中最薄弱的环节之一,亟待学者共同努力。

四、研究理念的科学性增强

中古汉语词汇研究不是一个封闭的体系。反之,它兼容开放,与相近或相关的各类学科进行交流与借鉴。

从语料的时代分期来看，中古汉语与上古汉语、近代汉语一脉相承，特别是与近代汉语关系尤为密切，相当多的近代词语都可溯源至中古时期。王锳在《近代汉语词汇研究与中古汉语》（贵州大学学报，2003.7）指出近代汉语研究必须联系中古汉语，才能得到正确的结果。徐时仪《略论〈一切经音义〉与词汇学研究》（陕西师范大学学报，2009.3）亦证明了近代汉语文献对中古汉语词汇研究的重要价值。近年来的近代汉语研究中多有对中古词汇的相关探讨。

从语言学研究的内部分类来看，词汇学与语法学、方言学等都有着密切的联系。一般而言，词汇研究以实词为主，语法研究以虚词和句法结构为主。但虚词往往是由实词演变而来，并影响着实词义项的发展。句法结构则直接作用于构词法，并对词语义项的分析起着至关重要的作用。因此不少学者从语法分析的角度对中古汉语词汇展开讨论。如胡敕瑞《"去"之"往/至"义的产生过程》（中国语文，2006.2）证明了"去"的"往/至"义产生于东汉，成熟于魏晋，其产生过程与句法结构的变化和类推、词义沾染密切相关。赵长才《〈杂宝藏经〉的连词系统》（历史语言学研究第1辑，商务印书馆，2008）对该佛经的连词系统进行个案考察，探讨中古时期译经语言在连词使用上的特点和倾向。刘文正《〈太平经〉动词及相关基本句法研究》（湖南师范大学博士论文，2009）考察了《太平经》动词系统，并将其与现代汉语动词系统进行了比较。语法研究与词汇研究的结合会使结论更加真实可信，是汉语史研究中值得借鉴的方法。

方言材料是中古汉语词汇研究中不可多得的珍贵资料。如温昌衍、温美姬《中古汉语词的客家方言例证》（汉语史学报第4辑，上海教育出版社，2004）一文，集中讨论了一些与客家方言相关的中古汉语词语，以证明"方言佐证法"在中古汉语词汇研究中的可行性，其思路方法值得借鉴。方言学研究中亦包含了许多中古汉语词汇的研究成果。如华学诚《扬雄〈方言〉校释汇证》（中华书局，2006）在校释《方言》的同时，结合后世文献及现代方言推阐语源，以明流变，对中古语词多有涉猎。

从研究方法和思路上看，中古汉语词汇研究不断吸收其他学科或相关领域的理论成果，重视从多角度展开研究。(1)借鉴现代语言学研究方法。如在语义场理论的指导下分析其中词汇的演变情况，从认知心理角度出发探讨语言发展的内在机制等。胡敕瑞《"正尔"与"今尔"——兼论时间与空间的关联》(历史语言学研究第2辑，商务印书馆，2009)从"正"与"尔"时空概念上的密切关联推及中古时期新词"正尔""今尔"词义相通的理据。(2)结合韵律学的相关理论探讨构词法。如冯胜利《汉语韵律语法研究》(北京大学出版社，2005)从韵律语法学的角度对汉语构词法进行了解释和阐发。王云路《试谈韵律与某些双音词的形成》(中国语文，2007.3)讨论了中古某些复音词的形成及三字连言、四字结构现象的产生与韵律之间的关系。(3)关注词汇系统内部的差异。如胡敕瑞《〈论衡〉与东汉佛典词语比较研究》(巴蜀书社，2002)重点分析中土文献与佛经的词汇异同。汪维辉《六世纪汉语词汇的南北差异——以〈齐民要术〉与〈周氏冥通记〉为例》(中国语文，2007.2)探讨南北方言词汇的一些差异。(4)考察文化交流与语言接触对语言发展的影响。如王云路《试论外族文化对中古汉语词汇的影响》(语言研究，2004.1)，朱冠明《移植：佛经翻译影响汉语词汇的一种方式》(语言学论丛第37期，商务印书馆，2008)等都结合外来文化和外来语对中古词汇演变展开研究。

五、存在的问题

二十一世纪以来的中古汉语研究成果丰硕，其发展趋势令人欣喜，但也不可避免地存在一些问题。一些综述性文章已有所涉及，如史光辉《二十世纪八十年代以来中古汉语词汇研究的回顾与反思》(福州大学学报，2004.3)，方一新《二十世纪中古汉语词汇研究》(中古汉语研究第2辑，商务印书馆，2005)，方一新、郭晓妮《近十年中古汉语词汇研究的回顾与展望》(古汉语研究，2010.3)、郭作飞《中古近代汉语专书词汇研究的历史回望——百年中古近代汉语专书词汇研究述略》(上、下)(前沿，2011.4、6)等。笔者认为，中古汉语词汇研究存在的问题主要表现为以下两方面：

1.语料范围尚需拓宽

传世文献方面，许多材料有待利用。例如从汉语史角度系统研究中古注疏的著作尚不多见，部分注疏几乎无人问津。如《周易》王弼和韩康伯注、《国语》韦昭注、《老子》王弼注、《论语》何晏集解、《谷梁传》范宁集解、《庄子》郭象注、《列子》张湛注、《史记》裴骃集解等。又如唐代以来的注释和笔记中多有对中古词语的考辨释义，这些语料对于探求中古语词源流，梳理其发展脉络而言具有重要价值，应加以重视。

应加强对出土文献及域外汉籍的关注，这些材料很大程度地保留了语料的原始面貌，是传世文献的重要补充。如董志翘《汉语史研究应重视敦煌佛教文献》(社会科学战线，2009.9)指出中古汉语研究对敦煌文献利用不够。此外，对中古时期的简牍、吐鲁番文书等文献词汇的系统研究仍显不足。另一方面，域外汉籍包括中土久佚的许多古本、善本乃至残卷，是弥足珍贵的研究语料。如董志翘《〈观世音应验记三种〉译注》(凤凰出版社，2002)对三种日本古抄本进行了整理校勘。

2.思路方法相对单一

虽然以往研究取得了很大的成绩，但是从语言科学的角度来说，思路和方法都略显单一。首先，理论阐释较少，演绎推理不够。比如关注语词形式多于关注语词演变过程的分析和动因探讨，常常是对各种类型单音词和双音词的数量统计和罗列，全面系统探讨其发展演变的论著尚不多见。又如探讨新词新义时，往往局限于与《汉语大词典》进行对比，《汉语大词典》没有收录的就视为新词或新义，对新义或新用法产生动因的探讨也不够深入。

其次，综合性研究尚显薄弱。如缺乏从一类语料出发，进而全面综合中古文献语言的研究成果。又如比较同时代同类型语料的研究较常见，但结合古今方言材料、周边汉字文化圈的汉文材料及出土资料等进行综合研究显得较为匮乏。

再次，跨学科综合意识不强，对各类专业词语的研究力度不够。如中古文献中的社会经济文书词汇、天文历法词汇、田亩职官词汇等专业词语仍有较大的研究空间，亟待各学科之间的密切合作。

第四章　社会文化与词义演变

第一节　礼仪与语词:兼考“足恭”“便辟”“夸毗”[①]

语言研究离不开其他社会文化研究成果的印证,同样,其他社会文化领域的研究也需要语言研究成果的支撑。兹以语言与先秦社会礼仪的相互关系为例说明这个问题。

《颜氏家训·勉学》曾抨击一种不求甚解的风气:“又尝见谓矜诞为夸毗,呼高年为富有春秋,皆耳学之过也。”“高年”谓岁数大,“富有春秋”谓年少[②],二者含义恰恰是相反的。“矜诞”就是矜持夸耀,那么“夸毗”是什么意思呢?二者有何联系和区别?

考“夸毗”是先秦的常用词。《诗·大雅·板》:“天之方懠,无为夸毗。”毛传:“夸毗,体柔人也。”唐孔颖达疏:“然则夸毗者,便僻其足,前却为恭。”《后汉书·崔骃传》:“夫君子非不欲仕也,耻夸毗以求举。”李贤注:“夸毗,谓佞人足恭,善为进退。”可见“夸毗”与“便僻”“体柔”和“足恭”有紧密联系。下面就结合先秦礼仪讨论这几个相关词的含义。

---

① 《试论语言研究与先秦礼仪的关系——兼考“足恭”“便辟”“夸毗”》发表于《文史》2009年第2辑,署名王云路、左建。内容有所删改。

② 意思是还有很多春秋。

一、"体柔"与"足恭"

"体柔"比较容易理解。唐孔颖达《诗・大雅・板》"无为夸毗"疏:"然则夸毗者,便僻其足,前却为恭,以形体顺从于人,故云以体柔人。"这里已经说得很清楚了:"以形体顺从于人",腿脚灵活柔顺,弯曲恭敬,就是"体柔"。这里的"体"是肢体的意思。《诗・鄘风・相鼠》:"相鼠有体,人而无礼。"毛传:"体,支体也。"《礼记・丧大记》:"废床,彻亵衣,加新衣,体一人。"郑玄注:"体,手足也。"陈澔集说:"手足为四体,各一人持之,为其不能自屈伸也。"《论语・微子》:"四体不勤,五谷不分。""四体"即四肢。所以"体柔"就是四肢柔媚。《公羊传・昭公二十五年》:"且夫牛马维娄,委已者也,而柔焉。"何休注:"柔,顺。""柔"表示柔和、温顺,是先秦以来所崇尚的礼仪特征。如《礼记・内则》:"父母有过,下气怡色,柔声以谏。"晋张华《女史箴》:"妇德尚柔,含章贞吉。"《北齐书・兰陵武王孝瓘》:"长恭貌柔心壮,音容兼美。"以"柔"形容礼仪的表现形式,也是先秦的通例,《尔雅・释训》:"籧篨,口柔也。""戚施,面柔也。""夸毗,体柔也。"是其例。

"足恭"如何解释?"恭"即恭敬,关键是"足"字的理解。皇侃《论语义疏》引缪播曰:"恭者从物,凡人近情,莫不欲人之从己,足恭者,以恭足于人意,而不合于礼度,斯皆适人之适而曲媚于物也。"这是释"足"为满足义;朱熹《四书章句集注・论语集注》亦云:"足,过也。"此释"足"为过度义。《朱子语类》记载了朱子对"足恭"另一种阐述:"所谓足者,谓本当只如此,我却以为未足,而添足之,故谓之足。"此释"足"为"添足"义。显然朱熹两处对"足"的解释是不一致的,而且增字为训,过于勉强。邢昺解释为"成",杨伯峻《论语译注》译"足恭"为"十足的恭敬"①,亦误。

笔者以为,"足恭"的"足"与"体柔"的"体"同义,也指腿脚。《荀子・劝学》:"假舆马者,非利足也,而致千里。""利足"指腿脚便利。《医宗金鉴・刺灸心法要诀・周身名位骨度》"足"注:"足者,下体所以趋走也。"《说文・骨部》"体"字段玉裁注曰:"足之属曰三:曰股曰胫曰足。"是"足"指人的下肢,即腿脚。故"足恭"指腿脚恭顺。《论语・公冶长》邢昺疏:"便僻其足以为恭,谓前

① 杨伯峻:《论语译注》,北京:中华书局,1980年,第52页。

却俯仰以足为恭也。""前却俯仰"当是其具体描述，恐怕与"卑躬屈膝"差不多。吐鲁番出土文书唐写本郑氏注《论语》曰："足恭，谓跨跐进退多姿态。"[①]此说甚是。这与邢昺"前却俯仰"的描写是一致的。故"体柔""足恭"同义，用以形容谄媚小人的外在形象，意思是体态举止柔媚，皆为主谓式合成词。宋人吕大临认为："所谓足者，举动是也。"[②]所说有理。

在解释"足恭""体柔"的同时，会涉及另两个词："夸毗"和"便辟"（或作"便僻"）。《论语·公冶长》邢昺疏："便僻其足以为恭。"唐孔颖达《诗·大雅·板》"无为夸毗"疏："然则夸毗者，便僻其足，前却为恭。"可见，"便辟"与"夸毗"（或"跨跐"等）都与"足恭""体柔"有联系，而且大致意思也是进退趋避，竭尽恭敬之事。但是"便辟"与"夸毗"究竟是什么结构，得义的理据是什么？笔者将在后文探讨。

二、"神色""言辞""举止"三者并举衡量人的品性素养

为了说明"便辟""夸毗"与"足恭""体柔"的联系，我们先考察先秦的礼仪。上古时期常常将"神色""言辞""举止"三者并举来衡量人的品性素养。如《大戴礼记·五帝德》："子曰：'吾欲以颜色取人，于灭明（子羽）邪改之；吾欲以语言取人，于予（宰我）邪改之；吾欲以容貌取人，于师（子张）邪改之。'宰我闻之，惧，不敢见。""颜色"即神色，"容貌"即行为举止。

那么什么样的"神色""言辞""举止"符合儒家礼仪呢？《礼记·冠义》："礼义之始在于正容体、齐颜色、顺辞令。容体正、颜色齐、辞令顺，而后礼仪备。"《荀子·劝学》："礼恭而后可与言道之方，辞顺而后可与言道之理，色从而后可与言道之致。""容体"或"礼"指行为举止，"颜色"或"色"指神色，"辞令"或"辞"指语言。可见端正恭敬顺从是符合礼仪规范的。

关于这类礼仪描写在先秦典籍中多见。如《礼记·表记》："子曰：'君子不失足于人，不失色于人，不失言于人。是故君子貌足畏也，色足惮也，言足信也。'"前言"足、色、言"，后言"貌、色、言"，故"足"即"貌"。宋吕大临曰："所谓

① 见沙知、吴芳思编著：《斯坦因第三次中亚考古所获汉文文献（非佛经部分）》（第三册），上海：上海辞书出版社，2005年，第275页。

② 《礼记·表记》注，详见下文。

足者，举动是也。举动即貌也，主于足故言足也。”[①]甚是[②]。《论语·乡党》：“过位，色勃如也，足躩如也，其言似不足者。”《吕氏春秋·孝行览》：“和颜色、说言语、敬进退，此养志之道也。”《孔子家语·困誓》：“子路问于孔子曰：‘有人于此，夙兴夜寐，耕芸树艺，手足胼胝，以养其亲，然而名不称孝，何也？’孔子曰：‘意者身不敬与？辞不顺与？色不悦与？古之人有言曰：人与己与不汝欺。今尽力养亲而无三者之阙，何谓无孝之名乎！’”

一般说来，色（颜色）、言（言语）用词都比较明确，只是表示举止的词除了“足”之外，还有“貌”“容貌”“容体”“进退”“身”“体”等不同用词，需要分辨。三者并举，基本意思是一致的，即举止恭敬、神色和悦、言辞顺从，这是君子的礼仪准则和评判标准。而小人也希望通过这样的礼仪去取悦讨好人，但是小人没有修养，不是发自内心，往往做得虚假而过分。

小人于这三者是怎样表现的呢？典籍中记载亦颇多：《论语·季氏》：“友便辟[③]，友善柔，友便佞，损矣。”刘宝楠《论语正义》云：“盖便辟是体柔，即所谓足恭也；善柔是面柔，即所谓令色也；便佞是口柔，即所谓巧言也。”可见“便辟”即“足恭”“体柔”，是用举止取悦人；“善柔”即“令色”，是用神色取悦人；“便佞”即“巧言”，是用言语取悦人。这是描述小人的三个特征。可见评价君子依据举止、神色、言辞三个方面，评价小人同样依据这三个方面。

描写小人举止、神色、言辞还有另外的表达方式：《书·冏命》：“慎简乃僚，无以巧言、令色、便辟侧媚，其惟吉士。”“巧言”谓言语谄媚以讨好人；“令色”即神色柔媚以取悦于人；“便辟”[④]言举止谦恭以顺从人。

《论语·公冶长》云：“子曰：‘巧言、令色、足恭，左丘明耻之，丘亦耻之。’”是《尚书》的“巧言、令色、便辟”在孔子的口中变成了“巧言、令色、足恭”，可见“足恭”与“便辟”是一回事。难怪何晏《论语集解》引孔安国曰：“足恭，便僻貌。”那么，“巧言、令色、足恭”就是并列的三个方面，而《礼记正义》邢疏：“足，成也。谓巧言令色以成其恭，取媚于人也。”将三者的关系杂糅到一起，也就无

---

① 见卫湜：《礼记集说》，载《影印文渊阁四库全书》第120册，台北：商务印书馆，1986年。

② 这可以帮助我们进一步理解“足恭”的含义。

③ “辟”与“僻”通。《校勘记》：“友便辟，高丽本作‘僻’。”（见《十三经注疏》，北京：中华书局，1980年，第2523页。）

④ 注家多作“便僻”，同。

法准确解释词义了。

归结起来，小人的表现特征是：举止方面是体柔（或便辟、足恭、夸毗），神色方面是面柔（或善柔、令色），言辞方面是口柔（或便佞、巧言）。这些词也自然是贬义词。如《大戴礼记·曾子立事》："亟达而无守，好名而无体，忿怒而为恶，足恭而口圣，而无常位者，君子弗与也。巧言令色，能小行而笃，难于仁矣。"《抱朴子·道意》："夫福非足恭所请也，祸非禋祀所禳也。"《抱朴子·行品》："士有外形足恭，容虔言恪，而神疏心慢，中怀散放，受任不忧，居局不治，盖难分之五也。"

言、色、足三个方面本质是一致的，故《大戴礼记·文王官人》曰："巧言、令色、足恭一也，皆以无为有者也。"当这三者并举时，属于"析言"，言、色、足分得很清楚，以上诸例是其证。如果二者并列，则通常突出言与行。如《管子·小匡》："曹孙宿其为人也，小廉而苛，足恭而辞给①，正荆之则也。"《史记·五宗世家》："彭祖为人巧佞卑谄，足恭而心刻深。"这是描绘小人言、行两方面特征的例子。唐王勃《平台秘略论·褒客》："便辟脂韦饰其迹，甘言巧辞运其辩。""便辟脂韦"也是指行为举止的谄媚②，与"甘言巧辞"相对应。如果单言一方面则可以浑言无别，通常用"便辟""足恭"等泛指阿谀恭顺。《管子·立政》："三本者不审，则邪臣上通，而便辟制威。""便辟"即指谄媚逢迎的近臣。

简言之，言、色、足三者是先秦礼仪文化中的重要内容，是评价君子与小人的主要方面，而描写小人言、色、足三方面阿谀谄媚的词语具有特殊的含义和文化背景。

---

① 黎翔凤撰《管子校注》（新编诸子集成）（北京：中华书局，2004年，第466页）作"足恭而辞结"。

② 《楚辞·卜居》："宁廉洁正直以自清乎？将突梯滑稽如脂如韦以絜楹乎？"后因以"脂韦"比喻阿谀或圆滑。南朝梁刘孝标《广绝交论》："金膏翠羽将其意，脂韦便辟导其诚。"唐独孤及《为杨右丞祭李相公文》："危言献可，未尝脂韦取容；直躬而行，不为权幸改操。"是其例。

三、"便辟"与"夸毗"

上文已经分析了先秦礼仪的言、色、足三方面，其中形容小人举止谄媚的用词很丰富，包括"夸毗""便辟""足恭""体柔"。"体柔"谓肢体柔媚，"足恭"谓腿脚恭顺，上文已经证明。而"夸毗""便辟"与"足恭""体柔"同义，也指进退趋避，体态柔顺，但是其构词理据是什么呢？下面试作分析。

先看"便辟"。人们能够理解"便辟"的大致含义。如《论语·季氏》"友便辟"邢昺疏："便辟，巧辟人之所忌，以求容媚。"但"便辟"究竟是什么结构呢？《论语·季氏》"友便辟"何晏集解引郑玄注："便，辩也。谓佞而辩。"这是有代表性的理解。但是"佞而辩"就是邪僻而善辩，属于言辞阿谀类，与"足恭""体柔"不一致，显然不符合古人"便辟、善柔、便佞"三者并提的逻辑关系，所以这个解释是错误的。

笔者以为"便辟"来源于"般辟"，"便"是"般"的假借字。"般"本为水中游动的大船，《说文·舟部》："般，辟也，象舟之旋，从舟从殳。殳，令舟旋者也。"《说文·言部》曰："设，施陈也。从言从殳。殳，使人也。"段注："殳者，可运旋之物，故使人取义于殳。般字下曰：殳，所以旋也。"所以"般"有旋转盘桓义①。而人举止的旋转退缩也称为"般"，又称"般辟"。《说文·辟部》"辟"字段玉裁注："又引伸之为盘辟，如礼经之辟，郑注'逡遁'是也。""盘辟"与"般辟"同，是"逡遁"义，为同义并列结构。

关于"般辟"的含义，段玉裁还有进一步的解释。《说文》"般，辟也"段玉裁

① 从"般"之字多有盘旋义，比如"磐"也有盘桓义，即从"圆、旋"义而来。《后汉书·宋意传》："又西平王羡等六王……当早就蕃国，为子孙基址。而室第相望，久磐京邑。"李贤注："磐，谓磐桓不去。""蔽"是草盘结貌。"盘"有盘绕、盘旋、盘曲义。《后汉书·安帝纪》："帝自在邸第，数有神光照室，又有赤蛇盘于床第之间。"再如"槃"，是从木般声的形声字，《说文·木部》云："槃，承槃也。"段玉裁注："承槃者，承水器也。"就是圆形的木制承水器。《荀子·君道》："君者槃也，民者水也，槃圆而水圆。""槃"即"盘"（繁体作"盤"），与"旋、圆"相似的形状、举动、性质如盘桓、旋转、曲折、盘伏等即其义。成语有"盘根错节""虎踞龙盘"，词语有"槃纡""槃曲""盘旋"等。还有量词用法，如"一盘磨""一盘蚊香""一盘棋"等。

注:"人部僻下曰:辟也。此辟字义同。《投壶》曰:'宾再拜受,主人般旋①曰辟。主人阼阶上拜送,宾般旋曰辟。'般,步干反。还音旋。辟,徐扶亦反。《论语》包氏注:'足躩如,盘辟貌也。'盘当作般。般辟,汉人语,谓退缩旋转之貌也。《大射仪》'宾辟'注曰:'辟,逡遁不敢当盛。'《释言》曰:'般,还也。'还者,今之环字,旋也。荀爽注《易》曰:'盘桓者,动而退也。'般之本义如是。"

从段玉裁的解释中可以看出:"般辟"是古人行礼时的一种动作仪态,指遵照一定程序回旋转身以示谦让。《礼记·投壶》:"宾再拜受,主人般还曰辟。"孔颖达疏:"'主人般还曰辟'者,主人见宾之拜,乃般曲折还,谓宾曰:'今辟而不敢受。'言此者,欲止宾之拜也。"孔颖达更加明确解释了"般辟"的具体动作和目的。《汉书·儒林传·毛公》:"鲁徐生善为颂。"颜师古注引三国魏苏林曰:"徐氏后有张氏,不知经,但能盘辟为礼容。"亦其例。

这种"退缩旋转"以示谦恭的礼仪不仅称"般辟",还称"般旋""盘旋"。《淮南子·氾论》:"夫弦歌鼓舞以为乐,盘旋揖让以修礼。"汉班固《白虎通·崩薨》:"童子诸侯不朝而来奔丧者何?明臣子于其君父非有老少也,亦因丧质,无般旋之礼,但尽悲哀而已。"晋葛洪《抱朴子·广譬》:"般旋之仪,见憎于裸踞之乡。"又《讥惑》:"上圣悼混然之甚陋……制礼数以异等威之品,教以盘旋,训以揖让。"

般、盘同音,《广韵》薄官切,平声桓韵,并母。便,《广韵》房连切,平声仙韵,并母②。所以"便"与"般"声近韵同。"便僻""般辟"均可看作双声联绵词。"般辟"作为一种礼仪行为,本无褒贬,指通晓礼仪,但是过于谦恭,就有卑微以讨好人的小人特征了,所以"般辟"转化为"便辟",就有了贬义,专指小人谄媚的行为举动。理解了"般"与"便"的关系,再看"便僻其足以为恭"和"便僻其足,前却为恭"的解释,就会怡然理顺了。

"便辟"与一种礼仪行为相关,有时还有接近中性的用法。南朝梁沈约《少年新婚为之咏》:"丰容好姿颜,便辟工言语。"是其例。《世说新语·排调》:"明帝问周伯仁:'真长何如人?'答曰:'故是千斤犗特。'王公笑其言,伯仁曰:'不如卷角牸,有盘辟之好。'"徐震堮校笺:"盘辟,同般辟,犹盘旋也。……此言卷

① 从下文"还音旋"可以看出,两处"般旋"当是"般还"之误。

② 《集韵》毗连切,平仙,并母。

角犉不能如千斤犗特之任重致远，而折旋进退皆如乘者之意。”这里也略含贬义①。

指小人举止行为时，除了“便辟”“便僻”外，还写作“便嬖”“蹁躚”等。《墨子·尚同中》：“今王公大人之为刑政则反此，政以为便嬖。”孙诒让间诂：“政与正同。毕云：‘嬖读如僻。’”《南齐书·王融传》有一段形象的记载：“必同艰桎梏，等惧冰渊，婆娑蹁躚，困而不能前已。”“蹁躚”与“般辟”同，“婆娑蹁躚，困而不能前”，正是“便僻”“足恭”状貌的具体描写。

四、“夸毗”的含义

再看“夸毗”，其基本含义也正如《后汉书·崔骃传》李贤注所言：“夸毗，谓佞人足恭，善为进退。”但是其得义缘由向来是比较模糊的，不独颜之推时代的“耳学”之士不解“夸毗”一词，宋代朱熹《诗集传》也说：“夸，大；毗，附也。小人之于人，不以大言夸之，则以谀言毗之也。”同样理解“夸毗”为言词的夸耀或谄媚。明方孝孺《诮伯牙文》：“战国之士好夸嗜毗，恒诡实以求合，不顾人之是非。”当是对朱熹解释的实践了。

前文已经证明，先秦礼仪中言、色、足三者并举，“夸毗”属于“足”类，而朱熹的解释“大言夸之”“谀言毗之”，属于“言”类，故可以断定朱熹的解释是错误的。

《说文·人部》“侉”字段玉裁注：“《尔雅》《毛传》皆曰‘夸毗，体多柔’。然则‘侉’即夸毗字乎？夸毗亦作骻骴。”笔者以为段氏的分析是有道理的。“夸毗”的“夸”即“侉”或“跨”。用腿跨越称“跨”，腿亦称“跨”。《汉书·韩信传》：“众辱信曰：‘能死，刺我；不能，出跨下。’于是信孰视，俛出跨下。”颜师古注：“跨下，两股之间也。”“跨”即指腿，也作“侉”。故“夸毗”还作“侉比”。《陶斋藏石记·西乡侯兄张君残碑》：“君耻侉比，愠于群小。”前引还有“跨跐”“跨毗”等

① 中古以来“便僻”也表示举止轻盈灵活，盖二义相因。如《文选·何晏〈景福殿赋〉》：“僻脱承便，盖象戎兵。”吕延济注：“言蹴鞠之徒，便僻轻脱，承敌人之便，以求其胜，此乃如戎兵之事。”“便僻轻脱”为同义并列。《新唐书·白孝德传》：“孝德拥二矛，策马绝河，半济，怀恩贺曰：‘事克矣。其揽辔便辟，可万全者。’”“揽辔便辟”是说手执鞭绳骑马的动作灵活。

写法，例略。

“毗”即“比”，是亲近、顺从义。《说文·比部》：“比，密也。”“比”的本义是两人相比并，就是段注所说的“相亲密”①。《诗·大雅·皇矣》：“王此大邦，克顺克比。”朱熹集传：“比，上下相亲也。”《荀子·儒效》：“先王之道，仁人隆也，比中而行之。”王念孙《读书杂志·荀子二》：“比，顺也，从也。”而且“比”多用于贬义。《礼记·缁衣》：“大臣不治而迩臣比矣。”郑玄注：“比，私相亲也。”《论语·为政》：“君子周而不比，小人比而不周。”朱熹集注：“比，偏党也。”是其例。

所以“夸毗”指腿脚顺从，与“足恭”“体柔”为同类结构，含义亦同。符合《尔雅·释训》“夸毗，体柔也”的解释。

因为“夸毗”有不同的写法，更容易掩盖其本来的含义和结构，容易理解为联绵词②。

现在再看《颜氏家训·勉学》提到的问题：“又尝见谓矜诞为夸毗，呼高年为富有春秋，皆耳学之过也。”“矜诞”是言辞的夸耀，相当于《尔雅》的“口柔”；“夸毗”是行为的谄媚，即“体柔”。前者是用言词讨好，后者是用举止行为取媚，而浅人只从字面看到“夸”，就以为“矜诞”“夸毗”二词都是夸耀义了，所以颜之推斥为“耳学之过”。由此也说明至晚在颜之推的时代，许多人已经不理解“夸毗”本来的含义了。

“夸毗”一词含贬义，单用往往泛指谄媚，而不限于举止行为③。三国魏阮籍《咏怀》之五三：“如何夸毗子，作色怀骄肠。”这里“夸毗子”泛指谄媚小人。南朝梁刘勰《文心雕龙·比兴》：“炎汉虽盛，而辞人夸毗，诗刺道丧，故兴义销亡，于是赋颂先鸣。”辞人谄媚，才使“诗刺道丧”，而不能是夸耀义。梁启超《变法通议》：“夸毗成风，惮于兴作，但求免过，不求有功。”亦其例。

以上分析讨论了这样几个问题：第一，先秦礼仪评价人的标准通常是言（言辞）、色（神色）、足（举止）三个方面并举；符合礼仪的标准是三方面皆恭敬、

---

① 段玉裁注：“今韵平上去入四声皆录此字。要‘密’义足以括之。其本义谓相亲密也，余义俌也、及也、次也、校也、例也、类也、频也、择善而从之也、阿党也，皆其所引伸。”

② 事实上许多联绵词就是这样产生的。

③ “便辟”“足恭”与之用法相同。

顺从；小人在言、色、足三方面往往过分谄谀。第二，形容小人礼仪方面的表现特征：言是口柔（或便佞、巧言），色是面柔（或善柔、令色），足是体柔（或便辟、足恭、夸毗）。第三，"体柔"即肢体柔顺；"便辟"源于"般辟"，"般辟"为上古描写举止谦恭的一种礼仪；"足恭"指腿脚恭顺；"夸毗"即"跨趾"或"侉比"，亦指腿脚顺从。"便辟""夸毗"等词历来注家只知其大意而不得确解，主要原因是没有厘清先秦礼仪评价标准的三个方面，没有明白"便辟、足恭、夸毗"属于言、色、足的哪一类。可见语言尤其词语的理解与礼仪研究密切相关。

第二节　生活与词语：说"十口"①

钱钟书先生《宋诗选注》以其独特的收诗标准和言简意赅的注释备受称赞，然而也有百密一疏之处，这里举一例求教于学界。南宋刘克庄《北来人》诗："十口同离仳，今成独雁飞！"钱钟书《宋诗选注》曰："'仳'等于'别'；意思说从北方逃到南方来原有十口人。"②显然，钱先生把"十口"理解为一家中的十口人。实际上，"十口"在此指一家老小，并非一定实指十口人。

一、诗歌中"十口"一词的特殊含义及用法

从唐朝开始，"十口"一词在诗歌中出现了一种新的用法，即可以用来指"一家老小"。如：

(1)老妻寄异县，十口隔风雪。（杜甫《自京赴奉先县咏怀五百字》）

(2)十口系心抛不得，每回回首即长颦。（李群玉《金塘路中》）

(3)一身远出塞，十口无税征。（刘驾《唐乐府十首·输者讴》）

(4)十口沟隍待一身，半年千里绝音尘。（温宪《题崇庆寺壁》）

(5)十口漂零犹寄食，两川消息未休兵。（郑谷《漂泊》）

首例"十口"与"老妻"对文同义，均代指一家人；后四例"十口"与数字巧妙

① 《说"十口"》发表于《语言研究》2015年第3期，署名王云路、楚艳芳。内容有所删改。

② 钱钟书：《宋诗选注》，北京：人民文学出版社，1989年，第251页。

相对，表达的依然是全家老小的意思。其中例(3)、例(4)以“一身”与“十口”相照应，其表达全家老小的含义更为显豁。

宋金时期，继承唐代用法，诗歌中用“十口”表示“一家老小”义的例子大大增加，如：

(6)十口寄淮泗，一身来辇毂。(王禹偁《送朱九龄》)

(7)一心回主意，十口向天涯。(范仲淹《谪守睦州作》)

(8)凌子久道路，十口著羁绁。(苏舜钦《悲二子联句》)

(9)今我虽旅宦，一身十口随。(强至《冬日偶书呈县学李君择之》)

(10)三年无所愧，十口今同归。(苏轼《和陶王抚军座送客再送张中》)

(11)西邻分半井，十口无渴忧。(苏辙《寓居六咏》)

(12)十口南迁粗有归，一轩临路阅奔驰。(苏辙《东亭》)

(13)家有二顷田，岁办十口粮。(苏辙《次韵子瞻感旧》)

(14)十口无厌太仓粟，四邻分采故山薇。(贺铸《临汴亭送客还马上作》)

(15)故山未敢说归期，十口相随又别离。(陆游《倚阑》)

(16)家山千里云千叠，十口生离两地愁。(曾极《往春陵作》)

(17)谁谓我屋小？十口得安居。(元好问《学东坡移居八首》)

(18)蝗旱相仍岁已荒，伶俜十口值还乡。(元好问《再到新卫》)

以上十三则例子，都继承了唐诗的特点：多以“十口”与数字相对应，也有与表示自己的“一身”相照应者，其含义都指全家老小；“十口”为名词，在句中依然作主语。当然偶尔也作定语(如“岁办十口粮”)，这是稍微变化的地方。

元明诗歌依然沿用“十口”的词义表达方式，但使用已不那么广泛了，如：

(19)一身慷慨家仍远，十口凄凉岁荐饥。(范梈《独立》)

(20)十口长为旅，三年屡卜邻。(雅琥《上执政四十韵》)

(21)十口一家无别业，此身何日是闲时。(周棐《次韵送陈寿夫之湖州》)

(22)饥寒十口天边路，风雨孤坟海上村(师相死难，权厝死岛)。(卢若腾《岛噫诗·送曾屺望归豫章》)

因为其用例逐渐缩小，还出现了加上“全家”“一家”等限定词的用例：

(23)全家十口一朝空，忍饥种稻无人获。（揭傒斯《雨述》之二）

(24)一家十口不三日，藁束席卷埋荒陂。（乃贤《颍州老翁歌》）

(25)一家十口散，万里两身行。（高启《送钱氏两甥度岭》）

这里用“全家”“一家”限定“十口”，我们也可以看作两个同位语或同义词。凡此，都说明唐代以来诗歌中“十口”泛指一家人、全家老小，恐怕不能理解成实指的十口人。

我们再回到刘克庄的诗：“十口同离仳，今成独雁飞！”此句言当初一家老小一同离开北方到南方来，现在只剩一个人了！两相对比，显现出流落、凄惨之情。这里的“十口”也是指一家老小，并非实指“十口人”。

值得一提的是，“十口”一词表“一家老小”义的特殊用法早见端倪，《管子·地数》：“十口之家，十人咶盐。百口之家，百人咶盐。”这里的“十口”就是一个假设的泛指的数字，“十口”与“百口”分别代指小家庭和大家庭。宋朝还有“百口桥”，因宋顾训之五代同居于此桥左近，故名。据明王志坚《表异录·亲戚》记载：“宋太原太守顾训之五代同居，家有百口，时人重之，名其所居桥曰百口桥。”不难看出，“十口”表示小家庭，“百口”表示大家庭。

然而，《管子》中的“十口”又与唐以后格律诗中的“十口”有着明显的区别：(1)《管子》中的“十口”与“百口”相对，的确可以代指一个小家庭，但它只是偶然用之，此时的“十口”并未成词。(2)《管子》中“十口之家”与“十人咶盐”相属成文，“十口”对应“十人”，可见“十口”虽为一个假设的泛指数字，但在一定程度上依然含有确定的因素。

既然“十口”在《管子》中已见端倪，为何到了唐朝才广泛使用？这恐怕与诗歌本身的语言特点有着直接的关系。就现有的文献记载来看，表“一家老小”义的“十口”产生于唐朝，且大多出现在格律诗中。① 诗歌的魅力之一就在

① 其他文体也有偶然用“十口”表示“一家老小”者，如宋曾巩《代上蒋密学书》一例：“既葬，而其孥流离于乡，数期之间，疾疠死丧，十口之所存者，惟老母与某也二而已。”宋洪迈《夷坚乙志》卷十九《吴祖寿》：“吾一家十口，皆以非罪死君手。”但这样的例证在除诗歌外的其他文体中很少见。其中，《夷坚志》例“一家十口”似既可以理解为实指十口人，也可以指全家人。

于其"字短情长",语言简洁而表意丰富。在诗歌中用"十口"来代指一家老小,语言精炼,表意含蓄,富有想象的空间。因而从唐朝开始,"十口"成词,且多见于诗歌当中。

综上,表"一家老小"义的"十口"在唐诗中流行,宋诗中多见,元明逐渐减少,到了清朝就基本销声匿迹了。

"十口"为何表"一家老小"义?其构词理据是什么?我们从"口""十"的意义及语法特性入手进行考察。

二、"口"具备表"人""家人"的语义基础

在"十口"一词中,语素"口"处于较为核心的地位,故我们先从"口"入手来分析"十口"一词的构词理据。

(一)"口"可以代指"人"和"家人"

《说文・口部》云:"口,人所以言食也。""口"本为人体器官,其核心作用就是"言"和"食"。与其"言"义相关,构成的词语有"口彩""口信""口授""口德""口实""改口""悔口""空口""信口雌黄""口若悬河""心直口快"等等,这些词语都隐含了"口"的"言说"这一要素义。

与"十口"相关的"口"的核心义主要是"食"。"口"最重要的功能就是"食","民以食为天",饮食是人类最基本的活动和需求。因此"口"可以代指"人"。如"丁口"指人口;"小口"指未成年人;"尺口"指婴儿;"弱口"指人之幼小者;"鬻口"指贩卖人口;"口数"指人数;"户口"为住户和人口的总称,计家为户,计人为口;"口率"为按人口比例;"杀人灭口",以"人"与"口"对文同义;"人口"则是同义并列。《新唐书・孔戣传》:"南方鬻口为货,掠人为奴婢。"此例正以"口"与"人"对文同义。

"口"表"人","口"还可以用来指"家人","人口"连言亦可泛指家人。据王云路①考证,中古有"家口"可以泛指家人,又有"口累""家累",均可以表示家人。现在还有"养家糊口""养家活口"等说法。"养家""糊口""活口"均为动宾式,"养""糊""活"同义,均表"养活"义;"家""口"同义,均表"家人"义。

---

① 王云路:《中古汉语词汇史》,北京:商务印书馆,2010年,第193—194页。

“口”用来表“人”甚至是“家人”的用法成为“十口”表“一家老小”义的先决条件。

(二)量词“口”的特点

“十口”可以看作是数词“十”+量词“口”构成的数量结构。因此我们着重分析“口”的量词用法。

首先,“口”作一般量词,大致相当于“人”。如:

(26)今胶东相成,劳来不怠,流民自占八万余口,治有异等之效。(《汉书·王成传》)

(27)元封四年,关东流民二百万口,无名数者四十万,公卿议欲请徙流民于边以适之。(《汉书·石奋传》)

(28)其明年,山东被水灾,民多饥乏,于是天子遣使虚郡国仓廪以振贫。犹不足,又募豪富人相假贷。尚不能相救,乃徙贫民于关以西,及充朔方以南新秦中,七十余万口,衣食皆仰给于县官。(《汉书·食货志下》)

(29)帝多善政,虽有过,不及至衰缺,末年胡降二十万口,尔其验也。(《后汉书·五行志二》)

以上“口”都指流民、贫民等,是处于社会底层者。即便没有指明某个阶层,也能够看出其遭受奴役和杀戮的处境。《真诰·甄命》:“郗回父无辜戮人数百口,取其财宝,殃考深重。”是其例。

“口”还可用来计数奴婢或俘虏,他们同样属于社会的底层。如:

(30)基示以攻形,而实分兵取雄父邸阁,收米三十余万斛,虏安北将军谭正,纳降数千口。(《三国志·魏志·王基传》)

(31)赐绢五百匹、奴婢十口。(《魏书·陆馛传》)

(32)次兴还于本族,给奴婢三十口。(《魏书·抱嶷传》)

(33)从征伐诸国,破二十余部,以功赐奴婢数十口,杂畜数千。(《魏书·王建传》)

(34)南平中,原西摧羌寇,肥功居多,赏赐奴婢数百口,畜物以千计。(《魏书·长孙肥传》)

以上用“口”来称量的人,一般都是俘虏、奴婢、流民等地位低下的人,而这些人一般是不被当做普通人来看待，甚至被当做牲口来看待。随着封建社会等级制度的瓦解，这种搭配方式也随之消失。

其次，“口”作量词，用于牲畜。如：

(35)赐羊千口、帛千匹，进为上大夫，策告宗庙，颁示天下，咸使闻也。(《魏书·于简传》)

(36)垄种千口牛，泉连百壶酒。(高昂《征行诗》)

(37)综惧南归则无因复与宝寅相见，乃与数骑夜奔于延明，魏以为侍中、太尉、高平公、丹阳王，邑七千户，钱三百万，布绢三千匹，杂彩千匹，马五十匹，羊五百口，奴婢一百人。(《梁书·豫章王综传》)

(38)窃闻乃以臣等贸马三千匹，羊三万口，如所传实者，是为弃人贵畜。(《晋书·姚兴载记上》)

“口”用于牲畜，也是因为其有口需要吃食，并且地位比奴婢还要低下。

再次，从南北朝开始，量词“口”除了用于地位低下的人和牲畜，还用于器物等。刘世儒[①]指出：“‘口’作为量词，显然是从名词‘口’(动物体的一部分)转来的。但发展到南北朝，它早已用得很宽泛了。”如：

(39)晋武帝司马炎以咸宁元年造八千口刀。(陶弘景《刀剑录》)

(40)金瓶银瓮百余口。(杨衒之《洛阳伽蓝记·开善寺》)

(41)管涔王使小臣奉谒赵皇帝，献剑一口。(《晋书·刘曜载记》)

“刀”“剑”以“口”计数，是因为刀刃称为“口”。金瓶银瓮用“口”称量，是因为属于口形器皿。[②]

最后，“口”是计数家庭人数的特殊量词。

---

① 刘世儒：《魏晋南北朝量词研究》，北京：中华书局，1965年，第87页。

② 之后，陆续有学者就“口”的量词问题展开讨论，如黄盛璋《两汉时代的量词》(《中国语文》，1961年第8期)、贝罗贝《上古中古汉语量词的历史发展》(《语言学论丛》第21辑，1998年)、叶桂郴《量词“头”的历时考察及其他称量动物的量词》(《古汉语研究》，2004年第4期)、田启涛和俞理明《量词“口”演变的语义分析》(《汉语史学报》第11辑，2011年)等，学者们多就量词“口”的来源、产生时间、过程、用法等进行探讨，在此不逐一介绍。

这种用法出现很早。《孟子·梁惠王上》:“百亩之田,勿夺其时,数口之家可以无饥矣。”“数口之家”就是“口”作量词表示家人的例子。我们可以比较一下:“口”做名量词,“人”也可以作名量词,放在数词后表示人数,但二者有所不同:名量词“人”是泛称用法,而“口”却特指家庭人口。现代汉语依然保留这种用法:可以说“教室里有五个人”,但不能说“教室里有五口人”;可以说“家里有五口人”,也可以说“家里有五个人”。也就是说,“口”通常不会作为家庭以外人口的计数单位。唐宋诗歌中用“十口”表示一家老小义,而不说“十人”,原因正在于量词“口”的特殊性。

为了进一步说明“口”是专用于家庭人数的量词,我们分析文献中“一口”的用例。如:

(42)又一切调上公以下诸有奴婢者,率一口出钱三千六百,天下愈愁,盗贼起。(《汉书·王莽传下》)

(43)自此二十余年,家门不增一口,斯获罪于天也。(《后汉书·虞诩传》)

(44)勒下书以为二仪谐畅,和气所致,赐其乳婢一口,谷一百石,杂彩四十匹。(《晋书·石勒载记下》)

以上用于表人的“一口”,表达的是家庭中的一个人,是一个整体的、家庭的范畴。如“家门不增一口”,其中“一口”是指整个家庭中的一员。我们可以比较:当“口”用来称量牲口、器物之时,就是单纯的数词与量词的关系了,如可以说“一口猪”“一口井”“一口锅”等,而一般只说“一个人”,不说“一口人”①。

现代汉语中,“人”作名量词,是泛称;“口”作名量词指家庭成员②。比如“两口”,这两个人之间有关系,是一个家庭;“两人”这两个人之间不一定有关系,只是简单的数量。现代汉语仍然有“三口之家”“一家三口”“小两口(儿)”等说法,也是作为一个家庭整体而言的,并非言单个的、孤立的人。

简言之,“口”为什么可以代指“家人”义呢?关键在于“口”具有“食”的功能。“食”从动词转指名词食物、粮食,这是维系一家人生命的关键,因而用

---

① “家中仅一口人”这样的例子除外,因为还是受家庭这个整体的限制。

② 因为奴婢和俘虏等的消失,“口”在这些方面的量词功能也同时消失。

“口”代指家人是很自然的。也可以这样说：“口”指人，可以看作局部代替整体①；“口”指“家人”，则在于“口”的基本功用之一——食。②

三、“十”具备表“完备”的语义基础

为什么是数词“十”与“口”构成“十口”来表示“一家老小”，而非其他数词与“口”组合？

因为“十”有“完备”的深层隐含义。《说文·十部》：“十，数之具也。一为东西，丨为南北，则四方中央备矣。”《易经·屯卦》：“女子贞不字，十年乃字。”孔颖达疏：“十者，数之极。”《周礼·天官·医师》：“岁终，则稽其医事，以制其食。十全为上，十失一次之。”《史记·律书》：“数始于一，终于十，成于三。”“十”可以表示完备甚至达到极点，如“十分”“十足”“十全十美”“五光十色”等。

由“十”的“完备”义扩展开来，还可以用来表示多数(非确指)或多次，即数量或动作的“多”。

有“十年”，形容时间长久。如：

(45)一薰一莸，十年尚犹有臭。(《左传·僖公四年》)③

(46)十年磨一剑，霜刃未曾试。(贾岛《剑客》)

又有“十上”，谓多次上书言事。如：

(47)苏秦始将连横说秦惠王……说秦王书十上而说不行。(《战国策·秦策一》)

(48)虽免十上劳，何能一战霸。(韩愈《县斋有怀》)

又有“十反”，谓反复或往返多次。如：

(49)列子师老商氏，友伯高子；进二子之道，乘风而归。尹生闻之，从

---

① 上引刘世儒先生的话可以为证。

② 我们还可以从另外的角度思考，《清史稿·食货志一》：“凡民，男曰丁，女曰口。男年十六为成丁，未成丁亦曰口。”为什么女子和小孩称“口”？因为他们是人中的弱者。家里人往往指老小，因而可以用“口”计数。

③ 杨伯峻《春秋左传注》(北京：中华书局，1990年)注：“十年，言其久也。”

列子居,数月不省舍。因间请蕲其术者,十反而十不告。(《列子·黄帝》)

(50)董幼宰参署七年,事有不至,至于十反,来相启告。(《三国志·蜀志·董和传》)

又有"十色",谓色彩繁多①。如:

(51)其始见也,若红莲镜池;其少进也,如彩云出崖。五光徘徊,十色陆离。(江淹《丽色赋》)

(52)七重宝树围金界,十色雯华拥画梁。(元好问《应州宝宫寺大殿》)

还有"十朋",谓许多朋友。如:

(53)向所谓同年友,当其盛时,联袂齐镳,亘绝九衢,若屏风然;今来落落如曙星之相望……然而尚书右丞卫大受、兵部侍郎武庭硕二君者,当时伟人,咸万夫之望,足以订十朋之多也。(刘禹锡《送张盥赴举并引》)

可见,用"十口"表示一个整体(一家老小),符合"十"的深层隐含义。"十"本身所包含的语义特征使得"十口"连言,可以用来表示一个小的家庭。

值得一提的是,在古汉语中,除了"十口"可以表示一家老小外,还有"八口"也可以表示一个家庭。如:

(54)一身驱路忙如蚁,八口无家散若乌。(吕从庆《避乱》)

(55)书生身世忧,宁止八口饥。(陈造《苦旱六首》)

(56)尚苦八口累,依稀同曩贤。(贺铸《寄题栗亭县名嘉亭》)

(57)百年耕陇上,八口寄庵中。(潘纬《寄题方山人陵阳别业》)

(58)苦被八口累,奔迫道阻长。(赵湛《晓登关山望六合有怀黄逊庵明府》)

(59)忆昔避兵秦溪傍,渔舟八口同仓黄。(彭孙贻《寄如皋冒辟疆》)

(60)八口既嗷嗷,百事皆昧昧。(朱琰《读张杨园先生补农书作》)

(61)八口愁生计,孤帆入瘴烟。(余正酉《送友人赴粤》)

① 成语有"五光十色"。

这是为什么呢？原来“八口”有出处，见于《孟子·尽心上》：“百亩之田，匹夫耕之，八口之家足以无饥矣。”《孟子》中这一偶然为之的用法，随着儒家思想以及科举制度的兴盛，从晚唐五代开始，“八口”经常代指“一家人”为人们所运用，具有一定的生命力，直到现代汉语才消失。

可以说，“十口”一词的构词理据，在于其语素义具备了指称“全家人”的条件，所以与“八口”具有不同的来源与成词方式。

表示“一家老小”义的“十口”之所以可以成词且在格律诗中流行，除了“十”“口”本身的语义内涵外，也与诗歌本身的语言特点有着直接关系。南宋刘克庄的诗用“十口”代指全家人正与同时代的用法相一致。

第三节　风俗与词语：“寒暄”问候义产生年代考①

礼仪文明是汉民族的传统，人们见面时互相问候或交谈是一个重要且常见的礼节，“乡闾族属，士友亲知相见，必问安否”（宋何希之《鸡肋集》）。而天气冷暖与生活息息相关，人们见面多以天气冷暖为问候语，所以又称客套的问候为“寒暄”。如王朔《橡皮人》：“老太太不急不恼，嘴里寒暄着，顺从地离去。”

从汉语词汇史的角度看，“寒暄”表示问候义（或作问候语）产生于何时呢？普遍的观点是，“寒暄”表示问候义始见于旧题东汉班固撰《汉武帝内传》：“（王母）下车登床，帝跪拜，问寒暄毕，立。因呼帝共坐。”比如《汉语大词典》“寒暄”条义项3“谓问候起居寒暖”，首引此例；②王小莘也以此例为“寒暄”表示应酬问候语的早期用例，并认为由此引起了“寒温、寒暑、温凉、暄凉”等一连串相近词语产生问候义；③周俊勋在讨论中古时期“寒暄、寒温、寒暑、温凉、燥湿”一组词的词义引申顺序时，亦以此例作为中古时期“寒暄”有问候义的典型例证。

笔者通过考察《汉武帝内传》各种传世版本，结合该词在中古时期的文献

① 《“寒暄”问候义产生年代考：中古礼仪词语考释之一》发表于《古汉语研究》2012年第4期，署名王云路、黄沚青。内容有所删改。

② 罗竹风主编：《汉语大词典》（第1卷），上海：汉语大词典出版社，1986年，第1557页。

③ 王小莘：《试论中古汉语词汇的同步引申现象》，《南开学报》，1998年第4期，第68页。

用例，认为“寒暄”一词在中古时期有“问候”义的观点并不可信，换句话说，《汉武帝内传》中未必确有“寒暄”一词。

一、《汉武帝内传》中的“寒暄”本应作“寒温”

《汉武帝内传》一卷，早佚，是一部托名小说，共计一万两千七百余字。① 该书讲述汉武帝会西王母的故事，最早著录于《隋书·经籍志》，不著撰者姓名。关于它的作者和成书过程尚无定论，一般认为是六朝人所作。《四库全书总目》云：“《隋志》著录二卷，不注撰人，《宋志》亦注曰不知作者。此本题曰班固，不知何据。……其文排偶华丽，与王嘉《拾遗记》、陶弘景《真诰》体格相同。考徐陵《玉台新咏·序》有‘灵飞六甲，高擅玉函’之句，实用此传‘六甲灵飞十二事封以白玉函’语，则其伪在齐、梁以前。”②清周中孚《郑堂读书记》卷六六：“今证以诸书所引，其书盖出于魏晋之间，且文体雅，与王子年《拾遗记》相同。”③关于该书作者，王青总结有班固、葛洪以及东晋王灵期之流的上清派人士所作三说，成书年代亦有东汉末年、六朝、唐三种说法④。

对该书的引录始见于宋李昉《太平广记》，此外宋晁载之《续谈助》、明钱希言《剑策》以及元陶宗仪编《说郛》、明程荣辑《汉魏丛书》、明《正统道藏》、清陈梦雷等编《古今图书集成》、清华希闵辑《广事类赋》、清《四库全书》、清张海鹏辑《墨海金壶》(覆《太平广记》本)、清钱熙祚辑《守山阁丛书》等类书或丛书亦引用或收录了此书。这些引文根据“寒暄”的出现与否大致可分为三类：

(一)《续谈助》《广事类赋》所引，无“寒暄”一词：

> 下车登床，因呼帝共坐南向。(《续谈助》卷四)
>
> 下车登床，帝跪拜毕，因呼帝共坐。(《广事类赋》卷二五“女仙”条)

---

① 据清钱熙祚《守山阁丛书》本统计，上海鸿文书局据钱氏本影印，1889年。

② (清)永瑢：《四库全书总目》，北京：中华书局，1965年，第1206页。

③ (清)周中孚：《郑堂读书记》，载《清人书目题跋丛刊》(第8册)，北京：中华书局，1993年，第328页。

④ 王青：《汉朝的本土宗教与神话》，台北：洪叶文化事业有限公司，1998年，第322页。

(二)《太平广记》等所引,有"寒暄"一词:

下车登床,帝跪拜问寒暄毕,立,因呼帝共坐。(《太平广记》卷三神仙"汉武帝"条。又《说郛》本、《剑策》卷十九、《古今图书集成》卷六七、卷一六八、卷二二八、《四库全书》本、《汉魏丛书》本、《墨海金壶》本同。)

(三)《正统道藏》等所引,有"寒温"一词:

下车登床,帝拜跪,问寒温,毕,立如也。因呼帝共坐。(《正统道藏》本《汉武帝内传》。又《守山阁丛书》本同,"温"字钱熙祚校云:"《广记》'暄'。")

通过对比不难发现,三类版本对语词的引录有明显的差异。第一类《续谈助》《广事类赋》所录当为简本,皆无"问寒暄"或"问寒温"之语,可不论。比较第二、三类,其差别在于《太平广记》一系中的"寒暄"一词在《正统道藏》一系中皆写作"寒温"。那么,"寒温"与"寒暄"究竟哪一个更符合文本的原貌呢?

从不同版本的产生年代看,宋代《太平广记》要早于明代《正统道藏》。但从记述内容来看,以《正统道藏》所收《汉武帝内传》一书最详,其中记载的安法婴所唱元灵二曲、上元夫人所授十二事篇目以及东方朔于朱雀窗窥看等情节在《太平广记》中皆亡佚不载,因此《正统道藏》本历来被视为善本。清陆心源《皕宋楼藏书志》卷六四收录了清黄廷鉴抄校的《汉武帝内传》,并引黄氏跋云:"《汉武帝内传》一书,凡《太平广记》所录及明《汉魏丛书》诸刻皆非完帙,向称汲古阁刊《道藏》本为最善,惜传本亦希。"①清钱熙祚辑《守山阁丛书》即以此为底本,并校云:"《汉武帝内传》一卷,今文澜阁本、《说郛》《汉魏丛书》本,略与《太平广记》同,皆非完帙。惟《道藏》本文多至倍,前人所引西王母侍儿歌及朱鸟窗事咸在焉。"②显然,论者普遍认为《正统道藏》所引《汉武帝内传》要优于《太平广记》等所引,当为最善。然而,从语料鉴别的角度看,收录最详的版本很有可能是后人不断增益润色的结果,产生年代较早的版本也有可能经过抄

① (清)陆心源:《皕宋楼藏书志》,《续修四库全书》(第929册),上海:上海古籍出版社,1996年,第40页。

② (清)钱熙祚:《汉武帝内传》,《守山阁丛书》,上海:上海鸿文书局,1889年,第37页。

录者的修改。因此,仅据版本很难判断“寒温”与“寒暄”究竟哪个更贴近该书的原貌,需要进一步从汉语词汇史的角度进行分析。

二、中古时期“寒暄”的意义

中古文献中“寒暄”(或其逆序词“暄寒”)用例很少,且仅用来表示冷暖或指称岁月,未见表示问候义的用例。笔者搜检得成书年代可信的“寒暄”用例八则,列举如下:①

(1)寒暄虚盈,消息必得其中,所以养体也。(东汉荀悦《申鉴·俗嫌》)

(2)若其爱养神明,调护气息,慎节起卧,均适寒暄。(北齐颜之推《颜氏家训·养生》,宋本、知不足斋本“寒暄”作“暄寒”。)

其余六例为南朝陈徐陵诗文,五例见于《全陈文》,一例见于《徐孝穆集》:

(3)京师祸乱,亟积寒暄。双阙低昂,九门寥豁。(《全陈文》卷六《册陈公九锡文》)

(4)自徘徊河朔,亟积寒暄,风患弥留,半体枯废。(《全陈文》卷七《在北齐与宗室书》)

(5)自皇家祸乱,亟积寒暄,九州万国之人,蟠木流沙之地,莫不行号卧泣,想望休平。(《全陈文》卷八《又为梁贞阳侯答王太尉书》)

(6)意谓江东凋弊,累积寒暄。供膳资储,理当多阙。(《全陈文》卷八《又为贞阳侯颙答王太尉书》)

(7)盖延之功,高视前彦,而淹留赵魏,亟历寒暄,企望乡关,理当悲切。(《全陈文》卷十《报尹义尚书》)

(8)况吾生离死别,多历寒暄,孀室婴儿,何可言念?(《徐孝穆集》卷二《在北齐与杨仆射书》,《陈书》《文苑英华》《册府元龟》《全陈文》作“暄寒”。)

---

① 旧题东汉华佗撰《中藏经》卷上有“寒暄”用例二则,“以天地有四时五行,寒暄动静”,“寒暄不时,则天地之蒸否也”。该书最早著录于南宋郑樵《通志·艺文略》,世人多以其为六朝托伪之作,因其具体成书年代、作者皆未详,故暂且不论。

以上八例中，前两例“寒暄”表示冷暖，后六例“亟积寒暄”“多历寒暄”为册文或书信套语，“寒暄”犹言“寒暑”，指称岁月，皆无问候义。

相比之下，中古时期用“叙寒温”或“寒温”表示问候义的用例十分常见，而且多出现于口语性较强的文献中。如：

(9)忽有客通名诣瞻，寒温毕，聊谈名理。(东晋干宝《搜神记》卷十六“阮瞻”条)

(10)固踊跃，令门吏走往迎之。始交寒温，便问：“卿能活我马乎？”(旧题东晋陶潜《搜神后记》卷二“郭璞活马”条)

(11)谢与王叙寒温数语毕，还与羊谈赏，王方悟其奇，乃合共语。(南朝宋刘义庆《世说新语·雅量》)

(12)女子于口中吐出一男子，年可二十三四，亦颖悟可爱，乃与彦叙寒温。(南朝梁吴均《续齐谐记》“阳羡许彦”条)

除例(9)外，其他三例均以“叙寒温”或“交寒温”等出现，表明“寒温”并未完全独立作动词用。

后世文献中“寒温”表示问候义的用例更多，如口语性极强的敦煌变文中即习见。斯 4128 号《太子成道变文》：“大王闻之，便下□□册上尊者。寒温未竟，仙人庆贺大王：‘卑臣福薄业微，不遇太子剩(盛)世。’”北敦 2496 号《目连变文》：“长者闻言情怆悲，始知和上是亲儿。互诉寒温相借问，不觉号咷泪双垂。”相比之下，变文中却未见用“寒暄”表示问候的用例。

此外，中古时期可表示问候义的相似词语还有“寒暑”“温凉”“暄凉”。其中“寒暑”与“寒温”出现的时间大致相同。如：

(13)迟重者蓬转而波扰，整肃者鹿踊而鱼跃。口讷于寒暑者，皆摇掌而谱声；谦卑而不竞者，悉裨瞻以高交。(东晋葛洪《抱朴子外篇·酒诫》)

(14)张遂诣刘。刘洗濯料事，处之下坐，唯通寒暑，神意不接。(《世说新语·文学》)

“温凉”“暄凉”则稍晚。如：

(15)十九日，见一人驾大车，形容甚壮，从者十人，直见拜温凉而已。(南朝梁陶弘景《周氏冥通记》卷四)

(16)祖思习常,待叟不足,叟聊与叙温凉,拂衣而出。(《魏书·胡叟传》)

(17)既至兰所,暄凉讫,兰问在住何处。(南朝梁慧皎《高僧传》卷十一“晋始丰赤城山支昙兰”)

(18)尔日村居民,咸见弘身黄金色,乘一金鹿,西行甚急,不暇暄凉。(《高僧传》卷十二“齐交阯仙山释昙弘”)

(19)二生在边表,长逢离乱,身闇庠序,口拙暄凉,方外虚玄,久非其分。(隋灌顶《隋天台智者大师别传》)

可见“寒温”等词在中古时期都可表示问候,“寒暄”则无此用法。

三、“寒暄”产生问候义的时代

“寒暄”(或“暄寒”)表示问候义的用例是何时产生的呢?笔者以为唐代文献中才出现,为数不多,且均出现在用词文雅的史书诗文中。据笔者所见,《南史》已见“暄寒”一词。《南史·蔡廓传附蔡撙》:“(蔡撙)性甚凝厉,善自居适。女为昭明太子妃,自詹事以下咸来造谒,往往称疾相闻,间遣之。及其引进,但暄寒而已,此外无复余言。”

“寒暄”则年代稍晚。唐代杜甫诗已出现“寒暄”表示问候义的用例,《暮秋枉裴道州手札,率尔遣兴,寄近呈苏涣侍御》:“久客多枉友朋书,素书一月凡一束。虚名但蒙寒暄问,泛爱不救沟壑辱。”但有异文,《钱注杜诗》《杜工部草堂诗笺》《九家集注杜诗》《记纂渊海》均作“寒温”,而《补注杜诗》《集千家注杜诗》《事文类聚》等则作“寒暄”。清仇兆鳌《杜诗详注》作“寒暄”,注:“一作温。”《全唐诗》作“寒温”,注:“一作暄。”所以,将杜诗作为“寒暄”始见书证的把握不大。

“寒暄”又见于唐代其他典籍。如杜牧《昔事文皇帝三十二韵》:“随行唯跼蹐,出语但寒暄。”赵璘《因话录》卷四:“僧叹息久之,曰:‘近日尊儒重道,都无前辈之风。’因出一纸,穆兵部与书,倾寒暄之仪,极卑敬。”袁郊《甘泽谣·红线》:“乞放某一到魏郡,看其形势,觇其有无。今一更首途,三更可以复命。请先定一走马,兼具寒暄书。”此三例当是“寒暄”表示问候义的较早用例。

关于“寒暄”与“寒温”产生年代的先后顺序,我们还可以看下面一组例子:

(20)王黄门兄弟三人俱诣谢公,子猷、子重多说俗事,子敬寒温而已。(《世说新语·品藻》)

(21)(王献之)尝与兄徽之、操之俱诣谢安,二兄多言俗事,献之寒温而已。(《晋书·王羲之传附献之》)

(22)(王献之)尝共兄徽之、操之诣谢安,二兄多言俗事,献之唯寒暄而已。(唐许嵩《建康实录》卷十)

以上不同文献中记载的是同一事情,文句大致相同。但刘宋的《世说新语》和初唐的《晋书》皆用“寒温”,而中唐的《建康实录》则用“寒暄”。由此可以进一步清晰地看出这两个词语的时代变迁。①

所以,产生于六朝时期的《汉武帝内传》中用“寒温”比“寒暄”更符合当时的用词习惯。

如果说以上是从词汇史的角度分析“寒温”一组词的发展变化,属于外证。那么《汉武帝内传》尚有一则“问寒温”的用例,可以看作内证:

(一)《太平广记》等所引:

帝拜问寒温,还坐。(《说郛》本、《剑策》卷十九、《古今图书集成》卷六七、卷一六八、卷二二八、《四库全书》本、《汉魏丛书》本、《墨海金壶》本同。)

(二)《正统道藏》等所引:

帝问寒温,还坐。(《守山阁丛书》本同。)

此处叙述汉武帝与上元夫人见面的场景,与上文汉武帝会王母的情形十分相似,《太平广记》和《正统道藏》等书均用“寒温”来表示问候,而非“寒暄”。这是比较有力的内证,可以进一步说明《汉武帝内传》中用“寒温”更符合当时的语言特色与文献原貌。

---

① 相似的还有“寒燠”和“炎凉”,二者本指冷暖,到了唐代亦可引申指问候,但皆是文人别出心裁的用法,偶见于诗文。如唐白行简《李娃传》:“与之拜毕,叙寒燠,触类妍媚,目所未睹。”唐白居易《醉后走笔酬刘五主簿长句之赠,兼简张大、贾二十四先辈昆季》:“尘土满衣何处来,敛手炎凉叙未毕。”是其例。

那么，该如何解释《太平广记》等所引《汉武帝内传》中的“寒暄”一词呢？笔者以为当是后人的擅改。汪维辉《唐宋类书好改前代口语》一文谈到：“唐宋时期所编的不少类书在引用古籍时往往好改前代口语，或是把原文比较口语化的词语和说法换成意思相近但较文较雅的词语和说法。”①“寒温”习见而通俗，“寒暄”文言色彩较浓，亦显文雅。因而后人在抄录《汉武帝内传》时把“寒温”改成典雅些的“寒暄”是极有可能的。②《太平广记》等文献所保留的“寒温”当是后人改而未尽之处，应是文献的原始面貌。

综上所述，《汉武帝内传》本应作“寒温”，“帝跪拜，问寒暄毕”之例不宜视作中古时期“寒暄”有“问候”义的例证。从文献用例上看，该义项到唐代才出现。这也进一步说明使用类书时需谨慎，不能以此作为判断语料时代的唯一依据。

第四节　地理与词语：“南北”“东西”新论③

蒋绍愚先生有《东西南北》一文④，考察了现代汉语的作品——老舍的《四世同堂》，其中以“东西”构成的四字句以及其它俗语，如“东倒西歪、东拼西凑、东张西望、东打听西问问”等，有 19 个，牵涉到“南北”的只有“山南海北、走南闯北”2 个，差距很大。蒋先生又考察了先秦西汉的 32 种书，牵涉到“东——西”的也很多，而“南——北”的仅一次：《淮南子·说林》：“杨子见(歧)路而哭之，为其可以南可以北。”蒋先生的结论是：古人与“东西”关系密切，同时从天文地理、居住方式、政治形势三方面考察了汉语“东西”使用频繁的理据。所说很有道理，也给人很多启发。试再讨论一下“南北”“东西”及其相关问题，姑且狗尾续貂吧。

---

① 汪维辉：《唐宋类书好改前代口语》，载《汉语词汇史新探》，上海：上海人民出版社，2007 年，第 149 页。

② 上揭杜甫诗中“寒暄”与“寒温”的异文，《世说新语》《晋书》《建康实录》中“寒温”与“寒暄”皆此类也。

③ 《“南北”“东西”新论》发表于《华东师范大学学报》2012 年第 2 期。内容有所删改。

④ 蒋绍愚：《东南西北》，见《语苑撷英(二)》，北京：中国大百科全书出版社，2007 年。

一、"南北"指距离远

确如蒋先生所说,"东西"在四个方位中是与人关系最密切的,常常使用。那么"南北"是否就不用或少用?"南北"在古人心里是什么位置?代表什么含义[①]?

考察现代汉语,关于"南北"的四字句主要有:"南来北往、走南闯北、南征北战、南辕北辙、天南地北"等。"南北"所代表的含义是遥远、陌生,与"东西"正相反。

古汉语中关于"南北"的文句主要有两种类型:

一是以"南"与"北"相对,表示距离遥远。汉王逸《九思·守志》:"绕曲阿兮**北**次,造我车兮**南**端。"唐白居易《和渭北刘大夫借便秋遮虏,寄朝中亲友》:"胡马辞**南**牧,周师罢**北征**。"古人常用"朔"代表北,所以也有"南"与"朔"相对的例子:《晋书·陆机传》载其《辨亡论》曰:"**辎**轩骋于**南**荒,冲輣息于**朔**野。"

二是有"南X北X"的四字句,多指距离遥远或关系甚远、没有联系:

唐杜牧《汉江》:"**南去北来**人自老,夕阳长送钓船归。"

唐柳宗元《封建论》:"历于宣王,挟中兴复古之德,雄**南征北伐**之威,卒不能定鲁侯之嗣。"

元李行道《灰阑记》第三折:"但是**南来北往**,经商客旅,都来我这店里吃酒。"

清赵翼《檐曝杂记·庆典》:"每数十步间一戏台,**南腔北调**,备四方之乐。"

所以,在古人心中,"南北"代表距离遥远,也代表陌生[②]。当然,实指的东西或南北除外,这里讨论的是虚指的、泛指的方位词含义。

为什么在比喻遥远时用"南北"呢?这要考察古人的地理概念。古人称距离遥远或遥远的地方主要有三种方式[③]:

---

① 笔者考察的是"南北""东西"的抽象义、泛指义,与具体方位义无关。

② "南腔北调"既代表发音或语言差异大,也说明是陌生的语调。

③ 用天上的星座"参商"比喻的,往往是比喻对立、隔绝,永不相见等。《文选·陆机〈为顾彦先赠妇〉诗之二》:"形影参商乖,音息旷不达。"是其例。所以与"遥远"义还是有区别的。

一是“南极”“北极”。地球有南极北极，我们的祖先也有两极的概念。《淮南子·墬形》：“（禹）使竖亥步自北极至于南极，二亿三万三千五百里七十五步。”《宋书·天文志一》：“周天三百六十五度五百八十九分度之百四十五，半露地上，半在地下。其二端谓之南极、北极。”

古人用“南极”“北极”，往往指极遥远的南方和北方。汉刘向《九叹·离世》：“櫂舟杭以横濿兮，济湘流而**南极**。”三国魏曹植《盘石篇》：“**南极**苍梧野，游眄穷九江。”慧琳《一切经音义》卷三一引晋司马彪曰：“溟，谓**南北极**也。去日月远，故以溟为名也。”

二是“南海”“北海”。古人往往用来代指遥远的南方和北方。

《庄子·应帝王》：“**南海**之帝为儵，**北海**之帝为忽，中央之帝为浑沌。”《荀子·王制》：“北海则有走马吠犬焉，然而中国得而畜使之。”杨倞注得很精彩：“海谓荒晦绝远之地，不必至海水也。”《左传·僖公四年》：“君处北海，寡人处南海，唯是风马牛不相及也。”①用“北海”“南海”比喻距离遥远，毫不相干。所以“北海”也泛指遥远的北方。

“北海”又称“北冥（溟）”。《庄子·逍遥游》：“北冥有鱼，其名为鲲，鲲之大不知其几千里也。”唐陆德明释文：“北冥，本亦作‘溟’，北海也。嵇康云：‘取其溟漠无涯也。’”“冥”本来就有深远苍茫之义。《文选·孙绰〈游天台山赋〉》：“临万丈之绝冥。”李善注：“冥，幽深也。”谢灵运《拟魏太子邺中集·刘桢》：“唯羡肃肃翰，缤纷戾高冥。”黄节注：“冥，远也。”

有两种情况不属于我们所讨论的范围。一是“东西南北”对应者。如《礼记·祭义》：“推而放诸**东海**而准，推而放诸**西海**而准，推而放诸**南海**而准，推而放诸**北海**而准。”这是四方对举，指区域范围之广大。二是实指。如《汉书·苏武传》：“乃徙武北海上无人处。”苏武牧羊的“北海”指今贝加尔湖，是实指。泛指距离遥远的“北海”是虚指。

三是“胡越”“北楚”“胡秦”。

因为胡在中原的北方，楚或越在南，所以常常以这些国名代指遥远的

① 杜预注：“楚界犹未至南海，因齐处北海，遂称所近。”杜预以为楚国国界未至南海而自称“南海”，是为了对应齐国之“北海”。事实上，这里的“南海”“北海”可以看作虚指，泛指距离遥远。

地方。

先看“胡与越”。《淮南子·齐俗》：“故**胡**人弹骨，**越**人契臂，中国歃血也。所由各异，其于信一也。”又：“**胡人**便于马，**越人**便于舟。”这是实指的“胡”和“越”。《淮南子·俶真》：“六合之内，一举而千万里。是故自其异者视之，肝胆**胡越**，自其同者视之，万物一圈也。”高诱注：“肝胆喻近，**胡越喻远**。”唐白居易《与微之书》：“况以胶漆之心，置于**胡越**之身，进不得相合，退不能相忘。”此二例虚指，比喻距离遥远。

次看“北与楚”。“南辕北辙”典出《战国策·魏策四》：“魏王欲攻邯郸，季梁谏曰：‘今者臣来，见人于大行，方北面而持其驾。’告臣曰：‘我欲之楚。’臣曰：‘君之楚，将奚为北面？’曰：‘吾马良。’曰：‘马虽良，此非楚之路也。’曰：‘吾用多。’臣曰：‘用虽多，此非楚之路也。’曰：‘吾御者善。’此数者愈善而离楚愈远耳。今王动欲成霸王，举欲信于天下。恃王国之大，兵之精锐，而攻邯郸，以广地尊名，王之动愈数，而离王愈远耳。犹至楚而北行也。”这里用“楚”代指遥远的南方，用“北”与“楚”相对。而凝固为成语依然多用“南辕北辙”。也同样说明“南北”蕴含的不仅仅是方向和地域，更多的是指相距遥远。另见汉荀悦《申鉴·杂言下》：“先民有言：适楚而北辕者，曰：‘吾马良，用多，御善。’此三者益侈，其去楚亦远矣。”故成语也有“北辕适楚”。

最后看“胡与秦”。《文选·苏武诗之一》：“昔者常相近，邈若胡与秦。”张铣注：“**胡秦，相去远也。**”晋傅玄《豫章行苦相篇》：“昔为形与影，今为**胡与秦**。**胡秦**不相见，一绝踰参辰。”

小国或少数民族很多，为什么用“胡越”来比喻距离遥远？因为“胡越”处于中原的南和北，因而功用与“南北”一样。

二、“东西”指距离近

说“南北”在古人心里代指遥远，必然牵涉到与之相对的“东西”。在古人心里，“东西”很近，与人关系很紧密。有很多语言现象可以证明之。

第一，常见俗语、成语等中多用“东”和“西”代指周围的事物。比如“东拉西扯”“东游西逛”“东奔西逃”“东拼西凑”“东倒西歪”“东家长西家短”“东一榔头西一棒子”“东张西望”“你说东他说西”。这些“东”和“西”，都代指身边之事，通常不能换成“南”和“北”。

第二，“东西”指称身边的物品、人，甚至抽象的事情、情感等。关于这一点，讨论者甚多，这里不再展开①。

第三，古人称近旁、旁边为“东西”。汉刘向《九叹·远逝》：“水波远以冥冥兮，眇不睹其**东西**。”即看不清周围。唐薛涛《十离诗·马离厩》：“雪耳红毛浅碧蹄，追风曾到日东西。”“日东西”即日边。宋欧阳修《四月九日幽谷见绯桃盛开》诗：“念花意厚何以报？唯有醉倒花东西。”“花东西”即花旁边。清唐孙华《夏日园居杂咏》之二：“同荷阴阳受埏埴，金张只在岸东西。”“岸东西”即岸边。

第四，由“近旁”义扩展，“东西”常指人生活的环境，周围，犹言“到处”“各处”。《庄子·逍遥游》：“子独不见狸狌乎？卑身而伏，以候敖者；**东西**跳梁，不辟高下。”晋释智林《致周颙书》：“贫道捉麈尾以来四十余年，东西讲说，谬重一时。其余义统，颇见宗录，唯有此途，白黑无一人得者。”《魏书·叔孙建传》：“建沉敏多智，东西征伐，常为谋主。治军清整，号令严明。”《敦煌变文校注·降魔变文》：“东西巡历未周圆，忽逢一窠蝼蚁子。”

第五，“东西”代指方向。西晋竺法护译《佛说如幻三昧经》卷上：“又见宫殿而复崩坏，暗暗冥冥不知**东西**，时魔波旬即怀恐惧，衣毛为竖，心自念言：此何变怪，令吾宫殿委顿乃尔？”是其例。

“东西”字面有向东向西义，实为泛指出游，外出。魏明帝曹叡《乐府诗》：“揽衣曳长带，屣履下高堂。**东西**安所之，徘徊以彷徨。”晋陶渊明《答庞参军》：“我实幽居士，无复**东西**缘。”“东西”与“驰走”等动词连接，则表示四处奔走，犹言“东奔西走”。旧题三国吴支谦译《菩萨本缘经》卷中：“尔时其妻念子悲号，**东西驰走**不安其所。”又卷下：“汝等便当**东西波迸**，乃至丧命。”苻秦昙摩难提译《增壹阿含经》卷六：“于此舍卫城内，有一长者丧失一子，彼念此子，狂惑失性，**东西驰走**，见人便问，谁见我子。”《法苑珠林》卷二六引《冥祥记》：“苏峻之乱，都邑人士，皆**东西波迁**。”南朝宋求那跋陀罗译《杂阿含经》卷一九：“诸天女众见此堂观震掉动摇，颠沛恐怖，**东西驰走**。”

由于“东西”可以表示出游，外出，因而又喻指分离。南朝梁沈繇《答何郎》：“形影一**东西**，山川俄表里。执手涉梁上，悲心万端起。”《陈诗》卷八江总

---

① 五行学说的影响，是人们讨论“东西”何以代表物品最常见的解释。清褚人获《坚瓠集》卷一、清龚炜《巢林笔谈续编》卷上、清王有光《吴下谚联》卷一均有说，这里从略。

《别袁昌州诗》之二："客子叹途穷，此别异**东西**。"又："不言云雨散，更似**东西**流。"《晋书·范汪传》："凡荒郡之人，星居**东西**，远者千余，近者数百，而举召役调，皆相资须，期会差违，辄致严坐，人不堪命，叛为盗贼。"

"东西惟命"是中古常见成语，表示惟命是从，即俗语"让我向东不向西"的意思。《三国志·魏志·钟繇传》："策以朗儒雅，诘让而不害。"南朝宋裴松之注引《献帝春秋》载王朗对孙策使者曰："叱咤听声，东西惟命。"其"东西"也隐含方向的意思。

在简帛及敦煌吐鲁番文书中，"东西"还可指人外出不在或死亡，有"东西""身东西""东西不在""不在有东西""东西不善""东西不平善""东西逃避"等表述，蒋礼鸿先生等有考释。①

前一、二类是"东西"代指事物。三、四类代指周围环境。第五类代指人的行为动作。可见"东西"跟人的关系是相当密切的，而"南北"绝没有这些功能。

三、"东西""南北"分指近和远的原因

我们从上述例证中已经可以证明：在东西南北四个方位中，确实"南北"与人关系远，"东西"与人关系近，关系密切。这究竟是什么原因呢？笔者以为蒋先生所说很有道理，兹略作补充。笔者以为，在古人的认知世界里，东西的距离是可以感知的，南北的距离则比较抽象。原因如下：

一、"东西"是放置物品的地方。古人常见的座位习惯是坐北朝南，这是正位、是尊位。背靠北墙，北面不能放物；面朝南，而人的前面也不适合放物，南北向即人正位的前后，都不适宜放置物品；最适宜放置生活物品是人座位的两侧，也就是东西向(故有"东厢""西厢"等词)，因而用"东西"代指东西两侧的物品也是很自然的了，就是用放物的位置代替物品。

二、"左右"与"东西"通常一致。我们所说的"左右"，通常是人座位的东面和西面，因而"左右"和"东西"所指是一样的，"左右"可指人的近处，"东西"也可指人的近处。"前后"往往与"南北"一致，"左右"往往与"东西"一致。古书

---

① 参看蒋礼鸿：《〈敦煌资料(第一辑)〉词释》，载《蒋礼鸿语言文字学论丛》第189—190页。

中常以“左右”代指近臣或侍从，正说明其距离近的含义。“前后”除了方位概念外，多指时间的跨度，如陈子昂诗“前不见古人，后不见来者”，“前”“后”是一定不能换作“左”“右”的。同样，“左右逢源”也不能改为“前后逢源”。而“东西”与“南北”的差别恰如“左右”与“前后”的不同。

这个观念在上古典籍中随处可见。如《周礼·春官·冢人》：“先王之葬居中，以昭穆为左右。”郑玄注：“先人造茔者，昭居左，穆居右，夹处东西。”可见“东西”与“左右”完全相等。

三、人们居住的房屋通常是东西相邻。中国大陆大部分位于北回归线以北，正午太阳总是在南方，为了最大限度地接受阳光，古代建筑大多坐北朝南。所谓比邻而居，往往是东西方向相邻。因而有“东邻西舍”的说法，与“左邻右舍”的说法相同。《易·既济》：“**东邻**杀牛，不如**西邻**之禴祭，实受其福。”战国楚宋玉《登徒子好色赋》序：“臣里之美者，莫若臣东家之子。”《孟子·告子下》：“踰**东家**墙而搂其处子，则得妻。”《汉书·王吉传》：“**东家**有大枣树垂吉庭中。”南朝乐府民歌《孔雀东南飞》：“**东家**有贤女，自名为罗敷。”以上例中的“东家”都是邻居，可能是实指东边的邻居，也可能是泛指邻居①。

与之可以比照的是“牖”和“南窗”，这两个词本谓向南的窗子。因窗多朝南，可以接受阳光，故亦泛指窗子。清夏炘《学礼管释·释窗牖向》：“牖与向不同，南出者谓之牖，北出者谓之向。”因而“牖”也泛指窗子。《诗·豳风·七月》：“十月蟋蟀入我床下，穹窒熏鼠，塞向墐户。”毛传：“向，北出牖也。”晋陶潜《问来使》诗：“我屋南窗下，今生几丛菊。”南朝梁何逊《闺怨》诗：“竹叶响南窗，月光照东壁。”皆其例②。

《尔雅·释宫》：“室有东西厢曰庙，无曰寝。”《玉台新咏·古乐府〈相逢狭路间〉》：“鸳鸯七十二，罗列自成行。音声何噰噰，鹤鸣东西厢。”古乐府《木兰诗》：“开我东阁门，坐我西阁床。”只有“东西厢”或“东西阁”，也说明人们居住

---

① 那么为什么少见“西家”呢？这是因为在“东”和“西”中，古人更崇尚东方，东方代表日出、代表生命，西方则代表衰落和死亡。兹从略。可参见延边大学2003年靳雅姝硕士论文《“东西南北”与方位文化》。

② 当然也有“北窗”。属于实指。《礼记·郊特牲》：“薄社北牖，使阴明也。”南朝宋刘义庆《世说新语·言语》：“北窗作琉璃屏，实密似疏。”唐王棨《凉风至赋》：“北牖闲眠，西园夜宴。”

房屋坐北朝南，东西为邻。这也是人们以“东西”为近的原因之一。

四、“东西”在人们的心目中很近，其原因除了居住和生活方式之外，与人们对宇宙空间的认识有关。《墨子·节用中》：“古者尧治天下，南抚交阯，北降幽都，东西至日所出入，莫不宾服。”在古人看来，东西方向的距离就是日出日落的距离，而人们每天都能看见日从东边出来，到西边落下。可见“东西”的距离并不远。日月往往是人们比较事物远近的坐标。慧琳《一切经音义》卷三一引晋司马彪曰：“溟，谓南北极也。**去日月远**，故以溟为名也。”《晋书·天文志上》：“夏至极起，而天运近北，故斗去人远，日去人近，南天气至，故蒸热也。”这就是古人的天文观，难怪古书有讨论日远还是长安远的记载。而“南北”是一下子看不到的，自然很远。

用“东西”代指方向也是以日头为坐标。东西是日月升落的方位，是最原始的一对方位词，因而人们在选择方位词表达一些概念时，往往首选“东西”。

五、我国的地理位置决定了水流大多是东西方向流淌，江河东流入海（歌词唱“大河向东流”）。《汉诗》卷九《乐府古辞·白头吟》：“今日斗酒会，明旦沟水头。躞蹀御沟上，沟水东西流。”《晋诗》卷一九《清商曲辞·神弦歌》：“躞蹀越桥上，河水东西流。”因而“东西”是与人们生活息息相关的，很密切的，其含义和使用范围也是相当广泛的。

在古人观念中，既然“东西”较近，与之相应，“南北”自然很远①。

最后说一下为什么构词中先东西、后南北，即称“东北”“西北”“东南”“西南”，而不称“北东”“北西”“南东”“南西”。我们翻译美国的“西北航空公司”（Northwest Airlines），也不按照英语的单词排列顺序翻译称“北西航空公司”。笔者以为有两个原因：一是“东北”“西北”“东南”“西南”，其中两两并列的语素，都是平声在前、仄声在后，即“东、西”为阴平，“南、北”为阳平和上声，属于仄声，符合汉语双音词平声在前、仄声在后的调序原则。二是因为“东、西”与人近、“南、北”与人远，汉语构词语素往往由近及远。当然声调的作用更大。

① 明方以智《通雅》卷一九《称谓》：“称男子曰南北，犹称物为东西也。”虽然简略，也说出了“东西”与“南北”的对立关系。

四、余论

本文不讨论两种类型：一是实指的“东西”“南北”都不在本文讨论范围之内。如《水经注·河水五》引《耆旧传》：“东郡白马县之神马亭，实中层峙，**南北**二百步，**东西**五十许步，状丘斩城也。”此为实指。

二是四个方位并举时，虽然是虚指，也不在讨论之列。“东西南北”方位词并举，常常表示范围广大，到处。主要有四类形式，兹简单例举如次。

一为“东西南北”连言。汉王逸《九思·悯上》：“**东西兮南北**，罔所兮归薄”王逸自注：“言四方皆无所停止也。”东晋僧伽提婆译《三法度论》卷下：“是三种说，性说偶说无说。……说偶尔，彼偶风来，或吹**东西南北**，万物生亦如是。”(25/29/3)《水经注·郁水》：“**东西南北**，回背无定，人性凶悍，果于战斗，便山习水，不闲平地。”苻秦昙摩难提译《增壹阿含经》卷一九：“今此神识竟为所在，在何处生游不见？**东西南北**、四维上下皆悉周遍，而不知神识之处。”

二为“东、西、南、北”对应。如《礼记·祭义》：“推而放诸**东海**而准，推而放诸**西海**而准，推而放诸**南海**而准，推而放诸**北海**而准。”北朝乐府民歌《木兰诗》：“**东市**买骏马，**西市**买鞍鞯，**南市**买辔头，**北市**买长鞭。”是其例。

三为“东X西X”与“南X北X”对举。如元无名氏《昊天塔》第一折：“想老夫幼年时，**南征北讨**，**东荡西除**，到今日都做了一场春梦也。”

四为“东西”与“南北”对举。唐柳宗元《捕蛇者说》：“悍吏之来吾乡，叫嚣乎**东西**，隳突乎**南北**。”

以上皆为虚指，表示范围。

简言之，“南北”对举或连言通常泛指遥远；“东西”对举或连言通常泛指近处，因而也指与人相关的事或物。唐李白《江夏行》：“东家西舍同时发，北去南来不逾月。未知行李游何方，作个音书能断绝。”这里的“东”与“西”、“南”与“北”既有诗歌对应的需要，也是词义规约性决定的，二者通常不能颠倒。这正好说明“南北”“东西”的特定含义。

最后要补充说明三点。第一，一个词中的规约义素和隐含义素，在不同的语言环境中，都有不同的凸显。所以判定这些方位词含义，离不开语境。第二，我们讨论的这些“东西”“南北”词语，不包括实指义，而是泛指义的方位词。第三，不排除例外的存在。例外在任何时候都是有的，笔者以为泛指情况下

“南北”代表遥远，“东西”代表近处，是大致的规律，并不能说“东西”代表遥远的例子就一定不存在。

第五节　用典与词语：说“接䍦”①

一、“接䍦”的基本词形

笔者在阅读《全宋诗》时，发现“接䍠”“接離”“接䍦”几种词例：

(1)去年河上送君时，我醉看君倒接䍠。(苏辙《次韵王巩代书》)

(2)酒酣登车接離②倒，马上梁州霜月白。(陈造《从王守猎》)

(3)景物会招山简醉，时时倒著接䍦还。(彭汝砺《和蜀公家居》)

遍查《全宋诗》，上述词例的出现次数是：接䍠 22 次，接離 1 次，接䍦 126 次。

《全宋诗》整理者于第 5 册梅尧臣《九月晦日，谒韩子华，遂留邀江邻几同饮，是夕值其内宿不终席，明日有诗，予次其韵》一诗中加注曰：“(䍠)疑当作䍦。”③于第 41 册范成大《会散夜步》“接䍦颠倒酒沾衣”，“接䍦”下加注曰：“原作离，据黄本改。”④是以“接䍦”为正体，但又没将此意见贯穿全书。

以上三形分别代表不同的事物，还是同一事物名称的不同写法？细审文献用例，这三种不同的形体往往与“酒”“饮”“醉”“山简”“倒”等字眼一起出现。如此，它们应该是同一事物名称的不同写法。这些写法都正确吗？既然“接䍦”占绝对压倒的优势，那它是正体吗？还有没有更早的写法？

《汉语大词典》中“接䍠”“接離”的解释是“见‘接䍦’”，是以“接䍦”为正体，

---

① 本文发表于《文献》2010 年第 2 期，署名王云路、曹海花。内容有所删改。

② “離”，明万历四十六仕和李之藻刻本作“䍦”

③ 《全宋诗》第 5 册，北京：北京大学出版社，1991 年，第 3279 页。

④ 《全宋诗》第 41 册，北京：北京大学出版社，1991 年，第 25845 页。

释为"帽名,古代的一种头巾";又"白接䍦""白接"①的解释见"白接䍦",是以"白接䍦"为正体,释为"以白鹭羽为饰的帽子"。两词均引《世说新语》为例。这里有三个问题需要解决:1.《汉语大词典》以《世说新语》为最早例子,是否妥当?2.《汉语大词典》关于"接䍦"与"白接䍦"的释义是否确切?3.《汉语大词典》除"接䍦""接离""接䍦"外,还收了"接䍦""𦌾䍦",是否还有其他书写形式?这些字形关系如何?

二、"接䍦"的用典

诗歌用典是很普遍的现象,上述文例又都指向山简醉酒一事,这就给了我们一个提示。循着《全宋诗》的提示,笔者发现这些例子在化用同一个典故,即:

简每出嬉游,多之池上,置酒辄醉,曰:"此我高阳池也。"有童儿歌曰:"山公出何许?往至高阳池。日夕倒载归,酩酊无所知。时时能骑马,倒著白接䍦。举鞭问葛强:'何如并州儿?'"(东晋习凿齿《襄阳耆旧记·牧守·山简》)②

此说又见:

山季伦为荆州,时出酣畅,人为之歌曰:"山公时一醉,径造高阳池。日莫倒载归,茗艼无所知。复能乘骏马,倒著白接䍦。举手问葛强,何如并州儿?"(《世说新语·任诞》)③

时有童儿歌曰:"山公出何许,往至高阳池。日夕倒载归,茗艼无所知。时时能骑马,倒著白接䍦。举鞭向葛疆:'何如并州儿?'"(《晋书·

① "白接"文献中仅1见,即《三国志·吴志·孙皓传》裴松之注引晋干宝《晋纪》:"……闭栅自守,举白接告降。"疑此为"白接篱"的不规则省用。吴金华先生认为"白接"未详何物,疑"接"当读为"翣","白接"亦送之具也,可备一说。详参吴金华:《〈三国志〉校诂》,南京:江苏古籍出版社,1990年,第240页。

② 此据《续修四库全书》影印清乾隆任氏忠敏家塾刻心斋十种本。舒焚、张林川《襄阳耆旧记校注》径作"白接䍦"(荆楚书社,1986年,第379页)。

③ (宋)刘义庆著,徐震堮校笺:《世说新语校笺》,北京:中华书局,1984年,第396页。

山简传》)①

很明显,《襄阳耆旧记》是最早源头,《汉语大词典》以《世说新语》为源头,偏晚。后世文献所引有三条途径:其一是引《襄阳耆旧记》,如《艺文类聚》《太平御览》②《渊鉴类函》;其二是引《世说新语》,如《太平御览》引《世说新语》3次,又《山堂肆考》利用的是《晋书》的介绍、《世说新语》的句子;其三是引《晋书》,这在三书中占主导地位,如《通志》《太平寰宇记》《湖广通志》《清河书画舫》《式古堂书画汇考》《艺文类聚》《蒙书类注》《太平御览》《氏族大全》《天中记》《乐府诗集》《古诗纪》《石仓历代诗选》《古乐苑》《古诗镜》等所引。现代的一些典故研究、服饰研究等征引的亦是《晋书》的说法。

关于"接䍦"的意思,大致有三种说法:

(一)白帽子。这种说法多见于字书韵书,如《广韵·支韵》:"接䍦,白帽。"《集韵·支韵》:"接䍦,白帽也,或作䍦、䍦,通作攡。"《类篇》《五音集韵》《龙龛手镜》《古今通韵》《佩文韵府》等同。

(二)衫。《补注杜诗》:"醉把青荷叶,狂遗白接䍦。"王洙注曰:"接䍦,衫也。"

(三)巾、帽子。宋程大昌《演繁露·白接䍦》:"窦华《酒谱》:'白接䍦,巾也。'"《说郛·演繁露·白接䍦》:"窦苹《酒谱》:'白接䍦,巾也。'"③又,《世说新语·任诞》:"倒著白接䍦。"徐震堮校笺:"'䍦'原误作'䍦',今改正。接䍦,帽也。"④

对于衫与巾(帽)的说法,历来存有争执:

宋张淏《云谷杂记》卷二:"杜子美诗云'醉把青荷叶,狂遗白接䍦',王洙注引《世说》山简倒著白接䍦事,且云接䍦衫也。予按……李白《答人赠乌纱帽》

① (唐)房玄龄等:《晋书》,北京:中华书局,1974年,第1229页。

② 《太平御览》2引,一作《襄阳耆旧记》,一作《襄阳耆旧传》。关于此名,《隋志》作"记",《唐志》作"传",《宋志》作"记"。《郡斋读书后志》曰:"记五卷……观其记录丛杂,非传体也,名当从《隋志》。"

③ 《酒谱》,(宋)窦苹撰,《演繁露》作"窦华",误。

④ 徐震堮:《世说新语校笺》,第396页。同参杨勇:《世说新语校笺》,北京:中华书局,2006年,第655页;余嘉锡:《世说新语笺疏》,北京:中华书局,2007年,第868页。

云‘领得乌纱帽，全胜白接䍦’，则接䍦为帽明甚，初非衫也，洙误矣。或者疑白非冠巾之饰，殊不知其时不以为忌也。”①

清沈自南《艺林汇考·服饰篇》：“《秕言》：‘唐诗多用白接䍦。’《韵释》云：‘接䍦，白帽也。’……而《世说》独云：‘接䍦，今之裲衫也。’二说不同，李白诗云‘头上白接䍦’，则亦以接䍦为白帽，而不以为裲衫矣。”②

笔者以为解作“帽子”为是。《广韵》等作“白帽子”有蛇足之嫌，因为亦可见到“白接䍦”“乌接䍦”等说法，如：

宋庠《游山简习池》：“昔日白接䍦，时时诣诸习。”

陈舜俞《骑牛歌》：“布袍葛带乌接䍦，山家装束不时宜。”

检索文献，“乌接䍦”只在《全宋诗》中出现一例，且从诗云“山家装束”看，这里的“乌”可能是作者故意反其道而用之。

具体来说，“接䍦”是什么样子呢？

《尔雅·释鸟》：“鹭，舂鉏。”晋郭璞注：“白鹭也。头、翅、背上皆有长翰毛。今江东人取以为睫攡，名之曰白鹭缞。”清厉荃《事物异名录·服饰·巾》：“接䍦，一名白鹭缞。”清李调元《卍斋琐录·戌录》：“《尔雅》注：‘白鹭纕。’按：即晋山简接䍦，白帽也。”上述“接䍦”“白鹭缞”为一物异名例。吴绮《林蕙堂全集·异香词·赠汤清侯》：“独有柔肠消未尽，婆娑颠倒，山公白鹭蓑。”此为“山公”“白鹭蓑”连言例。是以“接䍦”即“白鹭蓑”，即指以白鹭蓑羽为饰的帽子③。清代刻本《吴郡名贤图传赞》中有幅“接䍦”图④，可证此论。

《汉语大词典》释“接䍦”为“帽名，古代头巾的一种”，又释“白接䍦”为“以白鹭羽为饰的帽子”，似有不明“接䍦”即“白鹭蓑”之嫌。对于“白帽子”与“帽子”、“接䍦”与“白接䍦”的模糊认识，笔者认为“接䍦”是以白鹭蓑羽为饰的帽

---

① (南宋)张淏：《云谷杂记》，北京：中华书局，1991年，第22页。

② 沈自南：《艺林汇考》，北京：中华书局，1988年，第103—104页。

③ 张永言：《世说新语辞典》(成都：四川人民出版社，1992年，第213—214页)持这种看法，甚确。张万起：《世说新语词典》(北京：商务印书馆，1993年，第357页)跟《汉语大词典》解释情形相近。又，《世说新语》本作“接篱”，而张永言、张万起均写作“接䍦”。

④ 笔者所见为周汛、高春明编著《中国衣冠服饰大辞典》(上海：上海辞书出版社，1996年，第101页)转载。

子，可能是白的，也可能不是。到六朝时期，以白色帽子为时尚①，受其他白帽子如“白纱帽”“白纶巾”“白纶帽”“白纱巾”“白叠巾”“白鹭巾”等的影响，产生了“白接䍦”这样的说法。抑或是因为其以白鹭蓑羽为饰，故认为是白帽，前加“白”字是突出它的这个特征。

陈高华、徐吉军《中国服饰通史》认为“接䍦”就是“羃䍦”②。此种说法值得商榷。“羃䍦”③是戎夷的一种面罩，如《晋书·四夷传·吐谷浑》：“其男子通服长裙，帽或戴羃䍦。”后传入中原，用以障蔽全身，不欲路人窥之，多妇人用之，间或有男子使用可充当特殊效果者，如《旧唐书·李密传》：“简骁勇数千人，著妇人衣，戴羃䍦，藏刀裙下，诈为妻妾。”《旧唐书·舆服志》对齐隋旧制多著羃䍦全身障蔽，永徽之后皆用帷帽拖裙到颈渐为浅露，及至开元初著胡帽无复障蔽之变，有清晰说明。综上，“羃䍦”是齐隋妇人所戴用以遮蔽全身之物，与以白鹭蓑羽为饰的“接䍦”帽是不同的。

明确了“接䍦”的意思，“倒著接䍦”这样一个醉酒后潇洒不羁的形象就凸显了出来。魏晋风尚，“不羁”二字占了很大分量，倒戴帽子、侧戴帽子是其中一大外在表现。除了山简此典外，还有独孤信侧帽这一典故，见《周书》与《北史》独孤信传：“又信在秦州，尝因猎，日暮驰马入城，其帽微侧，诘旦，而吏民有戴帽者，咸慕信而侧帽焉。其为邻境及士庶所重如此！”宋潘自牧《记纂渊海·名誉部·睎慕》中收了此典，“睎慕”二字可谓概括了此典流传的主要原因。在宋代诗词中，也常见到“帽欹倾”之类的用典，如司马光《传家集·和明叔九日》：“雨冷弊裘薄，风高醉帽倾。”陆游《剑南诗稿·梦蜀》：“醉帽倾欹歌未阕，罚觥潋滟笑方哗。”杨万里《诚斋集·都下和同舍客李元老承信赠诗之韵》：“不如耳热歌呜呜，醉帽欹倾衣不纽。”吴潜《履斋遗稿·酹江

① 关于这点，现在的一些服饰类书如《中国服饰通史》《中国历代服饰图典》《中国古代服饰史》《中国衣冠服饰大辞典》《中国古代名物大词典》等中都有所提及，兹不赘。

② 《中国服饰通史》，宁波：宁波出版社，2002年，第227页。

③ 字亦写作“羃罗”“羃篱”。罗与䍦实际上是相同的。《左传·襄公八年》：“兆云询多，职竞作罗。”俞樾《群经平议·春秋左传二》：“罗当读为罹。《尔雅·释诂》：‘罹，忧也。’……‘职竟作罹’者，职竟作忧也。《说文》无‘罹’字，盖古字止以‘罗’为之。”此论甚是。又“攡”“篱”“䍦”“䍦”“毲”都不见于《说文》，俞樾此说可仿之于上述几字。是以“羃罗”即“羃䍦”。

月·暇日登新楼,望扬州于云烟缥渺之间,寄赵南仲端明》:"樽前一笑且由醉,帽欹侧。"

三、"接䍦"的多种写法

"接䍦"一词写法纷纭,下面具体分析。

从《全宋诗》及其他文献的使用情况看,有"䁲攡""接罹""接籬""接䍦""接䍠""接䍦""接離""㩍䍦"等多种写法,其中的"䁲攡""接罹""接䍦"《汉语大词典》未收。"䁲攡"是出现最早的写法,见于《尔雅》郭璞注①;"接罹"最早见于《襄阳耆旧记》;"接籬"最早见于《世说新语》;"接䍦"最早见于《晋书》,并在文献使用中占绝对压倒的优势;"接䍠""接䍦"最早见于《集韵》;"接離"最早见于宋代,如宋曾慥《类说》、李昉《太平御览》等;"㩍䍦"见于元辛文房《唐才子传·朱放》"尝著白㩍䍦,唐裘笋屦,盘桓酒家"。

关于"䁲攡""接籬""接䍦""接䍠""接䍦""接離"这几种形体,方一新在《〈世说新语〉词语校读札记》一文"白接籬"条中认为:"接䍦,帽名,所谓连语也。连语之字,义存乎声,当不必执于形为说。……然则,䁲攡、接䍦、接䍠、接䍦、接籬、接離并声近义同之词,必欲改而同之,反失之拘。"②此论甚是。我们略作补充,《释名·释形体》:"䁲,插、接也。""䁲"与"接"音同。又《广韵》:"攡,吕支切,平支,来。"《广韵》:"䍦,吕支切,平支,来。"《广韵》:"籬,吕支切,平支,来。"《广韵》:"離,吕支切,平支,来。"《集韵》:"䍠,邻知切,平支,来。"是以"攡""䍦""籬""離""䍠"几字音同。

"接罹"一形,《广韵》"罹,吕知切,平支,来",与上述几字音同,我们可视之为方先生所言"连语""接䍦"的又一形式,中华书局1987年版《元诗选三编》认为"罹"为误字,并改为"䍦",似亦不必。

"㩍䍦"一形当是"接"受"䍦"偏旁类化作用的结果。

---

① 郭璞,生于276年,卒于324年。关于习凿齿之生卒年月,舒焚、张林川《襄阳耆旧记校注》前言认定其生年大约在西晋怀帝司马炽(306—313在位)、愍帝司马邺(313—316在位)时期,卒于384年。

② 方一新:《〈世说新语〉词语校读札记》,《杭州大学学报》(哲学社会科学版),1991年第4期,第53页。

以上我们梳理了"睫攡""接䍦""接籬""接䍠""接䍴""接離""接罹""䍜䍦"这几种形体。需要指出的是，在文献整理中，一般都认为"䍦"是正体，如《世说新语》"倒著白接籬"徐震堮校笺改"籬"为"䍦"、中华书局《元诗选三编》"倒著接罹从酩酊"改"罹"为"䍦"①等。这当是不明"接䍦"为连语不必拘泥于形所致。

另外，对"接䍦"等体的辨析，可顺带纠正《全宋诗》中的几处小错误：

第 5 册梅尧臣《九月晦日谒韩子华，遂留，邀江邻几同饮，是夕值其内宿不终席，明日有诗，予次其韵》："按籬带去令传样，自此逢欢未便回。"窃谓这里的"按"应是"接"之形误。

第 14 册苏轼《欧阳晦夫遗接罗琴枕戏作此诗谢之》："妻缝接䍦雾縠细，儿送琴枕冰徽寒。无弦且寄陶令意，倒载犹作山公看。""载"，注文"集甲作戴"。作"戴"误。舒焚、张林川《襄阳耆旧记校注》认为"日夕倒载归"之"载"本亦通"戴"②，"载""戴"是可相通，如《诗・周颂・丝衣》："丝衣其紑，载弁俅俅。"郑玄笺："载犹戴也。"但此处情况不同，作"倒戴"怕是不明"倒载"意思且涉下文"白接䍦"而误。关于"倒载"意思，元李冶《敬斋古今黈》中有很好解释："人说倒载甚多，俱不脱洒。吾以为倒身于车中无疑也，言倒即倒卧，言载则其车可知，倒载来归，既而复能骑骏马也。盖始归时，以茗艼之故，倒卧车中；比入城，酒稍解，遂能骑马。虽能骑马，终被酒困，故倒著白接䍦也。"③"倒载"与下文的帽子无直接关联，不然与"倒著"就重复使用了。

第 69 册陈普《笋》："清风翠阴动，羽扇日接籬。"其中的"日"应是"白"之形误。

综上，"接䍦"④源于《襄阳耆旧记・牧守》中的山简"倒著白接罹"，其最早形式是《尔雅》郭璞注中的"睫攡"，意思是以白鹭蓑羽为饰的帽子。"接䍦"是连语，"睫攡""接籬""接䍠""接䍴""接離""接罹""䍜䍦"都是它的不同书写形式。

---

① （清）顾嗣立编：《元诗选三编》，北京：中华书局，1987 年，第 581 页。

② （晋）习凿齿：《襄阳耆旧记校注》，武汉：荆楚书社，1986 年，第 380 页。

③ （元）李冶：《敬斋古今黈》，北京：中华书局，1985 年，第 46 页。

④ 关于"接䍦"的构词理据，也许是外族语的记音，苦于没有资料支撑，这里阙而不论，留待方家。

第六节　文学与词语：再说“剩引榴花，醉偎琼树”①

一、引言

北宋词人周邦彦《黄鹂绕碧树》：

> 双阙笼嘉气，寒威日晚，岁华将暮。小院闲庭，对寒梅照雪，淡烟凝素。忍当迅景，动无限、伤春情绪。犹赖是、上苑风光，渐好芳容将煦。
>
> 草荚兰芽渐吐。且寻芳、更休思虑。这浮世、甚驱驰利禄，奔竞尘土。纵有魏珠照乘，未买得、流年住。争如**剩引榴花，醉偎琼树**。

其中“剩引榴花”句另有异文作“盛饮流霞”，对此历来颇多争议。晚清大词家郑文焯《大鹤山人校本清真词》认为“汲古作‘剩引榴花’四字，并以音近讹”，注云：“《清真集》作‘盛饮流霞’，元本正同，从之。”②

蒋礼鸿先生认为郑说有误：“凡作‘盛饮流霞’之本者，以为此四字言盛饮酒也。彼特不知‘剩’字之义，又不知榴花之为酒耳。”“‘剩引榴花’，字字可解，字字允惬，且榴花与琼树相对切，而乃谓之讹文，得乎？大鹤未知俗语‘剩’之为多，于榴花又失考，遂踵前人之谬。”③郭在贻先生从蒋说，进一步指出：“郑说实误。他不懂得‘剩’字是一个俗语词，其义为多。‘引’也是一个俗语词，是斟酒而饮的意思。”④

后来者或从郑说，或从蒋、郭之说。吴熊和主编《唐宋词汇评・两宋卷》

---

① 《再说“剩引榴花，醉偎琼树”》发表于《浙江社会科学》2020年第2期，署名王云路、王金英。内容有所删改。

② “元本”当为陈元龙注本，因陈注本为元刻，故郑校称“元本”。蒋礼鸿先生《大鹤山人校本〈清真词〉笺记》所述《清真集》版本尤详。

③ 蒋礼鸿：《怀任斋文集》，上海：上海古籍出版社，1986年，第290页。

④ 郭在贻：《俗语词研究与古籍整理》，《社会科学战线》，1983年第4期。

(第2册)对《黄鹂绕碧树》的汇评,即选自蒋礼鸿先生的笺记①;而王湘华《晚清民国词籍校勘研究》附录二"晚清民国词籍校勘札记"中辨析"榴花"与"流霞",称"当以'盛饮流霞'义胜。"认为"'榴花'只是一般意义上的酒,并未见分析其特殊意蕴,而周词表达的是一种脱离尘锁利缰、寻求仙界美境之情。""从修辞观,'盛饮流霞'与'醉偎琼树',不但对仗工稳,而且构成一种前后相续的因果关系。"②

笔者赞同汲古阁本《片玉词》,认为原作应为"剩引榴花",蒋先生、郭先生都有解释,本文从词义的角度分析"剩引"的含义及诗词中的用例,同时兼顾周邦彦词作风格等,说明为何应作"剩引榴花,醉偎琼树",并推求"盛饮流霞"异文产生的原因。

二、"剩引"谓多饮

"剩"之"多"义已有多家论述。有余则多,"剩"之"多"义当由"有馀"而来。张相《诗词曲语辞汇释》"賸"条:"賸,甚辞,犹真也;尽也;颇也;多也。字亦作剩。"并列有诸多诗例为证③。

蒋礼鸿先生称"唐宋以剩为多"④,《敦煌变文字义通释》"剩"条举例颇详,解释了俗语词"剩"之"多"义:"《景德传灯录》卷二十五,杭州报恩寺慧明禅师:'上坐离都城到此山,则都城少上坐,此山剩上坐。'"⑤其中"少"与"剩"反义对文。

王凤阳《古辞辨》指出"'馀、剩、饶、赢、残'这组词在剩馀义上有共同处","剩,亦作'賸',《说文》'物相增加也',《六书故》'用馀也'""'剩'的多馀义还可以作状语,这是'馀'所没有的。因为'剩'作状语用,所以逐渐副词化了,有了

---

① 吴熊和、陶然册主编:《唐宋词汇评·两宋卷》(第2册),杭州:浙江教育出版社,2004年,第1008页。

② 王湘华:《晚清民国词籍校勘研究》,长沙:岳麓书社,2012年,第420—424页。

③ 张相:《诗词曲语辞汇释》,北京:中华书局,1953年,第152—154页。取其中二例:唐岑参《玉门关盖将军歌》:"我来塞外按边储,为君取醉酒剩沽。""剩沽"犹云"多沽"也。唐李商隐《镜槛》:"月中供药剩,海上得绡多。""剩"与"多"对文同义。

④ 蒋礼鸿:《怀任斋文集》,上海:上海古籍出版社,1986年,第290页。

⑤ 蒋礼鸿:《敦煌变文字义通释》,北京:中华书局,1959年,第167—168页。

‘多’‘更加’的意思。”①

总之,“剩”有“多”义,已为定论。关键是“引”字如何理解?

先看“引”字。《说文·弓部》:“引,开弓也。”段注:“开下曰张也。是门可曰张、弓可曰开,相为转注也。施弦于弓曰张,钩弦使满、以竟矢之长亦曰张。是谓之引。凡延长之偁、开导之偁皆引申于此。”“引”的本义是“开弓”,是朝着施动者方向的运动,也就是向内方向的运动,从这一运动具有的核心义特征衍生出其他或具体或抽象的动作义。如:“引”有“牵、拉”义。《淮南子·修务》:“无为者,寂然无声,漠然不动,引之不来,推之不往。”其中“引”与“推”对文,是相对方向的运动方式。从动作发出者的角度来说,“引”为向内,“推”为向外。“引”还可以表示“带领”义,指向着引领者的方向运动。《韩非子·初见秦》:“而谋臣不为,引军而退,复与魏氏为和。”是其例。“引”还有“收敛、退避”的含义,也是一种方向向内的动作义。《礼记·玉藻》:“侍坐则必退席。不退,则必引而去君之党。”郑注:“引,却也。”“引进”“引领”“引退”等,看似方向不一致,但其共通之处在于“朝着观察立足点方向不断持续地运动②”。“引”后接名词构成动宾式复音词,词义往往含有“向内”的动作义。持杯或喝酒正是一种向内方向的动作,因而可以称“引酒”。

“引”后接名词,大致有三类情形:

第一类是“引”之“伸展”义,因为拉弓而使弓延展。如“引吭”是“拉开嗓子”,即“高声鸣叫、高声吟唱”的意思,成语有“引吭高歌”;“引臂”即“伸臂、举臂”;“引手”指伸手、拉手,故有“援助”义;“引颈”“引首”即伸长脖颈,都可用于比喻期盼、思慕等。

第二类是手对具体物品的持拿或操控,是一种具体、向内的较为常见的运动,其释义由操控的对象决定。如“引药”即“服毒药自杀”③;“引毫”指“挥笔”,故有“写字”义;“引棹”是“行船”义,操控船桨是为了划船;“引辔”是“牵拉缰绳”,也是“乘马”之义;“引墨”是“立下规矩、法度”义,“墨”是“木工使用的打

① 王凤阳:《古辞辨》,北京:中华书局,2011年,第492—493页。

② 王云路、王诚:《汉语词汇核心义研究》,北京:北京大学出版社,2014年,第91—93页。

③ 亦有“引椒”义为“服毒(自杀)”,“椒”指辛热有毒的蜀椒。见《魏书·酷吏传·高遵传》:“遵恨其妻,不与诀,别处沐浴,引椒而死。”

直线的墨线”，画下墨线也喻指设下规矩。

第三类是具有一定抽象意义的引导等，如“引水”“引流”，即“导引水流”；“引古”，即“援引古代的史实或文献”；“引路”是“带路”义；“引睡”是“使入睡”，即“催眠”义。双音词“援引”“引诱”“引导”皆其例。

复音词“引酒”属于“引”的第二类，持杯或喝酒正是一种向内方向的动作，因而可以称“引酒”。

首先是“拿取酒杯”义。《战国策·齐策二》：“‘数人饮之不足，一人饮之有余，请画地为蛇，先成者饮酒。’一人蛇先成，引酒且饮之，乃左手持卮，右手画蛇曰：‘吾能为之足。’”“引酒且饮之”一句中，同时出现“引”与“饮”，意为“先持酒杯，然后饮之”，清晰地说明了“引酒”的“持酒杯”义。还有“引饮”一词，指“持杯而饮”。《南史·檀道济传》：“道济见收，愤怒气盛，目光如炬，俄尔间引饮一斛。”宋释正觉《初禅人持钵求倾》：“鹅王引饮唯醇味，水乳斯分不我浑。”皆其证。

其次，“引酒”不仅是“持杯、举杯”义，还有“斟酒而饮”“饮酒”义。因为持杯与斟酒、喝酒等动作是紧密连接的，故“引酒”用于自己，可指持杯饮酒。如《三国志·蜀志·关羽传》：“时羽适请诸将饮食相对，臂血流离，盈于盘器，而羽割炙引酒，言笑自若。”这里的“引酒”即是“持杯饮酒”义。《世说新语·任诞》：“便引酒进肉，隗然已醉矣。”这里“引酒进肉”指的就是“喝酒吃肉”。唐白居易《白氏长庆集·咏所乐》：“或开书一篇，或引酒一卮。”南宋韩元吉《寄题尹少稷借竹轩》：“清风时引酒，长日最须棋。”“引酒”即“持杯饮酒”义①。

“引酒”用于他人，就是斟酒劝饮。北齐颜之推《还冤志·窦婴传》：“灌夫引酒至蚡，蚡曰：‘不能满觞。’”此句“引酒”是“斟酒”义，谓灌夫给田蚡斟酒。唐元结《元次山集·心规》：“元子引酒当夫公曰：‘劝君此杯酒，缓饮之，听我说。’”根据下文中的劝酒之语，可知这里的“引酒”也是斟酒劝饮义，这一具体释义是受语境影响而产生的引申义。

---

① 《汉书·叙传》：“赵、李诸侍中皆引满举白，谈笑大噱。”这里的“引满”可作“斟满杯酒”解；也可将“引满”与“举白”视为对文同义，都是“举杯饮酒”之义。蒋礼鸿先生在《大鹤山人校本〈清真词〉笺记》一文中曾引此例，指出：“引”之“饮酒”义“语出于古之引满。”恐怕未必妥当。

此外，“引觞”“引杯”等与“引酒”含义相同，例略。

再检周邦彦词作中涉及“饮酒”义的语句，多用“引”字：

《丹凤吟·迤逦春光无赖》：“痛引浇愁酒，奈愁浓如酒，无计消铄。”

《满庭芳·花扑鞭梢》：“佳人，何处去，别时无计，同引离觞。”

《瑞鹤仙·悄郊原带郭》：“有流莺劝我，重解绣鞍，缓引春酌。”

“引浇愁酒”“引离觞”“引春酌”，都是“引”后接某种酒（或杯）作宾语，意为“饮酒”。

与“饮”字相比较。周邦彦词中也有单用“饮”表述“饮酒”的情景。“南陌脂车待发，东门帐饮乍阕。”（《浪淘沙慢》）“知谁伴，名园露饮，东城闲步。”（《瑞龙吟·章台路》）“帐饮”“露饮”，“饮”前有修饰语，属于状中结构；“饮”作“饮酒”义，也可后接宾语或补语，如：“冒霜冷貂裘，玉斝邀云表。共寒光、饮清醥。”（《倒犯》）“檐露滴，竹风凉，拚剧饮淋浪。”（《意难忘·衣染莺黄》）“烛影摇红，夜阑饮散春宵短。”（《烛影摇红·芳脸匀红》）①这种单独用“饮”表示饮酒义是“引”所不具备的。“饮”的对象单一，或水或茶或酒，而文人聚会，饮酒居多，所以在特定语境中多单用“饮”字表达“饮酒”义。“引”则不同，唯有后接有关“酒”的宾语，才表示饮酒。

三、“榴花”指榴花酒

前文已经证明“引”的对象是某种酒才有饮酒义。而“剩引榴花”句中“引”后接的对象“榴花”正是一种榴花酿成的酒。

“榴花”为酒，多见于诗词，唐白居易《咏家酝十韵》：“常嫌竹叶犹烦浊，始觉榴花不正真。”其中“榴花”与“竹叶”相对，均属酒②，诗意是以此两种酒衬托“家酝”之美。北宋郭祥正《青山续集·族人春饮》：“家人共釂榴花酒，蛮妓争歌金缕衣。”南宋范成大《鹧鸪天·仗下仪客笔下文》：“榴花三日迎端午，蕉叶千春纪诞辰。”“榴花”指榴花酒，“蕉叶”指蕉叶酒。明王路《花史左编·花之味》：“崖州妇人以安石榴花著釜中，经旬即成酒，其味香美，仍醉人。”故“剩引

---

① “淋浪”是酣畅义，“散”是散场、结束义。

② “竹叶”即竹叶青酒。

榴花”就是多饮榴花酒。

诗词中还有“剩引”连言的例子：

南宋毕良史《临江仙·霜月穿帘乍白》：“别乘平分风月，词人**剩引**觥觞。”

南宋仲并《题赵有翼丛桂小山》：“**剩引**桂枝丛小山，鹭行姑去自余闲。”

南宋陈人杰《沁园春·五彩云中》：“东窗，翦烛焚香，**剩**满**引**梅花进寿觞。”

我们不但要注意“剩引”连言，更要关注“引”的后接宾语：桂枝、梅花都是酒名，与“榴花”同类，“觥觞”则是酒杯。

另外，上举“剩引”诸例，出自稍晚于周邦彦的南宋初年诗人、词人①，当是受周邦彦词作的影响，亦可佐证周词原作应为“剩引”。这似乎也可以看作版本上的旁证。

至此，我们可以确认“剩引榴花”是正确的，而不是“以音近讹”。那么，为什么会有学者认为“盛饮流霞”正确呢？

三、“琼树”喻指美人

异文“盛饮流霞”的产生原因大约有二：一是没有理解“剩引”的含义而改为音近之字“盛饮”；二是以为下文的“琼树”为仙树，与仙酒“流霞”意境更符，“周词表达的是一种脱离尘锁利缠、寻求仙界美境之情”②。因而舍“榴花”而取“流霞”。

考“琼树”(或“琼枝”“玉树”)为仙树，源自东汉王充《论衡·道虚》：“……口饥欲食，仙人辄饮我以流霞一杯，每饮一杯，数月不饥。”但更多见的是诗词中“琼树”用来形容人的品行高洁、风姿绰约。

南朝江淹《古别离》：“愿见一颜色，不异琼树枝。”唐韦应物《鼋头山神女

---

① 周邦彦(1056—1121)，北宋时人；毕良史(？—1150)，南宋绍兴年间(1131—1162)进士；仲并，南宋绍兴二年(1132)进士；陈人杰(1218—1243)，南宋词人。

② 王湘华：《周邦彦词辨证二则》，《大连大学学报》2011年第4期。

歌》:“皓雪琼枝殊异色,北方绝代徒倾国。”《南史·张贵妃传》:“其略云:‘璧月夜夜满,琼树朝朝新。’大抵所归皆美张贵妃、孔贵嫔之容色。”晚唐李商隐《南朝》:“谁言琼树朝朝见,不及金莲步步来。”均以“琼枝(树)”比况“貌美”,尤其指女性之美。

北宋柳永《尉迟杯·宠佳丽》:“深深处,琼枝玉树相倚。”北宋秦观《虞美人·高城望断尘如雾》:“琼枝玉树频相见,只恨离人远。”周词《拜星月慢·夜色催更》:“笑相遇,似觉琼枝玉树相倚,暖日明霞光烂。”这是琼枝、玉树连言,喻佳人才子①。另有“蒹葭倚玉树”,见于《世说新语·容止》三:“魏明帝使后弟毛曾与夏侯玄共坐,时人谓‘蒹葭倚玉树’。”这里以“玉树”喻指“才貌出众之人”,“蒹葭”喻指“品貌低下之人”。“相依”之说亦多见于诗词,如北宋田锡《咸平集·和温仲舒寄赠》:“官满替人如未到,蒹葭玉树且相依。”南宋吴芾《湖山集·送王舍人彦正奉祠东归》:“去年趋召偶同时,每喜蒹葭玉树依。”

值得注意的是,单用“琼树”也形容男子之美。《世说新语·赏誉》十六:“王戎云:‘太尉神姿高彻,如瑶林琼树,自然是风尘外物。’”以“琼树”形容太尉王衍的仪态风姿。唐崔峒《送韦八少府判官归东京》:“琼树相思何日见,银钩数字莫为难。”这里以“琼树”喻指所倾慕的“韦八少府判官”。古代形容美好之词往往男女皆可用②。

此外,“琼树”除本身可作形容人貌美的美称,也是美人之名,晋崔豹《古今注》:“魏文帝宫人绝所爱者,有莫琼树、薛夜来、田尚衣、段巧笑四人,日夕在侧。琼树乃制蝉鬓,缥眇如蝉,故曰蝉鬓。”隋江总《秋日新宠美人应令》:“后宫唯闻莫琼树,绝世复有宋容华。”是其例。

我们从周邦彦词中还可以进一步证明“琼树”喻指美人。周词中“偎”的动作发出者是人,“偎”的对象也是人:“偎人恁、娇波频溜。”(《花心动·帘卷青楼》)“玉体偎人情何厚,轻惜轻怜转唧嗰。”(《青玉案·良夜灯光簇如豆》)“因念旧客京华,长偎傍、疏林小槛欢聚。”(《尉迟杯·隋堤路》)皆其证。而搭配无生命物时往往用“倚”,如:“倚筠窗”(《夜游宫·一阵斜风横雨》)、“却倚阑干吹

① 成语“玉树临风”常形容男子之美、风度潇洒,与之类似。

② 《汉语大词典》将“喻美女”列为“琼树”“琼枝”义项之一,不全面。

柳絮”(《蝶恋花·叶底寻花春欲暮》)、“斜倚曲阑凝睇”(《虞美人·金闺平帖春云暖》)等。故“醉偎琼树”,此处以“琼树”喻“美人”,更符合周邦彦一贯词风。

且周词长于抒写男女之情、清愁哀怨,词作风格多清雅婉约,词中常见“酒”与“美人”,二者又往往相连属,如:“轻盈微笑舞低回,何事尊前,拍手相招。”(《一剪梅》)“还是独拥秋衾,梦余酒困都醒,满怀离苦。”(《解蹀躞》)“有何人、念我无聊,梦魂凝想鸳侣。”(《尉迟杯》)故综观周邦彦词作风格①,“琼树”指美人,则对应的就不是仙酒“流霞”了。

综合“引”的“饮酒”义、“引”在周词中的用例、“剩引”在诗词中的用例,以及“琼树”的“喻指美人”义,或可较为充分地证明原词应作“剩引榴花”。“剩引榴花,醉偎琼树”,确如蒋礼鸿先生所说“字字可解”,根本没有必要改为“盛饮流霞”。

第七节　方言与词语:《骑着一匹》与东北方言记音词②

《骑着一匹》(《中华正音》)是朝鲜时代的重要汉语教科书,“由精通汉语东北方言的朝鲜人所编写”(见汪维辉、远藤光晓、朴在渊、竹越孝编《朝鲜时代汉语教科书丛刊续编·〈中华正音〉(骑着一匹)解题》),描述了朝鲜商人在从东北到北京做生意的路上赶路、住店、与人交谈的片段,篇幅虽然都不长,但主要使用东北方言,口语化程度高,是研究明清汉语口语面貌的重要语料。

汪维辉等对《骑着一匹》作了很好的研究和评介,也有一些学者对其语言现象作了一些研究。笔者近期看到多篇相关的词语研究论文,都解释了一些相关词语,很见功力。然而也有一些词语尚未解释,也有的解释可以进一步补

---

① 另外,即使周邦彦引“仙境”意象入词,也并未见其抒发欲脱离尘世烦琐之情,如《满庭芳·白玉楼高》,词作上阕有诸多“仙境”意象构成,如“白玉楼”“广寒宫”“银河”“星躔玉李”“冰轮”“瀛海”“弱水”“蓬莱”等。而下阕又言月中嫦娥的玉容与生活状态,称人世不过如手掌大小,山河倒影皆入酒杯,唯见寂寞感伤与惜时之情,难见超凡脱俗的追求。若强以《黄鹂绕碧树》之“流霞”“琼树”的“仙”意而释词有羽化求仙意,难免附会牵强。

② 发表于《汉语学报》2023 年第 6 期。本文得到友生王健博士的许多帮助,谨致谢忱。

充和修正，笔者将其与现今的东北话进行对照描写，也与古代文献语言相印证，试图使古今方言相互证明；笔者还发现了一些有趣的语言现象，也一并提出来。因为篇幅限制，这里仅讨论因为语音变化产生的新写法，其他词语另文讨论。这里讨论以下三个词语：1.治得/治不得；2.见光；3.记声儿。为了方便理解，笔者把看到的例子尽量排列出来，以供讨论①。

在充分举例以证明其含义的同时，笔者希望探讨其得义的由来。所以，虽然有的词语已有学者指出了含义，但是本文的重点是探索此类词语产生的原因，也有一些历史文化上的因素。

一、治得、治不得——济得、济不得

(1)下雪一化成光道咧，牲口**治得**拉吗？（顺天本/55）

(2)明个咱们车却是不用走咧，动不动的牲口拉车**治得**走吗？（顺天本/65）

(3)你们横竖黑着走不着，这个山道黑吗古动的时候，车**治得**走吗？硕不开啊。（顺天本/49）

(4)你们爷々们说的是々话②。我咳怎吗的呢？小（少）一个马，车**治得**走吗？（顺天本/67）

(5)咳有一层缘故，我们车上正没有地方，连我们坐々不开咧，又是让

① 本文朝鲜时代语料均摘自汪维辉、远藤光晓、朴在渊、竹越孝：《朝鲜时代汉语教科书丛刊续编》（北京：中华书局，2011年）。《骑着一匹》目前有韩国顺天大学图书馆藏本《中华正音（骑着一匹）》（简称“顺天本”）、韩国韩国学中央研究院藏书阁藏本《骑着一匹》（简称“《骑》本”）、日本驹泽大学图书馆濯足文库藏本《中华正音（骑着一匹）》（简称“濯足本”）等，若语料重复，在不影响文意的前提下，本文使用顺天本，不再列出其他版本。此外，本文涉及的其他朝鲜时代语料还有：韩国学中央研究院藏书阁藏本《中华正音》（简称“研究院本《正音》”）、日本东京大学文学部小仓文库本《华音撮要》（简称“《华音》”）、日本东京大学综合图书馆阿川文库藏本《中华正音》（简称“阿川本《正音》”）。每个例句后标明版本信息及在《朝鲜时代汉语教科书丛刊续编》中的页码，例如“顺天本/55”。同时，为了行文规范，在不影响行文的情况下，例句中的异体字酌情转换为通行汉字。

② “々”是原文重文符号，照录，下同。

人家坐，**治得**坐吗？（顺天本/67）

以上五例都是疑问句，前四例是询问天黑路滑，车能够走过去吗，或者牲口能够拉车走吗，其实这里就是一个问题：在这样泥泞（或黑夜）的山路上，牲口能够拉车走过去吗？第五例是反问车上能够坐人吗。这是“治得”用于疑问句，“治得”在动词前，作状语，犹言“能够”“禁得住”。

也可以直接用于否定句，表示条件不允许，写作“治不得”，就是“不能”“不堪”“无法”。

(6)大哥，你咳不知道我们走路的辛苦。北京是离这里两千多里地，限十几天的日子，手忙脚乱的，走得来回，黑着白日里跑的时候，连觉也**治不得**眊（睡），何时顾得吃饭不吃饭？（顺天本/39）

(7)一天走一百多里地，一场下雪，一场蜗（刮）风，冻手冻足，**治不得**走。（研究院本《正音》/146）

(8)今年六站里也雪大咧，**治不得**走咧。（《华音》/188；阿川本《正音》/244）

(9)那吗你呢急流儿往前赶罢。

嗳哟，咱们**治不得**走咧。（《华音》/195；阿川本《正音》/250）

以上4例是在否定句中，“治不得”犹言“不能”，“治不得走”，就是无法行走，“治不得睡”就是无法睡觉。

下面一组对话有助于我们理解“治得”“治不得”的含义：

(10)那吗，你问一问走路的，走得走不得。

这样半夜风雪天道，何时有人走道吗？

管他呢，把牲口加上几鞭子，急流儿混走就完咧。

也是**治不得**。若混走咧雪里半冻半水的河沟子那里，车一翻咧，恼出小难子来吗？（《华音》/195；阿川本《正音》/251）

“治得走”就是“走得”；“治不得走”就是“走不得”。现代北方方言有“不治得”或“治不得”的用法，似乎“不治得”更常见。如：“这衣服袖子太破了，治不得穿了。”就是衣服破得无法穿了。这与“不值得”不同。如：“这衣服式样不好，价格又贵，不值得买。”“治不得”是客观事实的认定，表示“不可能”，“没有办法”;“不值得”是对价值预测的评判,表示“没有必要”。

(11)本地方是在苏州烟馆活洞(胡同),传来大财主百十多万陈底。浑他过邻住的时候儿,总督家贫穷的**治不得**,二人交得不错。(研究院本《正音》/163)

例(11)用法不同,“治不得”直接作补语,犹言“不得了”“厉害”,言程度甚,“总督家贫穷的治不得”整句意思是“总督家贫穷极了”。这种用法较少见。

为什么用“治得”表示“能够”的意思呢?笔者以为“治”或许是“济”字的音变。“济”的本义是水名。刘熙《释名·释水》:“天下大水四,谓之四渎,江、河、淮、济是也。”又指渡河。《书·说命上》:“若金,用汝作砺;若济巨川,用汝作舟楫;若岁大旱,用汝作霖雨。”《尔雅·释言》:“济,渡也。”《方言》卷七:“过度谓之涉济。”能够渡过,就是成功,故其核心义是完成,成功。《书·君陈》:“必有忍,其乃有济。”孔传:“为人君长必有所含忍,其乃有所成。”《左传·昭公二十年》:“仲尼曰:‘善哉,政宽则民慢,慢则纠之以猛;猛则民残,残则施之以宽。宽以济猛,猛以济宽,政是以和。’”《文选》卷六左思《魏都赋》:“英辩荣枯,能济其厄。”晋葛洪《抱朴子·博喻》:“身与名难两济,功与神尠并全。”皆其例。故《尔雅·释言》:“济,成也。”《释名·释饮食》:“齑,济也,与诸味相济成也。”“济成”为同义并列双音词。也有“相济”一词,谓相互帮助,相互成就。《京氏易传·夬》:“刚柔相济,日月明矣。”《易·序卦》:“比必有所畜,故受之以小畜。”晋韩康伯注:“则各有所畜,以相济也。”晋刘琨《劝进表》:“臣闻昏明迭用,否泰相济。”南朝梁刘勰《文心雕龙·宗经》:“四教所先,符采相济。”“相济”都是“相成”,相互成就的意思。至今成语有“刚柔相济”等。

用于施动句,就产生了使动用法,让……成功,就是救助,有益于。《易·系辞上》:“知周乎万物,而道济天下。”这是用“道”让天下成功,就是救助,帮助。《左传·昭公二十七年》:“楚莠尹然、王尹麇帅师救潜。左司马沈尹戌帅都君子与王马之属以济师。”杜预注:“济,益也。”《后汉书·列女传·陈留董祀妻》:“明公厩马万匹,虎士成林,何惜疾足一骑,而不济垂死之命乎!”这也是救助义。

用于否定句,“不济”可以表示本义不渡河,也比喻不成功,《管子·大匡》:

"事之济也，在此时；事若不济，老臣死之。"此用法先秦以来文献中屡见。《国语·周语》："若民不怨而财不匮，令不偷而动不携，其何事不济！"又："上失其民，作则不济，求则不获，其何以能乐？"《左传·僖公十年》："臣出晋君，君纳重耳，蔑不济矣。"《说苑·尊贤》："又有士曰庆足，国有大事则进而治之，无不济也，而灵公说之。"《新书·无蓄》："苟粟多而财有余，何向而不济？以攻则取，以守则固，以战则胜，怀柔附远，何招而不至？"《周书·晋荡公护传》："吾形容若此，必是不济，诸子幼小，寇贼未宁，天下之事，属之于汝，宜勉力以成吾志。"皆其例。当然，"救助""有益"与"成功"意义是密切相关的，前者在意行为过程，后者注重结果。

在近现代汉语中，"不济"这一用法一直延续，而且含义变得十分丰富，施用于诸多方面的"不成功"。如唐白居易《论行营状·请因朱克融授节后速讨王庭凑事》："实恐军用不济，更须百计诛求。"此例表示物资不充足。《儒林外史》第十七回："太公自知不济，叫两个儿子都到跟前。"此例"不济"谓生命危殆。

更多的"不济"作形容词用，犹言不顶用；不好，不行。元宫天挺《范张鸡黍》第一折："区区实是不济，不是诈谦。"《醒世恒言·陆五汉硬留合色鞋》："或者你老人家目力不济，待我与你寻看。"清龚炜《巢林笔谈》："时已小雪后矣，而田禾犹有在水中者，岁收又大不济矣。"清宋永岳《志异续编·袁弹子》："今观其徒，甚属不济。"柳青《创业史》题叙："梁三的命运不济，接连着死了两回牛，后来连媳妇也死于产后风。"叶圣陶《记金华的两个岩洞》："最高的一个叫朝真洞，洞中泉流跟冰壶、双龙上下贯通，我因为足力不济，没有到。"王蒙《深的湖》："比上不足，比下有余，再不济也比'宽严大会'上被歪戴上铐子押走的强！"

"不济"用于比较句，犹言不及，不如。《红楼梦》第三回："已经预备下老太太的晚饭，每年都不肯赏些体面，用过晚饭再过去。果然我们就不济凤丫头不成？"又第八四回："（黛玉）要赌灵性儿，也和宝丫头不差甚么，要赌宽厚待人里头，却不济他宝姐姐有耽待，有尽让了。"

"不济"作副词，犹言不堪。唐牛僧孺撰《玄怪录》卷三《崔环》："遂褰衣自视，其两胫各有杖痕四，痛苦不济，匍匐而行，举足甚艰。"

中古以来还有"济不得"的表达方式。"济不得"就是不可以，不行。如《三国志·魏志·高贵乡公髦》:“太后诏曰:‘夫五刑之罪,莫大于不孝。夫人有子不孝,尚告治之,此儿岂复成人主邪?吾妇人不达大义,以谓济不得,便为大逆也。然大将军志意恳切,发言恻怆,故听如所奏。’”朱熹《朱子语类》:“学者做工夫,当忘寝食做一上,使得些入处,自后方滋味接续。浮浮沉沉,半上落下,不济得事。”此种“不济得事”用法在《朱子语类》中常见。

“济”表示有益,能够达成,还有“济事”的表达。《左传·成公六年》:“圣人与众同欲,是以济事。”又《左传·庄公十四年》:“庄公之子犹有八人,若皆以官爵行赂,劝贰而可以济事,君其若之何!”《晋书·谢万传》:“(谢安)谓万曰:‘汝为元帅,诸将宜数接对,以悦其心,岂有傲诞若斯而能济事也!’”唐白居易《初罢中书舍人》:“性疏岂合承恩久,命薄元知济事难。”

近代汉语中产生了离合结构“济得事”的表达,表示能成事,行得通。如朱熹《朱子语类》卷一百二十一:“这个须是烂泥酱熟,纵横妙用皆由自家,**方济得事**也。”

“方济得事也”是肯定表达,更常见的是否定和反问的表达方式。《朱子语类》卷一百二十一:“大凡看书,须只就他本文看教直截,切忌如此支离蔓衍,拖脚拖尾,**不济得事**。”又卷二十六:“而即使之死,则亦觉**未甚济得事**。”卷四十四:“邦有道之时,不能有为,只小廉曲谨,济得甚事。”元黄元吉《中黄先生问答》:“只我自己道是公心,**怎济得事**?夫心如何肯印可?”明冯梦龙《醒世恒言》卷三十七:“今日来得恰好!我想你说的做人家勾当,若银子少时,**怎济得事**?须把三十万两助你。”明陆采《明珠记》:“只是妾身女流之辈,手无缚鸡之力,**如何济得事**。”元王实甫《西厢记》:“半万贼他一个人,**济甚么事**。”成语“无济于事”正是这种表达方式的固定化。明罗浮《天凑巧》第一回:“但须古押衙其人,若不能制他,无济于事。”即其例。现代汉语依然保留。

上引《骑着一匹》中,“治得”就是“济得”,就是能够、可以,可以是形容词,也可以是副词;“治不得”就是“济不得”,也就是“不济得”①。只是东北方言翘舌与不翘舌音的混用,就记音为“不治得”了。

在东北方言中,翘舌与不翘舌的混用最明显的例子就是将舌尖后音 zh[tʂ]、ch[tʂʰ]、sh[ʂ]都读成了舌尖前音 z[ts]、c[tsʰ]、s[s]。而此例中,是舌面

① 此条在日本东京大学报告时,木津佑子教授提出了很好的建议,谨致谢忱。

前音 j[tɕ]、q[tɕʰ]、x[ɕ]与舌尖后音 zh[tʂ]、ch[tʂʰ]、sh[ʂ]混用的例子。这种现象不限于北方方言，如粤方言、闽方言等地区也将“知道”读成“机道”。

或许有人会认为“治”就有治理和办法义，是不是也可以说得通？河南现代剧《卖箩筐》：“老婆子，有主意，要治治贪财图利人儿。”姜亮夫先生《昭通方言疏证·释词》：“昭人谓刺激、收拾、教育人曰治。”①东北官话“谁说他都不听，没治了”“这人没治了”，山东话“他那一摊给了我，我没法治”。“没治”就是没有办法治理，无可救药。“治”作动词有办、弄、整治等义，这在许多方言中都有体现。“济”本义是渡、救助，“治”是修治、治理，其实都是对事物或物体起作用，一定意义上是相通的。双音词有“济治”。三国魏阮籍《与晋文王荐卢播书》：“盖闻兴化济治，在于得人。”《艺文类聚》卷五四引三国魏曹羲《肉刑论》：“夫言肉刑之济治者，荀卿所唱，班固所述。”《汉语大词典》解释为“辅助治理”，不确，“济治”当是并列结构。西晋潘尼《赠侍御史王元贶诗》：“膏兰孰为消，济治由贤能。”西晋荀勖《晋四厢乐歌·食举乐东西厢歌》：“修己济治，民用宁殷。”“宁殷”“济治”对举，都是并列结构。唐白居易《新乐府·官牛·讽执政也》：“右丞相，但能济人治国调阴阳，官牛领穿亦无妨。”“济人治国”并举。宋吕本中《晋康逢师厚》：“君负济世美，实识治乱根。”此例也是“济”“治”对举。

但是“治”没有成就义。三国魏刘劭《人物志·英雄》：“是故英以其聪谋始，以其明见机，待雄之胆行之；雄以其力服众，以其勇排难，待英之智成之，然后乃能各济其所长也。”明王万祚《足兵训武疏》：“庶器与人相习，有一器济一器之用矣。”“济”表示起作用，成就，这是“治”所无法取代的。并不是二义在某个角度和侧面有相通之处，就可处处皆通了。

张磊、杨荣祥②指出“不值”和“不济”的关系：如“倘或是像今年年头不值咧，许多的外账要不来呢，这是该怎吗的呢？”（《续编》，第 40 页），认为此处中“不值”当作“不济”。“不济”条有“不顶用、不好”“不及、不如”的用法，且这两种用法在明清时期的北方话文献中常见。从该文的结论可以看出，“不济”读为“不值”，与“不治”同样是 j[tɕ]音读为 zh[tʂ]的一个证据。

---

① 参见许宝华、宫田一郎《汉语方言大词典》，北京：中华书局，1999 年，第 3670 页。

② 张磊、杨荣祥：《“〈骑着一匹〉系列”释读补正》，载《汉语史学报》第 20 辑，上海：上海教育出版社，2019 年，第 32—33 页。

二、见光——沾光

(12)若把你们那里的大纸、海菜藏(装)船送得南京否咧,不但说是寡省车脚钱,却是管包大**见光**。(顺天本/31)

(13)我服侍你们爷々们拉得来回,不图大**见光**是得,大费(赔)钱搁得住吗?(顺天本/51)

(14)作比说是草料到处不贵咧,多增(挣)我们艮(银)子呢,增(挣)多少找我们多小(少)吗?咱们生意家**见光不见光**是只在运气呢。你这个话是说不出口来的话,从着以后再不必往我提。(顺天本/51)

殷晓杰①把"见光"释作"发财",未说明理据。笔者以为,"见光"其实就是"沾光"的音变。"沾光"当然可以获利,可以发财,但径直释作"发财"是释语境义而不是释词义。例(12)"管包大见光"、例(13)"不图大见光"、例(14)"咱们生意家见光不见光是只在运气",从语境上看,似乎就是指获利,因此释作"发财"是可以说得通的。但是如果从释词的角度看,下面几个"见光"作为离合词的例子,就不能理解为"发财"了。比如:

(15)太爷们说的是那里的话呢?你们虽是外国人,行道存店交易差不多点里外一理啊。我们店里也**见**过你们爷々们的多少年的**光**,所以清(成)天家盛心候着你们。(顺天本/58)

(16)王伙计,你这个话,我们如何当得起呢?你们从来并没有**见**过我们的**光**,也没有增(挣)过我们的艮(银)钱;不过是年々一同走路,正没有瞪过眼睛,也没有反过一没乚嘴。(顺天本/69)

(17)我从本地来,一到沈阳,听着说,大纸、海菜大家**见**一点**光**都卖出去,除咧这两种货,别的项(行)市哺哩都腐。(顺天本/33)

"沾光"通常喻凭借别人或某种事物而得到好处。"沾"有分享、分得义。南朝梁萧统《开善寺法会》诗:"尘根久未洗,希沾垂露光。"唐韩愈《苦寒》:"而

① 殷晓杰:《试论〈骑着一匹〉的语料价值》,《聊城大学学报》(社会科学版),2010年第1期,第121页。

我当此时，恩光何由沾。”明兰陵笑笑生《金瓶梅》第四十九回：“宋、蔡二御史，屈体丢人，西门庆沾光不少矣。”清末刘鹗《老残游记》卷五：“逸云说：‘好，你问，我也沾光听一两句。’”

离合结构有“沾了光”，《红楼梦》第四十五回：“不瞒姑娘说，今年我就大沾了光儿了。横竖每夜各处有几个上夜的人，误了也是不好，不如会个夜局，又坐了更，又解闷儿。”《申报》(1940 年 2 月 3 日)：“除了征集冬衣以外，她又倡导替兵士结绒线袜子。不仅是军人沾了光，艺术家也同样得到慰藉。”“发财”只是沾光的一种，所以这个解释不确切，也缺乏得义理据。

同样的意思，《骑着一匹》还用“借光”一词表示，如：

(18)我们**借**你的**光**，你呢教一个小子们，给他几个钱，把那个马给我们外头溜々。(顺天本/49)

在这个意义上，“借光”与“沾光”是完全相同的，比喻凭借别人的名声、地位等而得到好处。如明徐渭《状元辞凰得凤》第四出：“这几件可都要借光于贤友。”清天花藏主人《玉支玑》第十六回：“今幸正值仁兄高登虎榜，分荣借光，何快如之。”

关于“见光”与“沾光”“借光”的关系已有文章涉及。曹嫄①说：

东北方言中，“见”与“沾”语音接近，见光，即沾光。沾光，比喻凭借别人或某种事物而得到好处。如《儿女英雄传》第十三回：“咱都是一家人，往后只有我们沾光的。”……从商人的角度说，沾光的结果必然是盈利，盈利就是挣钱。因此，“见光”就引申出挣钱、盈利的意义。

金茗竹、邹德文②指出：

如果从语音关系来看，跟“沾”相比，我们认为“借”应该与“见”的语音更为相近，“借”，中古音为精母祃韵，精见两母音近是显而易见的，韵部也

---

① 曹嫄：《韩国顺天大学本〈中华正音(骑着一匹)〉词语研究》，《合肥师范学院学报》，2014 年第 1 期，第 16 页。

② 金茗竹、邹德文：《朝鲜系列汉语教科书〈骑着一匹〉疑难词语考释》，《黑龙江社会科学》，2016 年第 6 期，第 137—138 页。

可构成对转。如此，见光，即借光。

同样从语音上考虑，二者说法不同。笔者赞同曹嫄的说法。《骑着一匹》中的“见光”表达的是“沾光”、依托他人获利的意思，这是“借光”一词所不具备的。文中用“借光”的例子，依然是“沾光”的意思，正说明在东北方言中，“借”“见”读音相近①。

与“沾光”相对，东北方言中还有“沾包/沾包儿”“沾边/沾边儿”等表达，表示受到别人牵连。从他人处受益是“沾光”，被他人连累是“沾包”“沾边”，这也能看出“见光”当是从“沾光”而来，“借”则没有这种用法。

又张磊、杨荣祥(2019 年)②认为：

> “见光”当是“沾光”之误。之所以记作“见光”是因为后期朝鲜时代汉语教科书只用一套谚文符号ㅈ、ㅊ、ㅅ来标记汉语中的 z 组、zh 组、j 组声母字，通过韵母标音的洪细大致可把 z 组字与 zh 组、j 组字区分开来，但 zh 组、j 组字常混同，比如韩研院《骑着一匹》中“多少性命”记作“多小性命”(上卷 3b)，顺天本《中华正音》“万般皆有命”记作“万般这有命”(上卷 6b)，“成天家”作“清天家”(下卷 8a)，“吃不起值钱的东西”作“吃不吃值钱的东西”(上卷 9a)，“沾便宜”写作“见便宜”(上卷 6b)等等。据此可知，“见光”实际上是根据谚文记音的错误转写，正确的汉字书写应该是“沾光”。

此文认为“见光”当是“沾光”之误，是正确的。但是分析原因不妥，按照这个观点，“沾光”写作“见光”，是朝鲜时代教科书谚文记音的失误，而不是原来读音如此，这恐怕不合语言规律。《骑着一匹》中读音与汉语通语读音不一致的地方很多，可能有由于记录者口音产生的失误，但更多的当是东北实际语音

---

① 另外，“借光”在现代汉语中还作为寒暄问候或请求帮助的客套语。如鲁迅《故事新编·理水》：“临末是一个粗手粗脚的大汉……连声说道‘借光，借光，让一让，让一让’，从人丛中挤进皇宫去了。”这是请求帮助的套语。老舍《赵子曰》第七：“借光！这是六十号吗？”这是询问语，也是一种寒暄和问候。这都是“沾光”一词所不具备的。

② 张磊、杨荣祥：《“〈骑着一匹〉系列”释读补正》，第 30—31 页。

的记录。下一条“记声”有多种写法与读音，就是明证，读音本来如此，跟谚文记音不一定有关系。详下。

三、记声儿——吱声儿

(19)一来他那个马并不是稀松的牲口，当先拉不惯车的套车咧，白遭他(糟蹋)可惜了；二来车户家沿道遭他(糟蹋)牲口，我们**记声儿**给车户家借牲口套车，只怕底些留咧(例)。所以他们不肯借给你啊。(顺天本/67)

(20)王伙计，咱们不是赚你说，却是这吗着：你有甚吗别的难勾当，都退(推)得我们身上，我们都不给你**记声儿**出力，由你苦甜，是咱们管不着甚吗咧；咱们坐的车是小(少)一个牲口，怎吗随心走呢？(顺天本/68)

从文义看，“记声儿”就是允许、同意的意思。在《骑着一匹》中，更常见的是用于否定句。如：

(21)辨(办)到这头不合实(适)，辨(办)那头又不对尽(劲)。各人要不**记声儿**罢，这是小(少)不得的；要掁挪(张罗)些罢，一点不随心。(顺天本/67)

(22)王伙计，你这个为人却倒不错，本来重厚呢，清(成)天家没有经过不依我们的话，也没有见过待我们利害。就是给我们赶车的时候，清(成)天家偏要打吨。我们也好几没狠肚过，你一个到底**不记声儿**，莫不了的今个又是那吗打吨。(顺天本/56)

(23)我们也怕的是你们这里没有地方，所以早起打派护送的头里给你们送信来，不许存别的客呢。你一个装**不记声儿**，那不是不肯教存我们的意思吗？差不多点当先白认得你咧。(顺天本/58)

此外，其他朝鲜语料中，也有“不记声儿”“别记声儿”的说法。下例：

(24)你这白说咧。你们那里懂得这些个缘故来呢？你拿这一张票退他们的时候一乚，别提我们的话罢，**不记声儿**才好呢。(《华音》/192；阿川本《正音》/248)

(25)那吗你的**别记声儿**罢。海蔘主候一乚那里我给你商量去。(《华

音》/205;阿川本《正音》/260)

(26)古人说是,公平交易才两下里过得去呢。每一杆称多跑一二斤否咧,我们**不记声儿**,每一杆称伤耗五六斤的,还有七八斤的,两万多斤的货,里外差多少呢?富贵是天给的,不在称头一儿上呢。(《华音》/218)

(27)值钱的上称就高性(兴),海蔘过称就不记声儿?上你的当就正对你的边儿咧?(《华音》/219)

(28)你在里头**别记声儿**罢,若是他们知道外国的来咧,管包不给开门哪。(《华音》/198;阿川本/253)

以上8例“别记声儿”或“不记声儿”,都用于否定句,犹言不声张、不说话、不应答,而“不应答”往往是不答应、不允许的意思。什么词有这些意思,而又语音相近呢?就应当是“不吱声”。“不吱声”就是不发声;不说话。现代汉语用例很多,如周立波《暴风骤雨》:“老孙头看看四围,却不吱声。”刘心武《立体交叉桥》:“他看时不吱声,看完也不议论。”

清佚名白话小说《麟儿报》第九回:“一个尚书门上,哪个敢去只只声儿。我劝你息事忍事,方保没事。”此处“只只声”就是“吱吱声”的意思。

殷晓杰把“记声”释作“记得”①,未确,这个释义在许多例中是说不通的。其实“记声”就是“吱声”的记音词,谓开口说话、应声,就是应答,加上“儿”表示已经儿化,是已经成词的重要标志。而“记得”没有儿化的形态。“吱声儿”通常都接在否定词“不”“别”之后。

郑兴凤②已经发现了这种现象,他说:

在《骑着一匹》中舌尖后音“zh ch sh”和舌面音“j q x”经常容易混淆。文中的两处“记声”当为“吱声”。“<动>开口说话;应声。东北官话。……半天也没吱声。”(汉语方言大词典·第二卷,2618)

李伟大③认为,“吱声”是“作声”在方言中的表现形式,由“作声”到“吱声”

---

① 殷晓杰:《试论〈骑着一匹〉的语料价值》,第121页。

② 郑兴凤:《〈骑着一匹〉方言词汇研究》,《齐齐哈尔师范高等专科学校学报》,2011年第5期,第48页。

③ 李伟大:《“吱声”源流考辨》,《中国语文》,2013年第5期,第476—477页。

的过程是:作声(做声)——则声(啧声)——子声、只声——吱声。赵川兵①指出,顾学颉、王学奇等前辈学者在 1983 年出版的《元曲释词》中已经明确阐释了“则声”“吱声”源于“作声”。赵文引用了顾、王的精彩论述:

“则声”犹今云“作声”,则、作一声之转。……此语今亦作“吱声”。……则、作、子、吱均一声之转。

按则、只、子、自、秖,并一声之转,用法均同。口语中“c”与“zh”常通转,今安徽人就呼“只”为“子”,呼“猪”为“资”。②

可见,关于“吱声”的讨论,《元曲释词》已有结论,只是由于资料限制,没有引到韩国教科书中“吱声”的例子。笔者想补充说明的有两点:第一,“作声”最为早出和规范,但是现代口语中“吱声”同样很流行,似乎不能与“则声”“子声”“只声”等完全并列看待,因为“则声”等完全是记音词,而“吱声”似乎有意义来源。

考“吱”是一个象声词,大约产生于元明时期。《儿女英雄传》第十一回:“一句话未完,只听得山腰里**吱**的一声骲头响箭,一直射在半空里去。”《红楼梦》第二六回:“忽听‘吱喽’一声,院门开处,不知是那一个出来。”《儿女英雄传》第四回:“谁知那门的插关儿掉了,门又走扇,才关好了,**吱喽喽**又开了。”“吱”“吱喽”“吱喽喽”都是拟声词,各种事物发出的声响如果细小或细长,大多可以用“吱”摹拟。而人的小声说话或小声哭泣也用“吱”表示:《二十年目睹之怪现状》第九一回:“那个人便跪下……吱啊,咕啊,咕啊,吱啊的,不知他说些甚么东西。”“又是一个捧着手版的东西,跪在那里吱咕。”《水浒传》第三回:“你也须认得洒家!却恁地教甚么人在间壁吱吱的哭。”小人物或小孩子的应答往往胆怯而声小,故用“吱声”表示。也可泛指应答,《骑着一匹》就是这样的例子。值得补充的是,不仅“吱声”表示发声应答,单用“吱”也表示这个意思。高玉宝《高玉宝》第八章:“(小学生们)都瞪着小眼睛,一声不吱地站在那里。”“一

---

① 赵川兵:《“吱声”源流考补》,载《北斗语言学刊》(第 3 辑),上海:上海古籍出版社,2018 年,第 137—138 页。

② 不独安徽人,东北方言也普遍存在此类读音变化。查《元曲释词》中就作“c”,但文意应该是“z”与“zh”的通转。

声不吱”犹言“一声不响”“一言不发”。这应当是“吱声”流行的主要原因。因为音与义的结合最符合汉语使用者的认知体验。

第二，有的学者也提到关于今天“吱声”语音形式的早期用例约出现于《中华正音》中，是因朝鲜人分不清“吱”和“记”音，同时也应当在于该语音形式在口语中本就有音无字，从而该系列书一律用“记声”记录，只是没有写成今天的“吱声”形式而已①。笔者以为造成这一记音的主要原因在于记录的对象（即东北方言）如此发音，而非记录者二音不分。因为安徽方言、东北方言等许多方言口语都是如此读音，与韩语教科书无关的汉语文献也用近似的记音形式，只是没有用“记声”，因为“记声”有“记录声音”的歧义。例略。

以上三组词语从词语类型上看都是记音词：“吱声”写作“记声”是记音词，反映了北方方言翘舌音通常读作不翘舌音的语言实际状况，“zh”读为“j”②。“沾光”写作“见光”（或“借光”）也是这种情形。“济得”写作“治得”，从语音上看，则刚好相反，是“j”读为“zh”，这样的例子相对少见。“记——吱”“见——沾”“治——济”，似乎可以证明十九世纪东北方言翘舌与非翘舌音的混用情况。

---

① 见赵川兵：《“吱声”源流考补》，载《北斗语言学刊》（第3辑），上海：上海古籍出版社，2018年，第139页。

② 关于“吱声”中“吱”的读音，《大字典》音 zhī，《汉语大词典》音 zī。“吱”从“支”得声，《类篇》《集韵》均是章纽字。

第五章　汉译佛经与语词演变

第一节　佛教典籍翻译用语的选择与创造①

汉译佛经，翻译者是用汉语翻译原典，采用什么样的汉语词语？是不是对当时汉语词汇的全盘照搬？笔者经过初步比较，觉得翻译者不是悉数接纳，除了翻译者本人的用词习惯之外，在词语使用上还是具有较强的自主性、选择性，乃至创造性的。其选择和创造的依据就是翻译者对汉语词语的理解程度。表现在以下诸方面：

一、词语的选用基于翻译者的理解程度

在翻译佛经中，有一种现象引人注意，就是中土早已出现、流行甚广的常用词语，汉译佛经中竟然没有出现，没有使用过，这是什么原因？比如同时代中土文献中极为普遍的连词“万一”，在中古翻译佛经中竟然没有用例。而连词“至于”就被广泛接纳。

例一、万一

在中土文献中，“万一”是一个非常成熟的连词，出现时代很早。② 比如《三国志·魏志一·武帝纪》：“诸将皆曰：袁尚亡虏耳，夷狄贪而无亲，岂能

① 《论佛教典籍翻译用语的选择与创造》发表于《浙江师范大学学报》2019年第2期。内容有所删改。

② 王云路：《中古汉语词汇史》，北京：商务印书馆，2010年，第391—393页。

为尚用？今深入征之，刘备必说刘表以袭许，万一为变，事不可悔。"《抱朴子内篇·金丹》："世间多不信至道者，则悠悠者皆是耳。然万一时偶有好事者，而复不见此法，不值明师，无由闻天下之有斯妙事也。""万一"作为假设连词，当萌发于秦汉，《文子·下德》："老子曰：'欲治之主不世出，可与治之臣不万一，以不世出求不万一，此至治所以千岁不一也。'"此例"万一"已经表示概率极小的含义，再进一步，就是表示假设的连词了。汉魏时期已经成熟，是整个中古时期使用频率相当高的连词。① 但是"万一"这种用法却没有出现在同期的翻译佛典中，其原因是什么？原来当时的佛典中也用"万一"，但基本上均作数词出现。我们从以下例句中可以看出翻译者对"万一"的理解：

在黄白莲华泥犁中，百岁取一芥子，尽千七百二亿万一千二百斛乃得出。（西晋法立共法炬译《大楼炭经》卷二）②

是时，即得悉见种种庄严三昧等万一千菩萨三昧增进修行。（北凉昙无谶译《悲华经》卷四）

可见佛经翻译者将"万一"理解为数量值：一万一千。

为什么连词"万一"在中土文献大量使用的时候却没有在同时代的译经中出现？一个可能的原因是"万一"本来是词组，表示"万分之一"的数量，是比例极小的数量，转用于非数量方面，就是可能性极小的意思，因而表示假设连词，是词义的进一步虚化。而译经的翻译者汉语水平有限，对该词组虚化的过程理解还不够，所以没有接纳这个词义。另一个更为重要的原因是：佛经"万一"作数字时频繁地用来表示"一万一千"（相比之下，中土文献不如佛经般频繁强调极大数目），因此挤占了表示"万分之一"这个强调极小数目应有的位置，佛经中表示数量小的"万一"也很罕见，一般要具体说成"万分之一""万中有一"等来避免歧义，因此也就失去了进一步虚化的途径：

彼等一切诸释童子，尽力共算，不能及逮悉达太子万分之一。（隋阇那崛多译《佛本行集经》卷一二）

十方我作诸功德，般遮于瑟及檀那，汝魔万分无一毫。（又卷三〇）

---

① 中土文献中"万一"的发展可参见王云路《中古汉语词汇史》。

② 此例是否"亿万"连言亦未可知。

昔有众人在江水侧坐，而观看瞻水成败伤害人民无复齐限，或有父母妻子男女堕水死者亦无有量，其中得解脱者万中有一。（后秦竺佛念译《出曜经》卷一）

佛言：我今现在谛观察之，比丘僧中终不见有，被白衣者最后末世亦复如是，信乐斯经讽诵之者，亦复少有，百万之中若一、若两。（旧题北魏吉迦夜译《称扬诸佛功德经》卷二）

佛教撰述中偶有使用“万一”，但不是连词，并非表示“可能性极小的假设”；而是名词，表示“可能性极小（或比率很低）的数量”。例如东晋法显《法显传》卷一：“故投命于必死之地，以达万一之冀。”这是较早的用例。再往后看，明智旭《阿弥陀经要解》：“若无平时七日工夫，安有临终十念一念？纵令《观经》所明下品下生五逆十恶之人现世不曾修行，并是夙因成熟，故感临终得遇善友闻便信愿，如此等事万中无一，岂可不预辨资粮，乃侥幸于万一哉！”此例前有“万中无一”，足以说明对“万一”的理解还局限在数量极小的含义上。明释宗泐、释如玘注《楞伽阿跋多罗宝经批注》序：“然承雨露之余泽，依日月之清光，庶几少裨流通之万一云尔。”以上三例“万一”是撰述的例子，而不是纯粹的译经语言，其用法也是从其数字含义引申而来，尚没有虚化为假设意味的连词。

在佛典中，作连词使用的“万一”，一是例子很少，二是时代在中古之后，三是都没有出现在译经中，而是在本土撰述或“语录”中。如：

但业行残缺愿往西方，万一不生，恐成自误，故当己行应修此业。（唐窥基《观弥勒上生兜率天经赞》）

万一入在髑髅里，卒难得出。（南宋妙源《虚堂和尚语录》卷八）

次为州将保持，死则损多，生则益大。万一不遑恤此，潜焚幽谷，则亦匹夫之为谅耳。（南宋宗晓《四明尊者教行录》卷五）

万一合浦珠还，岂不为山家传持之标帜乎？（又卷七）

例二、至于

译经中也不是过于抽象虚化的词语都不接纳。“至于”是一个由跨层结构产生的承接连词，是动词“至”和介词“于”组合的结果，在佛经译文中就被采纳了。

从本义上分析，汉语中“至于”首先用于表示时间和空间上的到达义。《论语·学而》：“夫子至于是邦也，必闻其政。”这是到达某地。《左传·昭公十三年》：“自日中以争，至于昏，晋人许之。”这是到达某时。因为古人的时空概念是可以相通和转化的。①

如果到达的不是具体的某个地点或时间点，而是话题的开端，也就是过渡到某个人或事物，“至于”就担当起连词的功用。这个用法也是很早就出现了。《论语·为政》：“今之孝者，是谓能养。至于犬马，皆能有养。不敬，何以别乎？”《国语·周语中》：“其贵国之宾至，则以班加一等，益虔；至于王吏，则皆官正莅事，上卿监之。”唐杜荀鹤《乱后逢村叟》：“还似平宁征赋税，未尝州县略安存。至于鸡犬皆星散，日落前山独倚门。”此三例表示另提一事：第一例是犬马与人的并举比较，第二例是王吏与贵宾的并举论列，第三例是时间和事件的承接。所以，“至于”既是过渡到（到达）一个新的话题（人或事物），也可以看作是先后两个事物（话题）的并举，那么称作“连词”就是自然而然的了。

再进一步抽象，连接的是事物的因果关系，也是承接上文，表示引出的结果，犹言“以致于”。《后汉书·宦者传论》：“窦武、何进，位崇戚近，乘九服之嚣怨，协群英之势力，而以疑留不断，至于殄败。”即其例。

如果因果关系出乎意料，就是“竟然”。可以看作副词。《史记·伍子胥列传》：“今子故平王之臣，亲北面而事之，今至于僇死人，此岂其无天道之极乎！”如果强调达到某种程度，犹言“竟至于”“甚至于”。《北史·魏彭城王勰传》：“自孝文不豫，勰常居中，亲侍医药，夙夜不离左右，至于衣不解带，乱首垢面。”②以上两例已不是简单的并举，而是隐含了作者的分析、评判和倾向性观点，而且连接的是动词。

我们再看中古译经中的例子。东汉竺大力、康孟详译《修行本起经》卷下：“至于梵摩众圣，皆莫能论佛之智故，独步不惧，一无畏也。”这是提起另一个话

① 如“永”本义是水流长，既表示时间上的久远，也表示空间上的遥远，“永巷”即是一例。“长”本义是头发长，既表示时间长，也表示空间长；还表示年长，居前等间。“间”本义是门的缝隙，既表示空间上的间距，如“房间”，也表示时间上的维度，如“时间”“间隔”，还可以表示抽象的“闲暇”义。

② 《北史》此例《大字典》视为连词，非副词，也是可以的，因为视角不同。

头。西晋法炬译《法海经》:“种族虽殊,至于服习大道,同为一味,无非释子。”这是表示转折义的话头。东晋瞿昙僧伽提婆译《中阿含经》卷一六:“彼受我教,取此罪人,剥皮剔肉,截筋破骨,乃至于髓,求众生生。”这就是简单的顺接,表示到达义。后秦佛陀耶舍共竺佛念译《长阿含经》卷二:“阿难!汝闻跋祇国人闺门真正洁净无秽,至于戏笑,言不及邪不?”这是顺接,表示“以至于”,有“竟然到达某种程度”的意思。

佛典中的连词例子,基本都体现了“到达”这样一个隐含义,因而使用中顺畅而自然。当然,在佛教典籍中,“至于”多表示“到……(某地或某种境界)”义之例,还是其本色用法。

对“至于”“万一”连词义的舍弃或保留,其原因主要在于翻译者对于这两个结构的理解程度,理解了虚化过程,就容易接纳和使用。另一个原因是“万一”已作为数量值使用,保存了“极少”这个含义。

二、词语的使用基于翻译者所处时代的语言流行程度

关于假借的理解,我们常常会用后起专字(或者说是“区别文”)来判定早期用字的正确与否,或者说找出本字或正字,这是一个很大的误区,可以说颠倒了父子关系。词语使用的是不是正字,其实也是基于翻译者对词语的理解,基于当时流行并易于接受的语言事实。

例三、烧炙脯煮

西晋竺法护译《正法华经》卷二:“适兴于世,睹诸群萌,妄想财业,爱惜无厌,因从情欲,致无数苦,于今现在贪求汲汲,后离救护,便堕地狱,饿鬼、畜生,烧炙脯煮,饥渴负重,痛不可言。”据真大成等考察,“脯煮”的“脯”是“炰”的通假字。① 这个说法有一定道理。考《说文·火部》:“炰,炮炙也,以微火温肉。”段注:“炮、炙异义,皆得曰炰也。……既云炮炙,又云以微火温肉者,嫌炮炙为毛烧,故又足之,言不必毛烧也。微火温肉所谓炰也,今俗语或曰乌,或曰煨,或曰焖,皆此字之双声叠韵耳。”又“炮,毛炙肉也”,段注:“炙肉者,贯之加于火。毛炙肉,谓肉不去毛炙之也。《瓠叶》传曰:‘毛曰炮,加火曰燔。’《閟宫》传

① 真大成:《论汉文佛经通假字对佛经词语研究的价值》,《浙江大学学报》(人文社会科学版),2018年第3期,第147—159页。

曰：'毛炰，豚也。'《周礼·封人》：'毛炰之豚。'郑注：'毛炮豚者，燗去其毛而炮之。'《内则》注曰：'炮者，以涂烧之为名也。'《礼运》注曰：'炮，裹烧之也。'按，裹烧之，即《内则》之涂烧。郑意《诗》《礼》言'毛炮'者，毛谓燎毛，炮谓裹烧。毛公则谓连毛烧之曰炮，为许所本。《六月》《韩奕》皆曰'炰鳖'，笺云：'炰，以火孰之也。'鳖无毛而亦曰炰，则毛与炮二事，郑说为长矣。炰与缹皆炮之或体也。《韩奕》之炰，徐仙民音甫九反。《大射》篇注炮鳖，或作缹，或作炰。是知炰、缹为古今字。《通俗文》曰：'燥煮曰缹。'燥煮谓不过濡也。裹烧曰炮，燥煮亦曰炮。汉人燥煮多用缹字。"

可见，用温火烧出干肉来，就是现代俗语的"煨"或"焖"，古时泛称"炮""炰""炰""缹"，它们浑言无别，实为一字，一是因为古无轻唇音，"炮""炰""炰""缹"幽部叠韵，"炮""炰"并母，"炰""缹"帮母，声母仅清浊之别；二是因为"炰""缹"下四点都是"火"旁的变体。可见干煮义的本字可以说是"缹"。

但是译经中也多见"脯煮""焤煮"。① 如西晋竺法护译《修行地道经》卷三："于是有二狱名烧炙、焤煮，彼时守鬼取诸罪人段段解之，持着鏊上以火熬之，反复铁铲以火炙之。"《可洪音义》卷二一《修行地道经》音义出"焤煮"条："上音府，诸经作脯煮也，字体正作缹。"认为虽然诸经皆"脯煮"，但"焤煮""脯煮"的正字当作"缹煮"。

西晋竺法护译《方等般泥洹经》卷下："于是佛复至烧炙缹煮叫唤雨黑沙烧人四大地狱中，施金色光明，遍于一切光明。"《可洪音义》卷四《方等般泥洹经》音义出"脯煮"条："上音府，正作缹煮也。"是可洪所见本作"脯"。

《正法华经》卷二："因从情欲，致无数苦，于今现在，贪求汲汲，后离救护，便堕地狱，饿鬼畜生，烧炙脯煮，饥渴负重，痛不可言。"《修行地道经》卷三："已到于大苦，在烧炙焤煮，罪中殃差者，则识本行恶。"《佛说阿惟越致遮经》卷三："其舌广长各四万里，驾犁耕舌五百亿载，各五百亿岁当吞销铜，其火焰赫，及两身上烧炙缹煮。""缹"字日本知恩院本作"焤"。以上例证均出自西晋竺法护译本，前两例没有异文。单用"脯煮"的例子也很多，如竺法护译《佛五百弟子自说本起经》："我身寿终已，堕地狱甚久，合会及叫唤，世世见脯煮。""脯"字宋、元、明本皆作"缹"。

① 以下例证有数条引自真大成论文。

再看一例。后秦竺佛念译《出曜经》卷二四："是时，世尊即接难陀将至地狱，示彼苦痛，考掠搒笞，酸毒难计，八大地狱，汤煮罪人，一大地狱、十六隔子围绕其狱，刀山剑树，火车炉炭，烧炙炰煮，苦痛难陈。"《可洪音义》卷二一《出曜经》音义出"焤煮"条："上音府，亦作脯，正作炰煮。"

从《可洪音义》可以看出，当时的本子多作"脯"或"焤"，可洪判定其正字当作"炰"，也就是说"脯"为假借字。这也是迄今为止学者的基本共识。

佛经中"烧炙脯煮"常常连言，成为惯用语，为什么许多版本用"脯""焤"而不用现成的正字"炰"？恐怕主要与翻译者对词义的理解和流行程度有关。《说文·肉部》："脯，干肉也。"就是肉干的意思，是一个使用频率颇高的常用词，仅以《说文》为例，就有："修，脯也。""膎，脯也。""膊，薄脯，膊之屋上。""脘，胃脯也。"①"朐，脯挺也。"可见"脯"是通语，流行广泛。"脯"的另一个特点是产生早。《诗·大雅·凫鹥》："尔酒既湑，尔殽伊脯。"《论语·乡党》："沽酒市脯，不食。"《周礼·天官·外饔》："师役，则掌其献赐脯肉之事。""脯"用于动词煮成肉干，也早有用例。《吕氏春秋·行论》："昔者纣为无道，杀梅伯而醢之，杀鬼侯而脯之，以礼诸侯于庙。"高诱注："脯，肉熟为脯。"《抱朴子·诘鲍》："使夫桀纣之徒，得燔人辜谏者，脯诸侯，菹方伯，剖人心，破人胫。"②因而翻译者用常见而又极为相关的"脯"字表示煨或焖的意思，是顺理成章的。因为是用火烧成干肉，所以又据"脯"类推造了一个"焤"字。

表示肉干义的"脯"也可以指制作肉干的方法，这其实也是汉语体用同称现象的反映。这种现象在现代汉语中仍有体现，比如"叉烧""火烧""烧烤""卤煮""麻辣烫""生煎""小炒"等都是用制作方法表示此类食物。

"炰"字的产生较迟，应用也很有限。《说文》中并没有"炰"字(段注中才出现了"炰"字的注文，见上)。中土文献中，中古以前文献涉及很少，只在字书、辞书中涉及对此字的解释。如三国张揖《广雅》卷七："焷，谓之炰。"《玉篇》："炰，音缶，火熟也。"《毛诗正义》卷一八："案《字书》：炰毛，烧肉也；炰，烝也。

① 此例"脘"《说文》有争议。一作"胃脯"，表示肉干，见段玉裁《说文解字注》、王筠《说文句读》；一说"胃府"，取"胃的内腔"义，孙刻本、和刻本、汲古阁本《说文》均作"脘，胃府也，从肉完声，读若患，旧云脯，古卵切"。笔者以为二义均成立。《广雅·释器》："脘，脯也"，也可佐证。

② 《大字典》《汉语大词典》释义为"使之成为干肉"。

服虔《通俗文》曰：燥煮曰炰。然则炰与炰别而此及《六月》云炰鳖者，音皆作炰。然则炰与炰，以火熟之，谓烝煮之也。"玄应《一切经音义》卷一七《出曜论》音义："炰煮：方妇反，《字书》少汁煮曰炰，火熟曰煮。"慧琳《一切经音义》卷七四："炰煮：方妇反，《字书》少汁煮曰无，①火熟曰煮。"

字书中除了人们辗转引用的《诗·大雅·韩奕》"炰鳖鲜鱼"注疏引《字书》、引服虔《通俗文》外，并无其他文献用例，可以断定，这是一个后起字。②中土文献中只在《齐民要术》中才多见。如《齐民要术·蒸炰法第七十七》："炰猪肉法：净焊猪讫，更以热汤遍洗之，毛孔中即有垢出，以草痛揩，如此三遍，梳洗令净。四破，于大釜煮之。……脂尽，无复腥气，漉出，板切，于铜铛中炰之。一行肉，一行擘葱、浑豉、白盐、姜、椒。如是次第布讫，下水炰之，肉作琥珀色乃止。"所以，与"烧炙炰煮"相关的例子，早期多作"脯煮"，或据"脯"新造"煿"字，③是怡然理顺的，一定要用相对少见的"炰"才算"正字"，认定用"脯"或"煿"为"炰"的"通假"字，恐怕不符合语言事实，算是以今律古吧。辛岛静志先生释"脯煮"作"is dried and boiled"，就是从"脯"之干肉义引发，④这个解释是合乎情理的。

三、词义的赋予基于翻译者的理解和类推

不仅仅是词语的选择和使用翻译者有权决定，就是词语含义也可以由翻译者自主决定赋予。当然，这个赋予新义的依据依然是翻译者对汉语的理解和把握程度。

例四、"逮"

汉语文献中，"逮"并无作为连词的用法。李维琦《佛经词语汇释》指出"逮"字二义：一为动词"得，获得"义；一为连词"及"，"见于吴康僧会译《六度集经》中。《经律异相》中有几处，大概都转引自《六度集经》。'及'本动词、连词

---

① "无"当为"炰"之讹。

② 《诗经》中共有4例"炰"，但无作"炰"者。

③ 也写作"爊"。《一切经音义》卷三〇有"爊煮"。

④ [日]辛岛静志：《正法华经词典》，东京：创价大学国际佛教高等研究所，1998年，第155页。

两用，而‘逮’只有动词用法。译经者不察，径用‘逮’为连词”。① 是“译经者不察”的误用？还是译经者的创造？

徐朝红统计，“逮”字的连词用法较为集中地出现在本缘部。王卉指出：“‘逮’做并列连词始于三国时期吴康僧会译《六度集经》，终于北魏时期慧觉等翻译的《贤愚经》。”这两篇论文都提出连词“逮”是中古译经中一个特殊的并列连词。②《六度集经》卷一：“王逮臣民，相率受戒，子孝臣忠，天神荣卫，国丰民康，四境服德，靡不称善。”即其例。

下面“逮及”应当看作同义并列双音词，表示的是连词“和”义。

> 须我天上诸天世间人民逮及鬼神智慧得道，须我经法遍布天下，未可般泥洹。（西晋白法祖译《佛般泥洹经》卷上）

“逮”作连词，毫无疑问是译经中特殊的用法，中土文献中没有出现，是怎么产生的？算不算“误用”？

笔者以为，这是翻译者基于对连词“及”的理解和对其同义词“逮”的理解而通过类推联想创造的新义。首先，因为“逮”与“及”含义相同。《说文・又部》：“及，逮也。从又从人。”徐锴曰：“及前人也。”《辵部》：“逮，及也。”西晋竺法护译《生经》卷二：“吾之一国，智慧方便，无逮卿者，欲以臣女，若吾之女，当以相配，自恣所欲。”前秦昙摩难提译《增壹阿含经》卷二〇：“相见日极久，梵志般涅槃，以逮如来力，明眼取灭度。”动词“逮”字用法与“及”完全相同。这是“逮”产生连词义的内在根据。

此外“逮及”同义并列可作动词，表示达到、赶得上，中土文献常见。《后汉书・杜笃传》：“逮及亡新，时汉之衰，偷忍渊囿，篡器慢违，徒以埶便，莫能卒危。”在译经中也有使用，西晋竺法护译《诸佛要集经》卷下：“时彼会中，新学菩萨各心念言：‘弃诸阴盖不可逮及，普无等侣，行如来慧。’”又作“及逮”。西晋竺法护译《佛五百弟子自说本起经》：“尽力从后追，不能及逮我。”旧题三国魏

---

① 李维琦：《佛经词语汇释》，长沙：湖南师范大学出版社，2004 年，第 66—67 页。

② 参徐朝红：《汉译佛经本缘部特殊连词研究》，《古汉语研究》，2013 年第 2 期，第 306 页。王卉：《汉译佛经并列连词“逮”的历时考察和来源研究》，《宜春学院学报》，2017 年第 4 期，第 59—62 页。

康僧铠译《无量寿经》卷上:"设第六天王比无量寿佛国菩萨、声闻,光颜容色不相及逮,百千万亿不可计倍。""逮及""及逮"是同义并列的动词。所以"逮"与"及"关系是十分密切的。①

考"及"本是动词,谓一只手抓住了前面的人,就是追上、赶上。追上了就是到达的意思。词义进一步虚化,作为连词,就表示"和"。《诗·豳风·七月》:"六月食郁及薁,七月亨葵及菽。"这里前后两项是并列关系。"及"作为连词,在中古译经中也广泛使用。如:

> 阿飏言:"我闻天帝释,与第七梵,皆下事之,所教弟子,悉得五通,轻举能飞,达视洞听,知人意志,及生所从来,死所趣向。此盖天师,何肯来谒!"(旧题三国吴支谦译《佛开解梵志阿飏经》)

这是动词"知"的宾语"人意志"与"生所从来,死所趣向"的并列。

> 佛即问:"王及国人民,宁安和不?谷籴平贱不?"(西晋白法祖译《佛般泥洹经》卷上)
>
> 尔时,阿难及诸比丘,闻佛此语,心复悲恼,闷绝躃地。(东晋法显译《大般涅槃经》卷上)

以上是简单的并列连词结构作为主语。

> 无忧与忍行,寂灭及善觉,安和、善友等,阿难为第七。(后秦佛陀耶舍共竺佛念译《长阿含经》卷一)

此例"及"与"与"对举同义,也是连词。

> 方膺、无量子,妙觉及上胜,导师、集军等,罗睺罗第七。(后秦佛陀耶舍共竺佛念译《长阿含经》卷一)

① "逮"与"及"在译经中有时互为异文,如《六度集经》卷六:"帝释以名宝满其舟中,千倍于前,即还本土,九亲相见靡不欢悦,赒穷济乏,惠逮众生,敷宣佛经,开化愚冥。""逮"宋、元、明各本作"及"。《八师经》卷一:"吾闻佛道,厥义弘深,汪洋无涯,靡不成就,靡不度生,巍巍堂堂,犹星中月,神智妙达,众圣中王,诸天所不逮,黎民所不闻。""逮"字宋、元、明、宫各本作"及"。

郁单越人，悉有衣服，无有裸形及半露者，亲疏平等无所适莫，齿皆齐密，不缺不疏，美妙净洁，色白如珂，鲜明可爱。（隋阇那崛多译《起世经》卷二）

以上都是并列连词。

“及”作为连词在中土文献和译经中都极为普遍，翻译者因“及”而类推，把与其含义相同的“逮”赋予了同样的连词用法。这是语言类推机制导致的结果，符合语言认知规律，是翻译者理解和类推的产物，似乎不能看作“不察”“误用”。

其次，作为动词的“逮”在译经中可以处于含义模糊、极易误解的中间状态。如东晋僧伽婆提译《中阿含经》卷一：“如是，若圣弟子亦得七善法，逮四增上心，易不难得。”这里面“逮”和“得”都是动词“获得”义，但是这一句中“逮”的位置和连词“逮”的位置相同，换句话说，处在动词“逮”与连词“逮”的中间状态。南朝宋宝云译《佛本行经》卷二：“发现先世行，逮遇前善本。”此例可以看作“逮遇”同义并列，也完全可以看作连词。北魏慧觉等译《贤愚经》卷三〇：“尔时十年少者，今十罗汉是。佛说此时，其在大会，有得须陀洹斯陀含阿那含阿罗汉者，发大乘意逮不退者，信受佛语与，欢喜奉行。”这里的“逮”与前文“得”相对应，均应看作动词。这是诱发“逮”向连词过渡的外部原因，也是翻译者对此词理解模糊的一个体现。

最后，“逮”本字即“隶”，《集韵·队韵》：“隶，与也。”似也可作为能够产生连词义的一个佐证。又有“迨”。《集韵·海韵》：“迨，及也，或作隶、隸、逮。”“迨”有趁着、等到义。《诗·豳风·鸱鸮》：“迨天之未阴雨，彻彼桑土，绸缪牖户。”《说文·隶部》：“隸，及也。”引《诗》作“隸天之未阴雨”。段注：“今《诗》作‘迨’，俗字也。”

再如“亦”，是佛经中独创的连词。为什么“亦”可以作连词呢？“亦”本是“腋”的本字，指对称出现的腋下两个部位。那么用来连接同时出的动作或状态，就是副词；如果用来连接两个名词或句子，就是连词。“亦”在中土文献中是作为副词使用的，从本质上看，就是连接动作的虚词。如果用来连接名称，大约就是连词。所以，可以看作是一种类推。这里从略。

四、复音词的创造基于翻译者的理解和类推

同义并列，是中土复音词最为常见的构词方式，译经中，同样运用这种方法创造新词。

“逮”可以与同义语素并列构成双音动词。“逮得”连用例子较多，表示“获得”。如：

> 到安隐处，逮得己利，为人导师，演布经教，显于句义。（后秦佛陀耶舍共竺佛念译《长阿含经》卷二）
>
> 尔时，方便修习择法觉分，方便修习择法觉分已，逮得择法觉分满足，选择彼法，觉想思量。（南朝宋求那跋陀罗译《杂阿含经》卷一一）

又有“逮获”。后秦竺佛念译《出曜经》卷一四：“三观为转念，逮获无上道。”

又有“逮致”，表示达到。西晋竺法护译《贤劫经》卷八：“逮致相好诸佛法，则当逮得是三昧。”西晋竺法护译《渐备一切智德经》卷四：“以修行此法，逮致斯显明。”

再如双音词“因由”。“因”“由”中土文献中常见，可作连词或介词，表示因为、由于。《孟子·梁惠王上》：“若民，则无恒产，因无恒心。”《史记·高祖本纪》：“帜皆赤，由所杀蛇白帝子，杀者赤帝子，故上赤。”在佛典中“因由”并举，也可以表示缘由义，作名词。东晋瞿昙僧伽提婆译《中阿含经》卷三三：“复何因由无有念耶？”宋日称等译《父子合集经》卷二〇：“愿说其因由，除我等疑惑。”

在佛经中，“因由”也产生了连词用法，表示原因。如前秦昙摩难提译《增壹阿含经》卷二七：“为欲求何等，因由何故来。”北凉昙无谶译《金光明经》卷四：“我身舍利安止是塔。因由是身，令我早成阿耨多罗三藐三菩提。”北魏慧觉等译《贤愚经》卷三：“王女牟尼，岂异人乎？我身是也。因由昔日，灯明布施，从是已来，无数劫中，天上世间，受福自然，身体殊异，超绝余人。”“因由”均是同义并列的原因连词。

又倒作“由因”。西晋竺法护译《大哀经》卷六：“由因诸通慧，善慕经典教。”唐法照《净土五会念佛诵经观行仪》：“由因不信堕修罗，斗战相诤受苦

多。”又：“由因念佛故，所以灭愚痴”。①

汉语中不仅有并列式连词，也有附加式连词，翻译佛经中不仅袭用，还根据其构词方式创造了独特的并列式连词。如旧题三国吴支谦译《撰集百缘经》卷五：“儿闻是语，用自安隐。”失译《无明罗刹集》卷上：“噉食人血肉，用自充饱足？”“用自”是附加式连词。三国吴支谦《太子瑞应本起经》卷下：“卿今念我，故复来耳。”“故复”是附加式连词。

有的译经词语的构词理据似乎还难以有确解。比如：

例五、“已自”

“自”“己”义近，但也有一些语法上的区别。如《文子》卷下：“法非从天下也，非从地出也，发乎人间，反己自正，诚达其本，不乱于末；知其要，不惑于疑，有诸己不非于人，无诸己不责于所立，立于下者不废于上，禁于民者不行于身。故人主之制法也，先以自为检式，故禁胜于身，即令行于民。”从此例可以看出：“己”大约用作宾语（包括动宾和介宾），如“反己”“有诸己”；“自”大致用作主语，如“自正”“自为检式”。②

这种情况也不尽然。在作主语而与“人”相对时，“自”和“己”有时用法相混。如《论语》：“己所不欲，勿施于人。”《后汉书·张衡传》：“恃己知而华予兮，鶗鴂鸣而不芳。”③在通常情况下，这两例的“己”写作“自”似乎完全可以。如“自以为是”“自说自话”“自力更生”等。译经中也以“自”与“人”相对应，符合汉语的行文规则。如后秦佛陀耶舍共竺佛念译《长阿含经》卷八：“汝岂不念：‘瞿昙沙门能说菩提，自能调伏，能调伏人；自得止息，能止息人；自度彼岸，能使人度；自得解脱，能解脱人；自得灭度，能灭

① 中古尤其是唐以来，“因由”在中土文献中也经常使用，表示原因或理由。东晋郭璞《请出任谷疏》：“任谷所为妖异，无有因由。”唐吕岩《朗州戏笔》其一：“卖墨遨游到朗州，无端太守问因由。”这是名词用法。此外，唐宋玕《朱萱墓志》：“在今之徒，莫能继踵，平昔之业，因由累功。”这也许与译经的流行有一定关系。

② 汉语一些相关成语中，“己”的参与也是符合构词规律的，如“以天下为己任”，“己”是“任”的定语，“己任”是“为”的宾语；“固执己见”中，“己”是“见”的定语，“己见”是动词“固执”的宾语。

③ 李贤注：“己知犹知己也。”此注未确，这里的“己知”当是“自知”的意思。

度人?’”①

译经中“自”和“己”单独使用也很多,基本都符合汉语“自”与“己”的语法规律:

> 今我用恶人之言,勑令臣下自杀其父。(东汉支娄迦谶译《阿阇世王经》卷上)

这里“自”可以看做主语“自己”,也可以理解为副词“亲自”,而后一种理解更顺畅。

> 不得自贵,不得自大,不得嫉妒,不得瞋恚,不得贪财利色。(旧题东汉支娄迦谶译《般舟三昧经》)
>
> 想无所有,空返往空返,厄难之缘自从己起,己自贤勑病无从入。(西晋竺法护译《佛说普门品经》)
>
> 达己净不净,何虑他人净者,己自清净亦能使彼行清净,己行不均焉能使彼得清净行?(后秦竺佛念译《出曜经》)

前两个是“自”的例子,后两个是“己”的例子,同时还出现了“己自”的例子。中土文献何时产生了双音词“自己”?

《孟子·公孙丑下》:“今国家闲暇,及是时般乐怠敖,是自求祸也”,赵注:“祸福无不自己求之者。《诗》云:永言配命,自求多福。《大甲》曰:天作孽,犹可违;自作孽,不可活。”这里的“自己”还是词组,谓“从自己”。其中“自”是介词,从,由;“己”表示自身。《老子》王弼注:“取天下常以无事,动常因也。及其有事,自己造也,不足以取天下。”“自己造也”犹言“由自身产生的”。可见汉魏时期“自己”还不是双音词。朱冠明引《汉书·霍光金日磾传》:“初辅幼主,政自己出。”颜师古注:“自,从也。”从颜注中也确定了我们对早期“自己”连言词组性质的判断。西汉东方朔《七谏·自悲》:“内自省而不惭兮,操愈坚而不衰。”王逸注:“言己自念,怀抱忠诚,履行清白,内不惭于

---

① 关于反身代词“自己”的特殊性学界也有研讨,如程工《汉语“自己”一词的性质》、董秀芳《古汉语中的“自”和“己”——现代汉语“自己”特殊性的来源》、朱冠明《从中古佛典看“自己”的形成》等。可以参考。

身，外不愧于人，志愈坚固，不衰懈也。”此例也是“言己/自念”。可见汉魏时期“自己”还不是双音词。① 南朝宋谢灵运《道路忆山中》：“得性非外求，自己为谁纂？不怨秋夕长，常苦夏日短。”仔细体会，此例的“自己”也是“由己”“从自身”的意思。也许这里既透露了“自己”本来的含义，也呈现了“自己”组合成词前的过渡状态，后来则二字视为平列关系，径直理解“自己”为“自身”，现代汉语沿用至今。魏培泉推测这类介词结构可能是反身代词“自己”的来源，因为和“自”的用法有类似之处，可能“重新分析为复合的代词”。②笔者赞同这个观点。

朱冠明认为：“自己”早期的例子源于东汉译经，东汉至隋的经藏和律藏中有120余例并列连用的“自己”的用例。尽管中古“自己”的使用主要集中在佛经中，并没有为整个社会接受，但它至少在僧团、信徒等与佛教相关的人群中有了一定的口语基础，是由这个集团向整个社会扩散的。朱冠明的根据之一是“自己”有异序形式“己自”。

而笔者看法与此不同。首先是时代不吻合。朱冠明认为“‘自己’至晚在隋代已经凝固成一个双音词，尽管词汇化的程度不是很高”。③ 而汉魏时期“己自”已经大量在译经中使用了，怎么能够是尚未成词的“自己”的异序形式？其次，正因为“自己”从源头看不是一个词，与汉语的造词理据相悖，所以当时一些译经翻译者不用“自己”而新造了“己自”，以此表示“自身”。笔者试图从译经用例中找出其造词的理据。

> 己自计身，视诸死败，知人物皆空，空无所有，意便守止，得行欢喜。（旧题东汉安世高译《骂意经》）
>
> 太子车马衣裘身宝杂物，都尽无余，令妻婴女，己自抱男。（三国吴康僧会译《六度集经》卷二）

---

① 朱冠明引《史记·伍子胥列传》：“随人欲杀王，王子綦匿王，己自为王以当之。”《汉书·杜周传》：“刻己自责，至诚动众，愚知莫不感伤。”指出《史记》例中“己”是主语，“自”是状语表强调；《汉书》例“己”和“自”分别是“刻”和“责”的宾语。所言是。

② 魏培泉：《汉魏六朝称代词研究》，台北：台湾大学中国文学研究所，1990年，第179页。

③ 朱冠明：《从中古佛典看“自己”的形成》，《中国语文》，2007年第5期，第402—411页、第479页。

己自捐，肥体日耗，间关得出。（又卷六）

细寻文意，以上诸例“己自”似乎可以理解为“自己亲自”。

谓己自无欲。何谓己自无欲？（三国吴支谦译《佛说维摩诘经》卷上）

此例“己自”似乎也可以理解为“自己已经”。再如：

唯有人智者，欲止彼人，当自谨慎，己自为秽，复止他者，为人所讥，嗤其所为。（后秦竺佛念译《出曜经》卷一一）

如人己自没在深泥，复欲权宜，拔挽彼溺者，此事不然。（又卷二一）

我等今日，未离生死，己自可悲，何容贪住此恶世中？（南朝梁武帝《梁皇忏法》卷一）

这些例子似乎也可以理解为“自己已经”。① 当然，大多义情况下“己自”就是“自身”的意思。如：

如其菩萨修如来神通，己自所建行而无所行，是乃谓菩萨。（西晋竺法护译《等目菩萨所问三昧经》卷三）

善乐于爱欲者，一切众生皆贪乐乐不乐苦恼，见苦则群心不愿乐，己自行杀教人杀生，己自淫泆教人淫泆，己自妄言绮语复教人妄言绮语，己自不与取复教他人窃盗他物，是故说曰善乐于爱欲也。（后秦竺佛念译《出曜经》卷二七）

是谓如来授众生决，己自觉知，余人亦见。（后秦竺佛念译《菩萨璎珞经》卷九）

大悲愍群生，常欲为拔苦，见诸受恼者，过于己自处，云何结恶咒，而作恼害事？（后秦鸠摩罗什译《大庄严论经》卷一）

于一切法到彼岸，言说法句已修学，己自无疑除他疑，为我显示佛菩萨。（南朝齐那连提耶舍译《月灯三昧经》卷二）

“己自”除了“自身”“自我”这个意思之外，还隐含有“自己亲自”和“自己已经”这样两个含义，这也许是佛经翻译者舍弃“自己”而创造“己自”一词的原

① 最后一例也许会是“已自”之误？因为“己”与“已”字形太近，也有可能产生讹误。

因？那么，为什么翻译者能够创造出“己自”这个词，是否符合汉语的构词规律？我们还是从译经中寻找答案。

南朝宋求那跋陀罗译《杂阿含经》卷二四：“如汝所言，各自爱护，然其此义亦如我说，己自护时即是护他，他自护时亦是护己；心自亲近，修习随护作证，是名自护护他。”这里“护己”“自护护他”中“自”和“己”的使用是很准确的，而“各自”“他自”“心自”与“己自”平行出现，是不是也证明了“己自”的构词方式是符合规律的？①

佛言：“我不呼人，人自来请。”（三国吴支谦译《佛开解梵志阿颰经》）

佛告波旬：“且止！且止！我自知时。如来今者未取涅槃，须我诸比丘集，又能自调，勇捍无怯，到安隐处，逮得己利，为人导师，演布经教，显于句义。”（后秦佛陀耶舍共竺佛念译《长阿含经》卷二）②

夫志行命三者相须，所作好恶，身自当之；父作不善，子不代受，子作不善，父亦不受，善自获福，恶自受殃。（东晋失译《般泥洹经》卷上）

答言：“妾之父母处与君时，日月大地及四天王悉皆证知，初婚之日，君自发言，誓不相舍，如何今日便欲独往？当知日月及以猛火，明与质俱不相舍离，君今云何而欲见舍？”（旧题三国吴支谦译《菩萨本缘经》卷中）

径诣王所，谓王曰：“愿王自恣快乐，莫忧天下，征伐四方，臣自办之！”（前秦昙摩难提译《增壹阿含经》卷四〇）

以上译经中，有“人自”“我自”“身自”“君自”“臣自”，加上前文引的“各自”“他自”“心自”等，是不是可以类推出“己自”？这里大部分是名词、代词与“自”组合，表示对人称自身的强调。如此看来，“己自”含义似乎要强过“自己”，一是含义丰富（包括了自我、自己亲自、自己已经等义），二是符合汉语“～自”的

① 当然“己自护时”还可理解为“己/自护/时”；“他自护时”可以音节切分为“他/自护/时”。因汉语四字格通常两两组合的表达方式，是容易读成“己自/护时”“他自/护时”的。两说皆通。

② 这两例语感上似以“自来请”“自知”连读为好，同样因为两两组合的习惯，而从语音上切分为“人自/来请”“我自/知时”。

构词规则。汉语中还有“亲自”“躬自”“手自”等，例略。①

当然，“自己”或“己自”的产生与“自”和“己”的联系很大，其间关系复杂，笔者所言也只为一孔之见，仅供批判。

小结

佛经翻译者使用汉语时，并不是简单地照搬，而是加上自己的理解，容易接受的就使用，觉得不易理解的也会放弃，所以具有选择性；词义或复音词的创造也是根据自己的理解和汉语的构词规律加以类推。当然，翻译者误用的情况也是并不鲜见的，这是汉译佛典行文中的另一种语言现象，值得关注。龙国富《梵汉对勘在汉译佛典语法研究中的价值》曾就汉译佛典中一些不规范的语法和用词现象作了举例和讨论，②可以参看，这里就不展开论述了。笔者对译经涉猎不多，所言一定多有不妥，还祈方家教正。

第二节　中古佛经写本与刻本比较漫议③

近年来，利用古写经与刻本的对比，发掘语言词汇的发展变化、考辨可疑佛经等，成为新的研究方法。敦煌遗书中绝大多数是佛经写卷，这些写经对传世佛经的校勘有较大的研究价值。本文以姚秦竺佛念译 30 卷本《出曜经》的三组异文为例，利用敦煌写经与传世刻经进行对比研究，略窥利用敦煌写经校勘传世刻本大藏经的作用。

近二三十年来，汉译佛经词汇研究蓬勃发展，相关研究论著不断涌现，成绩可喜。敦煌写经抄写时代古远（有的距离译出时代不远，庶几可以看作“同

---

① 汉语除了“自己”“自身”“自我”等少数名词性复音词外，通常是“自十动词”构成状中式动词，如“自省”“自查”“自首”“自裁”“自制”“自治”等。另外就是“×自”（如“正自”）等附加式副词，《中古汉语词汇史》已经谈及，可以参看。汉语中“己自”的例子极少见。宋杨简《慈溪金沙冈歌》：“己自固蔽祸犹小，固蔽后学祸甚大。”

② 龙国富：《梵汉对勘在汉译佛典语法研究中的价值》，《西域历史语言研究集刊》第 8 辑，2015 年，第 201—214 页。

③ 原载于《古汉语研究》2018 年第 1 期，署名王云路、方一新。内容有所删改。

时资料”)，比较接近原貌。日本古写经抄写年代明确，数量可观。近年来，利用古写经与刻本的对比，发掘语言词汇的发展变化、考辨可疑佛经等，都成为新的研究方法。已有一些学者使用这一方法撰写、发表了相关论著，取得了一定的成果。这一领域还需要作进一步的深入研究。

敦煌遗书中的汉文写卷绝大多数是佛经写卷，这些写经对传世佛经的校勘也有较大的研究价值。以往这方面已经作过一些研究①。今以姚秦竺佛念译30卷本《出曜经》②为例，利用敦煌写经与传世刻经进行对比研究，略窥利用敦煌写经校勘传世刻本《大藏经》的作用。不当之处，请方家正之。

一、将来/持来

(1)比丘问曰：“汝夫入城，为何所求?”时鬼报言：“今此城中，有大长者，患痈积久。今日当溃，脓血流溢。夫主将来，二人共食，以济其命。”(《出曜经》卷二，4/616c)

“将来”，《中华藏》同(50册597页下栏)。《大正藏》引列宋、元、明三本“将”作“持”。斯4325《出曜经》卷第一亦作“持来”(《敦煌宝藏》35册343页)。此处传世本《大正藏》《中华藏》作“将来”，敦煌写本及《大正藏》参校的宋、元、明三本作“持来”，何者为是？异文是怎么产生的？哪个写法更接近译经原貌？笔者以为，当从三本及敦煌残卷作“持来”为是。

首先，我们看“将来”在佛典中的用例及其时代性。

早期的“将来”主要有两个形态和含义：一是可以为时间词，“未来”“以后”的意思，从略；另一个用法是词组，“将要来到”的意思。《左传·昭公三年》：“宣子曰：‘我欲得齐，而远其宠，宠将来乎？’”《韩诗外传》卷九：“孔子出卫之东门，逆姑布子卿，曰：‘二三子引车避。有人将来，必相我者也。志之。’姑布子卿亦曰：‘二三子引车避。有圣人将来。’”是其例。

---

① 如黄征曾对敦煌写本伯2965《生经》残卷作过校释，见《敦煌陈写本晋竺法护译〈佛说生经〉残卷P.2965校释》一文，载《敦煌语言文学论文集》，浙江古籍出版社，1988年。

② 据施萍婷《敦煌遗书总目索引新编》，有关《出曜经》的敦煌写本凡有4种，即：(1)S.2769；(2)S.4325；(3)S.4651；(4)北7319(龙035)，详见该书《索引》47页。

考察中古译经可以发现，“将来”作为词组和复音词，主要有二义，一为“未来”义，兹不讨论；一为带领、带着有生命的人或动物。如：

(2)我有昆弟妻子诸家，今欲将来，使受佛法。(旧题三国吴支谦译《佛开解梵志阿飏经》①，1/264a)

(3)王使乳母更抱儿出，及诸伺候，见近儿者，便缚将来。(西晋竺法护译《生经》卷二)

(4)猎者亦募而行求之，捕之将来。(西晋竺法护译《生经》卷五，3/102b)

(5)时有一人，捉贼将来。(元魏吉迦夜共昙曜译《杂宝藏经》卷七，4/482a)

以上指带着人来，下面指带着动物前来：

(6)时沙竭王即勅外人令捕，乌师致鹰将来。(西晋竺法护译《生经》卷五，3/102b)

(7)昔者刹利顶生王有捕象师。王告之曰：“汝捕象师，为我捕取野象将来。”(东晋瞿昙僧伽提婆译《中阿含经》卷五二，1/757c)

大约从南北朝开始，“将来”可以指携带物品来，如：

(8)时师即便授一小弓而与太子。太子含笑而问之言：“以此与我，欲作何等？”射师答言：“欲令太子射此铁鼓。”太子又言：“此弓力弱。更求如是七弓将来。”(刘宋求那跋陀罗译《过去现在因果经》卷二，3/628b)

(9)我今当集阎浮提中一切谷食，聚着一处。一切外舍，一切村落，一切城邑，一切人处、国土王处，所有谷食，皆悉将来。(东魏瞿昙般若流支译《金色王经》，3/388c)

(10)尔时山居有一药神，将彼新出微妙甘美呵梨勒果往诣佛所。……却住一面白言：“世尊，若有患腹，此呵梨勒。最初新出微妙甘美。我今将来，奉上世尊。”(隋阇那崛多译《佛本行集经》卷三二，3/803b)

① 吕澄《新编汉文大藏经目录》：“—0551 佛开解梵志阿飏 1 卷。失译【佑】。后误支谦译。勘出长阿含【开】。今勘同三分阿摩昼经。”

可见，在东晋十六国(姚秦)时期，“将来”还不能用于携带物品；至少除了《出曜经》本例外，尚无其他用例。

其次，我们分析“将来”在中土文献中的用例。

“将”有两个意义来源，一是“𢪇”的假借字，本义为“扶助”。考《说文》：“𢪇，扶也。从手爿声。”“扶将”“将养”等是其义。二是“将”字，表示率领、带领义。《说文》：“将，帅也。从寸，酱省声。”“将帅”“将领”等是其义。到了六朝时期，由于“𢪇”“将”混用无别，统一用“将”，也就在一个字形下兼有了扶持、长养、率领、持拿义，无从分辨了。

“将来”连言，中古时期中土文献中多表示“未来”义；表示带来、拿来义的例子很少，宾语可以是人，也可以是物。南朝宋刘义庆《幽明录》(《太平广记》卷三百七十八“陈良”条引)：“向下土有一人，姓陈名良，游魂而已，未有统摄，是以将来。”唐牛僧孺《玄怪录·崔书生》：“无行崔郎，何必将来?”这是带领人前来。

北魏以后文献才见“将来”的对象是物者。如北魏《颜氏家训·勉学》：“吾在益州，与数人同坐，初晴日明，见地上小光，问左右：‘此是何物?’有一蜀竖就视，答云：‘是豆逼耳。’相顾愕然，不知所谓。命取将来，乃小豆也。”北魏杨衒之《洛阳伽蓝记·平等寺》：“将笔来，朕自作之。”以上“将来”或“将……来”还是词组，没有凝固成词。北周庾信《咏画屏风》：“定须催十酒，将来宴五侯。”这大概是“将来”连言表示持拿物品义的较早例子。

佛经中“将来”为带领、带着有生命的动物(主要指人)，是用“将”的本义“率领”，且译经的用例与其演变时代是吻合的。

再次，我们分析“持来”的用法和产生时代。

“持”本来就表示拿着，握住义。《礼记·射义》：“持弓矢审固，然后可以言中。”《说文》：“持，握也。从手寺声。”“持来”连言，指取来、拿来物品、东西，中土文献形成于汉魏时期。如《太平经》丙部《件古文名书诀第五十五》：“今天地开辟以来久远，河雒出文出图，或有神文书出，或有神鸟狩持来，吐文积众多，本非一也。”南朝宋刘义庆《幽明录》(《太平广记》卷三百二十四“刘雋”条引)：“明日，有一妇人入门，执壶而泣，俊问之，对曰：‘此是吾儿物，不知何由在此?’俊具语所以，妇持壶埋儿墓前。间一日，又见向小儿持来门侧，举之，笑语俊曰：‘阿侬已复得壶矣。’言终而隐。”《全晋文》卷一百一十郗超《奉法要》:“若悭贪意起,当念财物珍宝,生不持来,死不俱去。”《全后周文》卷二十甄鸾《笑道论·害亲求道二十四》:“老子语尹喜曰若求学道。……喜精锐,因断七人首持来。”皆其例。我们再看译经中的例子:

(11)如天上殿舍,亦不自作,亦无有持来者,亦无有作者。(后汉支娄迦谶译《道行般若经》卷一〇,8/476c)

(12)告其仆曰:“吾先祖有弓,今在天庙。汝取持来。”(后汉竺大力共康孟详译《修行本起经》卷上,3/465c)

(13)便作念言:“我今宁可截取其鼻着我妇面上,不亦好乎?”即截他妇鼻,持来归家,急唤其妇:“汝速出来,与汝好鼻。”(南朝齐求那毘地《百喻经》卷二《为妇贸鼻喻》,4/547a)

(14)我在林野修世禅时,汝将婇女欲来乱我。我乞食时,汝以臭豆持来施我。(北凉昙无谶译《大方等大集经》卷二〇,13/142b)

例(14)带领人物(婇女)时说“将”,拿来东西(臭豆)时则说“持来”;用法截然有别,了不相混。移动抽象的东西,也可用“持来”,如:

(15)是智黠无所从来,亦无有持来者。(后汉支娄迦谶译《佛说遗日摩尼宝经》,12/191a)

(16)前所闻声,久已过去,转亦尽灭,不可持来。(刘宋求那跋陀罗译《杂阿含经》卷四三,2/312c)

检索CBETA电子佛典本《大正藏》,“持来”共630例,无一不用于拿取、携带物品或抽象的东西,不能用于人。正与“持”的本义相一致。简言之,六朝时期,“将来”和“持来”都指带来,拿来,这是相同点。“持来”本来就表示拿来的意思,汉魏时期产生;“将来”表示持拿义,是六朝才产生的。“将来”所带来的对象主要是人,而“持来”所带来的则是“物”。这是不同点。

从《出曜经》上下文看,鬼(妻)所说其“夫主”(丈夫)带来的是“(大长者溃破的)脓血”,他们夫妻靠喝这些脓血延续生命,而非吃“大长者”,所以持拿的是物。《出曜经》产生于姚秦(东晋十六国)时期,“将来”还不表示持拿义。此外,南朝梁宝唱等集《经律异相》卷一九引《群牛千头经》云:“比丘问曰:‘汝夫入城,为何所求?’时鬼答曰:‘今此城中,有大长者。患痈积久,今日当溃,浓血流溢。夫主持来，二人共食，以济其命。'"(53/106a)文字与《出曜经》本例略同，亦作“持来”，是为佐证。故以“持来”为是。

二、兴功/兴工

(1)时诸大众闻佛所说，心开意悟，兴功立德。(《出曜经》卷二，4/617c)

据《大正藏》所列异文，“兴功立德”的“功”，宋、元二本作“工”。斯4325《出曜经》卷第一则作“兴功立德”(《敦煌宝藏》35册345页)，《中华藏》亦同(50册599页上栏)，均同《大正藏》。然则孰是孰非？

兴功，言建立功业，先秦就有用例。《周礼·地官·大司徒》：“十有二曰以庸制禄，则民兴功。”唐贾公彦疏：“庸，功也。人有功则制禄与之，民皆兴其功业，故云则民兴功也。”

佛典中，“兴功”一词也不鲜见。有二义：一为建立功业，创建事业，系沿用先秦词义；一为动工，开工。例如：

(2)有所兴功，无所悕望，不求名称。(西晋竺法护译《阿差末菩萨经》卷二，13/587b)

(3)夫应天顺罚春秋之道，兴功定乱先王所美。(南朝宋释宝林《破魔露布文》，见《弘明集》卷一四，52/94c)

(4)譬如男子渴极求水，舍于平地，穿凿高原，日日兴功，但见燥土。(西晋竺法护译《正法华经》卷六，9/101c)

(5)时有一塔，朽故崩坏。有一老母，而修治之。……老母语言：“斯是尊塔，功德弥弘，是以修补，欲望善果。”年少欢喜，助共兴功。(元魏慧觉等译《贤愚经》卷一三，4/441b)

例(2)(3)是建立功业，例(4)(5)是指动工、开工。由第一义引申，则有了“兴功立德”的习惯表述，意谓建立功德事业，例如：

(6)佛言比丘：“菩萨生时，夙夜七日，伎乐众供，百种饮食，邻鞞树下，奉菩萨母，布施持戒，忍辱精进，兴功立德。”(西晋竺法护译《普曜经》卷

二,3/494b)

(7)所供养佛,兴功立德,皆为众生。(西晋竺法护译《贤劫经》卷二,14/13a)

(8)我等勤加兴功立德,进修清净,定意之法,务及童真大士之行。(姚秦竺佛念译《最胜问菩萨十住除垢断结经》卷三,10/984b)

(9)或贸易饮食,账给囚徒,兴功立德,数不可纪。(南朝梁慧皎《高僧传》卷一三,50/417b)

本经也另有一例,此例没有异文:

(10)当来诸佛数如恒沙,于诸佛所善修梵行,兴功立德,为福不惓。(《出曜经》卷二,4/617a)

"兴工"只有动工、开工义,其出现年代要晚很多,①例如:

(11)皇帝颁降圣旨,护持宗门,作成胜事。兴工之后,惟愿诸佛、龙天、善友知识加被于我。(唐般若译《大方广佛华严经》卷四〇,10/849b)

(12)依彼水迹,峙其基堵。遂得兴工,即斯国治。(唐澄观述《大方广佛华严经随疏演义钞》卷七七,36/604a)

本来"功""工"二字因同音而通用,如唐澄观述《大方广佛华严经随疏演义钞》卷七七"遂得兴工"的"工",甲本作"功",是其证。但"兴功"多表示抽象的功业,无论中土文献还是译经都大量使用;而"兴工"表示的是具体的建造、施工,在文献中用例极少。且从佛典用例来看,表示建立功德事业的,当以"兴功"为是。

更重要的是,作为四字格成语,"兴功立德"就是"兴立功德"的意思②,这

① 在中土文献中,"兴工"的出现年代要早得多。《全后汉文》卷七十七蔡邕《太尉刘宽碑》:"门生颍川殷苞、京兆□□、河内李照等,共所兴工。"《三国志·吴志·华覈传》:"宝鼎二年,皓更营新宫,制度弘广,饰以珠玉,所费甚多。是时盛夏兴工,农守并废。"《水经注·比水》:"兵弩器械,赀至百万,其兴工造作,为无穷之功。"从此可见,"兴工"至晚在后汉时便已出现。蒙真大成惠示《三国志》例证,谨谢。

② 日本创价大学辛岛静志教授对此提出了很好的建议,谨致谢忱。

符合并列式四字格成语惯常的错综成文的表达方式。比如“冰清玉洁”就是“冰玉清洁”,“山清水秀”就是“山水清秀”,“眉清目秀”就是“眉目清秀”,①“南征北战”就是“南北征战”;“海阔天空”就是“海天空阔”。其中“眉目”与“清秀”、“南北”与“征战”、“海天”与“空阔”等都是并列式复音词,“功德”是词,佛典习见,如果写作“兴立工德”,则“工德”不成为词,不符合四字格成语的构词规律。写本《出曜经》残卷的写法符合了这个词的使用规律,符合了四字格成语的表达方式,为传世本异文的抉择提供了重要的校勘依据。

三、直可/宜可

(1)其人醉酒,杀官来使。寻走奔向,归趣朋友。以己情实,具向彼说:“我今危厄,投足无地。唯见容受,得免其困。”朋友闻之,皆共愕然:“咄!卿大事,难可藏匿。直可时还,勿复停此。”(《出曜经》卷二三,4/732b)

“直可时还”的“直”,《中华藏》同(50 册 834 页下栏)。《大正藏》引列宋、元、明三本作“宜”。斯 4651《出曜经》第十四章亦作“宜”(《敦煌宝藏》37 册 238 页)。“直可时还”“宜可时还”,应该作何种抉择?

“宜可”“直可”的含义和结构关系并不相同。先看“直可”。“直”是正,不弯曲,挺直的意思。《说文》:“直,正见也。”段注:“《左传》曰:正直为正,正曲为直。其引申之义也。见之审则必能矫其枉,故曰正曲为直。”《晏子春秋·杂上》:“客退,晏子直席而坐,废朝移时。”即其例。虚化为副词,可以表示“真”,可以表示“只”。《孟子·梁惠王下》:“寡人非能好先王之乐也,直好世俗之乐耳。”“直”犹言“只是”。检索佛典,“直可”凡 47 例,②唐以前不足 10 例,如:

(2)去年夏末始见生上人示《无知论》……披味殷勤,不能释手。直可谓浴心方等之渊,而悟怀绝冥之肆者矣。(姚秦释僧肇《肇论》,45/155a)

---

① 王云路:《从“庸何伤”说起——谈古今汉语的沟通》,《中国典籍与文化》2005 年第 2 期。

② 有的不属于一词,如隋阇那崛多译《佛本行集经》卷四九:“甚大佣直,可爱可乐。”(3/879c)

(3)正见一种,直可名道,不名道分。(隋慧远《大乘义章》卷一六,44/786c)

(4)摄报果者应言报摄。何以然者?逐因名果,酬因名报,若果不能更起。摄行者直可名果,不名为报。(北周法上《十地论义疏》卷三,85/774a1)

例(2)"直可"犹言真可,简直可以。例(3)(4)"直可"犹言只能,只可以,是偏正式副词。①

再看"宜可"。考"宜"是古代祀典的一种,谓列俎几陈牲以祭。《书·泰誓上》:"予小子夙夜祗惧,受命文考,类于上帝,宜于冢土。"孔传:"祭社曰宜。冢土,社也。"《礼记·王制》:"天子将出,类乎上帝,宜乎社,造乎祢。"郑玄注:"类、宜、造,皆祭名。"②祭祀社神,是正当之事,故"宜"的核心义有"正当,适当"的意思。《国语·晋语四》:"守天之聚,将施于宜,宜而不施,聚必有阙。"韦昭注:"宜,义也。"是其义。《诗·邶风·谷风》:"黾勉同心,不宜有怒。""不宜"就是不合适,不应当。《左传·文公元年》:"江芈怒曰:'呼!役夫,宜君王之欲杀女而立职也!'""宜"就是应当,应该。

因而"宜可"是同义并列结构,表示"应当,可以"。而"直可"是偏正结构的限定性副词,表示"只可以"。从《出曜经》例语义看,应当用"宜可"。据CBETA电子佛典本《大正藏》,"宜可"共检得615例。如:

(5)人民炽乐,米谷平贱,风雨时节,大王宜可案治。(西晋法立共法炬译《大楼炭经》卷三,1/290c)

(6)佛告憍陈如:汝应体信我,若有所疑者,随事宜可问。(姚秦鸠摩罗什译《大庄严论经》卷一〇,4/314a)

(7)汝此色者,非是真色,宜可除舍。(元魏毗目智仙共般若流支译《圣善住意天子所问经》卷中,12/122c)

---

① 与之同义的是"正可",例略。

② 《说文·宀部》:"宜,所安也。从宀之下,一之上,多省声。宐,古文宜。"段注:"《周南》:'宜其室家。'传曰:'宜以有室家无踰时者。'从宀之下,一之上,一犹地也。此言会意。"此为另一说法。

这些“宜可”都为应、应该义，表示劝诱的语气。与上文《出曜经》语气语义相吻合。

另外，“宜可时还”犹言应当及时离开，立即返回。检索佛典及其相关文献，以“宜可时＋V”的组合习见，表示“应当及时V”，如：

(8)宜可时去，勿得停留。(《高僧传》卷二《佛驮跋陀罗六》)

(9)须菩提闻世尊今日当来至阎浮里地，四部之众靡不见者。我今者宜可时往，问讯礼拜如来。(苻秦昙摩难提译《增壹阿含经》卷二八，2/707c)

(10)其藏监言，所典谷食，想必足矣。若欲设供，宜可时请。(元魏慧觉等译《贤愚经》卷五，4/386c)

(11)今来在此，欲般涅槃。诸欲见者，宜可时往。(《贤愚经》卷六)

(12)大王如是，命断不久。唯愿如来，宜可时往，及共相见。(刘宋沮渠京声译《佛说净饭王般涅盘经》，14/781c)

故笔者认为，无论从文献用例还是从词义、用法看，此处《大正藏《中华藏》之“直可时还”，应据敦煌写卷及《大正藏》参校的宋、元、明三本作“宜可时还”。

至于“宜可”误为“直”，其原因可能是“宜”俗体(如本例敦煌写本)多作“宜”，与“直”形近，故误作“直”。“直”俗书或作“直”“直”(《碑别字新编》71页)、“直”“直”“直”(《敦煌俗字典》553页)，与“宜”形近，故易致讹。①

以上三例异文都很简单，均为因写经与传世本不同而产生的异文现象，表面看似乎都讲得通，但是细细分辨，意义不小：可以呈现当时的语言原貌，看出同义词的时代差异(如“将来”与“持来”在六朝时才意义相同)；可以看出四字格成语的固定写法(如“兴功立德”)；可以看出因形近而产生的词义混淆(如副词“直可”与“宜可”的不同结构和意义)。所以，利用写经研究佛典，应当是值得好好开掘的一个富矿。

---

① 字形由友生真大成惠予提供。

第三节　再论汉译佛经新词、新义的产生途径①

东汉以来产生大量汉译佛经，其语词不外乎两类：一是直接运用汉语固有词语及其含义；二是利用中土词语进行创造，产生新的译经词语和词义。创造新词、新义离不开两个因素：一是原典的影响，即梵文或巴利文等写成的佛经原文；二是汉语当时流行的词语和含义。前者以音译词和佛经术语为主，后者以其他佛经常用词语为主。这里主要讨论利用汉语固有语素或词语创造新词新义的途径②。

一、译经新义的产生途径

译经新义的产生有规律可循，大致归纳如下：

1. 汉语原词语素义的重新组合

翻译佛经往往利用语素意义赋予汉语固有词语新含义，也就是利用汉语原词的另外语素义，从而产生与汉语原词意义不同的新义。比如：

赤肉　即裸身，光着身体。刘宋佛陀什共竺道生等译《五分律》卷四《舍堕法》："尔时众多比丘随估客行，失道遇劫剥夺，赤肉裸形，而还向舍卫城。"又卷七《堕法》："船未到岸，比丘尼被剥赤肉。"

按："赤"有"空、尽、一无所有"义，《韩非子·十过》："晋国大旱，赤地三年。"陈奇猷《集释》："焦竑曰：'古人谓空尽无物曰赤。'"《韵会·陌韵》："赤，裸裎曰赤体，见肉色也。"汉语有"赤身裸体""赤裸""赤条条来去无牵挂""赤手空拳""赤膊上阵"等说法，"赤"都是"裸露"或"空无"之义。"肉"字可以泛指动物

---

① 原文发表于《汉语史学报》第9辑。内容有所删改。本文所据《大藏经》版本：《大正新修大藏经》，东京：大正一切经刊行会，1922年—1933年；台北：新文丰出版公司，1996年。

② 笔者曾撰《试说翻译佛典新词新义的产生理据》一文，载《语言研究》2006年第2期。包括以下三部分：1. 佛典新词往往运用汉语固有词语或语素构成；2. 佛典新义新用法往往是汉语固有词语含义的引申或扩展；3. 某些新词往往是汉语固有词语的充分运用。此文是上一文讨论的继续，故称"再论"。

的肉，也指人的皮肉。佛经则用来表示人体。故“赤肉”犹言赤身、裸身，虽然是新义，却符合“赤”“肉”语素的固有义。

汉语中早有“赤肉”一词，指动物的肉。《吕氏春秋·贵当》：“窥赤肉而乌鹊集，狸处堂而众鼠散。”《淮南子·说林》：“赤肉悬则乌鹊集，鹰隼鸷则众鸟散。”是取“赤”字红色的意思。译经中的“赤肉”字面上与汉语同，但却取其另外的语素义，所以就有了新义。

乐人　安逸之人。后秦弗若多罗译《十诵律》卷十六《九十波逸提法》：“尔时王舍城中，十七群年少富贵家子，柔软乐人和提等，未满二十岁，长老目揵连与受具戒。”卷二十一《七法中受具足戒法》：“长老大目揵连与王舍城中和利等十七诸年少乐人授具足戒。”

按：乐谓安乐、安逸，乐人就是安逸之人。《汉语大词典》只有“乐(yuè)人”而无“乐(lè)人”。这也是利用了语素的不同含义。

杂种　各种；多种。早见于隋阇那崛多译《佛本行集经》卷十一：“杂种诸药，具满诸器。”又：“或食牛粪，或食麻滓杂果藕根，或食杂种诸树软枝。”因为“杂”本来即有繁多之义①。

“杂种”汉语中已有混杂而成的意思②。东晋法显共佛驮跋陀罗译《摩诃僧祇律》卷三：“如放牧人放杂种畜生，所谓若象、若马、若牛、若驼、若驴、若羊等。”

顾命　在中土典籍中原是天子遗诏的意思，源于《尚书·顾命》：“成王将崩，命召公、毕公率诸侯相康王，作《顾命》。”故“顾命”谓帝王临终遗命。但在佛经中是指“王”或“世尊”的吩咐、命令，也指平时对事情的吩咐、命令。侧重在语素“命”的意义上③。后汉昙果共康孟详译《中本起经》卷下《本起该容品》：“会有敌国兴兵入界，彼众强盛，王自出征。顾命梵志名曰吉星，权领国政。”又卷下《大迦叶始来品》：“世尊遥见，叹言：‘善来迦叶。’豫分半床，命令就坐。迦叶进前，头面作礼，退跪自陈曰：‘余是如来末行弟子，顾命分坐，不敢承

---

① 李维琦：《佛经词语汇释》，长沙：湖南师范大学出版社，2004年，第367页。

② 《汉语大词典》已收此义，然所举例证为鲁迅《书信集》，过迟。

③ “顾命”一词由天子对大臣的遗诏转而用于上对下的吩咐、聘请，其演变途径是十分清楚的。《汉语大词典》等均未收此义。

旨。'"即其例①。

瑕秽 为近义连言，中土文献指玉的斑点或污秽，比喻事物的缺点。汉董仲舒《春秋繁露·执贽》："玉至清而不蔽其恶，内有瑕秽，必见之于外，故君子不隐其短。"汉王充《论衡·自纪》："通人造书，文无瑕秽。"《后汉书·班彪传附子固》："于是百姓涤瑕荡秽，而镜至清。形神寂寞，耳目不营。"李贤注："瑕秽犹过恶也。"

在译经中，"瑕秽"侧重于"秽"，有污秽、肮脏等义。后汉支娄迦谶译《道行般若经》卷七《善知识品》："常当自护自念，使我无得生是恶心，一切使我心无瑕秽。"

进引 中土文献中"进引"有引荐、提拔义。《南齐书·明帝纪》："史臣曰：'……夫戕夷之事，怀抱多端，或出自雄忍，或生乎畏慑。令同财之亲，在我而先弃，进引之爱，量物其必违。'"《隋书·高颎传》："及蒙任寄之后，竭诚尽节，进引贞良，以天下为己任。"又《文四子传·房陵王勇》："典膳监元淹，谬陈爱憎，开示怨隙，妄起讪谤，潜行离阻，进引妖巫，营事厌祷。"与现代汉语的"引进"意思相近。

佛经中"进引"犹"进路"，谓进发、上路，是当时的一个口语词。旧题三国吴支谦译《撰集百缘经》卷二《法护王请佛洗浴缘》："时彼城中，有五百贾客，往诣他邦，贩买求利，涉路进引，到旷野中。"又卷六《鹦鹉子王请佛缘》："至明清旦，世尊进引，鹦鹉欢喜，在前引导，向王舍城。"又卷九《海生商主缘》："更入大海，获其珍宝，进引还来。"又："尔时商人，闻是语已，进引入海，大获珍宝。"又《罽宾宁王缘》："寻集诸臣三万六千，严驾，欲来朝拜大王；然有所疑，未及进引。"

中土文献用的是抽象义、比喻义，佛经中则用具体义，侧重在语素"进"的

① "顾命"这一用法在中土文献中也见用例。《周书·若干惠传》："时会日暮，齐神武兵屡来攻惠，惠击之，皆披靡。至夜中，齐神武骑复来追惠，惠徐乃下马，顾命厨人营食。"另外佛经中"顾命"还有咨询、询问义，侧重在语素"顾"的意义上。如失译《大方便佛报恩经》卷二《对治品》："尔时转轮圣王为求佛法故，于阎浮提遍处宣令：'谁解佛法？大转轮王欲得玩习。'处处宣令，皆云言无。到一边小国中，有一婆罗门解知佛法。尔时使者径往诣彼。至婆罗门所，问言：'大德解佛法耶？'答言：'解也。'尔时使者头面礼足，报言：'大师，大转轮王欲相顾命，惟愿大师，屈神德往至彼转轮王所。'"

意义上。

2. 汉语词义的再引申

上面说的是语素义的选择或重新组合，下面说的是双音词意义的引申。就是利用词义演变规律赋予汉语固有词语新含义。

得意　汉语本有领会旨趣和得志、满意的意思。《庄子·外物》："言者所以在意，得意而忘言。"《列子·仲尼》："得意者无言，进知者亦无言。"《管子·小匡》："管仲者，天下之贤人也，大器也。在楚，则楚得意于天下；在晋，则晋得意于天下；在狄，则狄得意于天下。"《史记·六国年表》："秦既得意，烧天下《诗》《书》、诸侯史记尤甚，为其有所刺讥也。"汉刘向《列女传·黎庄夫人》："黎庄夫人者，卫侯之女，黎庄公之夫人也。既往而不同欲，所务者异，未尝得见，甚不得意。"《字汇·彳部》："得，又合也，人相契合曰相得。"

佛经中则表示情意相投、知心，与中土文献用法相近而又有所不同。姚秦佛陀耶舍共竺佛念等译《四分律》卷三十七《自恣揵度》："六群比丘闻佛听自恣，便于别房中，共同和尚阿阇梨亲厚同学得意者别部作自恣。"唐义净译《根本说一切有部毗奈耶杂事》卷十七："凡是亲友可委寄人有其五种：一者心相爱愍，二者近为得意，三者是所尊重，四者久故通怀，五者闻用己财，心生欢喜。"义净译《根本说一切有部毗奈耶》卷三《四波罗市迦法·不与取学处》："问曰：'岂诸具寿无应税物？'答曰：'我有得意贾人为持过关，方授与我。'"

还可以作动词，表示"与……情意相投"。义净译《根本说一切有部毗奈耶杂事》卷二十二："其妻即便与大臣妇共为交好，既得意已，告曰：'我之夫主，极深相爱，随我索者，悉皆为作。'"

还作名词用，谓情投意合的朋友、知心的朋友。义净译《根本说一切有部尼陀那目得迦》卷六："有余苾刍来慰问曰：'大德，何故身体痿黄，有何病苦？'彼默不答。后有得意苾刍来问，彼即具陈。"以上几种用法都是在汉语固有意义上引申而来的。

共居　中土文献本义是"同住，一起生活"。汉应劭《风俗通·过誉·汝南戴幼起》："有薛孟尝者，与弟子共居。"佛经中缩小范围，特指夫妻生活。义净译《根本说一切有部毗奈耶》卷三十二《九十波逸底迦法·与非亲苾刍尼衣学处》："于此城中，有一长者，夫妻共居，更无男女。"又卷四十七《九十波逸底迦法·入王宫门学处》："于同类族娶女为妻，虽久共居，竟无男女。"

3. 汉语原词词性的再转化

就是利用词性演变规律赋予汉语固有词语新词性、新用法。

给侍 本是动词。《太平经》卷三十五《分别贫富法》:“尊者之傍不可空,为一人行,一人当立坐其傍,给侍其不足。”《太平广记》卷四〇〇“成弼”(出《广异记》):“隋末,有道者居于太白山,炼丹砂,合大还成,因得道,居山数十年。有成弼者给侍之,道者与居十余岁,而不告以道。”译经中有同样的用法,如西晋竺法护译《生经》卷一:“有五仙人,处于山薮。四人为主,一人给侍,供养奉事,未曾失意。”元魏慧觉等译《贤愚经》卷八:“佛告之曰:汝年老迈,自须给侍,何忍使汝复见供事?……次第白佛,皆求给侍,佛皆不听。”后秦佛陀耶舍共竺佛念译《长阿含经》卷十一:“弟子敬奉师长复有五事。云何为五?一者给侍所须,二者礼敬供养,三者尊重戴仰……”

根据汉语动作转化为施动者的规律,可以表示服侍的人,犹言侍者。《宋史·礼志》:“内给侍酌酒,授内谒者监进,帝跪进讫,以盘兴,内谒者监承接之。”佛经中名词的用法也常见。如唐义净译《根本说一切有部毗奈耶》卷六《四波罗市迦法·断人命学处》:“时驮索迦便告之曰:‘我为汝故,衣钵罄尽,废修善业而为给侍。’”又卷四十二《九十波逸底迦法·饮酒学处》:“人中龙象,间出于世,悉皆窃诱,令其出家,以充给侍。”

“给侍”是一并列结构,中土文献中不多见,词典中竟然没有收录,也是一个遗憾。

涕泣 有“哭泣、流泪”义,是动词。《礼记·杂记下》:“唯父母之丧,不辟涕泣而见人。”《史记·刺客列传》:“(豫让)死之日,赵国志士闻之,皆为涕泣。”佛经中则转为名词,指泪水。《生经》卷三《弟子过命经》:“仙人见之,象子死亡,忧愁叵言,涕泣横流,不能自解。”南朝梁释僧佑《释迦谱》卷四《释迦双树般涅盘记》:“复有一恒河沙菩萨摩诃萨位阶十地,日初出时遇佛光明,遍体血现,涕泣盈目。”

污泥、泥污 中土文献通常为名词,指烂泥。《三国志·魏志·刘桢传》“桢以不敬被刑”,裴松之注引三国魏鱼豢《典略》:“此四宝者,伏朽石之下,潜污泥之中,而扬光千载之上,发彩畴昔之外,亦皆未能初自接于至尊也。”《齐民要术·旱稻》:“凡下田停水处,燥则坚垎,湿则污泥,难治而易荒,硗埆而杀种。”在佛经中则转为动词,有弄脏义。姚秦佛陀耶舍共竺佛念等译《四分律》卷三十四《受戒揵度》："时小沙弥等大小便吐污泥织绳床座卧具。"又卷四十一《衣揵度》："时比丘着僧覆身衣，至温室食堂中，羹饭污泥，烟熏坌尘，白佛。佛言：'不应著僧覆身衣至温室食堂中。'时诸比丘冬月患寒，白佛。佛言：'听著，当爱护，勿令污泥。'"又卷五十《屋舍揵度初》："彼处处小便，泥污地。"①

私密　汉语有形容词的用法。《全晋文》卷五十三李充《起居诫》："床头书疏，亦不足观；或他事私密，不欲令人见之，纵能不宣，谁与明之？若有泄露，则伤之者至矣。"唐张鷟《朝野佥载》卷五："子母相谓曰：'必不得承。'并私密之语。瞰至开门，案下之人亦起，母子大惊，并具承伏法云。"佛经中则作副词用，表示暗暗地，暗自。隋阇那崛多译《佛本行集经》卷五十《尸弃佛本生地品》上："于是月日，私密遣使，访问菩萨行坐之处。"唐义净译《根本说一切有部毗奈耶》卷四十九《四波罗底提舍尼法・从非亲尼受食学处》："其母后时，不能守志，遂与女婿，私密交通。"

二、译经新词的产生途径

译经翻译者除了利用汉语固有语素和词义演变规律产生新义外，还有一些造词的方法。主要是利用汉语固有语素，根据汉语双音词组合规律造词。大致包括以下几类：

1. 以同义语素替换造词

就是利用汉语固有双音词，改变其中一个语素，换成相应的同义语素，从而产生与中土文献意义相同的词。

黄曛　即黄昏。

唐义净译《根本说一切有部毗奈耶》卷十二《十三僧伽伐尸沙法・造大寺学处》："次与晡食至黄曛时，告言：'圣者，当还价直。'"或作"曛黄"，如义净译《根本说一切有部毗奈耶杂事》卷一："乃至日暮，方始言归，曛黄之后，至长者处。"《玉篇・日部》："曛，黄昏时。"《广韵・文韵》："曛，日人也，又黄昏时。"汉语已有"黄昏"。《楚辞・离骚》："曰黄昏以为期兮，羌中道而改路。""昏"正指傍晚。《诗・陈风・东门之杨》："昏以为期，明星煌煌。"用"曛"代"昏"，是一种

① 《汉语大词典》二词均未收录动词义项。

同义词替换。

随近 附近义。

唐义净译《根本说一切有部毗奈耶》卷九《四波罗市迦法·妄说自得上人法学处》："时五百人发声大叫，告随近人曰：诸人当知我五百人及大足网。"义净译《根本说一切有部毗奈耶杂事》卷十七："若不脱者，于随近寺，五年之中，同一利养，别为长净。""随"可以表示时间上的紧接，也可以表示空间上的相近，故以"随近"连言，这是对汉语固有词"附近"的改造。《管子·侈靡》："不谨于附近，而欲来远者，兵不信。"即其义。

单己 单身、只身。

唐义净译《根本说一切有部毗奈耶》卷二十九《波逸底迦法·强恼触他学处》："时邬陀夷劝诸少年人间游行，若随逐行者皆被恼乱，无复一人共之为伴，遂便单己游历人间。"义净译《根本说一切有部苾刍尼毗奈耶》卷六《二十僧伽伐尸沙法·独在道行学处》："我唯单己，遍往六城。"《玉篇·吅部》："单，一也，只也。"又《玉篇·己部》："己，己身也。""单己"，犹一己，一个人，只身，是"单个"和"一己"两个相关义的组合，汉语常见的是"单身"。《三国志·蜀志·郄正传》："惟正及殿中督汝南张通舍妻子，单身随侍。"是其例。

久近 疑问句表示何时，多久。陈述句表示长久、长时间；也表示远近。

后秦鸠摩罗什译《大庄严论经》卷一〇："王言：'大德，久近得此香？'比丘答曰：'久已得之。'"失译(今附秦录)《大乘悲分陀利经》卷三："我般涅盘后，正法住世，久近亦尔。"刘宋求那跋陀罗译《杂阿含经》卷四四："过去有村邑，为贼所抄掠，汝时悉皆救，令其得解脱；是则过去世，所受持福业，我忆此因缘，久近如眠觉。"失译(今附秦录)《别译杂阿含经》卷一〇："犊子闻已，心怀欢喜，问尊者言：'汝为佛弟子，从来久近？'尊者答言：'我为佛弟子，始过三年。'"又卷十六："'世尊，劫为久近？'佛告比丘：'吾可为汝，敷演而说。'"隋阇那崛多译《佛本行集经》卷二："或见菩萨般涅槃后，正法住世，像法住世，久近多少，延促之时。"失译《大方便佛报恩经》卷六："若欲受一日二日乃至十日、一年二年恶律仪戒，随誓心久近，随意即得。"

"久近"与"多少"(如何、怎样)、"远近"(多远，多少距离)等构词方式相似，可用于疑问句，也用于陈述句。

2. 仿照汉语相关词造词

就是根据汉语相关词语类推创造新词以表达新的含义。

敷具　坐卧之具，指床席褥垫等。

三国吴支谦译《菩萨本缘经》卷上《毗罗摩品》："今我所施如是敷具，愿诸众生，于未来世悉得如来金刚坐处。我今所施种种珍宝，愿诸众生，于未来世悉得如来七菩提宝。"又："所施之物，谓金银、琉璃、颇梨、真珠、车渠、马瑙、珊瑚、璧玉种种器物，及诸衣服、床卧敷具、车乘、舍宅、田地、谷米、奴婢仆使、象马牛羊，随有所须，悉能与足。譬如天雨百谷滋长，恒以五指施人财物。"

"敷具"是译经中常用词，多与"床坐"等相连。如元魏吉迦夜共昙曜译《杂宝藏经》卷三《八天次第问法缘》："然而不能为施床坐，煴暖敷具。以是业缘，今获果报。"还可以称"床敷"，同上："于父母、师长、沙门、婆罗门，忠孝恭敬礼拜，为施床敷。"又："于父母、师长、沙门、婆罗门，忠孝恭敬礼拜，为施敷具及以饮食。"又："能于父母、师长、沙门、婆罗门，忠孝恭敬礼拜，敷具饮食，听法解义。"后一例是"施敷具饮食"的省略。可见"敷具"是与床卧、衣服、饮食相并列的生活用品，是与坐卧密切联系的可以敷展、可以加温的用具，显然就是床单褥垫之类的物品。

《汉语大词典》引《十住论》卷九："诸佛师子座，金薄帏帐，柔软滑泽种种天衣，以为敷具。"解释"敷具"为"陈饰于佛座前供桌上的饰物"。又引《十诵律》卷七："以纯黑羊毛作敷具。"又："我今当以少白羺羊毛杂黑羺羊毛作敷具。"释曰："佛教语。袈裟。以袈裟可敷地作游方僧人的坐卧之具，故称。"这两个解释都不对。这几个例子说明"敷具"的质地可以是柔软滑泽的丝类和羊毛之类。

旧题三国吴支谦译《撰集百缘经》卷八《伽尸比丘尼生时身披袈裟缘》："生一女儿，身披袈裟。端政殊妙，世所稀有。"凡是"除须发被袈裟"一类的记叙都不能改作"被敷具"，所以"敷具"肯定不是袈裟。而与床坐相关的一定是"敷具"，所以"敷具"是床坐所用的物品。

汉语中早有"卧具"一词，是枕席被褥的统称。《战国策·楚策五》："衣服玩好，择其所喜而为之；宫室卧具，择其所善而为之。"佛经也用此词，如萧齐求那毗地译《百喻经·毗舍阇鬼喻》："我此箧者，能出一切衣服饮食床褥卧具。"但是仿照"卧具"创造的"敷具"一词，含义有所不同：不仅是卧具，还是坐具，古人“床”包括了卧榻和坐具两种，“敷具”即铺设于床和座位上。

唐苦、唐劳 犹言“徒劳”。

后汉昙果共康孟详译《中本起经》卷上：“好术弟子，凡有五百人，精锐燃火，不避寒暑，年耆根熟，永无髣髴，先人传惑，以授后生，自称是道，唐苦无报。”又安玄共严佛调译《法镜经》：“我当恒以强其精进行所，我方便为不唐苦也。”唐玄奘《大唐西域记·拘尸那揭罗国》：“汝何守愚，唐劳羽翮？”

从“徒劳”到“唐劳”，可以看作同义语素替换；而从“徒劳”到“唐苦”，可以看作仿造或类推。

佛经中多以“唐”作“徒”义，构成双音词。再如：

唐自 犹言“徒自”。旧题三国吴支谦译《撰集百缘经·梵摩王太子求法缘》：“时有山神，语须菩提言：‘汝今何故，舍家来此山林之中？既不修善，则无利益，唐自疲苦。’”

唐捐 旧题三国吴支谦译《撰集百缘经·梵摩王太子求法缘》：“时王太子闻是语已，而作是言：‘我于旷劫唐捐身命，未曾有人为我欲说如是妙法。’”姚秦鸠摩罗什译《妙法莲华经》卷七《观世音菩萨普门品》：“观世音菩萨有如是力，若有众生，恭敬礼拜观世音菩萨，福不唐捐。”唐玄奘《大唐西域记·健驮逻国》：“今汝此子，即是彼仙。犹以强识，玩习世典，惟谈异论，不究真理，神智唐捐，流转未息，尚乘余善，为汝爱子。”季羡林等校注：“唐捐：虚耗、废弃之义。”其说含义是。“唐捐”即白白放弃或落空义。

“唐”是徒义，犹言白白地。后汉支娄迦谶译《般舟三昧经》卷中：“世尊所感非唐举，众圣导师不妄笑。”萧齐求那毗地译《百喻经·破五通仙眼喻》：“如彼愚臣，唐毁他目也。”又《为妇贸鼻喻》：“唐使其妇受大痛苦。”

“唐”之所以有徒劳义，是因为“唐”与“徒”双声音近。同时，“唐”与“徒”也有意义上的联系。《说文·口部》：“唐，大言也。”段注：“引伸为大也，如说《尚书》者云，唐之为言荡荡也，见《论衡》。又为空也，如梵书云：福不唐捐。”《盐铁论·取下》：“广第唐园、良田连比者，不知无运踵之业、窜头宅者之役也。”“唐”有广大之义，广、大与空义相因，《庄子·田子方》：“彼已尽矣，而女求之以为有，是求马于唐肆也。”而“空”有徒劳义，则“唐”也就有了“徒”“空”之义。所以把“唐”与“徒”看作音义皆相关比较好。

微尘 比喻极细小的物质。

姚秦鸠摩罗什共佛驮耶舍译《十住经》卷四："诸佛所入毛道智、若入微尘智、若国土智、身心智、得道智。若众生身心得道智、若众生行智、得道智、遍行佛道智、顺行示智、逆行示智、不可思议智。""毛道智"与"微尘智"并列，都是微小智慧的意思。

唐玄奘译《阿毗达磨大毗婆沙论》卷一三六："应知极微是最细色。不可断截破坏贯穿，不可取舍乘履抟掣，非长非短，非方非圆，非正不正，非高非下，无有细分，不可分析，不可睹见，不可听闻，不可嗅尝，不可摩触。故说极微是最细色。此七极微，成一微尘。是眼识所取色中最微细者。"是色体的极小者称为极尘，七倍极尘谓之"微尘"。这是佛经中运用汉语语素创造的新词，用极其微小的尘土指极细小的事物。

毛尘 比喻微小的事物。

西晋竺法护译《修行地道经》卷四《修行地道经行空品》："是故内空而无吾我。于是颂曰：观于内种何所在，永不得我如毛尘。是故身空心意识，譬如冥影但有名。"竺法护译《大哀经》卷六《十八不共法品》："佛悉知之，无有不及，如毛尘者。知于现在，三品之行，众生之界。""毛尘"与"微尘"含义和构词方式皆一致。

在译经中，"毛"当"微小"解构成的词语很多。再如：

一毛孔 喻极微小的地方，小孔。

西晋竺法护译《渐备一切智德经》卷四《渐备经不动住品第八》："一一众生，心性所怀，不可称载。心各各异，劝导利法，因开化之。如一如来之所度脱。一切如来，亦复如是，等无有异。犹一毛孔，一切亦然。"又卷五《金刚藏问菩萨住品第十》："诸佛之土，著一毛孔，不娆众生。发意之顷，变现无际诸佛国土，成为大海。"又《度世品经第六》："诸佛国严净，现之如有限。皆令众生类，入于一毛孔。使其四大海，在于一毛孔。"

还有"一尘"，相当于"一毛"或"一毛孔"。竺法护译《度世品经卷第三》："何谓为十？无数世界，入于一尘。是神足变，复以一尘，遍诸法界。"

还有"一毛厘"。竺法护译《佛说宝网经》："亦供养菩萨，奉经当如是。其欲一毛厘，执持千世界。擎之以手掌，亿劫不舍置。"

地了 天亮。

三国吴支谦译《菩萨本缘经》卷下："夜既终已，清旦地了，于薪聚边即便吹火。火然之后，语婆罗门言：‘我昨请汝，欲设微供。’”东晋佛陀跋陀罗共法显译《摩诃僧祇律》卷十七：“夜有黑蛇，亦畏风雨故，欲来入厕屋中。佛常观众生，见此黑蛇欲入厕屋，畏蛇恼罗睺罗故，即放光明，自至厕上，作是言：‘汝是谁？’‘世尊，我是罗睺罗。’……佛拭身上尘土已，将入自房，指示床前，言：‘汝此中住。’时如来已与诸弟子制戒，是故顺行此戒，是故世尊蹦趺坐。到地了已，告诸比丘：‘如来慈心故，因罗睺罗使诸弟子得安乐住。’”后秦弗若多罗译《十诵律》卷十一：“诸比丘言：‘世尊，有二客比丘来，次第是中共住。一人得床，一人得草敷。夜宿已，地了便去。’”又卷十五：“时佛独坐床上大座，佛竟夜入禅，用圣默然，到地了已。以是因缘，集比丘僧。”后秦鸠摩罗什译《大智度论》卷四八：“譬人夜食不净，地了知非，羞愧其事。”刘宋僧伽跋摩译《萨婆多部毗尼摩得勒伽》卷六：“乃至佛言：‘应作酢浆。作法者，取米汁，温水和之。放一处酢已，须者受用。若浆清澄无浊，以囊漉清净如水。从地了受已，至日没得饮。’”

“地了”是个结合不紧密的词。朱庆之说：“‘地了’是个可以离合的词，用于否定时否定词放在‘地’和‘了’的中间。”如后秦弗若多罗译《十诵律》卷十三：“若比丘非时啖食，波逸提。非时者，过日中至地未了，是中间名非时。”又卷十四：“一夜者，从日没至地未了时。”①

“地了”也是个比较生疏的词，所以译经中屡有异文。上引《大智度论》“地”字，元、明二本、圣语藏本作“他”，宫本作“谛”。上引《萨婆多部毗尼摩得勒伽》“地了”，宋、元、明三本作“他手”，均是形近之误，或是不明词义的臆改。

露地　犹言露天，谓处于没有遮盖的地方。

后秦弗若多罗译《十诵律》卷四：“露地处者，无壁障无篱无薄席障无衣幔障，是名露地。”姚秦鸠摩罗什译《妙法莲华经》卷二《譬喻品》：“诸子等安隐得出，皆于四衢道中露地而坐。”元魏吉迦夜共昙曜译《杂宝藏经》卷八《佛弟难陀为佛所逼出家得道品》：“遥见佛来，大树后藏，树神举树，在虚空中，露地而立。”《寒山诗》：“露地四衢坐，当天万事空。”《王梵志诗》第55首：“贫穷实可怜，饥寒肚露地。”又第295首：“衣破无人缝，小者肚露地。”

天地一体，译经中往往以“地”代替汉语中常用的“天”，而且也有误解者。

---

① 朱庆之：《佛典与中古汉语词汇研究》，台北：文津出版社，1992年，第108页。

以上诸例，项楚先生即认为“露地”即“露着，‘地’用在动词后面表示时态”①。

窃以为“露地”谓处于没有遮盖的地方，或曰暴露于地面。《十诵律》的解释已经很清楚了。最后一例最明显，“露地”与“当天”同义相对，指暴露在外，没有遮蔽。《百喻经·野干为折树枝所打喻》：“舍弃而走，到于露地，乃至日暮，亦不肯来。”“到于露地”谓到达没有遮蔽的地方。“露地”肯定是名词，不能解为动词“露着”。唐道世《法苑珠林》卷一〇一：“处中六者：一、阿兰若处；二、在冢间；三、在树下；四、在露地；五、是常坐；六、是随坐。”“在露地”与“在冢间，在树下”为同类结构，故“露地”也应表示处所，为名词，不当视“地”为助词。

佛经中“露地”常见，均表示室外无遮蔽之处。西晋竺法护译《佛说受新岁经》：“闻如是，一时佛在舍卫国东苑鹿母园中，与大比丘众五百人俱。是时世尊七月十五日，于露地敷坐。”南朝梁慧皎《高僧传·维祇难》：“维祇难，本天竺人，世奉异道，以火祠为正。时有天竺沙门，习学小乘，多行道术。经远行逼暮，欲寄难家宿。难家既事异道，猜忌释子，乃处之门外露地而宿。”唐道宣《续高僧传·释法诚》：“素善翰墨，乡曲所推。山路岩崖勒诸经偈，皆其笔也。手写《法华》正当露地，因事他行未营收举。属洪雨滂注，沟涧波飞。走往看之，而合案并干，余便流潦。”《寒山诗》第272首：“为报火宅主，露地骑白牛。”北周阇那耶舍译《大方等大云经·请雨品》：“尔时世尊说此呪已，告龙王言：‘若天旱时，欲请雨者，须于露地，实净土上，除去沙砾，无诸棘草。’”

与“露地”同样表示室外的是“露天”，为近现代汉语习语。唐赵嘏《和杜侍郎题禅智寺南楼》：“楼畔花枝拂槛红，露天香动满帘风。”宋文天祥《至扬州》诗序：“露天不可睡卧，于是下山，投古庙中。”“露天”“露地”为同义、同类构词方式，用“天”或“地”都表示室外、表示无遮蔽。

以上二例证明汉译佛经中往往以“地”代替中土文献常见的“天”。

3. 以近义语素并列造词

就是组合汉语单音节同义词或近义词以构成并列式双音词。

涎沫　唾沫。

姚秦佛陀耶舍共竺佛念等译《四分律》卷四十二：“犊子口中涎沫出，与乳相似，后遂疑，不复饮乳。”按：《玉篇·次部》：“次，口液也，亦作涎。”又，沫也可

① 项楚：《王梵志诗校注》，上海：上海古籍出版社，1991年，第205页。

指口中的津液。如《庄子·大宗师》:"泉涸,鱼相与处于陆,相呴以湿,相濡以沫,不如相忘于江湖。""涎沫"同义连用,就是口水,唾沫。①

津腻 形容词,黏滑。

姚秦鸠摩罗什译《大庄严论经》卷一:"如沈水香,黑重津腻。"姚秦鸠摩罗什译《禅秘要法经》卷上:"观右足已,次当观腰,至背至颈,至项至头,至面至胸,举身支节,一切身分,皆亦津黑。""津黑"与"黑重津腻"意思近似。又为名词,黏液。唐玄奘《大唐西域记·乌仗那国》:"其窣堵波基下有石,色带黄白,常有津腻。"

"津"指水,也指生物的体液。《灵枢经·决气》:"腠理发泄,汗出溱溱,是谓津。""腻"是(油脂)润泽或湿滑的意思。《楚辞·招魂》:"靡颜腻理,遗视矊些。"王逸注:"靡,致也。腻,滑也。"《周礼·地官·大司徒》:"其民黑而津。"孙诒让正义:"人之润泽者亦谓之津。"晋潘岳《皇女诔》:"手泽未改,领腻如初。"译经中把近义的"津"与"腻"并列,构成新词。

欺轻 轻视、小看义。唐义净译《根本说一切有部毗奈耶》卷二《四波罗市迦法·不净行学处》:"孙陀罗难陀报曰:'汝薄情怀,贪觅财物,如何对我为非礼乎?既被欺轻,宁不舍俗?'"这是"轻视"和"欺侮"两个近义语素义的组合②。

形骂 辱骂,羞辱。失译《兴起行经》卷下:"在毗叶佛世,形骂诸比丘:'不应食粳粮,正应食马麦。'""形骂"是什么意思?上文写到,山王婆罗门看见佛和众罗汉饮食香美,"便兴妒嫉意曰:'此髡头沙门,正应食马麦,不应食此甘馔之供。'"以"髡头沙门"讥称出家人,犹后世所谓"秃驴";并嘲弄他们应该"食马麦",这就是"形骂诸比丘"的经过。因此"形骂"犹言骂詈、毁骂。相似的有"形调""形笑""形呰""形毁"等,都是诋毁、嘲讽、谩骂、羞辱义。对此笔者已讨论,就是"五形"之"形"与表示辱骂义素的组合③。

译经新义和新词的产生途径很多,这里只是举例而已。

---

① 《汉语大词典》首举唐杜甫例,稍晚。

② 汉语中有"轻欺"一词。唐元稹《赠崔元儒》:"最爱轻欺杏园客,也曾辜负酒家胡。"唐姚合《寄王度居士》:"天公与贫病,时辈复轻欺。"

③ 王云路:《试说翻译佛经新词新义的产生理据》,《语言研究》2006年第2期。

第四节　译经语词对中土语言的影响：以“龌龊”为例[①]

唐代开始，翻译佛典中“触”常常表示“污秽”义。如：

唐义净撰《南海寄归内法传》卷一：“凡水分净触，瓶有二枚。净者咸用瓦瓷，触者任兼铜铁。净拟非时饮用，触乃便利所须。净则净手方持，必须安著净处；触乃触手随执，可于触处置之。”(54/207/c)[②]

唐义净译《根本说一切有部毗奈耶颂》卷二：“微尘有多种，花果饮食衣；有触与无触、净与不净别。”(24/637/b)

以上“触”与“净”反义相对。因而有“净触”或“触净”反义并列者：

唐义净《南海寄归内法传·餐分净触》：“凡西方道俗，噉食之法，净触事殊。既餐一口，即皆成触。所受之器，无宜重将，置在傍边，待了同弃。”(54/207/a)

北宋宗赜集《禅苑清规》：“应须字体真楷，言语整齐，封角如法，及识尊卑、触净、僧俗所宜。”

也有“触秽”同义并列者：

唐菩提流志译《如意轮陀罗尼经》卷一：“以茅草搅，令相和服之，解其触秽，即得清净。”(20/193/b)

唐尸罗跋陀罗译《大圣妙吉祥菩萨说除灾教令法轮》：“若国王息灾者，应严饰一深殿建曼荼罗，依教如法，护净严饰，如经所说，勿使女人黄门奴婢下劣人，见即触秽道场。所谓及诸畜生，皆是不吉祥之类器。若猪

① 《从“触”“龌龊”有污秽义谈汉译佛经对中土语言的影响》发表于《浙江社会科学》2021年第12期，署名王云路、乐优。内容有所删改。

② 大正新修大藏经刊行会编：《大正新修大藏经》，大藏出版株式会社1998年版。凡引自《大正藏》的，标明册数、页码和分栏，上、中、下栏分别用a、b、c表示。

狗猫鼠，尽勿令见清净道场。”(19/344/a)

“触秽”与“清净”意义相反，前例为名词“肮脏”义，后例为动词“污染”义。

“触”在何时有了“污秽不洁”义，其得义之由是什么？归纳起来，大致可分为三种说法。第一种认为“触”本有污浊义。第二种认为“触”是“浊”的假借字。第三种认为“触”的污秽义来源于佛教观念“触不净物而自污”，故“触”即产生污浊义。哪一说正确，为什么？“触”与“龌龊”均表污秽，二者有什么关系？试分析如下。

一、中土文献中“触”没有污秽义

我们先讨论第一种说法。“触”在中土文献中是否有污浊义？这需要从“触”的本义入手。

“触”古文字字形（《殷周金文集成》11210）、（《殷周金文集成》11294）。战国文字的“触”是会意字，从牛从角，象牛角顶撞人形，可以直接隶定作“牵”。《玉篇》有载“牵”为古文“触”。秦文字以下添加声符“蜀”，变成形声字。《说文·角部》：“触，牴也。”《说文·牛部》：“牴，触也。”“触”“牴”二字互训，本义谓牛用角冲撞。牛用角撞物为“触”，人或其他动物撞击坚硬之物也是“触”，且往往造成受伤或死亡等不良后果。

> 《左传·宣公二年》：“麑退，叹而言曰：‘不忘恭敬，民之主也。贼民之主，不忠；弃君之命，不信。有一于此，不如死也。’触槐而死。”
>
> 《礼记·问丧》：“男子哭泣悲哀，稽颡触地无容，哀之至也。”
>
> 《韩非子·五蠹》：“宋人有耕田者，田中有株，兔走，触株折颈而死，因释其耒而守株，冀复得兔。”

以上是本义应用的泛化。

牛角撞物，本质特征是两物相交接，碰触，这就是“触”的核心义。应用于许多具体或抽象事物的接触、碰触。《庄子·养生主》：“手之所触，肩之所倚，足之所履，膝之所踦。”此为“触”的古今常用义。国与国之间的撞击即是攻击、攻打义，《战国策·燕策》：“我起乎宜阳而触平阳，二日而莫不尽繇。我离两周而触郑，五日而国举。”《战国策·中山策》：“是以臣得设疑兵，以待韩阵，专军并锐，触魏之不意。”此义《汉语大词典》未收，当补。

从碰触双方关系看，被动承受的一方是“遇到；遭受、蒙受”。人遭受大自然的侵袭可称“触”，《战国策·赵策》：“无罢车驽马，桑轮蓬箧羸幐，负书担橐，触尘埃，蒙霜露，越漳、河，足重茧。”“触尘埃”与“蒙霜露”相对。东汉王充《论衡·吉验》：“舜得下廪，不被火灾，穿井旁出，不触土害。”言不必遭受土害。与之类似的是晋葛洪《抱朴子外篇·勖学》：“于是莫不蒙尘触雨，戴霜履冰，怀黄握白，提清挈肥，以赴邪径之近易，规朝种而暮获矣。”遇到抽象的困难境遇也称“触”，《荀子·修身》：“食饮、衣服、居处、动静，由礼则和节，不由礼则触陷生疾。容貌、态度、进退、趋行，由礼则雅，不由礼则夷固、僻违、庸众而野。”不按礼就会遭陷或生疾。“触陷”犹言遭遇困厄。汉陆贾《新语·辅政》：“故干圣王者诛，遏贤君者刑。遭凡王者贵，触乱世者荣。”“触”与“遭”对文同义。有“触值”连言，谓遭受。《论衡·气寿篇》：“凡人禀命有二品，一曰所当触值之命，二曰强弱寿夭之命。所当触值，谓兵烧压溺也；强寿弱夭，谓禀气渥薄也。兵烧压溺，遭以所禀为命，未必有审期也。”

实施动作一方就是“触犯；冒犯”。这种触犯多指抽象的社会规则或人伦情感。如《荀子·正论》：“以为治邪？则人固莫触罪，非独不用肉刑，亦不用象刑矣。”《吕氏春秋·仲冬纪》：“臣之兄犯暴不敬之名，触死亡之罪于王之侧，其愚心将以忠于君王之身，而持千岁之寿也。”《孔丛子·抗志》：“齐王戮其臣不辜，谓子思曰：‘吾知其不辜，而适触吾忿，故戮之，以为不足伤义也。’”《史记·冯唐传》：“由此言之，陛下虽得廉颇、李牧，弗能用也。臣诚愚，触忌讳，死罪死罪！”《汉书·元帝纪》：“重以周秦之弊，民渐薄俗，去礼仪，触刑法，岂不哀哉！”

上引“罪”“忌讳”“死”“忿”“刑法”等为抽象的碰触对象，也有的“触犯”是比较具体的。如《素问·金匮真言论篇》：“八风发邪，以为经风，触五脏；邪气发病，所谓得四时之胜者。”也有不及物的例子。如汉王符《潜夫论·贤难》：“忠正之言，非徒誉人而已也，必有触焉。”

也有“触犯”同义连文者。《论衡·难岁》：“长吏怒之，岂独抱器载物，去宅徙居触犯之者，而乃责之哉？”《后汉书·济南安王康传》：“宫婢闭隔，失其天性，惑乱和气。又多起内第，触犯防禁，费以巨万，而功犹未半。”

简言之，“触”本义是牛用角碰撞，动作行为本身隐含不良的后果，偏贬义。后来用于人的交接，就变成中性含义了，谓接触。在中土文献中，“触”并没有

"污秽"义。

因此，词典中解释"触"有"污"义，引用中土文献例证，往往不妥。如《汉语大字典》："触，污；浊。"引例为南朝梁江淹《为建平王让镇南徐州刺史启》："燋鲠在躬，辄复尘触。"这个例子不妥。"尘触"用于谦敬语境，表示冒犯的意思，详见后文讨论。

《中华大字典》："触，污也。韩愈诗：新若手未触。"此例"触"应是碰触义。

最早记录"触"有"污"义的字书是南宋毛晃、毛居正父子的《增韵》："触，污也。"毛晃增注《礼部韵略》，毛居正又校勘重增，博采典籍，收义驳杂，因此将佛经中"触"的"污"义也收录其中。但"触"有"污"义未被中土文献接受和使用。

第二种观点认为"触"的污秽义源于假借。段观宋《文言小说词语通释》认为"触"是"浊"的借字，"恶触""秽触""触污"皆同义并列复合词。他引《释名·释言语》"浊者，触也"，指出虽是声训，也可说明当时"触"确可借指污浊。他认为"触"有脏污义当不迟于东汉，但仅此一条书证。① 核《释名·释言语》："浊，渎也。汁滓演渎也。"②《释名》以"渎"训释"浊"，而非"触"字。段观宋引书有误，其说不能成立。

持此观点的学者不少。如江蓝生、曹广顺《唐五代语言词典》中"触"条释义："污浊不净。'触'为'浊'的借字。"③王迈认为"触""浊"同辞互用，"触器"不名"浊器""污器"者，为指称之便，隐替而已。④ 这一种说法被广泛认可和接受，《汉语大词典》"触"条已经收录义项"触，通'浊'"。但都缺乏中土文献的证据。

《说文·水部》："浊，水。出齐郡厉妫山，东北入钜定。从水蜀声。"段玉裁注："浊者，清之反也。《诗》曰：'泾以渭浊'，又曰：'载清载浊'。"⑤"浊"本指水名，因其浑浊，又专指水的浑浊，与"清"相对，引申可指一切事物的污秽，与

---

① 段观宋：《文言小说词语通释》，南宁：广西人民出版社，1994 年，第 111—113 页。

② （东汉）刘熙撰：《释名疏证补》，（清）毕沅疏证，（清）王先谦补，北京：中华书局，2008 年，第 119 页。

③ 江蓝生、曹广顺：《唐五代语言词典》，上海：上海教育出版社，1997 年，第 66 页。

④ 王迈：《日本〈大汉和辞典〉释义商榷三则》，《苏州教育学院学报》2000 年第 1 期。

⑤ 段玉裁注：《说文解字注》，上海：上海古籍出版社，1981 年，第 539 页。

“触”没有通假关系。①

二、唐代早期译经中“触”产生了污秽义

第三种观点认为“触”有污秽义源于翻译佛经。此说有理，但需进一步申明：“触”明确当污秽义讲，最早出现在唐代，多见于律藏。② 如本节开头部分举例，表污秽义的“触”屡见于唐义净(635—717)所译的“根本说一切有部”七部律和其自撰的五部著作中。

译经中“触”为何产生了不洁义？张履祥、王福良指出“触”是佛家说的“六尘”之一，泛指身心与外物的直接接触，故而易污浊。③ 丁福保《佛学大辞典》“触秽”条下曰：“触于不净物而自污，谓之触，自是直训触为污。”此说可信。佛家观念认为“触”(就是碰触，接触)会造成不净，这是导致“触”有污秽义的直接原因。

> 姚秦佛陀耶舍共竺佛念译《四分律》卷四三：“彼比丘不知净不净，白佛，佛言：‘触者不净，不触者净。’”(22/875/b)

此例“触”是接触义，一旦有触，则不再清净。

> 隋阇那崛多译《佛本行集经》卷三一：“寒冷、风湿、尘坌、蚊虻、诸虫，触世尊体。尔时世尊过七日，已见虚空中无有云雾以得清净。”(3/800/b)

外物肮脏，触碰洁净之物，就是污染，受碰之物也会变脏。在佛教观念中，“触”是一个不好的概念，含有“染、著污浊的外物”等意，碰触一切外物皆对自身造成污染。

> 隋慧远述《大般涅盘经义记》卷一《寿命品》：“触对尘境，名遇风雨。起恶招苦，逼切自身。”(37/638/b)

---

① 当然，“触”“浊”二字谐声，文献中偶有通假现象。《史记・律书》：“北至于浊。浊者，触也，言万物皆触死也，故曰浊。”这里的“浊”通“触”，是“触撞”之义，训释词“触”用的是本义顶撞义。

② 律藏是僧人的行为准则，为求准确平实地达意，在内容上生活气息浓厚，在语言上也比较口语化。

③ 张履祥、王福良：《“触”字的“污浊”义》，《辞书研究》1991 年第 6 期。

明弘赞辑《四分律名义标释》卷五:“触即触著,谓身所触冷暖细滑等触,名为触界。”

以上例证中,“触”还是动词“触碰”义。随着“触”的广泛应用,佛教中把人感官与外界的接触都看作“触”,也就是污染。由此有“六触”的概念。“六触”是六根、六境、六识三者和合产生的。唐玄奘译《阿毗达磨俱舍论》卷四:“触谓根境识和合生,能有触对。”

姚秦佛陀耶舍共竺佛念译《长阿含经》卷八:“六触身:眼触身,耳、鼻、舌、身、意触身。”(1/51/c)

刘宋求那跋陀罗译《杂阿含经》卷一三:“云何六爱身?谓眼触生爱、耳触生爱、鼻触生爱、舌触生爱、身触生爱、意触生爱。”(2/87/a)

相应地,“触”也产生了名词义,作为“六尘”之一。“色、声、香、味、触、法”合称为“六尘”。内在的业障生出“六根”,对应外在的“六尘”,而起了“六识”。

刘宋求那跋陀罗译《杂阿含经》卷一三:“尔时,世尊而说偈言:于色、声、香、味、触、法六境界,一向生喜悦,爱染深乐著。诸天及世人,唯以此为乐,变易灭尽时,彼则生大苦。”(2/88/c)

隋菩提灯译《占察善恶业报经》卷一:“谬念思惟,现妄境界,分别取著,集业因缘,生眼、耳、鼻、舌、身、意等六根。以依内六根故,对外色、声、香、味、触、法等六尘,起眼、耳、鼻、舌、身、意等六识。”(17/905/a)

在此基础上,“触”又有了“欲”义。

北魏瞿昙般若流之译《正法念处经》卷五:“何者为触?触者谓欲,有执手者或有笑者、有眼见者,如是皆为欲触所诳。”(17/26/a)

“触”被认为是五欲之一,可释作“触觉、触欲”,也是名词义。要保持自身的清净,需要摒弃五欲。

东晋瞿昙僧伽提婆译《中阿含经》卷五二:“如是天及人贪欲乐著,谓在五欲:色、声、香、味、触。如来初始御彼比丘:‘汝当护身及命清净,当护口、意及命清净’。”(1/758/a)

值得注意的是，南北朝译经中也发现了一些“恶触”的例子，均指内在的、不善的“触欲”或是外在的、不洁的“触尘”，为偏正结构，其中的“触”尚不能完全判定是污义。

刘宋求那跋陀罗译《杂阿含经》中出现二次：

《杂阿含经》卷五〇：“斋肃清净住，戒德善守护。……诸有慢缓业，染污行苦行。梵行不清净，终不得大果。譬如拔菅草，执缓则伤手。沙门行恶触，当堕地狱中。譬如拔菅草，急捉不伤手。沙门善摄持，则到般涅盘。”(2/364/a)

《杂阿含经》卷五〇：“子汝今听我，说彼鬼神说，若有慢缓业，秽污修苦行。不清净梵行，彼不得大果，譬如拔菅草，执缓则伤手。沙门起恶触，当堕地狱中。如急执菅草，则不伤其手。沙门善执护，逮得般涅槃。”(2/364/b)

《杂阿含经》中“行恶触”“起恶触”与“善摄持”“善执护”相对为文。“摄持”指“都摄六根”，谓专心、不散乱；相应地，“恶触”指生出各种不好的触欲，即谓“放逸行”。“放逸”是放纵行为义，指不专注于修善、不防杜诸恶。“触”还是名词义，“恶触”指放逸的触欲，与“摄意”相对。下例“守”“摄意”与“恶触”相对，更可以体会这一点：

南朝陈真谛译《律二十二明了论》卷一：“偈曰：善解二守防恶触。释曰：守是何法？谓摄意及非弃舍，为离动受所生恶触。”(24/671/b)

以上“恶触”指内在放纵的欲望，本质上是对外界“触”的呼应。而有些例子则是径指干扰自身的外物。如北凉昙无谶的译经中“恶触”凡八见，指“非时的风雨、寒热、苦辛、粗涩、肥膻”等，略举几例如下：

《悲华经》卷三：“无诸尘土、石沙、秽恶、荆蕀之属，又无恶触，亦无女人及其名字。”(3/187/a)

《大般涅槃经》卷一二：“菩萨摩诃萨住是地已，则能堪忍贪欲恚痴，亦能堪忍寒热饥渴、蚊虻蚤虱、暴风恶触、种种疾疫、恶口骂詈、挝打楚挞，身心苦恼一切能忍，是故名为住堪忍地。”(12/434/b)

《大方等大集经》卷三九：“能却斗诤国土饥荒，能除死殃及诸盗贼、非

时风雨、冻暍、苦辛、粗涩、肥膻，如是恶触。”(13/265/c)

这里的“触”即所谓外在的“六尘”之一，源于接触义，“恶触”义为“不好的触尘”，常与“恶色”“恶声”“恶香”“恶味”等对举。

后秦鸠摩罗什译《摩诃般若波罗蜜经》卷一九：“若有人于菩萨心能如是随喜回向者，常值诸佛，终不见恶色、终不闻恶声、终不嗅恶香、终不食恶味、终不触恶触。”(8/358/c)

元魏瞿昙般若流支译《正法念处经》卷一一：“鼻嗅不净臭烂恶屎，舌常坚热不净恶味，得不可爱香味之色，身则当触最重恶触，有恶风来如刀如火。”(17/63/b)

同样的用法亦见于其后的译经中。

隋阇那崛多译《起世经》卷九：“又于如是疾疫劫时，更有他方世界无量非人，来为此间一切人民作诸疫病。何以故？以其放逸行非法故。彼诸非人夺其精魂，与其恶触，令心闷乱，其中多有薄福之人，因病命终。”(1/354/a)

隋达摩岌多译《起世因本经》卷九：“彼鬼大力，强相逼迫，与其恶触，令心恼乱，夺其威力，于中多有遇病命终。”(1/354/a)

此时“触”还是名词“触尘”义，但已有往污秽、污染义发展的趋势。受此观念的影响，“触”作不洁之物义在唐代以来的佛经典籍中广泛流行。对人而言最为肮脏不洁的东西是粪便等排泄物，译经中“触”常特指大小便。详后。①

简言之，“触”的不洁义产生并流行于唐代的律藏文献中，原因是佛家认为

① 还有一例需要辨明。南宋志磐撰《佛祖统纪》卷三三引《杂阿含经》云：“食五辛人触秽三宝，死堕屎粪地狱，出作野狐猪狗，若得人身，其体腥臭。”(49/323/a)检《杂阿含经》中并无此句，此例不能证明中古已有污秽义，这应当是志磐的改写。《佛祖统纪》是一部仿照《史记》《汉书》的纪传体著作，博采史料，引到《杂阿含经》时，转写成了“触秽三宝”，这恰好反映了南宋时期的语言面貌，证明“触”表污秽义在当时的译经口语中较为常见。

碰触即造成不洁。“触”在不洁义上与“浊”意义相近，且读音相近，但二者没有通假关系。

三、“龌龊”为什么产生了污秽义

现代汉语中，“龌龊”可作名词，指污秽；可作动词，指污染；可作形容词，谓污浊。此义最早出现于宋末元初：

南宋汪元量《湖山类稿》卷二《草地》：“龌龊复龌龊，昔闻今始见。一月不梳头，一月不洗面。”

元高文秀《黑旋风》第一折：“他见我风吹的龌龊，是这鼻凹里黑。”

元王冕《竹斋集》卷三《龌龊》：“龌龊宁堪处，卑污奈此逢。看人骑白马，唤狗作乌龙。濯濯河边柳，青青涧底松。待看天气好，应得露笔浓。”

“龌龊”表污浊义在元明清常用，且出现在口语化程度比较高的语料中。

明兰陵笑笑生《金瓶梅》第五十八回：“拿过灯来，教他瞧！躧的我这鞋上的龌龊！我才做的恁双心爱的鞋儿，就教你奴才遭塌了我的！”又第七十三回：“那臜脸弹子，倒没的龌龊了我这手！”

明罗贯中、冯梦龙《平妖传》第四回：“婆子揭开膏药看时，脓血里面，隐隐露出一件东西，婆子将细草展净龌龊，把指爪去拔时，一个铲头箭镞随手而出。”

明西周生《醒世姻缘传》第三十三回：“只得跑去狄家，叫了两个觅汉，不顾龌龊，拉了出来。……把那粪浸透的衣裳，足足在河里泡洗了三日，这臭气那里洗得他去。”又第五十五回：“他既叫咱发脱，岂有个不梳梳头，不洗洗脸的？也定不住他的龌龊不龌龊来。”

明冯梦龙所辑《山歌》是苏州话的民歌，口语化程度很高，是重要的明代吴语资料。其中多次出现“龌龊”：如卷九《鞋子》：“嗏，只为足下欠真诚，脚斜不正，弄得我头绽跟穿，龌龊无干净。”又卷九《破骔帽歌》：“弹忒子龌龊，吹忒子个灰尘。”

“龌龊”的本义是什么？偏旁从“齿”与污秽不洁义有什么关系？

“龌龊”或“龌齺”《说文》无，最早见于《玉篇》：“龌，龌齺。”本义是牙齿紧密地挨着。《广韵》:“龌龊,齿相近。”《集韵》:“龌龊,迫也。一曰小皃,或从足。”牙齿之间细密紧挨,其特征是短狭局促,经常比喻气量狭小。

《文选·张衡〈西京赋〉》:“独俭啬以龌龊,忘蟋蟀之谓何?”李注:“《汉书》注曰:‘龌龊,小节也。’”

《文选·左思〈吴都赋〉》:“龌龊而算,固亦曲士之所叹也。”张铣注:“龌龊,局小貌。”

《文选·鲍照〈放歌行〉》:“小人自龌龊,安知旷士怀?”吕延济曰:“龌龊,短狭皃。”

《三国志·魏志·陈思王植传》:“若夫龌龊近步,遵常守故,安足为陛下言哉?”

南朝齐谢朓《思归赋》:“怀龌龊之褊心,无夸毗之诞节。”

“龌龊”一词魏晋时常见,唐代沿用,依然表空间局促或气量狭小。如:

唐李白《大猎赋》:“当时以为穷壮极丽,迨今观之,何龌龊之甚也。”

唐权德舆《贺崔相国书》:“最下则陶青、刘舍、庄翟、赵周之徒,皆龌龊备位,故身名偕泯。”

“龌躖”又写作“偓促”“龊龊”“娖娖”“握齱”“喔促”等,皆状拘谨貌;谨小慎微貌。

《楚辞·九叹》:“葛藟虆于桂树兮,鸱鸮集于木兰。偓促谈于廊庙兮,律魁放乎山间。”王逸注:“偓促,拘愚之貌。”洪兴祖补注:“偓促,迫也。一曰小貌。”

《史记·货殖列传》:“而邹鲁滨洙泗,犹有周公遗风,俗好儒,备于礼,故其民龊龊。颇有桑麻之业,无林泽之饶。地小人众,俭啬,畏罪远邪。”

《史记·申屠嘉传》:“皆以列侯继嗣,娖娖廉谨,为丞相备员而已,无所能发明功名有著于当世者。”《汉书·申屠嘉传》作“躖躖廉谨”。师古曰:“躖躖,持整之貌也。”

《广雅》:“婌,善也。”王念孙疏证:“婌者,《说文》:婌,谨也,读若谨敕数数。《史记·申屠嘉传》:娖娖廉谨。《汉书》作躖躖。颜师古注云:躖躖,持整之貌也。《史记·货殖传》云:故其民龊龊。并字异而义同。”①这里应当是拘谨守礼的意思。

《汉书·郦食其传》:“食其闻其将皆握齱,好荷礼自用。”颜师古注:“应劭曰:‘握齱,急促之貌。’”

《晋书·张茂传》:“遐方异境窥我之龌齱也,必有乘人之规。”

《新唐书·杜牧传》:“牧刚直有奇节,不为龊龊小谨,敢论列大事,指陈病利尤切至。”

元刘埙《隐居通议·文章八》:“洗除场屋烂熟之谈,脱去常人喔促之态。”

以上都是“龌龊”的变体,含义相同,表示空间狭窄或时间匆遽,也比喻人气量小或拘谨貌,因为拘谨是心胸不广的外在体现。最后一例《汉语大词典》释为:“局促庸鄙,不大方。”是。

“龌龊”本义表示齿间缝隙小,排列紧密,受狭小这一核心义制约,产生了狭窄或拘谨义。下面是一组与之含义类似的词,可以比照:

偈促:拘谨,拘束。清和邦额《夜谭随录·崔秀才》:“刘曰:‘偈促效辕下驹,夙所羞也。’”

逼促:狭窄。晋葛洪《抱朴子·尚博》:“变化不系滞于规矩之方圆,旁通不凝阂于一涂之逼促。”

局促:狭窄,不宽敞。三国魏阮籍《元父赋》:“其城郭卑小局促。”《文选·傅毅〈舞赋〉》:“嘉《关雎》之不淫兮,哀《蟋蟀》之局促。”李善注:“局促,小见之貌。”

跼促:迫仄;狭小。南朝梁何逊《赠江长史别》诗:“笼禽恨跼促,逸翻超容与。”南朝梁沈约《八咏诗·夕行闻夜鹤》:“抱跼促之短怀,随冬春而哀乐。”

蹐促:犹言局促不安。明汤显祖《送叶纳廷令福山歌》:“诏书络绎行催科,县官蹐促当如何?”

---

① (清)王念孙:《广雅疏证》卷一,钟宇讯点校,北京:中华书局,1983年,第9页。

凡此都可以证明表示空间局促之词可以比喻气量狭小。这也是汉语词义大多从具象到抽象发展规律的一个证明。

那么,“龌龊”为何有了肮脏义？学者也有讨论。

清黄生《义府》提出“龌龊”的肮脏不洁义是由短狭促迫义引申而来的:“俗语谓垢秽之类为龌龊,此盖因纤琐为辞。”①其说可议:第一,短小义与污秽义相隔较远,难以引申,没有相关的证据。第二,与“龌龊”相关的一系列复音词都表示狭促拘谨义,而没有一例引申出污秽义,也证明了“龌龊”本义不可能引申出污秽义。第三,“龌龊”的污秽义到明清小说中才常见,时间上缺少衔接过程。

清翟灏《通俗编》“握龊”条曾对其肮脏义提出了质疑:“《史记·司马相如传》:‘委琐握龊。’一作握齱,《汉书·郦生传》:‘其将握齱好苛礼也。’亦作龌龊,鲍照诗‘小人自龌龊’,韩愈诗‘贫馔羞龌龊’。按:此乃狭小之貌,今俗以不净当之,失其义。焦竑曰:‘今言不净者,盖谓恶浊。’”②翟灏以为“龌龊”本字不可能有污秽义而需要另寻本字,这一思路很有见地,但其结论认为“龌龊”本字为“恶浊”,则不妥:一是文献中罕见“恶浊”的用法;二是宋元时期,“浊”与“龊”语音不同,“浊”在《中原音韵》是萧豪韵入声作平声字,“龊”则是鱼模韵入声作上声。

有的学者认为“龌龊”与“肮脏”“鏖糟”“腌臜”等是属于同一词族的联绵词,③即认为“龌龊”是“肮脏”等的音转,与“肮脏”等词“声式相通,语源义一致”。我们认为不妥。张博《汉语同族词的系统性与验证方法》④、蒋绍愚《汉语历史词汇学概要》⑤在系联这一组“不洁义”的联绵词时都没有将“龌龊”纳入其中,他们的处理是很正确的,这里不展开论述。

---

① 黄生:《字诂义府合按》,黄承吉合按,北京:中华书局,1984年,第180页。

② 翟灏撰:《通俗编》,北京:中华书局,2013年,第476页。

③ 详见徐之明:《对“肮脏”“腌臜”之类语词的考察》,《贵州教育学院学报》(社会科学版)2001年第5期;倪培森:《“肮脏”与“龌龊”原非贬义词说由》,《文史杂志》2014年第1期;兰佳丽:《联绵词族丛考》,上海:学林出版社,2012年,第278—281页。

④ 张博:《汉语同族词的系统性与验证方法》,北京:商务印书馆,2003年,第221页。

⑤ 蒋绍愚:《汉语历史词汇学概要》,北京:商务印书馆,2015年,第80—83页。

唯有曾良给出了答案，他在《从词汇系统探讨中古汉语词义训释》一文中指出：

“龌龊”在上古、中古汉语中没有肮脏、不干净的意思，我们调查了有关语料，大都是局促、小节的意思。“龌龊”的肮脏义，《汉语大词典》举的最早的用例是元代；用“龌龊”的字面表示此义项，应该是近代汉语的事情，而“龌龊”的肮脏、不干净义及喻指人的品质恶劣义，应该是来自佛教的“恶触”，因不知语源将“恶触”的字面写成了古汉语中的“龌龊”。由于“恶触”与“龌龊”音近，人们渐渐不知其来自佛经，以为是“龌龊”二字，因此变换了字面。①

所论甚确。然稍欠完备，可补充如下。

首先，“龌龊”的源头不仅有“恶触”，也有“污触”，可能“污触”还是其更直接的源头。曾良已举明代文献用例证明“恶”“龌”音同。② 而“恶”“污”二字亦是同音，《中原音韵》《洪武正韵》中“污”与“恶”属同一小韵。“污触”在译经中常见：

唐义净《南海寄归内法传》卷二：“故佛言有二种污触，不应受礼。”(54/218/a)

唐菩提流志译《千手千眼观世音菩萨姥陀罗尼身经》卷一：“若呪法师画匠人等，恐多污触，不如法者。”(20/101/b)

以上“污触”为名词用法，也有动词用法，就是“弄脏”“污染”：

唐道宣述《教诫新学比丘行护律仪》卷一：“十四、不得污触汤水；手若不净，当用瓶水净之。”(45/873/a)

唐菩提流志译《不空羂索神变真言经》卷一八：“盛净器中便阴干，净

① 曾良：《敦煌文献丛札》，杭州：浙江古籍出版社，2010年，第133—134页。

② 《古本小说集成》万卷楼明刊本《三国志通俗演义·孙坚跨江战刘表》：“坚曰：‘非汝所知也。吾誓纵横天下，济世安民，有仇不报，岂可握手待死也？’遂不听谏。”《音释》：“握，音恶。握手，犹袖手也。”又《三国志通俗演义·董承密受衣带诏》：“张良运筹帷幄之中，决胜千里之外。”“幄”字下注：“音恶。”说明“龌”“握”“幄”“恶”同音。可以参看。

密固药勿污触。”(20/324/b)

唐轮波伽罗译《苏婆呼童子请问经》卷一:“所供养物,莫令污触。”(18/895/a)

还倒作“触污”,与“污触”同,表示污秽,肮脏,多作动词污染义。

唐菩提流志译《五佛顶三昧陀罗尼经》卷一:“教净护饰,撚治理丝,细密织缝,勿刀截断,阔量四肘,长量六肘,莫有触污,莫用恶丝。”(19/267/a)

唐瞿多译《佛说常瞿利毒女陀罗尼呪经》卷一:“除腹中诸病痛。大须敬重,勿触污之。”(21/295/b)

北宋赞宁等撰《宋高僧传》卷一八:“其妇女生产,兵士荤血,触污僧蓝。人不堪其淹秽。”(50/826/c)

中土文献中亦偶见“污触”用例,但这些文献是与佛经密切相关的,直接受佛典语言影响。

《全唐文》卷七九二温璠《净观圣母记》:“观以净为名,昔东晋许真人栖息之旧地。荤膻污触,必有变怪。”

南宋叶廷珪《海录碎事》卷三下:“明星渎在余杭县,昔时水间日中见星。女真观其在上,因女真亵衣污触,星遂不见。”①

值得注意的是,《集韵》曾偶用“污触”作训释词。梁陶弘景《登真隐诀辑校》卷中:“若履魑秽及诸不洁处,当洗浴解形以除之。”《集韵・豔韵》:“魑殗淹裺,污触也。”《集韵》博采众书,收义驳杂。可见“污触”表肮脏不洁,可能已经出现在唐宋中土佛教人士的口语中,虽未流行,但比“恶触”应用面稍广,似乎相对容易被中土接纳。“恶触”侧重于不好的碰触与欲望,“污触”稍晚出现,多直接表示污秽污染义。故与表示肮脏义的“龌龊”联系也更为直接。

那么为何佛教人士言语社团使用的“污触”一词会改换词面为“龌龊”并进入通语之中？我们认为与“污触”一词的口语语体性质以及读音密切相关。

① 女真观是尼姑庵。汪宏儿主编《南湖胜记》(杭州:西泠印社出版社,2009年,第55页。)载:“(明星渎)濒路旧有尼庵女真观,以敝衣濯于此,渎星不复见,后改为道家居。”

“龌龊”表污秽义最早出现在宋末元初，常见于元、明、清三代口语化程度较高的作品中，正是“污触”频现于译经的时期，而且“龌龊”表污秽义的早期使用者主要在江浙一带。上文引到的诸例中汪元量籍贯浙江钱塘，王冕籍贯浙江诸暨，冯梦龙江苏苏州，罗贯中则有多年寓居杭州的经历。

“龌龊”表污秽义应当先进入了吴语。清人胡文英《吴下方言考》就收录了“龌龊”条，云“今吴谚谓不洁为龌龊”。① 石汝杰、宫田一郎《明清吴语词典》中也收录了“龌龊”条，有三个义项：(1)＜形＞脏；不干净；(2)＜形＞卑鄙下流；(3)＜名＞垃圾；脏东西。可见表不洁义的“龌龊”一词最早出现在吴方言中。何以如此？

宋元时期，江浙地区的佛教势力是最盛的。自宋以后，临济一枝独秀，后以大慧一派，繁衍隆盛，遍及东南沿海，高居江浙地区佛教丛林的领导地位。②元代江浙一带佛教势力最盛，中央为管理地方佛教事务设立的行宣政院，地址也选在杭州。③

我们推测，僧侣在向居士、普通信众讲授律藏、佛经故事等的过程中，人们听音为字，把“污触”一词写成了中土固有的同音词“龌龊”。由此，“污触”从佛教人士的言语社团用词进入了吴方言，“龌龊”也有了“肮脏”这个新义。

还有一个问题需要辨明。早期使用“龌龊”表污秽义的还有三位山东籍作家，即上文引例中的元曲作家高文秀、《金瓶梅》作者兰陵笑笑生和《醒世姻缘传》作者西周生。据钟嗣成《录鬼簿》记载，高文秀是山东东平府学员；兰陵笑笑生未详何人，学界尚有争论，然《金瓶梅》描写的内容主要是运河山东段；西周生亦未详何人，然《醒世姻缘传》中多使用山东方言，该书“凡例”中已写到“本传造句涉俚，用字多鄙，惟用东方土音从事”。可见这三位作者都可能是籍贯山东或有寓居山东的经历。为何吴方言词会出现在山东籍作家的作品之中？

① 胡文英也认为“龌龊”的不洁义由琐屑义而来，“琐屑而不洁也”，此观点不确，上文已辩。

② 陈玉女：《明代的佛教与社会》，北京：北京大学出版社，2011 年，第 9 页。

③ 陈高华：《元代佛教与元代社会》，中国蒙古史学会成立大会会议论文，1979 年。

我们认为，这与元明时期沟通南北的一项浩大的人工水运工程——京杭大运河有关。元明两代是运河经济文化最为繁盛的时期。漕运使南北文化发生密切的交流，语言词汇也会发生密切的接触，使得吴方言词向北传至运河的山东段成为可能，“恶触/污触/龌龊”一词也由吴方言进入山东方言作品中。①

再看“触”与“龊”的语音。唐宋时期，“触”“龊”二字发音部位相同，唐代西北方音照二组和照三组已无别，唐末照二组和照三组完全合流，两字读音很近。而到了元代《蒙古字韵》中，“龊”“触”分萧部入声字和鱼部入声字，证明在元代的北方官话或者说官话读书音中，二字读音已经不同。而在吴方言中，读音则完全相同。这亦说明“龌龊”记录“污触”应当是首先在吴方言区中发生的。

这也是一个典型的从口语到书面语转化的例子：当“龌龊”最初作为记音词表示肮脏义时，多出现在吴方言的民俗作品中，后来则作为书面语存在了。从用例时代看，“恶触”要稍早于“污触”，而中土流行的“龌龊”一词出现很晚，所以，其直接源头看作“污触”，或许更好。

第二，曾良云：“‘触’是佛教的一个术语，丁福保《佛学大词典》：‘恶触：(术语)食物为他人之手所触而恶秽者。凡戒律以他人手触之食物为不净而禁食之。’它构成了一系列词，‘恶触’就是肮脏，一切不好的东西。”笔者以为：丁福保对“恶触”的解释不全面。“恶触”这一词形记录了两个意思：其一是指不好的触欲或触尘，泛指一切不好的东西，前文已述。其二是佛教戒律中的术语，专指经他人手触过的不净的食物，即丁福保所释。唐道宣述《四分比丘尼钞》卷二：“一不受，二非时，三残宿，四内煮，五内宿，六自煮，七恶触。”唐法砺《四分律疏》释“恶触”云：“出家人等不合劳作自为故触，触不听食，此谓由触得恶，故曰恶触。又即不受而捉，称为恶触。”这种用法最早也是出现在唐代的译经中。

---

① 当然不止“龌龊”一词，《金瓶梅》《醒世姻缘传》二书中还有大量的吴语成分。参见张惠英：《〈金瓶梅〉用的是山东话吗?》，《中国语文》，1984 年第 4 期；张惠英：《〈金瓶梅〉非山东方言补证》，《中国语文》，2016 年第 6 期；晁瑞：《〈醒世姻缘传〉方言词历史演变研究》，北京：中国社会科学出版社，2014 年。

《根本说一切有部毗奈耶》卷三六："云何为五？一、是清净食；二、少有不净食相杂；三、非恶触食；四、少有恶触食相杂；五、舍其本座，是名五种足食。"(23/821/c)

《根本说一切有部尼陀那目得迦》卷九："见彼瓶水流注下时，生如是念：'他人泻水连注钵中，岂非恶触？'"(24/451/a)

《南海寄归内法传》卷一："良以敷巾方坐，难为护净。残宿恶触，无由得免。"(54/207/a)

"恶触"指"一切不好的东西"义出现得更早，且并非从"不净的食物"义而来的。这两个意思都作为固定的术语被使用。

第三，曾良在谈到"触"有"俗世不洁"义时说："受佛教文化'触'字的概念影响，促使产生了一系列与此相关的词语，如'尘触''触器'等。《陈书·沈炯传》：'而上玄降戾，奄至今日，德音在耳，坟土遽干，悠悠昊天，哀此罔极。兼臣私心煎切，弥迫近时，悽悽之祈，转忘尘触。'"①

这个分析也有不妥，"尘触"与"触器"不能并举，二例中"触"不同义。"触器"见于佛家文献，属便器一类。对人而言最为肮脏不洁的东西是粪便等排泄物，译经中"触"常特指大小便。与排泄物相关的器物即称之为"触～"，指污秽不洁的器具。

1. 触器，不洁之器。有时指便器。

唐尸罗跋陀罗译《大圣妙吉祥菩萨说除灾教令法轮》卷一："法人身著纯白衣服，日数如前必得灾灭，其供养器物并用白银，无用白铜或白瓷充，勿用触器。"(19/344/b)

2. 触盆，指便盆。

唐义净《根本说一切有部毘奈耶出家事》卷四："其母即令童子入房安置，又于房中安触瓶水及以触盆，母自当门安床而卧。至夜半后，子告母曰：'与我开门，出外便易。'母即告曰：'房中已安触盆，可应便易。'"(23/1039/a)

---

① 曾良：《敦煌文献丛札》，杭州：浙江古籍出版社，2010年，第133—134页。

3. 触桶，即便桶。

《全元文》卷一五八释惟则《灵云铁牛和尚行业记》："师默有所领，励精奋发，岩令为众持净，众患痢，委身事之。未几，师亦有疾，疾革，医谓不可。乃取一触桶就屏处危坐其上，药粥浆饮，一皆禁绝。"

4. 触瓶，和净瓶相对，指马桶。

唐义净《受用三水要行法》卷一："若见有僧将净瓶上厕、饮触瓶水者，以为灭法，即擯出寺。"(45/903/b)

佛家对净瓶、触瓶的使用有严格的区分和规定。净瓶用来装净水，触瓶用来装屎尿等。

5. 触指，用来擦拭肛门的手指，印度习俗，用第四指和第五指。

元德辉重编《敕修百丈清规》卷六："仍护第四第五指为触指，不得用。"(48/1145/a)

6. 触手，用来擦拭肛门的右手。

宋岳珂《桯史》卷一一："旦辄会食，不置匕箸……坐者皆置右手于褥下不用，曰此为触手，惟以溷而已，群以左手攫取，饱而涤之。"

7. 触筹，擦拭过肛门的厕筹。

无著道忠著《禅林象器笺》卷二八："已使厕筹，为触筹。未使厕筹，为净筹。"

8. 触衣，脏了的衣服。后特指内衣，贴阴部的内裤最为亲身，接触到阴部、肛门等排泄处。

唐道宣述《教诫新学比丘行护律仪》卷一："八、入浴室内，脱净衣安净竿上。九、脱触衣安触竿上。十、不得浴室内大小便，当须预出入，然后方入。"(45/873/a)

对于"触"的含义，学者已有结论。如陆澹安《小说词语汇释》中"触桶"条释作“便桶”。当然，也有误释者，日本《大汉和辞典》释“触器”作“男性生殖器”。

而“尘触”见于中土文献，是冒犯的谦敬表达，不是“俗世不洁”的意思，也并非受佛教文化的影响。《全梁文》卷四六陶弘景《与梁武帝启》：“使欲翻之，自无射以后，国政方殷，山心歉默，不敢复以虚闲尘触。”《宋书·彭城王义康传》：“臣特凭国私，冒以诚表，尘触灵威，伏纸悲悸。”《陈书·沈炯传》：“兼臣私心煎切，弥迫近时。慺慺之祈，转忘尘触。”以上诸例“尘触”可释作冒犯，多用于下对上、臣对君的自谦场合。《汉语大词典》解释“尘触”为“谦词。犹言冒犯”，是很准确的。而《汉语大词典》又引此例作为“触”通“浊”的例子，与词条“尘触”的释义相悖。

理解“尘触”，关键是对其结构的分析，“尘触”为状中式动词。“触”为冒犯义，表自谦义主要在于语素“尘”。“尘”是微小的土末，可以喻指个人的微小与谦卑，可以表示对对方的辱没，因而多用作自谦之词。《后汉书·陈寔传》：“寔乞从外署，不足以尘明德。”宋苏轼《笏记》：“既尘美职，复玷名藩。”皆其例。还有并列式双音词。《后汉书·杨震传》：“阿母王圣……外交属托，扰乱天下，损辱清朝，尘点日月。”“尘点”与“损辱”对文同义，犹言污染，玷辱。《晋书·孝友传·何琦》：“一旦茕然，无复恃怙，岂可复以朽钝之质尘黩清朝哉！”唐元稹《论谏职表》：“如或言不诣理，尘黩圣聪，则臣自置刑书以谢谬官之罪。”“尘黩”犹玷污，与“尘点”结构含义相同。还有并列式的“尘忝”，谦词，犹言忝列。《梁书·任昉传》：“顾己循涯，实知尘忝，千载一逢，再造难答。”

“尘”常与动词语素结合成表谦恭的状中式复音词。如：

尘冒：谦词，冒犯。唐陈子昂《上大周受命颂表》：“尘冒旒冕，伏表惭惶。”

尘听：谦词，犹言污耳。谓请对方听。《全唐文》卷二一一陈子昂《上军国利害事》：“谨率愚见，封进以闻，尘听玉阶。”

尘览：谦词，犹言有污尊目。意谓请对方阅看。宋苏轼《与方南圭十四首》：“昨日附来使拜状，必已尘览。”又《答王敏仲》之四：“两蒙赐教，感慰深至，曾因周循州行，奉状想已尘览。”

尘渴：谦词，犹言渴望。明李东阳《与姜贞庵书》：“欲一登澄心楼，清谈对坐，以浣三十年尘渴而不可得。”

以上诸例，多引自《汉语大词典》，用于书信奏表等下对上或者客气谦恭的语境，与“尘”类似的如“忝”“辱”“损”等，都是表示自谦的语素，兹不赘述。“触”指冒犯，“尘触”与上引“尘冒”“尘听”等为同步构词，均为状中结构的谦词。总之，“尘触”一词中，“尘”表示自谦，“触”指冒犯，均不是污染义。

以上分析，可以概括为几个结论：

1. 翻译佛经以“触”有“污”义，源于佛家的认识：触则污。“触”有污染义与碰触外物的动作相关，不是“浊”的假借。

2. 中土文献中“触”没有污秽义。虽然译经中大量出现“触”表示污秽义的用例，但没有被中土汉语接纳。

3. 早期汉语中的“龌龊”状牙齿排列紧密貌，引申有狭小、拘谨义，与污秽义没有联系。因为佛典中大量使用同义并列复音词“污触（恶触）”表示肮脏义，宋元以来随着佛教势力在江浙一带的强盛，僧侣向信众讲解律藏时，人们听音为字，将“污触”记作了“龌龊”，因此表污秽义的“龌龊”一词最先出现在吴语中，其后随着运河文化的发展，进入了通语体系。“龌龊”的本义及其引申义基本消失了。

小结

中土文献的语言与汉译佛经的用语是互相影响和制约的。佛典翻译者在使用汉语时，并不是简单的照搬，而是加上自己的理解，易于接受的就使用，不易理解的也会放弃；词义或复音词的创造也是根据自己的理解和汉语的构词规律加以类推。王云路曾在《论佛教典籍用语的选择与创造》一文中分为四类讨论了这个问题：一、词语的选用基于翻译者的理解程度；二、词语的使用基于翻译者所处时代语言的流行程度；三、词义的赋予基于翻译者的理解和类推；四、复音词的创造基于翻译者的理解和类推，举例详述，可以参看。① 同样地，汉语接受和吸纳佛典用语也是有所选择的，本文即以“触”有污秽义的具体例证来讨论这个现象。中土文献中，尚没有“触”表示污秽义的用例，因为在汉文化中，没有“接触会产生污秽”的观念；而受佛教观念的影响，“触”在佛教人士的口语中发展出了污秽义，译经中大量出现，进而产生了同义并列复音词“污

① 王云路：《论佛教典籍翻译用语的选择与创造》，《浙江师范大学学报》（社会科学版）2019 年第 2 期

触”“恶触”。这个双音词的组合符合汉语的构词规律，但是除了涉佛文献外，汉语中依然拒绝接纳。在传教过程中，人们听音为字，将表示污秽肮脏义的“污触”“恶触”记成了汉语中固有的同音词“龌龊”，从而使“龌龊”一词原有含义消失，也导致了“龌龊”一词有肮脏义不符合汉语词义的演变规律。正是由于“触”的污秽义始终未被中土文献所接受，一系列翻译佛经中出现的“触～”或“～触”等双音词在纯正中土文献中没有出现，这一现象揭示了汉语接纳佛教语言的程度，换言之，也就是佛教融入中华文化在语言中的表现。

第六章　文献注疏与词语演变

第一节　注疏类型与辞书编纂①

探讨汉语如何发展，古代注疏具有十分重要的研究价值。在众多的语料中，注疏是体裁十分独特的语料，不仅体现了语料的真实性、时代性、通俗性，也能够大量创造复音词（这是就其相同数量文字的比例而言的），应当引起我们的重视。注疏的文体特点是：不拘泥形式，寥寥数语，释词为主，达意为目的，因而是训诂的绝佳语料和依据。注家对词语的说解和阐释，似乎可以清晰地呈现词语变化的轨迹，看出早期的词语（被释词）与当时流行词语（注释词）的关系，这是词语更替、消长的直接显示平台。从古代注疏中，既可以看出古人是如何构词的，也可以看出单音词向复音词发展的趋势与过程，从而显示了古代注疏推动词语发展的巨大动力。

以郑玄为代表的东汉注释学家注释了大量的先秦经典文献，这里主要以东汉注疏为主②，兼及许慎《说文解字》③以及其他后世注疏，具体分析传统注疏语言和训诂方式对辞书编纂的价值。下面从最常见的普通注释实例入手，看看汉代注疏在词典编纂方面的功用和贡献。主要分为两部分：第一部分讨

---

① 原文《论古代注疏与辞书编纂》，发表于中国社会科学院《历史语言学研究》2023年，第2辑。

② 本文主要依据东汉注释材料，但诸如开汉人注释学之先河的西汉毛亨的《毛诗故训传》，距汉末不远的三国韦昭的《国语注》，这些也在本文取材的范围内。

③ 东汉许慎《说文解字》就是对字词的解释，因而虽然与一般注疏不同，我们也一并纳入讨论的范畴。

论注疏的两种基本模式与词典援引的关系，第二部分举例讨论如何利用古注分析词义和编纂词典。

一、注疏的基本模式与词典援引问题

滥觞于西汉、兴盛于东汉的注疏构建了注疏语言的基本类型，包括以下两大类：一是对词语的注释，二是对经义的串讲。词典编纂离不开古代注疏，援引注疏的前提是释义正确，但并非正确的注疏即可以引用。我们讨论注疏类型的主要目的是看看哪一类可以作为词典援引以立义的依据。

（一）词语注释与词典援引

东汉注家对词语的注释，通常采取以下几种方法：一是同义词替代，包括对其进行词义辨析；二是界定式、描写式注释；三是揭示其比喻义。这些大多可以引用作为词典立义的根据。

1. 同义词替代的训释方式

同义词替代，最典型的是同义单音词的注释方式，也是词典最直接可以引用的立义依据。

以单音节释单音节，最为常见。如《公羊传·襄公二十九年》："今若是迮而与季子国，季子犹不受也，请无与子而与弟，弟兄迭为君，而致国乎季子。"何休注："迭，犹更也。""更迭"构成并列式双音词。①

《公羊传·僖公三十三年》："矫以郑伯之命而犒师焉。"何休注："犒，劳也。""犒劳"构成并列双音词。

《公羊传·定公十二年》："是以君子笃于礼而薄于利。"何休注："笃，厚也。""笃厚"构成并列双音词。

除了以单音词注释单音词以外，以复音词注释单音词，也是同义替代。《公羊传·庄公十年》："精者曰伐。"何休注："精，犹精密也。侵责之不服，推兵入竟，伐击之益深，用意稍精密。"是其例。

---

① 清末近代也有"迭更"连言的例子，阮元《小沧浪笔谈》卷四："惟其盛衰兴废，三古迭更，受命易姓，必有封禅以定之。"郑观应《盛世危言·税则》："苟使任关道者，留心人才……我华人皆知奋勉，次第迭更，不十年，各关皆无外族矣。"刘师培《〈骈文读本〉序》："虽文体周流，迭更匪一，抽引绪端，简及周季。"

以上注释都可以作为单音词释义的依据，尤其可作为复音词结构分析的依据。下面则是复音词同义替代的例子。

《楚辞·渔父》："安能以皓皓之白，而蒙世俗之尘埃乎？"王逸注："皓皓，犹皎皎也。"

《九叹·思古》："蒯聩登于清府兮，咎繇弃而在壄。"王逸注："清府，犹清庙也。"

《九叹·怨思》："芳懿懿而终败兮，名靡散而不彰。"王逸注："靡散，犹消灭也。"

《九章·悲回风》："心絓结而不解兮，思蹇产而不释。"王逸注："蹇产，犹诘屈也。"

《孟子·梁惠王下》："若杀其父兄，系累其子弟，毁其宗庙，迁其重器，如之何其可也？"赵岐注："系累犹缚结也。"

以上都是同义词替代的例子。

同义词替代，同样多用当时流行的俗语词。如：《公羊传·隐公二年》："始灭昉于此乎？前此矣。前此，则曷为始乎此？托始焉尔。"何休注："焉尔，犹于是也。"何休注意到了一个词组的不同用法。"焉尔"相当于"于是"，即现代汉语的"于此"。以上都是词典可以援引的依据，其特点是用通俗流行的词语注释文献的典雅词语。

对复音词进行词义辨析，本质上又可以看作一对一的单音词训释。《离骚》："惟草木之零落兮，恐美人之迟暮。"王逸将双音词"零落"分开注释："零、落，皆堕也，草曰零，木曰落。"这样就把"零""落"的相同与相异清晰地呈现出来。这就是早期析言则异、浑言无别的情形。

《国语·晋语二》："君若惠顾社稷，不忘先君之好，辱收其逋迁裔胄而建立之，以主其祭祀。"韦昭注："逋，亡也。迁，徙也。"这是对"逋迁"拆解进行同义词训释。

这种拆分后定义式的细分解释，从分析词语构成的角度看是很有意义的。

2.下定义的训释方式

下定义，就是界定，对于一个概念的内涵和外延作出简要说明，这是注疏的一个类型。如《说文·页部》："顿，下首也。"许慎即用下定义的方法解释。

张舜徽约注："顿之言抵也，谓以头触地也……慧琳《一切经音义》卷十八'顿'字下引《说文》，作'下首至地也'。"这也是下定义的方式。《资治通鉴·梁武帝天监十二年》："（沈）约惧，不觉上起，犹坐如初；及还，未至床而凭空顿于户下，因病。"胡三省注："踣而首先至地为顿。"胡三省也是用下定义的方法，准确解释了跌倒头触地这个具体动作。所以叩首和跌倒头触地都称"顿"。可见不同时代、不同语境，对同一个词的界定是可以不同的。再看《国语·周语上》："其无乃废先王之训，而王几顿乎？"韦昭注："顿，败也。"韦昭注是用同义词"败"解释"顿"。是"顿"的抽象义，属于同义替代。

再如"禳"是古代除邪消灾的祭祀。《周礼·天官·女祝》："掌以时招、梗、禬、禳之事，以除疾殃。"郑玄注："却变异曰禳。""却变异"就是对"禳"的定义式解释，即祈求神灵消除灾祸①。我们比较用同义或近义词训释的方式。《文选·张衡〈东京赋〉》："冯相观祲，祈褫禳灾。"李善注："禳，除也；灾，祸也。谓求祈福而除灾害也。"用"除"释"禳"，就是简单的同义词训释，简洁明白，但是没有定义式准确。因而从语言学的角度看，定义式注疏更为科学合理。但是，直接搬来作为释义的证据，则未必合适。

有些界定式并不典型。比如《说文·走部》："趚，走顿也。"属于描写式训释，可以看作下定义。"走顿"形成双音词②。《汉书·蒯通传》："一日数战，无尺寸之功，折北不救。"颜师古注："不救，谓无援助也。""援助"，就是对"救"的解释。

有的注疏类型并不鲜明。再看一个例子。《诗·齐风·东方未明》："折柳樊圃，狂夫瞿瞿。"毛传："樊，藩也。圃，菜园也。瞿瞿，惊顾之貌。"《玉篇·囗部》："圃，菜园。""圃"即菜园，可以看作下定义训释。《说文·囗部》："圃，种菜曰圃。"《论语·子路》："请学为圃。"马融注："树菜蔬曰圃。"《左传·昭公十二年》："乡人或歌之曰：'我有圃，生之杞乎。'"孔颖达疏："圃者，所以殖菜蔬也。"以上似乎皆是定义式注疏。这些注释成就了偏正式双音词"菜园"和并列式双

① 《搜神记》卷三："卿曰：'既必不停，宜有以禳之，可索西郭外独母家白雄狗，系着船前。'"三国吴康僧会译《六度集经》卷八："王即募曰：'孰能禳斯祸者，妻以月光，育以原福。'"都是其例。

② 再看《说文·足部》："蹎，跋也。"属于同义词训释，因而"蹎跋"形成双音词。

音词“菜蔬”。

此类注疏也可以作为词典释义的根据。

3.揭示其比喻义的训释方式

还有的训释是揭示其比喻义，也就是揭示文义。《公羊传·僖公二年》：“献公曰：‘子之谋则已行矣。宝则吾宝也，虽然，吾马之齿亦已长矣。’盖戏之也。”何休注：“以马齿长戏之，喻荀息之年老。传极道此者，以终荀息、宫之奇言，且以为戒，又恶献公不仁，以灭人为戏谑也。”这是揭示句意的例子，也在串讲中用“戏谑”解释了“戏”。

《七谏·怨世》：“何周道之平易兮，然芜秽而险戏。”王逸注：“险戏，犹言倾危也。”《离骚》：“惟夫党人之偷乐兮，路幽昧以险隘。”王逸注：“险隘，喻倾危。”这是揭示词语比喻义的例子。

《离骚》：“余虽好修姱以鞿羁兮，謇朝谇而夕替。”王逸注：“鞿羁，以马自喻。缰在口曰鞿，革络头曰羁，言为人所系累也。”王逸的注就揭示了《离骚》的隐含之义，同时也有两个定义式的注释。

以上注释都是可以斟酌使用的例子。

对同一个词语可以用多种方式进行训释，各种训释方式可以并存与互补。以“颠沛”为例。《诗·大雅·荡》：“人亦有言，颠沛之揭，枝叶未有害，本实先拨。”毛传：“颠，仆；沛，拔也。”这是分解复音词逐字注释的情形。《论语·里仁》：“君子无终食之间违仁，造次必于是，颠沛必于是。”马融注：“颠沛，僵仆也。”这是对复音词用复音词训释的例子。朱熹注：“颠沛，倾覆流离之际。”这主要是释义而不是释词，应当属于串讲的性质①。所以，对同一个词，注释家可以用不同的方式释词。再如《说文·水部》：“沛，沛水。出辽东番汗塞外，西南入海。”《说文·水部》：“滂，沛也。”前者是解释水名，后者是解释形容词。前者是描写性的训释，后者为同义词训释。

（二）语义串讲与词典援引

注释不仅要释词，也要将整个句义甚至其隐含的意思或背景交代清楚，因而有些注疏就用串讲的方式。此类串讲在引用时就需要辨析。

---

① “串讲”的方式见下文。

1.直接串讲文义的训释方式

不言明解释哪一个词语，而是对整个句义含义加以说解，就是串讲。《公羊传·隐公元年》："立嫡以长不以贤，立子以贵不以长。"何休注："其双生也，质家据见立先生，文家据本意立后生：皆所以防爱争。"注释是对整句话的缘由的揭示，就是串讲。

《汉书·丙吉传》："吉驭吏耆酒，数逋荡。"颜师古注："谓亡其所供之职而游放也。"颜师古是用串讲的方式说明"逋荡"。

以上串讲文义的注疏，通常不可以作为词典引用的依据。

串讲中释词，是此类简洁而清晰的表达类型，既说明了被释词的含义，也揭示了文义，这是比较巧妙和精准的训释方式。此类需要辨认后使用。如：

《孟子·万章上》："如以辞而已矣，《云汉》之诗曰：'周余黎民，靡有孑遗。'信斯言也，是周无遗民也。"赵岐注："辞曰：'周余黎民，靡有孑遗'，志在忧旱灾，民无孑然遗脱不遭旱灾者，非无民也。"赵岐注用"孑然遗脱"解释"孑遗"，用"孑然"代替《诗经》中的"孑"。这是直接串讲的例子。又如：

帷——帷帐。《九歌·湘夫人》："罔薜荔兮为帷，擗蕙櫋兮既张。"王逸注："罔，结也。言结薜荔为帷帐。"这是在串讲中直接用"帷帐"解释了"帷"。

惛——惛乱。《孟子·梁惠王上》："王曰：'吾惛，不能进于是矣。'"赵岐注："王言我情思惛乱，不能进行此仁政，不知所当施行也。"赵岐以"惛乱"释"惛"，以"进行"释"进"。

后——后嗣。《孟子·梁惠王上》："仲尼曰：'始作俑者，其无后乎？'"赵岐注："此人其无后嗣乎？"以"后嗣"释"后"。

消——消尽。《孟子·滕文公下》："险阻既远，鸟兽之害人者消，然后人得平土而居之。"赵岐注："水去，故鸟兽害人者**消尽**也。"赵岐注用动补式"消尽"解释单音词"消"。动补式可以串讲文义，用于释词则未必贴切，所以此类注释并不多。

指——指示。《史记·项羽本纪》："马童面之，指王翳曰：'此项王也。'"如淳曰："指示王翳。"这是串讲与释句义相结合。《史记·廉颇蔺相如列传》："相如视秦王无意偿赵城，乃前曰：'璧有瑕，请指示王。'""指示"即指而示之。《尔雅·释言》："观、指，示也。"故"指示"后来为同义并列复音词。

视——养视。《国语·晋语八》："（叔鱼母）曰：'是虎目而豕喙，鸢肩而牛腹，溪壑可盈，是不可餍也，必以贿死。'遂不视。"韦昭注："不自养视。"

妨——妨害。《吕氏春秋·季夏》："无发令而干时，以妨神农之事。"高诱注："无发干时之令，畜聚人功，以妨害神农耘耨之事。"

以上二例"养视""妨害"也是串讲中用复音词解释了单音词。

此类词义或语句的串讲根据原典，有些注疏是将字面隐含的内容也阐释出来，有时甚至只有串讲，释词就寓于串讲之中。此类训释不可能像同义词替代的方式一样径直引用，而是通过辨认后酌情使用。

2.阐述经义背景的训释方式

经文简洁，注疏要揭示背景或隐含义，串讲往往承担起此项任务。

《公羊传·宣公十七年》："公弟叔肸卒。"何休注："宣公篡立，叔肸不仕其朝，不食其禄，终身于贫贱。"《公羊传·成公三年》："新宫灾，何以书？记灾也。"何休注："此象宣公篡立，当诛绝，不宜列昭穆。"这是串讲事件的背景。

《公羊传·僖公二年》："记异也。"何休注："比致三年，即能退辟正殿，饬过求己，循省百官，放佞臣郭都等，理冤狱四百余人，精诚感天，不雩而得澍雨，故一月即书，善其应变改政。"这些叙事，是对"记异"的补充说明。

以上串讲就不可以作为词典释义的依据。

（三）释词加串讲的训释方式

有些注疏是不能够一对一相应的，一些相对特殊的用法，就需要进行格外的阐释。所以，释词与串讲结合，是第三种训释方式。

《孟子·梁惠王上》："老吾老，以及人之老；幼吾幼，以及人之幼。"赵岐注："老，犹敬也。幼，犹爱也。敬我之老，亦敬人之老；爱我之幼，亦爱人之幼。"赵岐用"敬"解释动词"老"，用"爱"解释动词"幼"，很贴切。因为作为动词用的"老"和"幼"是不常见的。但这种注疏是以句义串讲的方式进行的，在串讲中完成了释词和解经。这也是东汉各注家较为普遍的解释。如《礼记·大学》："上老老而民兴孝，上长长而民兴弟。"郑玄注："老老，长长，谓尊老敬长也。""老"和"长"作为动词义也很少见，赵岐、郑玄皆用常见的动词"敬""爱"和"尊"取代之。这些新语素、新含义都成为复音词产生的重要基础，从而"敬老爱幼"成为常见四字成语。

《公羊传·隐公元年》："会，犹最也。"何休注："最，聚也。直自若平时聚会，无他深浅意也。”“最，聚也”是同义词训释。“直自若**平时聚会**，无他深浅意也”就是串讲，是对经义的阐释。

挹——挹取　《公羊传·僖公八年》：“盖酌之也。”何休注：“酌，挹也。时郑伯欲与楚，不肯自来盟，处其国，遣使挹取其血而请与之约束，无汲汲慕中国之心，故抑之使若叩头乞盟者也。”何休以“挹”释“酌”，同时又运用了双音词“挹取”。

以上注疏的释词部分可以直接在词典中使用。

释词和解经义（就是串讲）两种互补和并存，就是第三种。下面举虚词词组“**恶乎**”的注疏为例：

《公羊传·桓公六年》：“其贱奈何？外淫也。恶乎淫？”何休注：“恶乎，犹于何也。”《礼记·檀弓下》：“自吾母而不得吾情，吾恶乎用吾情？”郑玄注：“恶乎，犹于何也。”这是释词例。

《公羊传·庄公十二年》：“闵公矜此妇人，妒其言，顾曰：‘此虏也！尔虏焉故，鲁侯之美恶乎至？’”何休注：“恶乎至，犹何所至。”这是解释句义，“恶乎”表示疑问，可译为“在哪里，对什么”，故何休释为“何所”。

《孟子·梁惠王上》：“天下恶乎定？”赵岐注：“问天下安所定，言谁能定之？”赵岐用“安所”对释“恶乎”。这是串讲中揭示词义。

所以，同样是虚词词组“恶乎”，四例三组解释，含义相同，在注释方式上，则有释词、解句和串讲之别。

以上分类只是相对而言，互相交错，不宜截然区分。释词通常可以作为词典引用的证据，而串讲中也有解经义和词义两种情形，引用时就需要仔细辨认，不能够径直作为词典立义的根据，尤其揭示背景原因或隐含义的串讲是不能作为词典列义项根据的。黄侃先生所谓“解经之训诂”与“解文之训诂”不同的论述是很有深意的，需要我们好好体会①。

下面以《汉语大词典》为例，探讨词典中如何利用古注。

---

①　黄侃说：“说字之训诂与解文之训诂不同。小学家之训诂与经学家之训诂不同。盖小学家之说字，往往将一切义包括无遗。而经学家之解文，则只能取字义中之一部分。……是知小学之训诂贵圆，而经学之训诂贵专。”黄侃述，黄焯编：《文字声韵训诂笔记》，上海：上海古籍出版社，1983 年，第 192 页。

二、正确利用古注为词典编纂服务

东汉注疏的行文习惯和注释风格为中古时期词汇的兴盛注入了极大的活力，产生了很大影响。本节拟从三个方面举例探讨在词典释义中如何正确利用古注。

(一)利用古注准确阐释词义

现以“干谒”一词为例，说明利用古注的作用。《汉语大词典》对“干谒”的解释：

> 对人有所求而请见。《北史·郦道元传》：“(弟道约)好以荣利干谒，乞丐不已。”唐杜甫《自京赴奉先县咏怀五百字》：“以兹悟生理，独耻事干谒。”宋欧阳修《论举馆阁札子》：“士子奔竞者多，至有偷窃他人文字干谒权贵，以求荐举。”

这个释义不够确切。“干谒”是不以礼求见，即冒犯求见的意思。我们从两方面讨论之。

首先从语素义分析“干谒”。看古注对“干”的解释。《公羊传·宣公十二年》：“寡人无良边垂之臣，以干天祸，是以使君王沛焉。”何休注：“干，犯也。”《国语·晋语五》：“河曲之役，赵孟使人以其乘车干行。”韦昭注：“干，犯也；行，军列。”所以“干”有“冒犯、侵犯”义。通常是对上级或帝王的触犯，含贬义。

“干”在动宾结构双音词中，常常是冒犯义。如：

《左传·昭公三十二年》：“卫彪傒曰：‘魏子必有大咎，干位以令大事，非其任也。’”杨伯峻注：“此言魏舒以卿而居君位，颁命于诸侯，非其位任。”《文选·潘岳〈西征赋〉》：“咨景悼以迄丐，政凌迟而弥季，俾庶朝之构逆，历两王而干位。”张铣注：“(子朝)与悼王敬王争位，故云‘历两朝而干位’也。”“干位”即僭位，冒犯王位。

《后汉书·刘玄传》：“唯朱鲔辞曰：‘臣非刘宗，不敢干典。’遂让不受。”“干典”谓违犯法规。

《逸周书·宝典》：“十奸……八阿众干名。”汉桓宽《盐铁论·非鞅》：“比干剖心，子胥鸱夷，非轻犯君以危身，强谏以干名也。”“干名”即强求名位①。

《后汉书·蔡邕传》：“蜺墯鸡化，皆妇人干政之所致也。”《魏书·天象志四》：“至七月，齐武帝殂，西昌侯以从子干政，竟杀二君而自立，是为齐明帝。”晋袁宏《后汉纪·桓帝纪》：“故太尉李固、杜乔以直言干政，遂见残灭，贤愚伤心。”“干政”是指用不合礼的手段干预政事。

《宋书·庐陵王义真传》：“臣虽草芥，备充黔首，少不量力，颇高殉义之风，谓蹈善于朝闻，愈徒生于白首。用敢干禁忘戮，披叙丹愚。”《旧唐书·文苑传下·刘蕡》：“如无治人之术者，不当授任此官，则绝干禁之患矣。”“干禁”即犯禁，触犯禁律。

以上复音词都可以进一步证明“干”有“犯”义，即触犯、冒犯，也就是不合乎礼仪的行为，而且大多用于贬义。当然，也不尽然。如《汉书·叙传下》：“建平质直，犯上干色。”《汉语大词典》说“干色”：“犹犯颜。色，指对方的脸色。”这个解释是正确的。而《汉语大词典》对上述复音词的解释大多不够准确。

关于“谒”的古注。《礼记·月令》：“（孟春之月）先立春三日，太史谒之天子曰：‘某日立春。’”郑玄注：“谒，告也。”《左传·隐公十一年》：“无宁兹许公复奉其社稷，唯我郑国之有请谒焉，和旧昏媾，其能降以相从也。”杜预注：“谒，告也。”《说文》：“谒，白也。”段玉裁注引《广韵》：“白，告也。”

所以“谒”是面见禀告的意思。往往是下级对上级的求见陈说。《史记·范雎蔡泽列传》：“唯睢亦得谒，睢请为君见于张君。”《后汉书·廉范传》：“陇西太守邓融备礼谒范为功曹。”当面陈述的事情可以不同。《韩非子·五蠹》：“楚之有直躬，其父窃羊而谒之吏。”《史记·苏秦列传》：“臣闻明王务闻其过，不欲闻其善，臣谓谒王之过。”这是禀报过失。

看看与“谒”同义互训的“请”，可以加深理解。《左传·昭公十六年》：“宣子谒诸郑伯。”杜预注：“谒，请也。”《说文·言部》：“请，谒也。”段注：“周礼：春朝秋覲。汉改为春朝秋请。《周礼·春官》诸侯见王六礼：春见曰朝，夏见曰宗，秋见曰覲，冬见曰遇，时见曰会，殷见曰同。”“谒”与“请”同义，是面见禀告

① 《汉语大词典》有“干名采誉”词条，谓“以不正当手段猎取名誉”。这个解释是正确的，“干名”与“采誉”为两个动宾词组的并列。《汉书·终军传》：“而直矫作威福，以从民望，干名采誉，此明圣所必加诛也。”

的意思，故有“请谒”连言。《史记·张仪列传》：“犀首乃谓义渠君曰：‘道远不得复过，请谒事情。’”司马贞索隐：“谓欲以秦之缓急告语之也。”这是具体的面见禀告。《列子·力命》：“在家熙然有弃朕之心，在朝谔然有敖朕之色；请谒不相及，遨游不同行。”汉荀悦《汉纪·武帝纪一》：“请谒无所行，货赂无所用，民志定矣。”这是泛指的面见请求。

把古注带入，就会清楚“干谒”就是冒犯求见，冒犯请求。所以关注古注，就会对“干谒”得出正确的解释。

其次，作为动词双音词，我们还可以比照“干”组成的同类双音词，以明确“干谒”的含义。

《后汉书·史弼传》：“**干犯**至戚，罪不容诛。”《后汉书·窦融传》：“穆等遂交通轻薄，属托郡县，**干乱**政事。”《旧唐书·文苑传下·刘蕡》：“羁绁藩臣，**干陵**宰辅，隳裂王度，汩乱朝经。”以上“干犯”即触犯、冒犯；“干乱”即触犯扰乱；“干陵”也是触犯欺凌，皆为并列结构双音词，两个语素意义相近。

《三国志·魏志·程昱传》：“显分明例，其致一也。初无校事之官**干与**庶政者也。”《三国志·魏志·杨俊传》“众冤痛之”裴松之注引三国魏鱼豢《魏略》：“车驾南巡，未到宛，有诏百官不得**干豫**郡县。”《晋书·王衍传》：“衍妻郭氏……好干预人事，衍患之而不能禁。”“干与”“干豫”“干预”都是无礼过问或参预(其事)。现代汉语依然有“干预”一词，例略。

《后汉书·东夷传·濊》：“其俗重山川，山川各有部界，不得妄相**干涉**。”“干涉”是个贬义词，就是违规过问，无礼涉及。现代汉语的“干涉”依然是这个用法，但有时也作为中性词使用。

《三国志·魏志·王观传》：“爽等奢放，多有**干求**，惮观守法，乃徙为太仆。”《北齐书·薛琡传》：“临终，敕其子敛以时服，踰月便葬，不听干求赠官。”“干求”即违规求取。

以上三例“干预”“干涉”“干求”也是动词语素的并列，看作连动或状中结构亦可。而“干谒”正是此类结构，与“干求”例最为接近，就是无礼求见的意思。《公羊传·定公四年》：“伍子胥父诛乎楚，挟弓而去楚，以干阖庐。”何休注：“不待礼见曰干。”“不待礼见”就是不依礼相见，就是冒犯的意思，所以何休的注最为准确。《史记·范雎蔡泽列传》：“蔡泽者，燕人也。游学干诸侯小大甚众，不遇。”亦其例。

《汉语大词典》“干”的义项四是“干谒”，正是引用了上例《公羊传》何休注。但是怎么理解“干谒”？上引《汉语大词典》“干谒”条，解释是：“对人有所求而请见。”这就完全体现不出“不待礼见”的含义了①。词典将“干谒”理解为“对人有所求而请见”可能涉及后世词义的变化。后世在使用“干谒”时，更强调“干谒”的目的（即功名利禄），而较少强调“干谒”的手段（不待礼见），“干谒”往往表示的意思是“为了功名利禄而求见”。如《旧唐书·裴潾传》：“臣伏以真仙有道之士，皆匿其名姓，无求于代……岂肯干谒公卿，自鬻其术？”唐杜甫《自京赴奉先县咏怀五百字》：“独耻事干谒，兀兀遂至今。”是其义。但是词义的源头与本义是词典编纂者必须首先关注的。

（二）利用古注明确词语结构关系与词性

解释了词义，解析了词语结构关系，这应当是注疏最大的价值，也是我们常常采用注疏作为根据的主要原因。但是在利用注疏分析词语结构方面，我们还有很多工作要做。这里仅举几个例子：

例一、“极致”

“极致”和“致极”在《汉语大词典》中都有收录。对“极致”的释义是：“最佳的意境、情趣；达到的最高程度。”这个释义在结构上有些含混，似乎是偏正关系。引用的例证是何休《〈春秋公羊注疏〉序》：“昔者孔子有云：‘吾志在《春秋》，行在《孝经》。’此二学者，圣人之极致，治世之要务也。”

再看对“致极”的释义：“达到极善美的境地。”这个释义明确是动宾关系。例证是汉董仲舒《春秋繁露·官制象天》：“天以四时之选与十二节相和而成岁，王以四时之选与十二臣相砥砺而致极。道必极于其所至，然后能得天地之美也。”哪一个正确？不妨看看注疏给我们的启发：

> 《国语·吴语》：“饮食不致味，听乐不尽声。”韦昭注：“致，极也。不极五味之调。”
>
> 《礼记·礼器》：“礼也者，物之致也。”郑玄注：“致之言至也，极也。”

由此可以明确知道“极致”“致极”连言，均为同义并列结构，谓最高境界。

---

① 为什么引用了何休注却没有理解对？也许因为何休注用了下定义的方法，这种解说，往往不适合直接用于句子中。

也正因为同义，才可以有两种语素顺序。而最终保留下来的“极致”符合了现代汉语语音排列的平上去入调序原则。《旧唐书·薛放传》：“经者，先圣之至言，仲尼之所发明，皆天人之极致，诚万代不刊之典也。”宋严羽《沧浪诗话·诗辨》：“诗之极致有一，曰入神。诗而入神，至矣，尽矣，蔑以加矣。”是其例。汉语词语有名词、动词同为一体的规律①，所以，作为动词，“极致”“致极”应当解释为“达到最高境界”，上引《春秋繁露》的例子，正是作为动词使用的。《汉语大词典》所说“达到的最高境界”属于名词义。

例二、“执守”

《汉语大词典》“执守”一词有两个释义：

> 1. 持守；坚持。《参同契》卷下：“栖迟僻陋，忽略令名，执守恬淡，希时安平。”宋范仲淹《上时相议制举书》：“然必顾瞻礼义，执守规矩，不犹愈于学非而博者乎！”2. 犹操守。亦指保持节操。唐赵璘《因话录》卷五：“裴公曰：‘公诚佳士，但此官与公不相当，不敢以故人之私，而黷朝廷纲纪……’其执守如此。”《续资治通鉴·宋太宗太平兴国八年》：“上无执守，为汝辈所惑。”②

这个释义是否正确？我们看古注：

> 《礼记·曲礼上》：“坐必安，执尔颜。”郑玄注：“执，犹守也。”

显然“执守”构成同义并列双音词。而其他的古注也可以验证这一点。《广韵·缉韵》：“执，守也。”《字汇·宀部》：“守，执守。”《老子》第三十五章：“执大象，天下往。”河上公注：“执，守也。”可见注家的注释风格是一致的。从词义上看，“执守”作为动词就是“坚持”“坚守”；而专用于人品性的执守，就特指保持节操，转为名词，就是“操守”，所以其含义的顺序应当是：1. 持守；坚持。2. 保持节操。亦指操守。

再讨论与之相关的“操守”一词。

---

① 可参沈家煊：《词类的类型学和汉语的词类》，《当代语言学》，2015年第2期。

② 引例有所删节。

例三、"操守"

《汉语大词典》"操守"的释义是：

1. 平素的品行志节。《新唐书·裴度传》："度退然才中人，而神观迈爽，操守坚正，善占对。既有功，名震四夷。"《明史·刘宗周传》："未有操守不谨，而遇事敢前，军士畏威者。"2. 执持善行，固守志节。宋苏轼《赐守尚书右丞胡宗愈辞恩命不允诏制》："卿昔在谏垣，首开正论，出入滋久，操守不回。"宋罗大经《鹤林玉露》卷一："此说却是正理，如吾儒易箦、结缨之类，皆是平日讲贯得明、操守得安、涵养得熟，视生死如昼夜，故能如此不乱。"①

其实，"操守"也是动词语素的同义并列。这里侧重分析语素"操"。

(1)"操"有具体的"执持，拿着"义。《礼记·曲礼上》："谋于长者，必操几杖以从之。"孔颖达疏："操，执持也。"《史记·高祖本纪》："乃遣张良操印绶立韩信为齐王。"现代汉语还有"操家伙"，通常指抓起打人用的物件。

(2)拿着使用就是"操控"。《荀子·议兵》："衣三属之甲，操十二石之弩。"唐韩愈《与祠部陆员外书》："喜率兄弟操耒耜而耕于野。"

(3)对乐器的操控就是"弹奏"。《左传·成公九年》："使与之琴，操南音。"南朝梁刘勰《文心雕龙·知音》："凡操千曲而后晓声，观千剑而后识器。"转为名词，就是操控的对象：琴曲。《史记·宋微子世家》："纣为淫泆，箕子谏，不听……乃被发详狂而为奴，遂隐而鼓琴以自悲，故传之曰《箕子操》。""箕子操"犹言"箕子曲"。而裴骃集解引应劭《风俗通》："其道闭塞忧愁而作者，命其曲曰操。操者，言遇灾遭害，困厄穷迫，虽怨恨失意，犹守礼义，不惧不慑，乐道而不改其操也。"这个解释作为对文义的串讲发挥是可以的，作为词典释义的根据就有些附会了。"命其曲曰操"源于操控琴，弹奏出乐曲。这与"乐道而不改其操"没有联系。北魏郦道元《水经注·汶水》："昔夫子伤政道之陵迟，望山而怀操，故琴操有《龟山操》焉。"亦其例。

(4)对人体胳膊腿的操控就是"操练，做操"。

(5)对抽象事物的"操控"就是"掌握，控制"。《商君书·算地》："主操名利

① 例证有省略。

之柄而能致功名者,数也。"《史记·酷吏列传》:"为人上,操下如束湿薪。""操下"犹言"治下""御下"。现代汉语还有"稳操胜券",这是一种比喻用法。

(6)对道德等抽象观念的掌控就是"坚守品性",转为名词,就是"操守,志节"。《孟子·滕文公下》:"充仲子之操,则蚓而后可者也。"《汉书·张汤传》:"汤客田甲虽贾人,有贤操。"颜师古注:"操谓所执持之志行也。"颜注准确显示了"操"由动词转为名词的过程。现代汉语还有"节操""操行"等。

再回头看词典"操守"的释义,应当与"执守"同样:"1.持守;坚持。2.保持节操。亦指操行。""操守"为同义并列结构。五代王定保《唐摭言校证》卷四《节操》:"孙泰,山阳人,少师皇甫颖,操守颇有古贤之风。""操守",影宋本、管本、阁本、荟要本皆作"守操"。这是"操守"与异文"守操"并存的例子。

例四、"持守"

这也是与前面"执守""操守"二例密切相关的复音词。《汉语大词典》"持守"有三个义项:

> 1.守成。宋董弅《闲燕常谈》:"圣意匪独俛同韦布之士,留神经术,仰见竞竞图治,不安持守之深意,天下幸甚。"2.操守。清魏源《杨子慈湖赞》:"龙溪持守不如敬仲真,希元、悟修皆非敬仲之匹。"3.指坚持操守。许地山《命命鸟》:"若是父亲许我入圣约翰海斯苦尔,我准保能持守得住,不会受他们底诱惑。"

其实,"持守"也是并列结构。我们看古注:

> 《国语·越语下》:"夫国家之事,有持盈,有定倾。"韦昭注:"持,守也。"
>
> 《宋本玉篇·夲部》:"执,持也,守也,结也。"

《诗·大雅·凫鹥》序:"能持盈守成。"孔颖达疏:"持、守之义亦相通也。"这是"持"与"守"同义且错综成文的例子。《汉书·叙传》:"崇执言责,隆持官守。"这是"执""持"对文同义的例子。《汉书·张汤传》颜师古注即是"执持"并列的例子。

所以"持守"与"执守"完全相同,其含义也应当与"执守"同样:1.执守;坚持。2.保持节操。亦指操守。

我们上面举了“执守”“操守”“持守”三个密切相关的同义同构双音词，即结构、含义完全相同。词典在释义时应当利用古注，明确其结构关系和词性，并根据同步构词规律，让注释语保持一致。

（三）利用古注分析词义层级

引用古注，需要好好斟酌，义项需要有概括性，不能完全因古注而设立义项。这本是一个简单的问题，但在词典编纂中此类失误很多，应当引起重视。比如上文讨论的“操”，《公羊传·庄公三十年》：“子司马子曰：‘盖以操之为已蹙矣。’”何休注：“操，迫也；已，甚也；蹙，痛也。迫杀之甚痛。”《汉语大词典》据此设立一条：“‘操’通‘躁’。蹙迫。”其实，“操之为已蹙”相当于“操之过急”，何休释文义是，但对“操”的注释并不准确，辞书不应仅据此设立义项。

《礼记·哀公问》：“固臣敢无辞而对。”郑玄注：“辞，让也。”《礼记·坊记》：“无辞而行情则民争。”郑玄注：“辞，辞让也。”《公羊传·隐公元年》：“隐于是焉而辞立。”何休注：“辞，让也。”由此说明，先秦多用“辞”，汉代多用“让”。但是“辞让”构成双音词，先秦已偶有用例，《礼记·曲礼上》：“长者问，不辞让而对，非礼也。”这些注释，至少能够显示词语的流行度与基本意义。

《国语·周语下》：“二后受之，让于德也。”韦昭注：“推功曰让。”其实，准确说来，应当是“推辞曰让”。因为文中是对“德”的“推让”，故释曰“推功曰让”，而“推功”只是推让的一个方面。看《史记·淮阴侯列传》：“解衣衣我，推食食我。”这里的“推”就是“推让”义，不能跟功德相应。我们以《汉语大词典》“让”的部分义项①为例讨论义项的层次问题：

> 2. 谦让；推辞。《书·尧典》：“允恭克让。”孔颖达疏引郑玄曰：“推贤尚善曰让。”《楚辞·九章·怀沙》：“知死不可让，愿勿爱兮。”王逸注：“让，辞也。”唐王勃《上刘右相书》：“江海不让纤流，所以存其广。”3. 指把好处让给别人。《吕氏春秋·行论》：“尧以天下让舜。”高诱注：“让，犹予也。”唐韩愈《凤翔陇州节度使李公墓志铭》：“太傅薨，公兄弟让嗣，公竟弃其家自归京师。”4. 出让；转让。《儿女英雄传》第一回：“住不了许多房间，又不肯轻弃祖业，倒把房子让给远房几家族人来住。”老舍《茶馆》第一幕：“您

① 为了分析方便，我们只引直接相关的义项，并适当删减例证。

爱吗？就让给您！”5.避开；退让。银雀山汉墓竹简《孙膑兵法·威王问》：“威王问：‘敌众我寡，敌强我弱，用之奈何？’孙子曰：‘命曰让威。’”6.推，推举。元李致远《还牢末》楔子：“哥哥三打祝家庄身亡之后，众兄弟让我为头领。”《水浒传》第四九回：“弟兄两个，都使浑铁点钢叉，有一身惊人的武艺。当州里的猎户们都让他第一。”7.举手与心平。古礼仪式的一种。《仪礼·聘礼》：“宾入门，皇；升堂，让。”郑玄注：“让，谓举手平衡也。”贾公彦疏：“谓若《曲礼》云：‘凡举者当心。’下又云：‘执天子之器则上衡。’注云：‘谓高于心。’‘国君，则平衡。’注云：‘谓与心平。’”10.用酒食之类款待；请人接受招待。《左传·成公十二年》：“若让之以一矢，祸之大者，其何福之为？”杨伯峻注：“让读为饟。见于鬯《校书》。”《红楼梦》第四七回：“（薛蟠）左一壶，右一壶，并不用人让，自己就吃了又吃，不觉酒有八九分了。”11.请安。《红楼梦》第一〇九回：“宝钗起来梳洗了，莺儿、袭人等跟着先到贾母那里行了礼，便到王夫人那边起，至凤姐，都让过了。”13.便秘而后又腹泻。《急就篇》卷四：“消渴欧逆欬懑让。”颜师古注：“让，大便节蕰积而利也。”

以上我们截取了相关的9则义项，而这些释义可以分层级概括如下：“让”是推辞、辞让义。析言之，推辞好处，就是“谦让”（义项2）；从宾语角度说，是“谦让于”（义项3），即“给予”“推举”（义项6）；谦让的手势动作就是“举手与心平”的礼仪（义项7），并引申出对亲人的施礼问安（义项11）；辞让而获利，就是“出让；转让”（义项4）。推辞坏处，就是“避让，退让”（义项5）。所以，王逸注“让，辞也”是最合适的注释。目前的释义零散，不在同一个层级，而且关系不明。文例引《楚辞·九章·怀沙》：“知死不可让，愿勿爱兮。”这是对坏处的推辞，即避让义，当列于“避开；退让”义。义项13《急就篇》腹泻是肠道对所容物的推辞，也就是排斥。义项10“用酒食之类款待；请人接受招待”释义有误，其中《红楼梦》例是“谦让”“给予”义。关于《左传·成公十二年》例，原文如下：

晋郤至如楚聘，且莅盟。楚子享之，子反相，为地室而县焉。郤至将登，金奏作于下，惊而走出。子反曰：“日云莫矣，寡君须矣，吾子其入也！”宾曰：“君不忘先君之好，施及下臣，贶之以大礼，重之以备乐。如天之福，两君相见，何以代此。下臣不敢。”子反曰：“如天之福，两君相见，无亦唯是一矢以相加遗，焉用乐？寡君须矣，吾子其入也！”宾曰：“若让之以一矢，祸之大者，其何福之为？”

原文很清楚，《左传》例的“让”是避让、推让的意思。意思是子反说：如果有天赐之福，则两君相见；若无福就是用武器（一矢）相加，即发生战斗，哪里需要奏乐？寡君等待很久了，请你进来吧！郤至回答：如果谦让于战事（一矢），就是大祸临头，哪有福气可言！杨伯峻与于鬯的注没有根据，也找不到相关证据。义项10应当排除。

所以，建议词典在为多义词设立义项时，应该分出层级。比如“让”这个意义的释义可以是：推辞。（1）推辞好处，谦让（于），包括：转让；谦让的动作、问安。（2）推辞坏处，避让。（3）排斥；腹泻。关于“让”其他释义，限于篇幅，这里暂不讨论。

简言之，在进行汉语词汇史研究时，像东汉注疏这样的早期注释材料独具魅力，不仅仅体现了语料的真实性、时代性、通俗性，就与其字数相当的其他类型的文献作品相比，注疏语料既能为大批量的复音词产生创造条件，又能呈现词语兴衰演化的轨迹，是不可或缺的宝贵语料，应当引起我们的重视。

第二节　正确理解古注的必要性：以“奋首”高诱注为例①

我们解释词义，其依据主要是文献原典的含义与前贤的注释。因此，正确理解古注就显得十分必要了。这里主要讨论理解古注时要注意的两方面问题：一是古今沟通中既要关注词语联系性又要关注差异性；二是先贤古注既可以是释词，也可能是解经，需要分辨二者的不同。

古今汉语具有一致性和连续性，古今是完全可以沟通的。有些词的本义，或者说造字义已经湮没了，目前无法找到确切的信息。但是现代汉语依然存在、依然使用的许多词语义项有助于我们探寻和提取其核心义，从而合理解释

①　原文发表于《中国训诂学报》第5期。内容有所删改。

义项间的关系，排除错误的释义。同时古今词义具有一定的差异性，我们不能依据今天的用法去理解古代词义。关于先贤的注释，我们不能直接搬来移入词典，因为古注有解词义和解句义的不同，需要仔细分辨。下面通过“奋首”这个例子说明这两个问题。

古汉语中有“奋首”一词，《汉语大词典》收有二义。1.摇头，表示疲困。《淮南子·览冥训》：“人羸车獘，泥涂至膝，相携于道，奋首于路。”高诱注：“奋首，民疲于役，顿仆于路，仅能摇头耳，言疲困也。”2.犹仰首。《后汉书·董卓传》：“因集议废立，百僚大会，卓乃奋首而言。”“奋首”是否可以表示摇头？“摇头”是什么意思？如何理解“言疲困也”？“奋首”为什么表示仰首？下面逐一讨论。

一、“奋首”——核心义有助于准确理解词义

“奋首”见于《淮南子·览冥》：“厮徒马圉，軵车奉饷，道路辽远，霜雪亟集，短褐不完，人羸车弊，泥涂至膝，相携于道，奋首于路，身枕格而死。”高诱注：“奋首，民疲于役，顿仆于路，仅能摇头耳，言疲困也。”“摇头”可以是头上下左右的晃动，不仅仅局限于左右动。《玉篇》：“馸，马摇头也。”《集韵》：“马惊谓之馸。”又，《玉篇》：“駊騀，马摇头。”此亦是上下方向的摆动。据说马的习性，往往因受惊、疲乏、疼痛而仰头，若左右摆头则是挑衅好斗之兆。此句中高诱注的“摇头”，其实就是头向上的运动，“奋首”就是仰首之义。所以高诱注不误。

从语义看，《淮南子》这段话言七国用兵，奴仆、马夫推车运送粮饷之事。路途遥远，霜雪交加，衣衫破烂，人困车破，烂泥至膝，因此人们在道路上只有相扶前行。“奋首于路”并不是说仆于路仅能摇头，而是说拉车之马夫只能仰头挣扎前行，最后往往身子枕着车辂死去①。根本不是现代汉语的“摇头”义，“摇头”也没有产生疲困义的理据。

---

① 这段高诱注也有一些问题。如关于“枕格”，高注：“格，搒床也。言收民役赋不毕者，搒之于格上，不得下，故曰‘枕格而死’。”王念孙《读书杂志》已经指出此段有误：“高说‘枕格’之义非也。格音胡格反，与辂同，谓挽车之横木也。……‘身枕格而死’，谓困极而仆，身枕挽车之木而死也……‘奋首于路，身枕格而死’皆承上‘人羸车弊’而言。若以‘身枕格’句为死于搒掠，则与上文全不相属矣。”王念孙已经指出，“奋首于路，身枕格而死”皆承上“人羸车弊”，因此反观前半句“奋首于路”也是言行车之辛劳，昂首拉车的状态。

因为对高诱注“摇头”义的误解，不独《汉语大词典》误设“疲困”义，也引起了清末以来众多学者的讨论。一是有修改字句者。俞樾《诸子平议·淮南内篇二》云：“高说极为迂曲，原文本作‘奋于首路’。首犹向也。”于省吾云：“俞氏训首为向，是也，改为‘奋于首路’则非。‘奋首于路’谓奋勉以向于路。”

二是有误解“奋首”者。何宁案：“《曲礼》‘奋衣由右上’，郑注：‘奋，振去尘也。’是奋有振义。輓车者头必应[用]力振动，故曰‘奋首’也。”①

三是以通假解释者。许建平云：“‘奋’当为‘偾’之借字。奋、偾古同音。……‘奋首于路’者，仆首于路也。”②

俞樾改为“奋于首路”语句不通；于说“奋勉”意思是，然不是解字，“首”也不是“向”；何宁解释“振动头”，近似而未达一间；许建平“偾首”的解释未见用例。“奋首”不误，字义就是仰头。与之类似的有“奋头”。《北史·隋房陵王勇传》：“乃向西北奋头，喃喃细语。”《资治通鉴·梁武帝大同四年》：“敖曹知不免，奋头曰：‘来！与汝开国公。’”“奋头”就是仰头，抬头。《尔雅·释兽》：“豦，迅头。”郭璞注：“今建平山中有豦，大如狗，似猕猴，黄黑色，多髯鬣，好奋迅其头，能举石擿人，玃类也。”《本草纲目》《蠕范》等书引文，均作“好奋头举石掷人”。“奋头”即是“奋迅其头”，就是仰头。“奋迅”同义并列。《汉语大词典》解释“奋首”为“奋然抬头”，也不确切。

诸家都重新解释“奋首”，原因有二，一是认为高诱释“奋首”为“摇头”是不对的，其实他们忽视了“摇头”的古今异义，高诱注中的“摇头”就是抬头、仰头的意思，详后。二是对“奋首”的“奋”字，均未有确诂。唯有马宗霍从造字之义入手，揭示了“奋”的准确含义：“《说文·奞部》云：‘奋，翬也。从奞在田上。’‘奞，鸟张毛羽自奋也。’引申之，则奋有仰举之义。……‘奋首’犹仰首矣。”马注甚确，兹阐发如下。

“奋”的本义是鸟振翅，展翅欲飞。《说文·奞部》：“奮，翬也。从奞在田上。”桂馥义证：“鸟之奮迅，即毛起而身大，故字从奞在田上。”实际就是振翅起飞的样子。《尔雅·释鸟》：“雉绝有力，奋。”晋郭璞注：“诸物有气力多者，无不健自奋迅，故皆以名云。”用的正是本义。

① 何宁：《淮南子集释》，北京：中华书局，1998年，第495页。

② 许建平：《〈淮南子〉补笺》，《中国典籍与文化论丛》第6辑，北京：中华书局，2000年。

“奋”由本义抽象出的特征义就是“用力举起”，扬起。故《广韵·问韵》：“奋，扬也。”《广雅·释言》：“奋，振也。”许慎的解释是其造字义，《广韵》《广雅》所言，正是其特征义，我们称之为核心义，因为利用这个核心特征，可以解释许多文献用例的含义。

“奋”不独用于飞禽，也形容走兽扬蹄或须毛立起来的样子。《后汉书·方术传下·蓟子训》：“（子训）徐出以杖扣之，驴应声奋起，行步如初。”“奋起”就是抬蹄奔跑。“不用扬鞭自奋蹄”的“奋”也是其例。三国魏曹植《七启》：“哮阚之兽，张牙奋鬣，志在触突，猛气不慑。”“奋鬣”形容动物头颈长毛张开。

人四肢的伸展动作也用“奋”。《礼记·乐记》：“粗厉、猛起、奋末、广贲之音作，而民刚毅。”郑玄注：“奋末，动使四支也。”孔颖达疏：“奋末，谓奋动手足。”汉贾谊《过秦论》：“是以陈涉不用汤武之贤，不藉公侯之尊，奋臂于大泽，而天下响应者，其民危也。”晋陆机《汉高祖功臣颂》：“奋臂云兴，腾迹虎噬。”“奋臂”就是振臂。

人身体的挺出也称“奋”。《后汉书·耿秉传》：“秉奋身而起曰：‘请行前。’”《三国志·魏书·武帝纪》裴松之注：“明公奋身出命以徇其难，诛二袁篡盗之逆，灭黄巾贼乱之类。”苏轼《与章子厚书》：“愚夫小人，以一言感发，犹能奋身不顾，以遂其言。”宋秦观《贺孙中丞启》：“三朝充谏诤之官，奋身不顾。”“奋身”犹言挺身而出①。

还可以抽象为表示人心灵情感的震动。《史记·高祖本纪》：“独项羽怨秦破项梁军，奋，愿与沛公西入关。”司马贞索隐引韦昭曰：“奋，愤激也。”

其他事物甚至天地的振动也用“奋”。《易·豫》：“雷出地奋，豫。”孔颖达疏：“奋是震动之状。”

简言之，鸟展翅起飞是其本义，施用于其他事物，表达的是“奋”的特征义：用力向上。

二、“摇头”——要重视词义的古今差异

上文已经分析，“奋首”是仰头义，那么，与“摇头”是什么关系？我们需要

---

① 司马迁《报任安书》：“常思奋不顾身以徇国家之急。”《梁书·武帝纪上》：“复誓旅江甸，奋不顾身……克歼大憝，以固皇基。”现代汉语中则以“奋不顾身”为这个成语的常态。

理解“摇头”的含义。“摇头”是现代汉语常用词,《汉语大词典》的解释是:“表示否定,不以为然。”这个解释对于现代汉语来说,是很恰当的,《儿女英雄传》第二回:“太太听了只是摇头,老爷也似乎不以为可。”鲁迅《集外集拾遗补编·名字》:“倘给别人知道,一定要摇头的。”是其例。

在古代文献中,“摇头”未必都“表示否定,不以为然”的意思。《史记·滑稽列传论》:“优孟摇头而歌,负薪者以封……岂不亦伟哉!”《梁诗》卷十二王僧孺《白马篇》:“千里生冀北,玉鞘黄金勒。散蹄去无已,摇头意相得。”从上下文可以看出,两例“摇头”显然是得意洋洋的样子,不表示否定或不以为然。唐白居易《醉中得上都亲友书咏而报之》:“没齿甘蔬食,摇头谢搢绅。”“摇头感谢”,怎么能够“不以为然”?

由“摇头”组成的四字格音节的例子挺多,通常为并列结构,同样不表示否定的含义。如敦煌本《佛说父母恩重经》:“其儿遥见我来,或在兰车,摇头弄脑,或复曳腹随行,呜呼向母。”“摇头弄脑”就是“摇晃着脑袋”的意思。

《五灯会元·宝峰文禅师法嗣·宝华普鉴禅师》:“老水牯牛近日亦自多病多恼,不甘水草。遇着暖日和风,当下和身便倒。教渠拽杷牵犁,直是摇头摆脑。”《五灯会元·昭觉勤禅师法嗣·南峰云辩禅师》:“师若摇头,弟子摆尾。”明朱有燉《老人灯》:“可怜亦被风光引,摆手摇头学后生。”“摇摆”同义,“摇头摆脑”“摆手摇头”均为并列结构。以上诸例“摇头”是晃头的意思,可以左右晃,也可以上下动,均不表示否定义。现代汉语还有“摇头晃脑”“摇头摆尾”的用例,也同样没有表示否定的意思。

现代汉语中“摇头”仅理解为表示否定,不以为然义,是因为我们把“摇头”局限于头的左右晃动,而从文献用例看,“摇”的动作方式绝不仅限于左右摆动。

考《说文·手部》:“掉,摇也。摇,动也。”段玉裁注:“掉者,摇之过也。摇者,掉之不及也。”“摇”的核心义是“动”,晃动。故“动摇”连言。由核心义“晃动”制约,“摇”可以表示以下义项:

第一,横向的四周晃动称“摇”。《古诗十九首·回车驾言迈》:“四顾何茫茫,东风摇百草。”谓百草晃动。《汉书·蒯通传》:“且郦生一士,伏轼掉三寸舌,下齐七十余城。将军将数万之众,乃下赵五十余城。”师古曰:“掉,摇也。”晋傅玄《墙上难为趋》:“吐言若覆水,摇舌不可追。”唐元稹《出门行》:“言者未摇舌，无人敢轻议。”可见舌的晃动称“摇舌”，犹言“鼓舌”。《抱朴子内篇·杂应》：“清晨建齿三百过者，永不摇动。”牙齿的松动也称“摇”。

第二，纵向的由下向上的运动称“摇”。《楚辞·九章·抽思》：“愿**摇起**而横奔兮，览民尤以自镇。”“摇起”即举起，正与“横奔”相对①。汉班固《西都赋》：“遂乃**风举云摇**，浮游溥览。”此例“举”与“摇”对文同义，都是举起、高起之义。《汉书·礼乐志》：“天马徕，执徐时，将摇举，谁与期。”“摇举”连言，谓腾升高举。南朝梁江淹《恨赋》：“摇风忽起，白日两匿。”“摇风”就是高高扬起的暴风。而“摇头”也可以表示头向上的意思，就是仰头。“摇”可以指上下举动，犹言举、起。《隋书·天文志·流星》：“有飞星大如缶若瓮，后皎然白，前卑后高，摇头，乍上乍下，此谓降石，所下民食不足。”“摇头”的方向是“乍上乍下”。《广雅·释诂》云：“摇，上也。”

古书中有“摇足”一词，犹言举足，迈步。《史记·萧相国世家》：“且陛下距楚数岁，陈豨、黥布反，陛下自将而往，当是时，相国守关中，摇足则关以西非陛下有也。”汉赵壹《穷鸟赋》：“思飞不得，欲鸣不可，举头畏触，摇足恐憧（堕）。”《梁书·忠壮世子方等传》：“吾之进退，恒存掌握，举手惧触，摇足恐堕。”此例以“举手”与“摇足”对应，“摇”即“举”也。

第三，人眼、唇等的动，也称“摇”，本质上就是开合②。慧琳《一切经音义》卷二二“不瞬”条：“瞬，舒闰反。《说文》曰：‘瞬谓目开闭数摇也。’字正体作瞚，今并随俗作瞬也。”“数摇”就是数动，即频繁眨眼。《庄子·盗跖》：“摇唇鼓舌，擅生是非，以迷天下之主。”《魏书·萧衍传》：“曲体胁肩，摇唇鼓舌，候当朝之顾指，邀在位之余论。”“摇唇”是口唇的开合，指说话。现代汉语还有“摇唇鼓舌”的说法，形容人多言、善辩。

第四，泛指各种晃动。与“摇”结合的复音词，可以证明之：汉司马相如《上林赋》：“泛淫泛滥，随风澹淡，与波摇荡，奄薄水渚。”“摇荡”是水波的动荡。汉班固《东都赋》：“日月为之夺明，丘陵为之摇震。”“摇震”是山川的震动，晃动。汉贾谊《新书·容经》：“臂不摇掉，肩不下上。”“摇掉”状臂膀摆动，可以上下，

---

① 王念孙《读书杂志馀编·楚辞》：“摇起，疾起也。疾起与横奔，文正相对。《方言》曰：‘摇，疾也。’”所说未确。

② 这与上下动也是同类的。

也可以左右。唐李白《古风》之四二:“摇裔双白鸥,鸣飞沧江流。”王琦注:“摇裔,犹摇荡也。”“摇裔”状鸟上下翻飞貌。

又有“步摇”,古代妇女附在簪钗上的一种首饰,亦取迈步而产生的晃动义①。《释名・释首饰》:“步摇,上有垂珠,步则摇动也。”晋傅玄《艳歌行有女篇》:“头安金步摇,耳系明月珰。珠环约素腕,翠羽垂鲜光。”唐薛涛《斛石山书事》:“王家山水画图中,意思都卢粉墨容。今日忽登虚境望,步摇冠翠一千峰。”皆其例。

第五,抽象的动。《商君书・徕民》:“以大武摇其本,以广文安其嗣。”通常比喻人心起伏②。一是谓人心激动,受到鼓舞。《庄子・天地》:“大圣之治天下也,摇荡民心,使之成教易俗。”南朝梁钟嵘《诗品・总论》:“气之动物,物之感人,故摇荡性情,形诸舞咏。”“摇”表示鼓舞人心,即所谓怦然心动。二是指人心动荡不安。《史记・郦生陆贾列传》:“楚汉久相持不决,百姓骚动,海内摇荡。”北周庾信《哀江南赋》:“天下之事没焉,诸侯之心摇矣。”

“奋”是扬起,“摇”在仰头这个意义上与“奋”发生了联系,《楚辞・九叹・远游》:“摇翘奋羽,驰风骋雨,游无穷兮。”“摇翘奋羽”即摇奋翘羽。还可以“奋摇”连言。《汉书・礼乐志》:“天马徕,执徐时,将摇举,谁与期。”颜师古注:“言当奋摇高举,不可与期也。”《汉书》“摇举”连言,谓腾升高举。所以颜师古以“奋摇”释“摇”。这是二者联系的一个重要例子。所以“摇头”可以是举头、仰头的意思,与“奋首”同义,高诱的注并没有错,是我们理解错了。我们犯了以今释古的错误。

因为“摇头”古今意义的变化,误解的例子当不止于此。《左传・襄公二十六年》:“大夫逆于竟者,执其手而与之言。道逆者,自车揖之。逆于门者,颔之而已。”杜预注:“颔,摇其头。言衎骄心易生。”杜注的“摇其头”当是点头的意思。但是段玉裁也在《说文》“䪵,低头也”后引《左传》例说:“《释文》:颔本又作頷。按依许则颔頷皆非也。杜注‘摇头’亦非,既不执手而言,又不自车揖之,则在车首肯而已,不至摇头也。《释文》本又作頷,正是本又作䪵之讹。《列子・汤问》曰:‘䪵其颐则歌合律。’郭璞《游仙诗》‘洪厓颔其颐’,注引《列

① 从动作幅度看,这种晃动是轻微的,大约以横向的四周摇动为主。

② 心动,也可以看作一种具体而微的动。

子》亦作颔。引《广雅》集：颔，动也。”段注改“颔”为“䫇”，就是因为“不至摇头也”。其实不必改字，“颔”是点头义，“摇头”也是点头义，杜注是正确的。杨伯峻注：“颔《说文》引作䫇，云‘低头也’，即今点头。”径改原文，也是误解“摇头”的结果。

还有一首诗中的“摇头”值得讨论。唐白居易《寄杨六侍郎》：“西户最荣君好去，左冯虽稳我慵来。秋风一筯鲈鱼鲙，张翰摇头唤不回。”据《晋书张翰传》载：“翰因见秋风起，乃思吴中菰菜、蓴羹、鲈鱼脍，曰：‘人生贵得适志，何能羁宦数千里以要名爵乎！’遂命驾而归。”白居易诗的“摇头”到底是否定地摇头（不要去做官），还是肯定地点头（鲈鱼太好吃），有点难以确定。但从语境看，这里的“摇头”可能是“点头”，肯定鲈鱼好吃，所以命驾回乡而官场“唤不回”，这符合记载。另外，从词义的时代性看，“摇头”表示否定义在唐代恐怕也还没有出现。

下面我们看看译经中“摇头”的用例，也可以证明这个问题①。

首先，唐代以前，“摇头”多表示晃动头的意思，没有表示否定义。例如：

1.《摩诃僧祇律》卷十：肆上衣先已有定价，比丘持价来买衣，置地时应语物主言：“此直知是衣。”若不语默然持去者，犯越比尼罪。买伞盖箱、革屣、扇箧、甘蔗、鱼脯、酥酪、油蜜种种，亦如是。有国土市买有常法，赍直来着物边，卖物主摇头，当知相与，比丘亦应语言：“此直知是物。”前人若解、不解，要应作是语。若不作是语，默然持物去者，犯越比尼罪。

2.《十诵律》卷十三：是十七群比丘，多得饮食已醉乱迷闷，食后摇头掉臂向祇桓，作是言：“我等今日极好快乐，有福德无有衰恼。”

3.《杂譬喻经》卷一：弟贪家业汲汲不休，未曾以法而住其心，然后寿终堕牛中肥盛甚大，贾客买取载盐贩之，往返有数，牛遂羸顿不能复前，上坂困顿躃卧不起，贾人策挝，摇头才动。

4.《迦丁比丘说当来变经》卷一：贪利供养达嚫财物，不避罪福益得为善，用供养故更共斗诤。外着法服不如戒行，出入行来不顺法教。摇头顾

① 佛经用例，由卢鹭博士提供，谨致谢忱。

影迷着色欲甚于凡俗，居贱卖贵或出倍息务贪盈利。

以上诸例“摇头”，就是晃动脑袋的意思，具体含义有所不同。例 1 表示应允，例 2 表示满足，例 3 表示举头，例 4 表示回头，都是晃动脑袋的具体含义。还有的“摇头”例子，表示凶神恶煞的样子，也是晃动脑袋呈现的凶恶貌。例如：

5.《僧伽罗刹所集经》卷一：时蛇便作是语：“瞋恚最为苦，所谓瞋恚者，便伤害人命，无有尊卑，增诸罪根，身体颜色常变易，动有杀意，颦蹙眼赤牙齿长利人所恶见，摇头动身长息吐毒，身体肌皮纯有瞋恚之火，一切世人皆不喜见。”

6.《僧伽罗刹所集經》卷三：是时阿罗婆鬼闻彼褐陀披鬼语，瞋恚炽盛，颜色变异，瞋恚火起，眼如赤铜，声响雷振，无数瞋恚炽盛，摇头啮唇，振动身体。

7.《无明罗刹集》卷三：“或有罗刹摇头动体瞋目唱叫，腾踊、跳掷、叱咤、拍髀，或啸、或歌、或时戏舞。”

“摇头”在可靠译经中的用例基本出现在东晋以后，多用于律部。律部文献要求比丘不得“摇头”，就是不允许作出洋洋自得、放肆不庄重的样子。如：

8.《摩诃僧祇律》卷二十一：尔时六群比丘摇头入白衣家内，为世人所讥：“云何沙门释子如淫妷人、如鼠、如狼，振动头入家内。此坏败人，有何道法？”

9.《十诵律》卷十九：若摇头坐，突吉罗。不摇头坐，不犯。

10.《十诵律》卷十九：又六群比丘，摇头入家内。诸居士呵责言：“沙门释子自言：‘善好有德。’摇头入家内，似如鬼捉。”佛闻是事语诸比丘：“从今不摇头入家内，应当学。若摇头入家内，突吉罗。不摇头入，不犯。”

总之，以上诸例“摇头”，动作都是晃动脑袋，可以表示应允、得意、凶狠等多种含义，但是未见表示否定的含义。

由此可见，作为造字义的抽象特征，核心义通常可以统摄和制约一个词内部的绝大多数义项，“摇头”并不局限于左右晃头，《汉语大词典》引《史记》和白居易例释“摇头”为“表示否定，不以为然”，是以今义作解了。

三、"言疲困也"——"解经之训诂"不可以作为词典义项

我们篇首已经指出，《汉语大词典》解释"奋首"有"摇头，表示疲困"的义项，源于高诱的注释："奋首，民疲于役，顿仆于路，仅能摇头耳，言疲困也。"上文已经指出，"摇头"可以有仰头、抬头的意思，那么"言疲困也"该如何理解？窃以为"言"字已经清楚表明"疲困"是其文义，是整句话的句意，不是"奋首"或"摇头"的字面解释。

黄侃在《文字声韵训诂笔记》中使用了"经学训诂"的概念："说字之训诂与解文之训诂不同。小学家之训诂与经学家之训诂不同。盖小学家之说字，往往将一切义包括无遗。而经学家之解文，则只能取字义中之一部分。""小学之训诂贵圆，经学之训诂贵专。"①高诱的注释，有"说字之训诂"，也有"解文之训诂"，以"摇头"释"奋首"就是"说字之训诂"，"言疲困也"正是对"人羸车獘，泥涂至膝，相携于道，奋首于路"这一段话的解释，属于"解文之训诂"，也就是对文义的串讲。如果不能够将释词语与释句子或段落的不同训诂加以区分，就会造成误解。为了说明这一点，下面再举两个例子。

《诗・邶风・柏舟》："日居月诸，胡迭而微。"郑笺云："日，君象也。月，臣象也。微，谓亏伤也。君道当常明如日，而月有亏盈，今君失道 而任小人，大臣专恣，则日如月然。"郑玄的解释就属于"经学之训诂"的范畴。如果因此而以为日、月分别是君象或臣象，就大错特错了。当然，郑玄用一段话解释，我们一般不会误解。

但是如果把前人的两类训释相混，或者"经学之训诂"语句简单，就会产生讹误。词典中这样造成的失误很多。如《汉语大词典》关于"食"字有三个读音，其中读音 shí 的共 31 个意义，包括 1. 吃饭，进餐。2. 泛指(人或其他动物)吃食物，吃东西。3. 指吸；饮；吞；喝。4. 饭菜，肴馔。5. 引申为主食。6. 泛指食物。7. 粮食。8. 特指米，谷物的子实。9. 俸禄。10. 特指稍食。11. 靠着吃饭；赖以为生。12. 引申为依赖、依靠。13. 耕种。14. 调制饮食。15. 供食用的。16. 享受，受用。17. 专指享受俸禄，租税。18. 特指鬼神享受祭献。19. 谓

① 黄侃述，黄焯编：《文字声韵训诂笔记》，上海：上海古籍出版社，1983 年，第 192 页、第 219 页。

祭祀时配享。20.接受。21.谓言已出而反吞之,不实行。22.作为;有为。23.虚伪,作假。24.用,使用。25.龟卜术语。食墨的省称。26.古代一种博戏的术语。27.通“蚀”。亏缺。28.通“蚀”。亏缺。29.引申为蒙蔽。30.通“蚀”。消耗,亏耗。31.通“蚀”。消亡。31个义项,共用前人训诂注释33条,其中郑玄7条,高诱3条,孔颖达3条。限于篇幅,我们仅录中间三个义项的解释:

> 21.谓言已出而反吞之,不实行。《书·汤誓》:“尔无不信,朕不食言。”孔传:“食尽其言,伪不实。”孔颖达疏:“哀二十五年《左传》云:孟武伯恶郭重曰:‘何肥也?’公曰:‘是食言多矣,能无肥乎?’然则言而不行,如食之消尽,后终不行前言为伪。”《四游记·玉帝设宴会群臣》:“众臣奏曰:‘陛下圣言一出,安可食之?无信不立,陛下宜速发旨。’”
>
> 22.作为;有为。《书·舜典》:“食哉!惟时柔远能迩。惇德允元,而难任人,蛮夷率服。”孙星衍疏:“《尔雅·释诂》云:‘食,伪也。’案:伪即为也,言劝使有为。”《左传·哀公元年》:“克而弗取,将又存之,违天而长寇雠,后虽悔之,不可食已。”王引之《经义述闻·尔雅上》:“今案载谟食皆为也。哀元年《左传》曰……‘不可食’,不可为也。或曰食当读为饬。《吴语》‘周军饬垒’,韦注:‘饬,治也。’字或作‘饰’。高诱注《淮南·本经篇》曰:‘饰,治也。’为亦治也。”
>
> 23.虚伪,作假。《逸周书·皇门》:“媚夫有迩无远,乃食盖善夫。”清郝懿行《尔雅义疏·释诂》“食、诈,伪也”:“《书》意盖言佞媚之人,以饰诈作伪,掩盖善士。”

仅这三个义项中,即引用了《尚书》孔传、孔颖达疏、孙星衍疏、韦昭注、高诱注,以及《尔雅》、王引之《经义述闻》、郝懿行《尔雅义疏·释诂》等八则解释作为根据,可见前人训诂成果在辞书中的分量是很重的。如果不分辨训诂类型,将前人“解文之训诂”立为义项,就会造成词典释义的错误或芜杂零乱。

以上所引三则义项,其实是可以用“食”的比喻义“吞没”“虚假”来概括的。古人常常用“食言”比喻言而无信。《国语·晋语》:“虢之会,鲁人食言。”韦昭注:“食,伪也。”韦注的“食”在这里的词义很清楚,是吞食的比喻用法,把说的话吞没了,就是不兑现诺言,就是虚假,即“伪”。但是韦氏注撇开了“食”的词义而阐释其言外之意，是解文之训诂。《中华大字典》里“食，伪也”这个释义就是误解其义的后果。《书·汤誓》：“尔无不信，朕不食言。”孔传：“食尽其言，伪不实。”孔传的解释就不容易产生误解了。《左传·哀公二十五年》：“孟武子恶郭重曰：‘何肥也？’公曰：‘是食言多矣，能无肥乎？’”这则对话非常有趣，形象生动地说明了“食”都是“吃”的意思，“食言多”而造成肥胖。

以上“食”的32个义项，可以作如下归纳：一、吃（饭，食物）喝，包括人、动物和鬼神的享用，所以有祭祀等含义；二、吃的对象：包括食物以及制成食物的原料粮食、米等；三、获得食物的手段：耕地、官俸、劳作等；四、“吃”义的比喻用法，就是隐喻。也就是“吃”的对象变了，那些不可吃的对象的消亡、减损，都用“吃”比喻；抽象物的吞没，就是接纳，接受；吞并其言语，就是虚伪，作假；物体被遮蔽也用“吃”比喻，部分遮蔽就是缺损、亏损，全部遮蔽就是侵吞、吞没，从义理上看也是通的，不必看作“蚀”的借字。

“食言”比喻虚伪，言而无信，可以作为词条，但是“伪”不能作为“食”的义项。同理，“疲困”也不能作为“摇头”的义项。

四、“奋翅”——复音词与造字义宾语的呈现

这是词义解释时衍生出来的一个相关话题。复音词往往对于词义理解很有帮助，当我们分析词义时不能仅从单音词及其造字义入手，还要结合众多不同类型的复音词，这样可以看出词义的发展轨迹，可以印证词义是否准确与合理。由“奋”构成双音词的例子很多，可以帮助我们理解“奋”的确切含义。如：

“奋翅”，就是展翅，振翅。汉焦赣《易林·损之观》：“奋翅鼓翼，翱翔外国。”汉张衡《西京赋》：“负笋业而余怒，乃奋翅而腾骧。”《古诗十九首·今日良宴会》：“愿为双鸣鹤，奋翅起高飞。”“奋翅”就是展翅，振翅。可以比照的是“奋翼”。《文选·宋玉〈高唐赋〉》：“鼋鼍鳣鲔，交积纵横，振鳞奋翼，蜲蜲蜿蜿。”李善注：“翼，鱼腮边两鬣也。”汉贾谊《鹏鸟赋》：“鹏乃叹息，举首奋翼。”“奋翼”就是“奋翅”，展翅的意思。“奋翅”，《汉语大词典》解释为“奋力展翅”，不确，“奋翅”就是“展翅”。

既然“奋”就是展翅起飞义，那么为什么又加上宾语“翅”呢？造字之初，表

示动作的词往往是有特定宾语的，随着施用对象逐步扩大，宾语变化了就需要补充说明，因而连带原来固有的宾语也往往一并出现了，这是“从隐含到呈现”的主要原因。三国魏曹植《求自试表》：“若东属大司马，统偏舟之任，必乘危蹈险，骋舟奋骊，突刃触锋，为士卒先。”“奋骊”就是打马奔驰，让马奔跑。“奋”的对象是“骊”，就一定要出现了。

再如《说文・殳部》：“毃，击头也。从殳高聲。”这是一个人用“殳”敲击另一个人脑袋的情景，是一则有人物、有工具、有动作、有情节的画面，段注：“《淮南书》曰：‘以年之少，为闾丈人说事，救敲不给，何道之能明也。’高注：‘老人敲其头，自救不暇。’按敲当作毃。《吕氏春秋》曰：‘死而操金椎以葬，曰下见六王五伯，将毃其头矣。’”“毃”本来就是“击头”，后来施用对象扩大，宾语必须出现才能表达清楚，连带着也要出现“毃其头”了。同样，“奋翅”“奋翼”的出现，就是宾语扩大而必须呈现的例子。

以上是动宾式的例子。下面讨论并列式，更能够看清人们对“奋”义的误解。

北魏郦道元《水经注・大辽水》：“《博物志》曰：‘魏武于马上逢狮子，使格之，杀伤甚众，王乃自率常从健儿数百人击之，狮子哮呼奋越，左右咸惊。’”“奋越”同义，就是“腾起”。《汉语大词典》解释为“奋力腾起”，也不妥。这也说明，人们对“奋”的本义与核心义的理解已经很模糊了，对“奋”这个词（或语素）多理解为“奋力”“用力”，词典中的误释往往由此产生。

可以与“奋越”比照的是“奋竦”。汉王褒《四子讲德论》：“枹鼓铿锵，而介士奋竦。”“奋竦”同义，就是奋起，振作。当然这里用的都是比喻义。《汉语大词典》释“奋竦”为“振奋而起”，也不确切。

还有“奋跃”。晋潘岳《杨荆州诔》：“奋跃渊涂，跨腾风云。”唐钱起《巨鱼纵大壑》：“奋跃风生鬣，腾凌浪鼓鳍。”《汉语大词典》解释为“奋力跳跃，常以形容振奋”。其实“奋跃”非偏正结构，应当是同义并列，“奋跃”分别与“跨腾”“腾凌”相对。

还有“奋扬”。《汉语大词典》列了三个义项，前两则都有不妥。第一，《史记・秦始皇本纪》：“皇帝哀众，遂发讨师，奋扬武德。”《汉书・匈奴传下》：“时鲜有所获，徒奋扬威武，明汉兵若雷风耳。”《汉语大词典》释义为“有力地显扬”，不确。“奋扬”同义，就是扬起，宣扬。

第二,《魏书·李崇传》:“崇辞于显武殿,戎服武饰,志气奋扬。”宋苏轼《上神宗皇帝书》:“夫弹劾积威之后,虽庸人亦可以奋扬;风采消委之余,虽豪杰有不能振起。”明陆采《怀香记·定策征吴》:“鼓舞戎行,非奋扬无以报德。”《汉语大词典》引以上三例释“奋扬”为“奋发激扬”,也不确切。“奋扬”谓振作,振奋,也是同义并列结构。

第三,汉王粲《柳赋》:“枝扶疏而覃布,茎森梢以奋扬。”《汉语大词典》释义为“形容高耸挺拔”,这个解释是正确的。

这三组“奋扬”结构相同,为同义并列关系;其核心义是一致的,都是“扬起”。只是“奋扬”的对象不同:第一组扬起的是“武德”“威武”,因而是宣扬义;第二组是对志气、精神的扬起,就是振作;第三组是描写柳树枝干的扬起,也就是挺拔。前两组是抽象物的“奋扬”,后一例是具象物的“奋扬”,其核心义是相同的。

古人对“奋”的解释大多正确。如《诗·邶风·柏舟》:“静言思之,不能奋飞。”毛传:“不能如鸟奋翼而飞去。”毛传的解释非常精确:“奋飞”是一个比喻用法。“奋翼”就是“奋”,就是“展翅”。“奋飞”,是同义并列,展翅高飞。类似的用法还有“奋逸”。《文选·嵇康〈琴赋〉》:“闼尔奋逸,风骇云乱。”张铣注:“奋逸,腾起也。”这个解释十分准确。

简言之,通过本义抽象特征的提取和义项的归纳,我们概括“奋”的核心义是“起”。“举起”“扬起”是具体(动作)的“起”,“震惊”“振作”“激愤”是抽象(心理)的“起”,就是精神状态的“起”。“奋首”就是抬起头,仰头。

通过这个例子可以直观地显示在词典编纂的过程中,编纂者往往会参考引用旧注而未经严密地甄别。许多故训旧注是对相应的文献整体文义的串讲,即“解文之训诂”,虽揆之本文而协,验之他卷则未必亦通。据此为词典立项是不妥的,我们应当区别“说字之训诂”与“解经之训诂”。

黄侃先生的训诂学有很系统的方法论,他早有“独立之训诂与隶属之训诂”、“说字之训诂与解经之训诂不同”等论述(参黄焯先生《训诂学笔记》,潘重规先生《训诂述略》所记载)。这就是针对我们不解古注,依样画葫芦的现象说的。核心义理论就是我们探求“说字之训诂”的重要方法,通过核心义,我们能够把握住词义的核心,从而排除误立义项。

第三节　汉代注疏的语言学价值：以何休《公羊传》为例①

文章主要从三个方面探讨何休《春秋公羊传解诂》的语言学价值，一是保留了丰富的方俗语词，二是有了朴素的语法观念，三是出现了大量的新词新义。

何休（129—182），字邵公，任城樊（今山东济宁）人，东汉后期著名的今文经学大家。何休著述颇丰，“精研六经，世儒无及者”②，在当时很受学者推崇，成为和郑玄并驾齐驱的一代经学大师③。《春秋公羊传解诂》（以下简称《解诂》）是何休对春秋三传之一的《公羊传》的注解。它是何休的代表作，也是集公羊学之大成的著作，还是何休众多著作中唯一一部完整流传到今天的著作。

东汉末以后，今文经学沉寂千年，何休及其《解诂》在很长时期内备受冷落，仅有唐代徐彦为《解诂》作的疏。至清代中晚期，随着公羊学的重新崛起，涌现出了许多公羊学家，如常州学派的庄存与、孔广森、刘逢禄、龚自珍、魏源，直到近代维新派的康有为、梁启超等，他们对《公羊传》及《解诂》作了许多阐述，但仍多侧重于思想上的阐发，重义例而轻文辞。同时，由于清代经学的昌盛，也有些学者本着朴学的精神，对《公羊传》及其注疏加以考究，但成果零星而分散。近年来，学术界对何休和《解诂》虽有一定的关注，但研究的角度仍多侧重于历史、哲学和政治思想方面，从语言学角度进行的研究很少④。汪耀楠⑤指出：“从封建时代整个注释史和经学史看，古文经学虽占很大优势，但今

---

① 《试论何休〈春秋公羊传解诂〉的语言学价值》发表于《语言研究》2011 年第 2 期，署名王云路、徐曼曼。内容有所删改。

② （南朝宋）范晔：《后汉书》，北京：中华书局，1965 年，第 2582 页。

③ 晋王嘉《拾遗记》：“京师谓康成为‘经神’，何休‘学海’。”

④ 据笔者所见，近年来从语言角度对《解诂》进行研究的仅有两篇论文（华学诚：《〈春秋公羊传解诂〉中的齐鲁方言及其价值》，《阴山学刊》2003 年第 4 期；吴仰湘：《何休〈春秋公羊经传解诂〉训释讹误两例》，《湖南大学学报》（社会科学版）2006 年第 1 期。）。

⑤ 汪耀楠：《注释学纲要》，北京：语文出版社，1991 年，第 313 页。

文经学的贡献亦不可低估……今文经注流传下来的不多,但从何休《公羊解诂》看,其探求'大义微言'和训诂价值是不可低估的。"经学大师何休改变今文经学笃守师法、专治一经的做法,废章句之学,吸纳了古文经学家的注经体例和方法,不仅擅长微言大义的阐发,对字词的训释也很精彩。如《公羊传·成公二年》:"二大夫出,相与踦闾而语,移日,然后相去。"何休注:"闾,当道门。闭一扇,开一扇,一人在外,一人在内曰踦闾。"多么生动细致的解释!然而由于诸多原因,至今尚未有人从语言学角度对何休的《解诂》进行全面的研究。

本文拟从三个方面探讨何休《解诂》的语言学价值:一是何注中丰富的方俗语词;二是何注中朴素的语法观;三是何注中出现的新词新义。

一、丰富的方俗语词

何注中保留了丰富的方俗语词,其中既有对《公羊传》中方言词的训释,也有对何休所生活时代的俗语词的记载,这些都是非常珍贵的方俗语词的研究材料。此外,何注中还记载了古代的一些风俗制度,为我们了解古代社会风尚提供了宝贵的材料。

训释方言词是何注的一大特色。据统计,何休共训释方言词 29 条,其中古齐语方言词最多,有 23 条,另有"鲁人语""齐鲁语""关东语""关西语""冀州语""宋鲁语"各一条。公羊学诞生于齐鲁学者之手,并一直在齐鲁一带传授,最后在竹帛上写定的公羊寿和胡毋子也都是齐人①,因而《公羊传》中保存了较多的古齐鲁方言词。何休是齐鲁学者,他在对《公羊传》作注时注意到了这些语言现象,并对这些方言词加以训释,从而为方言史的研究保留了一批非常珍贵的方言材料。

1. 脰:脖子、颈项。《庄公十二年》"绝其脰"注:"脰,颈也,齐人语。"按:"脰"较早见于《左传·襄公十八年》:"晋州绰及之,射殖绰,中肩,两矢夹脰。"先秦时期,"脰"的用例不多,还见于《周礼》《庄子》和《战国策》等文献。值得注意的是《周礼》中出现了 3 例"脰",均见于《考工记》中。例如《周礼·考工记》:"锐喙,决吻,数目,顅脰,小体,骞腹。"目前多数学者认为《考工记》是齐国官书,作者是齐稷下学宫的学者;而"脰"仅高频率地出现在《考工记》中,正与何

① (清)永瑢:《四库全书总目》,北京:中华书局,1956 年,第 210—211 页。

休注“齐人语”相互印证。今天的闽方言和吴方言中仍有这个词①。

2. 化：无礼，耍无赖。《桓公六年》“曷为慢之？化我也”注：“行过无礼谓之化，齐人语也。”按：“化”作“无礼、耍无赖”义，这一古齐语方言词在现代汉语方言中仍在使用。杨树达《积微居小学金石论丛·（长沙）方言续考》：“……今长沙斥人为无赖之行者曰‘化’，詈人为‘化哥’，或云‘化生子’。”“化哥”“化生子”即耍无赖的人。在今长沙等一些方言中演变为对比较亲近之人的责难称呼，类似于“败家子”“没出息的家伙”“好惹是生非的东西”等。另“化生子”还见于今江淮官话、西南官话、赣北方言中。1934 年《阜宁县新志》：“化生子指败家子。”②

3. 得来：求得、觅得。《隐公五年》：“公曷为远而观鱼，登来之也。”何注：“登读言得。得来之者，齐人语也，齐人名求得为得来；作登来者，其言大而急，由口授也。”按：何休不仅解释了“得来”的意义，也说明了其语音上的特点，难能可贵。此用法文献中亦偶有用例，如《百喻经·见水底金影喻》：“其父觅子，得来见子，而问子言：‘汝何所作，疲困如是？’”“觅”与“得来”前后对文，可知“得来”为“觅得”义。“得来”在今冀鲁官话中仍有使用，1925 年《献县志》：“凡物求得曰得来。”③

4. 偻：迅速，立刻。《庄公二四年》：“夫人不偻，不可使入。”何注：“偻，疾也。齐人语。”按：庄公二十四年，鲁庄公前往齐国迎娶哀姜，哀姜对庄公和孟任割臂为盟、私定终身之事有所耳闻。为了让庄公远离孟任，哀姜行动缓慢，迟迟不肯进入鲁国，直至“与公有所约，然后入”。何注：“约，约远媵妾也。夫人稽留，不肯疾顺公，不可使即入。”杜预注《左传》更是直言：“盖以孟任故。”也就是哀姜以让庄公远离孟任作为进入鲁国的条件，“夫人不偻”即“夫人哀姜行动迟缓”，“偻”表“迅速”义。这种用法在其他文献中亦偶有用例，如《荀子·儒效》：“彼宝也者，衣之不可衣也，食之不可食也，卖之不可偻售也。”④

---

① 王毅力、徐曼曼：《“颈”语义场的历时演变》，宁夏大学学报（人文社会科学版）2009 年第 6 期。

② 许宝华、宫田一郎：《汉语方言大词典》，北京：中华书局，1999 年，第 727 页。

③ 许宝华、宫田一郎：《汉语方言大词典》，北京：中华书局，1999 年，第 5589 页。

④ 荀子虽是赵国猗氏（今山西）人，但曾三次出任齐国稷下学官的祭酒，后为楚兰陵（今山东兰陵）令。

5.棓:铺设于高低不平处的跳板。《成公二年》:“萧同姪子者,齐君之母也,踊于棓而窥客,则客或跛或眇。”注:“凡无高下,有绝,加蹑板曰棓。齐人语。”按:古齐语的“棓”,指一种铺设于不平处的跳板,东汉时称为“蹑板”。陈立义疏:“高下悬绝,有板横其间,可登,如今匠氏之跳矣。”①

6.党:时。《文公十三年》:“往党卫侯会公于沓,至,得与晋侯盟;反党,郑伯会公于斐。”注:“党,所也;所犹时,齐人语也。”按:“党”可表示“地方”,如《左传·哀公五年》:“师乎,师乎,何党之乎?”杜预注:“党,所也。”《释名·释州国》:“上党,党,所也;在山上,其所最高,故曰上党也。”章太炎《新方言》:“党,所也,方也。《左传》曰‘何党之乎’,《越语》曰‘上党之国’,《公羊传》曰‘往党’‘反党’。今吴越间谓上方曰上党,高处为高党……皆指此处则言之。”“党”由表示“地方”义引申出“时”义,实现了从空间域到时间域的转移或投射,这是语法化的结果。这种语法化早在古齐语方言中就已经出现了。

此外,《解诂》中记载了何休所生活时代的一些俗语词和古时的风俗制度,十分难得。例如:

7.赘婿:上门女婿。《襄公十六年》“君若赘旒然”注:“赘,系属之辞,若今俗名就婿为赘婿矣。”按:何休注“赘,系属之辞”,“赘”有“连缀”义,《诗·大雅·桑柔》“哀恫中国,具赘卒荒”,毛传:“赘,属。”孔颖达疏:“赘,犹缀也。谓系赘而属之。”“赘婿”即“就婿”,指到女方家里成婚并定居的男子,也就是“上门女婿”,何注“赘婿”为“俗名”,知其为当时的俗语词。“赘婿”一词沿用至今,但用法渐趋书面化。如唐刘禹锡《题淳于髡墓》:“生为齐赘婿,死作楚先贤。应以客卿葬,故临官道边。”《资治通鉴·后晋高祖天福六年》:“知远微时,为晋阳李氏赘壻。”后世又有“布袋”“补代”“入舍女婿”“入舍”等俗称②,如宋朱翌《猗觉寮杂记》:“世号赘婿为布袋。”③

---

① (清)陈立:《公羊义疏》,上海:商务印书馆,1948年,第1316页。

② 参蒋礼鸿:《敦煌变文字义通释》(增补定本),上海:上海古籍出版社,1997年,第28—29页。

③ 宋朱翌《猗觉寮杂记》:“世号赘婿为布袋,多不晓其义,如入布袋,气不得出。顷附舟入浙,有一同舟者号李布袋,篙人问其徒云:‘如何入舍婿谓之布袋?’众无语,忽一人曰:‘语讹也,谓之补代,人家有女无子,恐世代自此绝,不肯嫁出,招婿以补其世代尔。’此言绝有理。”

8. 更衣：换衣服。《襄公三十年》“诸侯相聚，而更宋之所丧”注：“更，复也。如今俗名解浣衣复之为更衣。”按：据何注知“更衣”为当时的俗语词，后世沿用，如《汉书·王莽传下》：“见王路堂者，张于西厢及后阁更衣中。”颜师古注引晋灼曰：“更衣中，谓朝贺易衣服处，室屋名也。”《后汉书·显宗孝明帝纪》：“遗诏无起寝庙，藏主于光烈皇后更衣别室。”李贤注：“更，易也。”前蜀杜光庭《虬髯客传》：“巾栉妆饰毕，请更衣，衣又珍异。”《二十年目睹之怪现状》第十四回：“忽报藩台着人来请，继之便去更衣。”

9. 校室：古代公共教育的场所。《宣公十五年》“什一行而颂声作”注：“在田曰庐，在邑曰里。一里八十户，八家共一巷，中里为校室，选其耆老有高德者名曰父老……十月事讫，父老教于校室。八岁者学小学，十五者学大学，其有秀者移于乡学。乡学之秀者移于庠，庠之秀者移于国学。”按：据何注，知“校室”为里巷中教学的公共场所。每到农闲之时，由德高望重的“父老”负责执教，儿童进入“校室”中学习。“这种以乡、里为单位设立私塾、学校的形式，对儿童进行蒙养教育，与古代行政区域的制度及人民居住的形式有关……那种负笈而外出，求师于千里之外的求学形式，往往是在成童之后，此前的启蒙学习主要还是在乡间中的私塾和家庭中完成的。”①何休对“校室”的规模、成员、背景等相关情况做了详细的介绍，为今人了解古时的教育制度提供了宝贵的材料。

10. 妇人首祭事。《哀公六年》“常之母有鱼菽之祭”注：“齐俗妇人首祭事。言鱼豆者，示薄陋无所有。”按：哀公六年，齐陈乞欲杀其君舍，而立阳生为君。陈乞先以祭祀之名邀请诸位大夫前往其家。《哀公六年》：“诸大夫皆在朝，陈乞曰：‘常之母有鱼菽之祭，愿诸大夫之化我也。’诸大夫皆曰：‘诺’。”《解诂》云：“常，陈乞子。重难言其妻，故云尔。”据何注知“常之母”即陈乞的妻子。“鱼菽之祭”即“以鱼、豆为祭品的祭祀活动、“菽”指“豆类”，《淮南子·地形》：“北方幽晦不明……其地宜菽。”高诱注：“菽，豆也。”鱼、豆是常用的食品，表明祭品的菲薄，即“示薄陋无所有”，为自谦之语。祭祀对于古人来说是一件重大的事情，在父系礼教社会，一般而言，应由男子主持祭祀，女子从旁协助。而“常之母有鱼菽之祭”，则是由陈乞的妻子来主持祭祀活动，何休注云：“齐俗妇

① 浦卫忠：《中国古代蒙学教育》，北京：中国城市出版社，1996年，第41页。

人首祭事”,可知女子主持祭祀是齐地的风俗,由此也反映出齐地女子有着较高的社会地位。

二、朴素的语法观念

何休在对《公羊传》进行注解的过程中,已经有了进行语法分析的意识。而且这种分析是多层次、多方面的,有些甚至可以为现代语法学提供参照。这种朴素的语法观难能可贵,具有重要的语法价值。下面重点探讨何休对虚词、词类和句法问题的分析。

第一,具有了初步的虚词观念。虚词是汉语的重要语法手段之一,何休在《解诂》中对虚词尤为关注,不仅用“辞”“语辞”等来标明虚词,而且对虚词的用法也多有精辟的分析。例如:

1.何者:表设问,犹言“问什么呢?”《桓公二年》“然则为取可以为其有乎?曰:否。何者?若楚王之妻媦,无时焉可也”注:“何者,将设事类之辞。”按:何休不仅用“辞”表明“何者”的词类是虚词,而且对其用法进行了专门解释。“事类”是具有相似性的事情或同类的事情,“将设事类”,是指下文将用相似性的事情对上文所提出的问题进行回答。上文提到“这样的话,那么取得就可以为他所占有吗?”回答说“不”,下文接着回答“就像楚王将自己的妹妹作为妻子,任何时候都是不可以的”。“何者”的作用是表示设问,先提出问题,以待下文接着回答。

2.弗:否定词,可译为“不”。《桓公十年》“秋,公会卫侯于桃丘,弗遇”注:“弗者,不之深也。”按:鲁桓公在桃丘会晤卫宣公,没相遇,从会晤地点定在卫邑桃丘来看,应该是卫宣公发出的邀请,但是等桓公到了以后,卫宣公却违背约定,不与桓公会晤。这对桓公来说,是一件很丢脸的事情,所以何休说:“弗者,不之深也。起公见拒深。”何休用“不之深也”对“弗”进行了解释,一方面表明“弗”同“不”,表示否定;另一方面又指出“弗”的否定语气比“不”更强烈,这是对“弗”和“不”进行比较的最早的例子。此外诸如:

(1) 诺者,受语辞。(《桓公六年》“司马子反曰:‘诺。’”注)

(2) 嘻,发痛语首之声。(《僖公元年》“庆父闻之曰:‘嘻’! 此奚斯之声也”注)

(3) 且如,假设之辞。(《隐公元年》"且如桓立,则恐诸大夫之不能相幼君也"注)

(4) 徐者,皆、共之辞也。(《成公十五年》"鲁人徐伤归父之无后也,于是使婴齐后之也"注)

按:例(1)"受语"指应答词,"辞"经常指虚词,"诺"是表示应答的虚词。例(2)"发痛语首之声",不仅指出了"嘻"的词性为叹词,而且分析了其用法:独立于句子结构之外,此处是表悲伤的感情。例(3)"且如"是表假设的连词。例(4)"徐",副词,作状语,可译为"都"。

早在东汉时期,何休对虚词的独到分析是难能可贵的,已经具有了初步的虚词观念。

第二,有了词的类别观念。"汉语的词类问题的研究开始的比较晚"①,但并不表示古人对词类问题没有认识。在何休的《解诂》中,就有关于词的类别问题的分析。这种分析,主要是通过对词的不同训释方式体现出来的。例如:

(5)加"之"者,问训诂,并问施于之为。(《隐公元年》"夏,五月,郑伯克段于鄢。克之者何"注)

(6)加"之"者,起先君之子。(《僖公九年》"冬,晋里克弑其君之子奚齐"注)

(7)加"之"者,起子辟一人。(《桓公五年》"天王使仍叔之子来聘。仍叔之子者何?天子之大夫也"注)

按:以上三个例子是何休对"之"的解释,例(5)中的"之",何休训释为"问训诂,并问施于之为",这样就既表明了"之"的词汇意义,又对其语法功能进行分析。通过何注我们不难看出,"之"是代词,作"克"的受事宾语。据何注可知例(6)、例(7)中的"之",有着相同的语法意义:都是结构助词,其作用是可以避免对文义的曲解。例(6)中的"其君之子奚齐",指的是他先君的儿子奚齐,如果不加"之",容易把"君子"当成一个词理解,即徐彦疏:"若不加'之',嫌是君子为一人故。"例(7)中的"仍叔之子"指的是仍叔的儿子,何注"起子

① 高名凯、石安石:《语言学概论》,北京:中华书局,1963年,第168页。

辟一人”，即加“之”可以避免把“仍叔子”当成一个人，因为《公羊传》里也有名字叫“百里子”的人。

又如：

(8)则立庙也。(《庄公三十二年》“有子则庙”注)

(9)以樵烧之，故因谓之樵之。(《桓公七年》“焚之者何？樵之也”注)

(10)焉者，于也。是无人于闺门守视者也。(《宣公六年》“勇士入其大门，则无人门焉者；入其闺，则无人闺焉者”注)

(11)但言焉，绝语辞。堂不设守视人，故不言堂焉者。(《宣公六年》“上其堂，则无人焉”注)

按：例(8)何休以“立庙”对释“庙”，强调此句中的“庙”当用为动词，是“建立宗庙”的意思。例(9)“樵”本指柴薪，这里由焚烧所用之物转指焚烧这个动作，用为动词，表示“焚烧”义。例(10)一方面，何注指出“无人门焉”和“无人闺焉”可以解释为“无人于闺门守视者也”，即“勇士进入大门，没有人守视，进入小门，也没有人守视。”那么，也就表明“无人门焉”之“门”和“无人闺焉”之“闺”都作“守视”讲，用为动词。另一方面，何休又注意到了“焉”的不同用法，例(11)“焉者”之“焉”，相当于“于”，其实是兼词；“无人焉”之“焉”是“绝语辞”，也就是句末语气词，与前面“焉者”之“焉”不完全相同。眼光独到，分析精辟。

第三，有了初步的句法意识。“句读”一词，首先出现于何注中，《解诂·序》：“是以讲诵师言，至于百万，犹有不解，时加让嘲辞；援引他经，失其句读，以无为有，甚可闵笑者，不可胜记也。”这是“句读”一词最早出现的例证，何休将正确理解句读作为理解古书的重要条件。何休在给《公羊传》作注的时候，常常对一些影响到语义理解的句法问题加以解析。例如：

(12)时与郑人战于狐壤，为郑所获。(《隐公六年》“狐壤之战，隐公获焉”注)

(13)良，善也。无善，喻有过。言己有过于楚边垂之臣。(《宣公十二年》“寡人无良边垂之臣”注)

(14)此假设而言之，主人谓定、哀也。设使定、哀习其经而读之，问其传解诂，则不知己之有罪。(《定公元年》“主人习其读而问其传，则未知己之有罪焉尔”注)

按:例(12)“隐公获焉”没有被动标记,容易造成误读,何休用当时习用的“为……所”进行注释,表明这是一个被动句;例(13)何注补出介词“于”,使句子结构更为完整,意义更加明了;例(14)何休在注释中明确指出“此假设而言之”,并使用了关联词“设使”,表明原文是表假设关系的复句。

三、大量的新词新义

东汉时期是中古汉语的上限。与先秦相比,汉语词汇系统的面貌会有一定的变化。其中,新词的出现和新义的产生是具有代表性的两个方面。《解诂》中保存了大量的东汉时期的新词新义。兹举数例如下:

1.变悔:改悔;反悔。《文公十二年》“能有容,是难也”注:“秦缪公自伤前不能用百里子、蹇叔子之言,感而自变悔,遂霸西戎。”按:“变悔”一词最早出现于何注中。后代例证如晋竺法护《生经》卷四:“山中修行,夙夜不废,不惜身命,布施持戒,忍辱精进,一心智慧,守志不动,不得道证,心欲变悔,还作白衣。”晋葛洪《抱朴子外篇·弭讼》:“若有变悔而证据明者,女氏父母兄弟,皆加刑罪,如此庶于无讼者乎。”南唐静、筠禅僧《祖堂集》卷一:“善贤曰:‘王不得变悔!请王设誓!’王言:‘若变悔者,朕当破作七分。’”

2.补完:修治;修缮。《隐公七年》“以重书也”注:“当稍稍补完之,至令大崩弛坏败,然后发众城之,猥苦百姓,空虚国家,故言城,明其功重,与始作城无异。”按:“补”本义是“修治衣服使完整”。《说文·衣部》:“补,完也。”后引申出一般的修治、修缮义,对象扩大到所有器物。例如《吕氏春秋·孟秋》:“修宫室,坿墙垣,补城郭。”“完”先秦即有修治、修缮义。如《诗·大雅·韩奕》“溥彼韩城,燕师所完”郑玄笺:“彼韩国之城,乃古平安时众民之所筑完。”“补完”同义连文,义为“修治、修缮”,较早见于东汉文献。又如东汉桓谭《新论·祛蔽》:“是以神气而生长,如火烛不能自补完,盖其所以为异也,而何欲同之?”《汉语大词典》释“补完”为“补全;补之使完整”,似将其理解为动补结构,未妥;引《新唐书·王锷传》为例,太晚。

3.极致:最佳的意境、情趣;达到的最高程度。何休《解诂·自序》:“昔者孔子有云:‘吾志在《春秋》,行在《孝经》。’此二学者,圣人之极致,治世之要务也。”按:“极致”一词最早出现在何注中,后代用例如《后汉书·崔骃传》:“岂修德之极致兮,将天祚之攸适?”《旧唐书·薛放传》:“经者,先圣之至言,仲尼之所发明,皆天人之极致,诚万代不刊之典也。”宋严羽《沧浪诗话·诗辨》:“诗之极致有一,曰入神。诗而入神,至矣,尽矣,蔑以加矣。”

4. 佼易:美好和悦。《庄公十三年》“公会齐侯盟于柯,何以不日,易也”注:“易,犹佼易也,相亲信无后患之辞。”按:“佼”有美好义。《礼记·月令》“(仲夏之月)养壮佼”孔颖达疏:“壮,谓容体盛大;佼,谓形容佼好。”“易”有“和悦”义。《诗·小雅·何人斯》“尔还而入,我心易也”毛传:“易,说。”高亨注:“易,和悦。”“佼易”,即美好和悦,较早见于东汉文献。又如《诗·周颂·天作》:“彼徂矣,岐有夷之行”郑玄笺:“后之往者,又以岐邦之君,有佼易之道故也。”后代未见用例。

5. 结欵(款):结好。《桓公十一年》“挈乎祭仲也”注:“时祭仲势可杀突,以除忽害而立之者,忽内未能怀保其民,外未能结欵诸侯,如杀之,则宋军强乘其弱,灭郑不可救,故少辽缓之。”按:“欵”即“款”。“款”有真诚、诚恳义。例如《荀子·修身》:“愚款端悫,则合之以礼乐。”杨倞注:“款,诚款也。”“结款”即国与国之间的结交,也就是结好。“结款”较早见于何休注。后代偶见使用,如《周书·贺拔胜念贤等传论》:“始则委质尔朱,中乃结款高氏。”《汉语大词典》该条首引“外未能结欵诸侯”句,但误作唐徐彦疏,当据正。

6. 双生:同时生。《隐公元年》“立子以贵不以长”注:“其双生也,质家据见,立先生;文家据本意,立后生。”按:“双生”较早见于东汉文献,后代用例如晋法炬共法立译《法句譬喻经》卷二:“村中有一贫家,其主人妇怀妊十月,双生二男,甚大端政无比。”“双生子”即“双胞胎”。宋马永卿《懒真子》卷三:“雍端二子皆年十三,则其庶出可知也已。噫!先生清德如此,而乃有如夫人,亦可一笑。醒轩云:‘安知雍端非双生子?’”

7. 物事:事情。《隐公元年》“渐进也”注:“渐者物事之端,先见之辞。”按:“物”有“事情、事务”义,如《周礼·地官·大司徒》“已乡三物教万民而宾兴之”郑玄注:“物,犹事也。”“物事”同义连言,较早见于东汉文献,如《论衡·偶会》:“若夫物事相遭,吉凶同时,偶适相遇,非气感也。”后代沿用,如《隋书·张衡传》:“临死,大言曰:‘我为人作何物事,而望久活?’”

8. 泄慢:轻慢。《庄公三十一年》“何讥尔?临国也”注:“临社稷宗庙则不敬,临朝廷则泄慢也。”按:“泄”通“媟”,义为“轻慢”。《荀子·荣辱》“憍泄者,人之殃也”杨倞注:“泄与媟同,嫚也。”“慢”有“轻慢,不敬”义,《玉篇·心部》:

“慢，轻侮也。”“泄慢”同义连言，义为“轻慢，不敬”。《汉书·五行志》“夫妻不严兹谓媟”韦昭注：“媟言媟慢也。”

9. 渫黩：轻慢不敬。《桓公八年》“亟则黩，黩则不敬”注：“黩，渫黩也。”按：“渫黩”又作“渫渎”“亵渎”，较早见于东汉文献。东汉班固《白虎通义·社稷》：“社稷在中门之外、外门之内何？尊而亲之，与先祖同也。不置中门内何？敬之，示不亵渎也。”东汉蔡邕《独断》：“天子至尊，不敢渫渎言之，故托于乘舆。

10. 振讯(迅)：激励；奋起。《庄公八年》“出曰祠兵，入曰振旅”注：“将入嫌于废之，故以振讯士众言之。”按：“振”有“奋起，振作”义。《说文·手部》：“振，奋也。”《史记·高祖本纪》“秦军复振，守濮阳，环水”裴骃集解引如淳曰：“振，起也。收败卒自振迅而复起也。”“讯”通“迅，”也有“奋起、振作”义。《尔雅·释言》“振，讯也”郭璞注：“振者，奋起。”郝懿行义疏：“讯者迅之假借……迅训疾，疾有奋厉之意。”“振讯(迅)”同义连言，义为“振作、奋起”，较早见于东汉文献，后代用例如宋苏洵《族谱后录下》：“及其教化洋溢，风俗变改，然后深山穷谷之中，向者之子孙，乃始振迅，相与从宦于朝。”明李东阳《衡州府学重修记》：“为之士者，固将踊跃振迅，争先进之为快。”

“中古时期产生了大量新词，且以双音词居多”①，何注中的新词绝大多数也是双音词。从构词方式来看，又以并列式复音词居多，如上文中的“变悔”“补完”“佼易”“物事”等，偏正式次之，其他复音词也有所发展，但数量不多。

第四节　类书与史书的变迁：《燕丹子》的成书年代②

《燕丹子》幸赖《永乐大典》得以保存下来，是我国古小说中极为珍奇的一种，明胡应麟称之为“古今小说杂传之祖”③。清谭献尊其为“小说家之初

---

① 王云路：《中古汉语词汇史》，北京：商务印书馆，2010年，第75页。

② 《从词汇史的角度看〈燕丹子〉的成书年代——与〈史记·刺客列传〉比较》发表于《文史》2011年第1期，署名王云路、许菊芳。

③ (明)胡应麟：《少室山房笔丛》，上海：上海书店出版社，2001年，第316页。

祖”①。纪昀更是在修订《四库全书》时恨其未能收录而私自抄存一本②。然而这部在小说发展史上具有重要地位的作品，其成书年代却一直众说纷纭，先后有先秦、汉末、六朝、汉初、隋朝等多种说法，莫衷一是③。《史记·刺客列传》中记载了与《燕丹子》相同的“荆轲刺秦”的内容④，而《史记》是年代明确的西汉时期的作品，以往的讨论亦涉及《史记》与《燕丹子》的成书年代，但是究竟孰先孰后，还欠缺一些更具说服力的论证，极有必要再深究。本文从语言的角度，将两种文献中一些具有时代特征的词语进行比较和考辨，试图为《燕丹子》成书年代的判断提供一些证据。

以《史记》为坐标，比较《燕丹子》与《史记·刺客列传》中的相关部分，两者用词的差异一定程度上反映出时代的先后。主要有三种情况：一是《燕丹子》中有些词语现象不见于《史记》以前的文献，在《史记》时代偶见用例，表明《燕丹子》的年代不会早于《史记》；二是《燕丹子》中有不少词语至早要到汉末、六

---

① （清）谭献：《复堂日记》，石家庄：河北教育出版社，2001年，第109页。

② （清）孙星衍《燕丹子叙》，载程毅中点校：《燕丹子》，北京：中华书局，1985年，第1页。

③ 元马端临《文献通考》引用《周氏涉笔》认为《燕丹子》是《史记》事本，是战国作品，此后清谭献《复堂日记》、孙星衍《问经堂丛书》本《燕丹子叙》认为《燕丹子》是战国文体、先秦古书，今人鲁迅（1951）《中国小说史略》、霍松林（1982）《〈燕丹子〉成书的时代及在我国小说发展史上的地位》都认为《燕丹子》成书于汉前，程毅中（1985）中华书局本《燕丹子·点校说明》并未定其时代，但认为它是根据秦汉民间传说记录的古小说，以上是持先秦说的；明宋濂《诸子辨》认为是秦汉间人所为，如同《吴越春秋》《越绝书》之类明胡应麟《四部正讹》将其归之于汉末文士，今人徐震堮（1955）《汉魏六朝小说选》、侯忠义（1989）《汉魏六朝小说史》等均认同此观点，《四库提要》认为此书当在应劭、王充之后，以上是持汉末说的；清李慈铭《越缦堂读书记》认为出自宋齐之前，清周中孚《郑堂读书记》认为当由六国游士哀太子之志，综其事迹，加之缘饰而成，近人罗根泽（1933）《〈燕丹子〉真伪年代之旧说与新考》认为其时代上不过宋，下不过梁，以上是持六朝说的。张心澂《伪书通考》认为是隋朝人抄掇古书而成；近年来有李剑国（2001）《燕丹子考论》认为《燕丹子》的时代不在《史记》之后，当在秦汉间，包括汉初。

④ 《战国策》中也有相关的内容，但其描述同于《史记》而异于《燕丹子》，疑即取自于《史记》。清李慈铭《越缦堂读书记》“史记”条：“《战国策》一书本杂掇而成，疑《燕策》此篇即取之《史记》而芟其首尾，以《国策》之体非纪一人之事，故删去荆卿始事，而径以‘燕太子丹质于秦亡归’句起耳。”

朝才见用例，则进一步表明《燕丹子》的成书年代晚于《史记》，大约是六朝时期；三是与《史记》相比，《燕丹子》中一些词语虽然先秦已见，但是其意义和用法属于发生了变化的六朝时期的语言特质，能够说明《燕丹子》成书于这些词语变化发生之后，是《燕丹子》使用了六朝以来语言的最具说服力的证据。下面分别论述。

一、《燕丹子》与《史记》的用词比较

《燕丹子》中有些词语或意义用法不见于《史记》之前的文献，或仅在《史记》时代的文献中有个别用例。下面举“屏风”“从容”“深中”三例说明之。

屏风

> 八尺屏风，可超而越。鹿卢之剑，可负而拔①。（《燕丹子》卷下）
>
> 秦王从言掣之，绝超屏风。（《燕丹子》卷下）

《燕丹子》中“屏风”凡两见，指用以挡风或遮蔽的一种室内陈设，与现代汉语用法同。王先谦《释名疏证补》卷六《释床帐》已经注意到了这个词语：“屏风，言可以屏障风也。王启原曰：‘经典或言屏，或言树，无言屏风者。’郑注《礼》则屡举若今屏风。‘屏风’始见《燕丹子》：‘八尺屏风，可度而越。’盖秦蔑古法，不合古制，名之屏风，言其用耳。”②“屏风”是不是《燕丹子》始见？

《史记·刺客列传》中未提及“屏风”一词，但“屏风”之称《史记》中已见③，《孟尝君列传》：“孟尝君待客坐语，而屏风后常有侍史，主记君所与客语，问亲戚居处。”《盐铁论·散不足》也见“屏风”一词：“故一杯棬用百人之力，一屏风就万人之功，其为害亦多矣！”东汉以后常用“屏风”，如《汉书·陈万年传附子咸》：“咸睡，头触屏风，万年大怒，欲杖之。”又《叙传》：“时乘舆幄坐张画屏风，画纣醉踞妲己作长夜之乐。”《国语·楚语下》：“屏摄之位。”三国韦昭注：“屏，

---

① 《燕丹子》，世界书局影印《永乐大典》，1977 年，第 29 册，卷四九〇八。

② 东汉刘熙撰，清毕沅疏证，王先谦补：《释名疏证补》，北京：中华书局，2008 年，第 200 页。

③ 西汉刘安有《屏风赋》，已失传，今存于《初学记》《艺文类聚》《太平御览》等类书中。另外，《西京杂记》中记载西汉有羊胜《屏风赋》，但不见于其他文献记载，并不可信。《汉书》本传载东方朔有《屏风》，亦不传。

屏风也。"从文献用例推断,"屏风"显然不是西汉之前文献应有的特质,《燕丹子》至早不会产生在西汉之前,《释名疏证补》中将《燕丹子》中出现"屏风"归之于"秦蔑古法",亦失之。

从容

后日轲从容曰:"轲侍太子三年于斯矣……太子幸教之。"(《燕丹子》卷下)

"从容"在这里表示委婉暗示的意思,《史记·刺客列传》中未用此词,但这个用法始见于《史记·吴王濞列传》:"晁错为太子家令,得幸太子,数从容言吴过可削。"①六朝时期此用法甚多见②,如《后汉书·崔骃传附孙寔》:"久之不自安,从容问其子钧曰:'吾居三公,于议者何如?'"《潜夫论·贤难》:"帝病不乐,从容曰:'天下谁最爱朕者乎?'邓通欲称太子之孝,则因对曰:'莫若太子之最爱陛下也。'及太子问疾,帝令吮痈,有难之色,帝不悦而遣太子。"《世说新语·简傲》第14则:"谢公甚器爱万,而审其必败,乃俱行。从容谓万曰:'汝为元帅,宜数唤诸将宴会,以说众心。'万从之。"《宋书·武三王传·卢陵孝献王义真》:"徐羡之等嫌义真与灵运、延之昵狎过甚,故使范晏从容戒之。"均是其例。如果以年代明确的《史记》为参照物,则《燕丹子》用"从容"一词,至多与《史记》同时,而此词更多显示的是六朝以来的语言特征。

深中

鞠武曰:"臣所知田光,其人深中有谋。愿令见太子。"(《燕丹子》卷上)

鞠武曰:"燕有田光先生,其为人智深而勇沈,可与谋。"(《史记·刺客列传》)

描写田光的为人,《燕丹子》用"深中有谋";《史记·刺客列传》用"智深而

---

① (清)王念孙:《广雅疏证》,上海:上海古籍出版社,1983年,第754—755页,释此例"从容"为"怂恿":"自动谓之'从容',动人谓之'怂恿',声义并相近,故'怂恿'或作'从容'。"未为切当。

② 宋闻兵:《"从容"拾义》,《古汉语研究》,2004年第4期,第106—109页,释"从容"为"委婉,含蓄""私下",可以参看。

勇沈”。《燕丹子》中的“深中”一词值得注意，“深中”，即性格内敛、敦厚。《法言·修身》：“其为中也，弘深；其为外也，肃括，则可以禔身矣。”晋李轨注：“中者，心志也。弘深，犹敦重也。”

《史记》中有“深中”，《史记·韩长孺列传》：“太史公曰：余与壶遂定律历，观韩长孺之义，壶遂之深中隐厚。”《汉书·韩安国传》：“壶遂与太史迁等定汉律历，官至詹事，其人深中笃行君子。”六朝史书中亦常见，如《三国志·魏志·刘表传》裴松之注引《傅子》曰：“越，蒯通之后也，深中足智，魁杰有雄姿。”《宋书·谢弘微传》：“所继叔父混名知人，见而异之，谓思曰：‘此儿深中夙敏，方成佳器。有子如此，足矣。’”《晋书·李重传史论》：“子雅束发登朝，竭诚奉国，广陈封建，深中机宜，详辨刑名，该核政体。”

以上“屏风”“从容”“深中”均不见于《史记》之前的文献，在《史记》中亦仅有一例，表现出《燕丹子》不早于《史记》，至多与《史记》同时代的语言面貌。

二、《燕丹子》与六朝文献用词比较

《燕丹子》中有许多不见于《史记》，而是汉末、六朝始见的词语，则进一步说明《燕丹子》成书于《史记》之后。

縻躯

> 今太子欲灭悁悁之耻，除久久之恨。此实臣所当縻躯碎首而不避也。（《燕丹子》卷上）

“縻躯”，即粉身碎骨，献出生命。此词不见于《史记》，东汉始见，如东汉蔡邕《荐太尉董卓可相国并自乞闲冗章》：“非臣愚蔽不才所当盗窃，非臣碎首縻躯所能补报。”《后汉纪·孝安皇帝纪下》：“然君子之动，非谋于众也，求之天地之中，款之胸怀之内。苟当其心，虽杀身縻躯，未为难也；苟非其志，虽举世非之而不沮也。”《宋书·范晔传附孔熙先》：“率土叩心，华夷泣血，咸怀亡身之诚，同思縻躯之报。”《南齐书·王僧虔传》载《檀珪与僧虔书》：“群从姑叔，三媾帝室，祖兄二世，縻躯奉国，而致子侄饿死草壤。”说明《燕丹子》用的是东汉以来的语词。

引日(引岁月)

此引日缦缦,心不能须也。(《燕丹子》卷下)

太傅之计,旷日弥久,心惛然,恐不能须臾。(《史记·刺客列传》)

同样表示拖延时日的意思,《史记》用"旷日",《燕丹子》用"引日"。

"旷日"的说法先秦就有,如《韩非子·说难》:"夫旷日离久,而周泽既渥,深计而不疑,引争而不罪,则明割利害以致其功,直指是非以饰其身,以此相持,此说之成也。"《淮南子·齐俗》:"古者,非不知繁升降槃还之礼也,蹀采齐、肆夏之容也,以为旷日烦民而无所用,故制礼足以佐实喻意而已矣。""旷日持久"是沿用至今的成语。

用"引日"表示拖延时日,在东汉以前的文献中并没见到,但之后却很常见。如东汉张仲景《伤寒论·辨太阳病脉证并治上》:"一逆尚引日,再逆促命期。"晋袁宏《后汉纪·光武皇帝纪》:"诸将议欲延嚣日月之期,许爵其将帅,以散其谋。祭遵曰:'嚣奸计久矣,今若案兵引日,则其谋益深,而公孙得固其奸谋,不如遂进。'"三国魏曹操《表刘琮令》:"身没之后,诸子鼎峙,虽终难全,犹可引日。"三国魏阮瑀《诗》(《诗纪》作《苦雨诗》):"苦雨滋玄冬,引日弥且长。"还有"引日成岁"的说法,如《周书·文帝纪上》:"众之思公,引日成岁,愿勿稽留,以慰众望也。"

《燕丹子》中还有"引岁月":"今合楚、赵,并韩、魏,虽引岁月,其事必成。"这样的用法同样在六朝常见,例如《抱朴子内篇·勤求》:"而虚引岁月,空委二亲之供养,捐妻子而不恤,戴霜蹈冰,连年随之,而妨资弃力,卒无所成。"《北史·李弼传附曾孙密》载密进三计曰:"若随近先向东都,以引岁月,此计之下也。"

《燕丹子》中用"引日"或"引岁月",表现出至早是东汉之后的语言面貌。

吞舌

(田光)向轲吞舌而死。(《燕丹子》卷中)

(田光)因遂自刎而死。(《史记·刺客列传》)

田光之死,《燕丹子》《史记》说法不一。除《燕丹子》一例外,"吞舌"的最早用例见于南朝梁江淹《诣建平王上书》:"若使下官事非其虚,罪得其实,亦当钳口吞舌，伏匕首以殒身，何以见齐鲁奇节之人，燕赵悲歌之士乎？”说明当时有“吞舌”一词①。而《宋书·王微传》：“使臣曰：‘燕太子吐一言，田先生吞舌而死，安邑令戒屠者，闵仲叔去而之沛。’”说明至少刘宋齐梁时期流传荆轲“吞舌”自杀的说法，后代也有相同的说法，唐苏颋《授安金藏右骁卫将军制》：“田光吞舌，求之既往，未足为喻，眷言酬德，自可超伦，彰其贞固之美，拜以谁何之任。”是其例。

姬人

> 黄金投龟，千里马肝，姬人好手，盛以玉盘。（《燕丹子》卷下）
>
> 乞听琴声而死，召姬人鼓琴。（《燕丹子》卷下）
>
> 太子日造门下，供太牢具，异物间进，车骑美女恣荆轲所欲，以顺适其意。（《史记·刺客列传》）

“姬人”，谓美人；妾。始见于六朝时期。宋葛立方《韵语阳秋》卷六已论及“姬人”：“后世凡妇人皆称‘姬’，误矣，南朝人士皆谓‘姬人’。如萧纶《见姬人诗》，所谓‘狂夫不妒妾，随意晚还家’刘孝绰咏《姬人未出诗》，所谓‘帷开见钗影，帘动闻钏声’。梁元帝绎为《姬人怨诗》，所谓‘还君与妾扇，归妾与君裘’。江总为《姬人怨服药诗》，所谓‘妾家邯郸好轻薄，时忿仙童一丸药’是也。”②这里再举几例，《宋书·后妃传·明帝陈昭华》：“太宗晚年，痿疾不能内御，诸弟姬人有怀孕者，辄取以入宫。”《晋书·五行志上》：“司马道子于府园内列肆，使姬人酤鬻，身自贸易。”可见南朝称“姬人”，汉代没有此用法。

《史记》用“美人”反映的是汉代的语言表达方式，而《燕丹子》用“姬人”，凡两处，表现出的是六朝时期的语言特征。

以上四例中，《燕丹子》前两例用词表现出东汉以后的语言特征，后两例是南朝以来流行的语词，所以其语言不可能与《史记》同时代，也不会属于东汉的作品，定型于南朝则与语言事实相吻合。

---

① 断舌用以自尽，《史记》中已见，《魏其武安侯列传》：“魏其必内愧，杜门齰舌自杀。”司马贞《索隐》引《说文》：“齰，啮也。”

② 宋葛立方：《韵语阳秋》，《丛书集成初编》本，上海：商务印书馆，1939年，第46页。

三、《燕丹子》与六朝以后文献用词比较

《燕丹子》中还有一些词语先秦已见，但其意义和用法到六朝时期发生了变化，《燕丹子》体现的正是这些变化了的意义。如果说第一部分说明《燕丹子》至多与《史记》同时代，第二部分说明《燕丹子》使用了东汉以后甚至南朝的语言，那么这一部分则是《燕丹子》使用了六朝以来语言的明证。

荆君

若因先生之灵得交于荆君。(《燕丹子》卷中)

愿因先生得结交于荆卿。(《史记·刺客列传》)

对荆轲的称呼，《史记》中明确指出时人谓荆轲为"庆卿"和"荆卿"："荆轲者，卫人也。其先乃齐人，徙于卫，卫人谓之庆卿。而之燕，燕人谓之荆卿。"《史记·刺客列传》"荆卿"凡 12 见，而《燕丹子》中全篇都不称"卿"，均谓"荆君"，凡 4 见。为什么对同一人的称呼完全不同了？二者整齐划一的改变透露了怎样的信息？

考"卿"和"君"从上古到秦汉意思都没有区别，都是对人的尊称。《说文·口部》："君，尊也。"《书·君奭序》："周公作《君奭》。"孔传："尊之曰君。奭，名。"《周礼》有六卿，诸侯以上大夫为"卿"。秦汉有九卿。汉代自中央丞相史、御史以下，曹吏、府吏、侯长及令史、尉史等均可以"卿"为其尊称①。因此，它也引申为一般的尊称。《史记·刺客列传》："荆轲者……燕人谓之荆卿。"司马贞《索隐》："卿者，时人尊重之号，犹如相尊美亦称'子'然也。"又《荀卿列传》："荀卿，赵人。"司马贞《索隐》："名况。卿者，时人相尊而号为'卿'也。"《史记》用"卿"表示尊称，是一致的，符合当时的语言表达方式。

六朝时期，"君""卿"在用法上产生了区别②。"卿"字常常用于同辈之间，通常是无礼、戏谑的场合，是个很随便的称呼，例如《世说新语·言语》第 98 则："司马太傅斋中夜坐，于时天月明净，都无纤翳，太傅叹以为佳。谢景重在坐，答曰：'意谓乃不如微云点缀。'太傅因戏谢曰：'卿居心不净，乃复强欲滓秽

① 陈梦家：《汉简缀述》，北京：中华书局，1980 年，第 119 页。

② 陈燕：《论南北朝的"卿"字》，《古汉语研究》，1998 年第 2 期，第 63—66 页。

太清邪！'"又《豪爽》第6则："祖车骑尚未镇寿春，瞋目厉声语使人曰：'卿语阿黑：何敢不逊！催摄面去，须臾不尔，我将三千兵槊脚令上。'王闻之而止。"以上称人用"卿"，表现了戏谑、轻视的意味。《世说新语·惑溺》第6则："王安丰妇常卿安丰。安丰曰：'妇人卿婿，于礼为不敬，后勿复尔。'妇曰：'亲卿爱卿，是以卿卿，我不卿卿，谁当卿卿？'遂恒听之。"《南史·王规传》："朱异尝因酒卿规，规责以无礼。"以上两例说明"卿"是无礼的称呼，以"卿"称人受到责备。而且六朝文献有"卿"与"君"对比明显不敬不尊的直接证据，《世说新语·方正》第20则："王太尉不与庾子嵩交，庾卿之不置。王曰：'君不得为尔。'庾曰：'卿自君我，我自卿卿。我自用我法，卿自用卿法。'"这里明确无误地表示了"君"表示尊称而"卿"为不敬之称，是南朝的流行说法。《燕丹子》定型于南朝，如果用"荆卿"，自然是对荆轲的大不敬，所以就改用当时流行的表示尊称的"君"，称荆轲为"荆君"。

清梁章钜《称谓录》曾详细论述过这个问题："《韵会》：秦汉以来，君呼臣以卿。《正韵》：君呼臣为卿，盖期之以卿也。《韵会》：凡敌体相呼亦为卿，盖贵之也。隋唐以来，侪辈下己则称卿，故宋璟卿呼张易之。《史记·刺客列传》：卿者时人尊重之号，犹如相尊美而称以子然也。又《艺林类聚》'同侪称卿'条云：庾敳字子嵩，王衍不与敳交，敳卿之不置，衍曰：'君不得为耳。'敳曰：'卿自君我，我自卿卿，我自用我法，卿自用卿法。'案：《艺林类聚》有'贵不可卿'条云：齐慧晓未尝卿士大夫，或问之，答云：'贵人不可卿，人生何用立轻重于怀抱？'"①讨论了"卿"字称呼含义由尊称到平辈再到无礼戏谑之称的变化过程。

显然，作为称呼，"卿"字在六朝时期具有了随意甚至轻贱之义，故《燕丹子》弃"卿"而用"君"，这是《燕丹子》形成于六朝时期的一个有力证据。

侧阶

> 太子侧阶而迎，迎而再拜。（《燕丹子》卷中）
>
> 太子逢迎，却行为导，跪而蔽席。（《史记·刺客列传》）

《燕丹子》用"侧阶"，《史记·刺客列传》用"却行"，均表示太子对田光的尊敬。

---

① 清梁章钜：《称谓录》，北京：中华书局，1996年，第510页。

“却行为导”就是后退而行，作为先导，以表示对贤者、长者的尊敬。古书常见描写先行扫清道路、后退而行以迎接尊者的例子。《史记·孟子列传》：“(驺子)如燕，昭王拥彗先驱。”司马贞《索隐》：“彗，帚也。谓为之埽地，以衣袂拥帚而却行，恐尘埃之及长者，所以为敬也。”这样的用法上古已有，如《礼记·曲礼上》：“以袂拘而退，其尘不及长者。”这里的“拥彗”“拘袂”更多的表示的是仪式和姿态，是一种礼仪，“却行”则是更恭敬的行为。钱锺书《管锥编》中还举到《楚辞》中的例子，《楚辞·招魂》：“魂兮归来，入修门些；工祝招君，背行先些。”其中“背行”和“却行”用法相同①。最早使用“却行”一词是《史记》，除了上文已经提到的《刺客列传》的例子，还有《高祖本纪》：“后高祖朝，太公拥篲，迎门却行。高祖大惊，下扶太公。”

“侧阶”在上古文献中就有用例，但与“却行”含义用法不同。如《书·顾命》：“一人冕，执锐，立于侧阶。”《礼记·杂记下》：“夫人至，入自闱门，升自侧阶，君在阼。”仔细辨别，不难发现，这些用例中的“侧阶”没有表示象征尊敬贤长者的用法，而是实指区别于主阶的旁阶。或许是由于居于侧阶的都是地位稍低的人，对于居于正阶的尊者自然要显示恭敬，久之，居于“侧阶”本身就有了谦卑和表示尊敬的象征意义，但用例较少，在文献中出现得也较晚，如南朝梁任昉《〈王文宪集〉序》：“望侧阶而容贤，候景风而式典。”

因此，《燕丹子》中用“侧阶”表示尊敬贤长者是较晚近的用法，不如“却行”常见而正式。

总之，《燕丹子》中有不少内容与《史记·刺客列传》相同，其具体的词语运用虽然想显得古朴，但却无意中透露了一些六朝时期的语言特质，其时代的烙印是抹不掉的。仔细比勘这些具有一定差异的词语，说明《燕丹子》中有不少《史记》以来的文献才见使用的词语，尤其南朝流行的词语。因此，《燕丹子》的故事可能在先秦已经流传，但从本文的考辨来看，其产生时间当在《史记》之后，定型于六朝时期。

---

① 钱钟书《管锥编》，北京：中华书局，1986年，第281页，“史记会注考证”第6则《高祖本纪》“却行”。

第五节 类书与笔记小说的变迁:《都城纪胜》书名考略[①]

《都城纪胜》与《古杭梦游录》为一书二名,《都城纪胜》是此书的原名,而《古杭梦游录》则是明代文人由于种种政治文化原因所起的别名,但最终因为《四库全书》及版本原因,《都城纪胜》这个名字得以最终流传。

南宋灌圃耐得翁撰《都城纪胜》一卷。该书记载了南宋时期杭州繁荣的城市景象,共分十四门,记录杭州琐事,"其已见于图经志书者,则不重举,虽不及吴氏《梦粱录》、周氏《武林旧事》之赅备,而叙述娓娓,亦足以形容当时之盛,其详略可互资参考也。"[②]检历代史志及各类书目,笔者发现其书名有《都城纪胜》《古杭梦游录》两种,哪一个为此书原名?为何《古杭梦游录》一名湮灭不用?学术界鲜有论及。兹不揣谫陋,略作考证,以就教于方家。

一、《都成纪胜》是宋人原来书名

《都城纪胜》仅有一卷,却是研究南宋杭州城市文化面貌不可或缺的一部典籍,然而历代史志中记载不多。细检历代私家目录,清周中孚《郑堂读书记·补逸》卷一八曰:"倪氏《宋志补》及《补元志》俱不载,钱氏《补元志》始载之,作《古杭梦游录》,盖一书二名,故《说郛》所节录者,亦作《古杭梦游录》。"钱大昕《补元史艺文志》卷二有"《古杭梦游录》一卷"的记载,在《说郛》中我们也检得《古杭梦游录》,其内容的确是今本《都城纪胜》的缩略。那么此书的原名究竟是《都城纪胜》还是《古杭梦游录》?

笔者查检古代典籍,《古杭梦游录》一名见于元末明初陶宗仪《说郛》《辍耕录》、明胡我琨《钱通》、明杨慎《丹铅余录》、明顾起元《说略》、明高儒《百川书志》、明末清初黄虞稷《千顷堂书目》、清沈自南《艺林汇考》、清钱大昕《补元史艺文志》、清《御定渊鉴类涵》、清沈复粲《鸣野山房书目》等。这些大都是明清

① 《〈都城纪胜〉书名考略》发表于《西南交通大学学报》(社会科学版)2008年第6期,署名王云路、吴欣。

② (清)周中孚:《郑堂读书记》,北京:中华书局,1993年,第476页。

两代较有影响力的典籍，并且明代典籍居多，可信度较高。

《都城纪胜》一名可见于明《永乐大典》、清《四库全书》、清《浙江通志》、清厉鹗《东城杂记》、清陆廷灿《续茶经》、清陈元龙《格致镜原》、清朱彝尊《曝书亭集》等。不难看出，除《永乐大典》外，其余典籍均为清代作品，而且远不如《古杭梦游录》提及、引用次数多。据此是否可以断定《古杭梦游录》是这一书的原名呢？

通过比对此书的几个不同版本，笔者发现在《永乐大典》本《都城纪胜》文末比其它版本多出一行字："时至治昭阳大渊献岁青阳孟陬月哉生明正斋志"，这行字仅见于《永乐大典》本，其它版本均无，也无人对此进行解释。经仔细查考，笔者认为这是时间落款，"至治"是年号，"昭阳大渊献"是古代天干地支的别称，也就是癸亥年，"青阳孟陬月"是正月的别称，"哉生明"是一个月的初二或者初三。笔者进一步考察，历史上用"至治"作为年号的只有大理文武帝段思良和元英宗硕德八剌，文武帝在位时间为公元 945 年至公元 951 年，而《都城纪胜》的作者在自序中写得很清楚，其成书时间是"宋端平乙未元日"，即公元 1234 年，所以该书的抄录肯定晚于文武帝在位时间；而元英宗至治是公元 1321 年至公元 1323 年，在这期间的癸亥年，刚好是 1323 年。在历史上用"正斋"作为名或号，并且生卒年代大体相近的，只检得一人①，就是元代康里巎（1295—1345），一作康里巎巎。康里巎为康里部（今新疆）人，顺帝时为翰林学士承旨，谥文忠。《元史·巎巎传》云："巎巎幼肄业国学，博通群书，其正心修身之要得诸许衡及父兄家传。长袭宿卫，风神凝远，制行峻洁，望而知其为贵介公子。其遇事英发，掀髯论辨，法家拂士不能过之。……巎巎善真行草书，识者谓得晋人笔意，单牍片纸人争宝之，不翅金玉。"②可见，康里氏不仅风流儒雅，博通群书，历任要职，而且书法独具个人风采，书法界公认其书法不在赵孟頫、鲜于枢之下。

分析以上资料，《永乐大典》所用的这个本子应是康里巎在公元 1323 年正月初二或者初三抄录完成的。这篇末的时间信息很重要，这可以证明在公元

① 据《古今人物别名索引》及《室名别号索引增订本》，以正斋为名或者号的有元康里巎、明吴纯、明俞泰、清闵贞，只有元代康里巎生卒年代吻合。

② （明）宋濂等：《元史》，北京：中华书局，1983 年，第 3413 页。

1323年,也就是该书传世还不足百年的时候,它的名字确是《都城纪胜》。而这也是我们所能见到的最早、最直接的文献记录。

接下来的问题是:既然《都城纪胜》是其原名,那么为何在史志中记录的却是《古杭梦游录》,并且被多次提及和引用?

二、明代改为《古杭梦游录》

书名是认识该书性质最重要的标志之一。一部著作的名称往往概括地反映了著作的基本内容、体制与作者的观念。《四库全书总目·卷七·史部·地理类三》《都城纪胜》云:"考高宗驻跸临安,谓之'行在'。虽湖山宴乐,已无志于中原,而其名未改。故乾道中周淙修《临安志》,于宫苑及百官曹署,尚著旧称,潜说友《志》亦因之。此书直题曰'都城',盖官司案牍流传,仅存故事,民间则耳目濡染,久若定居矣。"①这里已经点明了直题"都城"的原因,虽未直接解释书名成因,但给我们提供了一个思路。《都城纪胜》文本内直提"都城"共七次,"都下"四次,②"都人"三次,可见作者已经将"行在"(临安)看作都城。有感于其"山水明秀,民物康阜"③,而集录其繁华景象,正是作者宗旨,故名《都城纪胜》。通读全书内容,更让人感到这个名字再合适不过了。

可是到了有明一代,为什么大部分文献都将书名《都成纪胜》写作《古杭梦游录》?笔者以为这与明代文人对宋人的蔑视分不开。南宋不敌金而迁都临安,南宋王朝也一直在风雨飘摇中勉强度日。虽然联合元灭掉金,但最终被元灭掉。而"临安"这一名称也就随着南宋的灭亡而消失,元朝建立时又改"临安"为"杭州"④。明代文人以《古杭梦游录》来命名此书,可以体会出三个寓意:"古杭"表明这是古杭州而不是南宋的都城;"梦游"嘲笑宋人不知进取,偏

① (清)永瑢等:《四库全书总目》,北京:中华书局,1983年,第625页。

② 都下即国都、都城。如:《三国志·吴志·吕据传》:"又遣从兄宪以都下兵逆据于江都。"

③ (宋)灌圃耐得翁:《都城纪胜》,上海:古典文学出版社,1958年,第89页。

④ 靖康二年(1127年),赵构从今天的河北南下到陪都南京应天府(今河南商丘)即位为南宋高宗,改元建炎。之后,赵构一路从淮河、长江,到杭州恢复宋朝,升杭州为临安府。绍兴元年(1131年)正式定都临安,名为"行在"(陪都),实为首都。南宋景炎元年(1276)元军攻下临安,复改名杭州。

安一隅、贪图享乐，短暂繁华只是南柯一梦；“录”是一种文体，也含有记录下来以警醒世人要居安思危的意味。在古代典籍中以“古杭”开头做书名的，除《古杭梦游录》外，只有元代李有《古杭杂记》和七种一卷本的元杂剧①，可知把杭州称为“古杭”，并以此为书名，不是宋人的取名习惯。

综上可知，《都成纪胜》是宋人原来书名，改为《古杭梦游录》迎合了明代文人的诸多心理，因而被明代以及清代的许多文人所接受，特别是在明代，它甚至有压过《都城纪胜》的气势。这两种名称并行有很长一段时间，清《浙江通志》云：“《古杭梦游录》一卷，《百川书志》宋灌圃耐得翁著。按：《钱塘县志》又有《都城纪胜》一卷。”②即是其证。清钱大昕《补元史艺文志》、清沈复粲《鸣野山房书目》中都收录为《古杭梦游录》，可见此名影响深远。

三、清代恢复《都城纪胜》

此书什么时候又恢复为《都城纪胜》的名称呢？清乾隆《四库全书》以《都城纪胜》为名收录此书，并且所收录的清曹寅《楝亭十二种》本的《都城纪胜》远比《说郛》《说集》等类书完整，因而广为流传，《都城纪胜》这个名字也逐渐受到更多人的关注与承认，并最终战胜《古杭梦游录》。

《楝亭十二种》为清曹寅所刻。曹寅，字子清，号楝亭、西堂扫花行者。喜藏书，康熙间有文名，著作颇丰，有《楝亭十二种》及《楝亭诗钞》传世。康熙五十六年刻本《江都县志·曹寅传》卷六载：“曹寅字子清，号荔轩，以银台督江宁织造，四视淮鹾.一切恤商惠民之政，无不实心奉行。奉旨平案，厘剔弊端.存活甚众。尝集书十余万卷，手自校雠，刊善本行世。尤嗜吟咏，与四方好古力学之士相唱和，著有《楝亭集》。奉旨搜辑李唐一代全诗，诸词臣参互考证，书成，进御览，海内宝之。”乾隆八年刻本《江都县志》卷十四《名宦传》云：“曹寅字

---

① 这七种一卷本的元杂剧分别为：元尚仲贤《古杭新刊的本尉迟恭三夺槊》一卷、元郑光祖《古杭新刊关目辅成王周公摄政》一卷、元杨梓《古杭新刊关目霍光鬼谏》一卷、元佚名《古杭新刊小张屠焚儿救母》一卷、元石君宝《古杭新刊的本关目风月紫云庭》一卷、元王伯成《古杭新刊关目的本李太白贬夜郎》一卷、元佚名《古杭新刊的本关大王单刀会》一卷。

② （清）嵇曾筠《浙江通志》，上海：商务印书馆，1934年，第4321页。

楝亭，满洲人。洽闻强记，读书能摭华寻根，诗尤精粹。时商丘宋牧仲荦抚循三吴，寅与之建帜，骚坛名誉，相埒东南，才士咸乐游其门。视鹾两淮，阅岁一更，历四任，而善政颇著，商民多讴思之，康熙五十二年祀名宦。”

曹寅在任江宁织造期间，广泛结交汉族士子，其中不乏藏书名家，如朱彝尊、宋荦、王士祯等。曹寅常向他们借抄藏书，尤其是朱彝尊的曝书亭珍秘，曹寅几乎都有抄本。清李文藻《琉璃厂书肆记》云：“楝亭掌织造、盐政十余年，竭力以事铅椠，又结交朱竹垞、曝书亭之书，楝亭皆钞有副本。以予所见，如《石刻铺叙》《宋朝通鉴长编纪事本末》《太平寰宇记》《春秋经传阙疑》《三朝北盟会编》《后汉书年表》《崇祯长编》诸书，皆钞本；魏鹤山《毛诗要义》、楼攻媿《文集》诸书，皆宋椠本。”①朱彝尊在《曝书亭集》中曾经提及《都城纪胜》，可见朱彝尊所见的底本书名必为《都城纪胜》，是否为宋本原椠，已经无法查考，但我们推测《楝亭十二种》本的《都城纪胜》可能就是来自朱彝尊的曝书亭珍秘，并且沿用了其中的名字。而《四库全书》所收录的《都城纪胜》，经过笔者仔细比对，其所选用的底本就是《楝亭十二种》本的《都城纪胜》。

综上所述，从文献的著录情况来看，《都城纪胜》应是宋人此书的原名，而《古杭梦游录》则是明代文人由于种种政治文化原因所起的别名，其影响力一直延续到清末。但最终因为《楝亭十二种》本的流传以及《四库全书》的深远影响力，使得《都城纪胜》这个名字最终流传至今，并为人们所接受，而《古杭梦游录》一名逐渐湮灭不被人所知。

---

① （清）震钧：《天咫偶闻》，北京：北京古籍出版社，1982年，第162页。

图书在版编目（CIP）数据

汉语词义演变论稿 / 王云路著. —杭州：浙江大学出版社，2024.5
ISBN 978-7-308-24417-6

Ⅰ.①汉… Ⅱ.①王… Ⅲ.①汉语—词义学—研究 Ⅳ.①H13

中国国家版本馆 CIP 数据核字(2023)第 212375 号

汉语词义演变论稿
王云路 著

责任编辑 宋旭华
文字编辑 姜泽彬
责任校对 吴心怡
封面设计 周 灵
出版发行 浙江大学出版社
(杭州市天目山路 148 号 邮政编码 310007)
(网址：http://www.zjupress.com)
排 版 杭州青翊图文设计有限公司
印 刷 绍兴市越生彩印有限公司
开 本 710mm×1000mm 1/16
印 张 28
字 数 473 千
版 印 次 2024 年 5 月第 1 版 2024 年 5 月第 1 次印刷
书 号 ISBN 978-7-308-24417-6
定 价 118.00 元